아르케
북스

093

김
태
우 金泰佑, Kim, Tae-woo

경희대학교 우주과학과를 졸업한 후 경희대학교 대학원 국어국문학과에 진학해서 구비문학과 공동체의례를 연구하였다. 「고려시대 무격의 지위와 세습화 과정 연구」(1997)로 석사를, 「서울 한강 유역 부군당 의례 연구」(2008)로 박사학위를 취득하였다. 국립민속박물관 전문위원에 재직하며 『한국민속문학사전』 등을 편찬하였으며 다년간 경기도문화재 전문위원을 지냈다. 현재는 한국민속학회 연구위원을 맡고 있으며 경희대학교에서 강의를 하고 있다. 주요 논저로는 「조선후기 서빙고 지역 부군당 주재집단의 성격과 변화」(2009), 「대한제국기 서울 마포 지역사회와 공동체의례 주도집단에 대한 연구」(2011), 「일제강점기 서울 지역사회와 의례 주도 집단의 변화: 장충동 지역과 관성묘 영신사를 중심으로」(2013) 등이 있다. 현재는 천문학과 민속학을 융합한 민속천문 분야로 연구 영역을 확장하고 있다.

민속원 아르케북스 093 minsokwon archebooks

한강 유역 부군당 의례의 전승과 변화 양상

| 김태우 |

민속원

머리말

 필자가 박사학위논문을 준비하고 있었던 10여 년 전만 하더라도 한국 민속학의 주요 대상 지역은 농어촌 혹은 산촌 등 전통사회가 중심이었다. 서울과 같은 도시 지역을 대상으로 한 민속 연구는 '도시민속학'이라는 이름으로 막 시작되고 있었다. 그 전까지 필자는 해안지역뿐만 아니라 내륙에까지 퍼져 있는 별신굿의 정체가 궁금하여 동해안 지역을 정신없이 다니고 있었던 때였다. 그러나 당시 서울에 살고 있었던 필자는 동해안까지 원거리를 방문하면서 진행하였던 현지 조사의 한계에 부딪히게 되었다. 결국 지도교수인 이정재교수가 제안한 도시 민속에 대해서 진지하게 고민을 하게 되었다. 그렇게 해서 선택한 주제가 서울 한강 유역 부군당 의례에 대한 연구이다.

 이렇게 박사학위를 받은 지 10년이 다 되어 간다. 이 책은 필자의 박사학위 논문을 출간에 맞춰 수정 보완한 것이다. 부실한 학위 논문을 세상에 내 놓기가 부끄러워서 출판을 미루어 왔는데 그간의 후속 작업을 또 하나의 책으로 내놓게 되면서 이참에 학위논문도 같이 출간하게 되었다. 그간 여러 연구자들에 의해 부군당에 대한 연구는 상당히 진척되었고 박사학위 논문만 3편(오문선, 2010; 권선경, 2011; 권혁희, 2012)이 나왔다. 학위논문 이후에 진척된 여러 연구자들의 성과들은 이 책에서는 반영하지 않았고 후속으로 출간되는 책에서 반영하였음을 미리 밝혀둔다.

 필자를 포함한 많은 연구자들이 부군당에 대한 연구를 진행해 왔지만 그 성과들에도 불구하고 몇 가지 해결되지 않은 것들이 있다. 첫째는 부군당의 역사적 기원에 대한 문제이다. 고려시대까지 보이지 않던 부군당이 조선시대가 돼서야 나타나는 그 이유가 아직도 해명되지 않았다. 둘째는 무속적 성격이 다분한 부군당이 서울 각 관아 내에 건립되었던 이유도 밝혀지지 않았다. 마지막으로 관아 소속의 부군당과 마을에 건립된 부군당과의 관련성에 대한 문제이다. 관아 부군당이 민간화된 것인지 아니면 원래부터 민간에서도 부군당을 건립하고 있었는지 의견이 분분하다. 필자 역시 나름대로의 의견을 제시하였지만 완전한 해명까지는 이르지 못했다는 점을 인정하지 않을 수 없다. 후속 연구를 통해 이 부분들이 반드시 밝혀져야 할 것으로 생각된다.

이 책의 구성을 소개하면 다음과 같다. 이 연구는 서울 한강 유역 부군당 의례를 중심으로 부군당 의례의 전통은 무엇이고 도시의 발전에 따라 부군당 의례가 어떻게 변화하였으며 그 의미는 무엇인가에 대한 것이다.

제2장에서는 부군당 의례의 역사적 전개 과정과 의례의 구조에 대해 설명하였다. 여기서는 조선시대부터 현대까지 부군당 의례의 변화를 간략히 개관하였다. 그리고 부군당 의례의 구조는 부군당굿과 무가와 설화, 무당과 악사집단, 무신도·제물·무구 등을 통해 살펴보았다. 부군당은 조선초기에는 서울 도성 안 관청의 부속 건물로 건립되었으며 하급 관리들이 이를 관리하였다. 부군당은 점차 한강 유역에도 건립되면서 지역 공동체 의례로 변하게 된다. 당시 형성된 전통은 끊임없이 변화되어 왔다.

제3장에서는 부군당 의례의 변화를 구성 요소별로 살펴보고 의례의 지속을 위한 주재 집단의 다양한 대응 방식을 구체적 사례를 통해 알아보았다. 구성 요소는 인적, 물적, 제도적, 내적 요소로 설정하였다. 주재 집단은 의례를 지속시키기 위해 외부의 개입을 배제하고 전통을 고수한다든지 문화재로 지정받든지 지역 행사로 확대시키는 방식을 취하고 있다. 구성 요소들의 변화를 살펴보면, 주재 집단이 소수 정예화 되고 있

다는 것과 제당의 존재가 의례 전승에 지대한 영향을 끼친다는 점, 당굿이 점점 중단되고 있으며 문화재 지정에 대한 열망이 커지고 있다는 점 등을 알 수 있다.

제4장에서는 사회 변동에 따른 주재 집단의 대응 전략이 무엇이며 전통은 어떻게 현대화되고 있는지 살펴보았다. 사회 변동에 따른 주재 집단들의 대응 전략은 전승 집단의 조직화와 소수 정예화, 의례의 세속화·공식화·행사화, 지방 정부와의 원조적 관계 형성으로 나타난다. 전통이 현대화되는 양상으로는 국가적 호혜 시스템의 구축, 주재 집단의 정체성 확립과 '전통 문화 행사'로의 환치, 한강과 부군 신앙의 현대적 재현, 부군당 설화의 생성과 변화 등이 있었다.

이와 같은 연구는 결국 민民은 도시 발달과 같은 사회변동에 대응하기 위해서 다양한 대응 전략을 구사하고 있으며 지속적으로 의례 전통을 창조하고 있다는 것을 밝히는 것이기도 하다.

마지막으로 이 책이 나오기까지 도움을 주신 많은 분들에 대한 감사를 드리고 싶다. 학위논문 서두에 쓴 감사의 글을 일부 수정하여 대신하겠다.

우둔한 자가 한 가지 일을 해 내려면 주위의 많은 사람들을 수고롭게 한다고 했다. 논문이 완성되기까지 여러 선생님들과 동료들, 그리고 가족들의 도움이 없었으면 지금의 내가 있다는 것은 불가능했을 것이다. 인생 중반의 매듭을 하나 맺는 기분이다. 민속학에 대한 막연한 동경으로 시작한 여정이 이토록 거칠고 지난할 줄 몰랐다. 고지를 향해 돌진하는 병사처럼 용기를 내라고 하시던 남강 선생님께서 이 세상을 떠나신 지도 어언 20여년이 흘렀다. 공부가 힘든 것이 아니라 공부하고자 하나 그러하지 못하는 현실 때문에 힘이 들었던 지난 시기 삶의 지표가 되어 주신 남강 선생님께 다시 한 번 감사드린다.

  길고 지루한 장마가 지나간 기분이다. 보잘 것 없는 논문을 위해 너무나 많은 분들이 수고를 해 주셨다. 남강 선생님이 돌아가신 뒤 그 뒤를 이어 논문을 지도해 주신 이정재 교수님께 감사드린다. 탈고 막바지에 밤늦게까지 원고를 손봐주시며 민에 대한 관점을 각인시켜주신 이기태 교수님의 노고를 아직도 잊지 못한다. 부군당 연구의 포문을 열었고 당신이 찍어 놓으신 비디오 자료를 선뜻 내 놓으시며 격려해 주신 박홍주 선생님께도 감사드린다.

  논문에 매달려 있는 남편을 위해 육아와 살림의 와중에도 밤잠을 설치며 교정을 보아준 아내 류영희 선생께 진심어린 감사를 드린다. 아빠가 논문을 쓰는 동안 별 탈 없이 잘 커 준 우리 딸 희연이도 고마울 따름이다. 그리고 다른 모든 가족들에게도 감사를 드린다. 선뜻 학위논문의 출간을 제안해주시고 출간해 주신 민속원의 홍종화 사장님과 직원 여러분께도 감사를 드린다. 마지막으로 현지조사를 갔을 때 진심으로 환영해 주고 성심껏 답변해 주신 모든 제보자들에게 감사를 드린다. 이들이 있기에 아직까지 공동체와 의례가 전승되고 있음에 다시 한 번 감사를 드린다.

2017년 11월
수락산 자락에서
김태우 씀.

차례

머리말 004
일러두기 010

제1장 서론   011

1. 연구 목적 ·· 12
2. 선행 연구 검토 ·· 14
3. 연구 방법 ·· 25

제2장 부군당 의례의 역사적 전개와 구조   033

1. 부군당의 건립 배경과 의미 ··· 34
2. 한강 유역 사회의 변화와 부군당 ·· 61
3. 부군당 의례의 구조와 특징 ·· 64

제3장 부군당 의례의 지속과 변화   121

1. 부군당 의례의 현황과 분포 ··· 122
2. 의례의 토대 확립과 지속 ·· 140
3. 의례의 지속성 확보와 주재 집단 ·· 188

제4장 주재 집단의
       대응 전략과
       전통의 현대화
       225

   1. 사회변동과 주재 집단의 대응 전략 ·· 226
   2. 사회변동과 전통의 현대화 ·· 232

제5장 결론
       243

부록
       249

   1. 도표, 그림, 사진 ·· 250
   2. 부군당 현지조사 일정 ·· 277

Abstract 281
참고문헌 283
찾아보기 291

일러두기

1. 이 책은 필자의 박사학위논문인 「서울 한강 유역 부군당 의례연구 : 전승과 변화 양상을 중심으로」(경희대학교 박사학위논문, 2008)를 수정 보완하여 출간한 것이다.
2. 이 책에서 출처가 별도로 명기되지 않은 사진은 필자가 직접 촬영한 것이며 2006~2007년에 촬영된 것이다. 행사 사진 외에는 별도로 연도를 표기하지 않았다.

제1장

서론

1. 연구 목적
2. 선행 연구 검토
3. 연구 방법

01.
서론

-
-
-

1. 연구 목적

　　　　　　　　도시화urbanization의 진행과 함께 20세기 이후 새롭게 '民'으로 등장한 도시민과 그들의 문화에 대한 연구는 이제 필연적인 과제가 되고 있다. 도시학에서 도시는 '물리적 시설이 타 지역보다 현저히 집중되어 있는 곳으로 파악되며, 많은 인구와 산업활동의 수많은 교호작용에서 빚어지는 복잡한 사회 환경과 더불어 오늘날 인간이 가장 편리하고 행복한 삶을 누릴 수 있는 인공시설이 갖추어진 곳'으로 정의된다(노춘희·김일태, 2000 : 17). 도시에 대한 보다 구체적인 지표로서 인구수와 인구밀도가 있는데, 한국에서는 통상 최소 5만 명 이상의 도시를 '市'가 될 수 있는 지역으로 간주한다. 서울특별시와 6개 광역시만을 '도시'로 한정한다 하더라도, 2005년 현재 대한민국 국토의 5.4%에 해당하는 지역에서 총 인구 중 46.8%(23,078,604명 / 총49,267,751명)가 살고 있다(통계청, 2006년). 즉, 한국 사람들 중 2명 중 1명은 도시에 살고 있는 셈이다. 이러한 상황에서 도시에 대한 연구, 특히 '도시민'의 문화와 생활에 대해서 연구해야 하는 것은 이미 역사적 필연성이며 시대적 요청에 의한 것이라 할 수 있다.

　도시라는 공간은 전통의 계승과 창조, 그리고 변화가 가장 역동적으로 일어나고 있는 현장이며 현대인의 사회·문화적 바로미터가 되는 곳이기도 하다. 이러한 도시에 대한 연구는 사회학(도시사회학)이나 인류학(도시인류학), 지리학(도시지리학) 등의 영역에서 일찍이 분과학문으로 자리를 잡으면서 발전해 왔으며 이제는 독립적인 '도시과학

Urban Sciences'의 필요성이 제기될 수준에 와 있다. 민속학 분야에서도 예외는 아니어서 미국,[1] 독일,[2] 일본[3] 등에서는 60~70년대 이미 도시민속학이 확고하게 자리를 잡았으며 그 영역을 점차 넓혀가고 있다.

이처럼 인접 학문들과 외국의 민속학 추세에도 불구하고 한국의 도시민속학[4]은 아

...

[1] 미국에서는 1970년대부터 리처드 도슨 등에 의해 응용민속학(Applied folklore) 내지는 도시민속학이 제기된다. 리처드 도슨(1972)은 "민속학자들은 사람들을 다룬다. 그리고 이제 사람들은 시골을 떠나 도시에 모여들었다."라고 하여 '도시의 민중집단(folk group)'에 대한 연구를 제안하며 "오늘날 민속학은 과거를 연구하는 학문으로서뿐만 아니라 현재를 연구하는 학문으로서도 지향되어야 한다."라고 주장하였다(이두현 외, 1991 : 7).

[2] 독일에서는 2차 세계대전 이후 모저, 크라머 등이 이끄는 뮌헨학파에 의해 도시민속학이 시도된다. 그들은 "민속은 역사를 초월한 고정된 결과물이 아니라 역사와 역사적 움직임을 통해 생성된 역사적 산물"이라고 주장한다(이정재, 2005 : 150). 이처럼 이들은 민속학은 '과거학'이 아닌 '현재학'으로서 인식하고는 있었으나 주로 역사 민속학적 연구 방법을 취하여 본격적인 도시민속학으로 나아가지 못한 것으로 보인다. 반면, 발터 헤베르니카와 그의 함부르크대학의 민속학자들은 "민속적인 생활 방식과 민속적인 문화가 현대의 산업화와 전문화되어 있는 사회 안에서도 적용되고 있다는 점을 포괄적으로 정리"(이정재, 2005 : 158)하여 본격적인 도시민속학이 시작되고 있다. 이후 튜빙겐 연구소 등 전문 연구소들이 설립되면서 민속지도(ADV : Atlas der Deutschen Volkskunde), 민속 아카이브 등의 체계적이고 실제적인 작업이 수행되기에 이른다. 1970년대 이후부터 독일 민속학은 '문화변동', '비평적 경험문화학', '의사소통학' 등의 방법론이 등장하면서 그 대상과 연구의 폭을 넓혀가게 된다. 그 대표적인 학자로 헤르만 바우징게를 들 수가 있다. 현재 독일의 도시민속학은 '수공업·장인의 연구'에서부터 '휘트니스와 웰빙과 육체갈증(신체욕구)'에 이르기까지 도시의 온갖 일상을 그 대상으로 하고 있어 실용 내지는 응용 민속학의 영역으로 확대되는 시점에 와 있다.

[3] 일본의 민속학은 도시민속학을 빼고서는 말할 수 없을 정도로 도시민속학이 차지하는 비중은 지대하다(岩本通弥, 1991:242). 일본에서 도시에 대한 관심은 일본 민속학의 태두라 할 수 있는 柳田國男(1929)에서부터 시작된다. 그는 "도시에는 獨自의 핵심이 없고, 촌의 민속이 도시로 옮겨져 原型으로서의 민속이 도시에서 변화하고 그 위에 변화한 型이 다시 촌으로 되돌아가 거기서 촌이 도시화한다"라는, 소위 '都鄙連續體論'을 제창하였다(박계홍, 1983 : 102~103). 이후 宮本常一, 倉石忠彦, 宮田登 등에 의해 도시민속학이 확고하게 자리를 잡아 나가게 된다. 특히, 宮田登(1982)은 柳田國男의 관점을 완전히 벗어나 도시에는 농촌과는 다른 별종의 상민이 존재하고 있으며 이들은 현대 도시에서 벌어지고 있는 미신적이고 비합리적인 현상의 주체들임을 간파하고 '도시에서 발생한 민속의 발견'에 주의를 기울이게 된다(박계홍, 1983 : 250~ 252). 이러한 논의는 '都市異質論'으로 정립되었으며 이후 구승문예의 한 장르인 '세상이야기 世間話'를 확장하여 '입이 찢어진 여자 口裂け女'와 같은 '도시전설'의 영역을 개척하기에 이른다. 여기서 더욱 발전된 논의는 中野卓(1977), 大塚英志(1989) 등의 저작에서 발견된다. 中野卓는 '구술의 생활사'와 라이프히스토리론 등을 제창하였는데 이는 민속학의 조사 대상이 집단에서 개인으로 옮겨가게 된 전환점을 마련했다고 할 수 있다. 大塚英志는 일본의 소비 양태와 문화적 저변에 깔려 있는 '少女性'을 날카롭게 분석해 내었다. 이러한 시도는 일상생활에 대한 연구를 통해 '문화의 번역'을 이끌어낸 좋은 사례가 된다(岩本通弥, 1991 : 260~270).

[4] 한국에서 도시민속에 대한 본격적인 문제 제기는 1971년에 있었던 김태곤, 이상일의 논쟁에서 시작된다. 이상일은 도시민속학을 현대민속학의 과제로 제기했고 김태곤은 민속학이 '과거학'이 아닌 '현재학'으로 나아가야 하며 이를 위해 민속학의 대상 영역을 '벽지의 민간인은 물론 도시의 민간인까지 포괄하는 현재의 민간층의 생활·문화 현상까지 확장'해야 한다고 역설한다(김태곤, 1984 : 48~60). 이후에 김택규(1988), 박계홍(1987) 등도 도시민속학에 관심을 가지고 그 논의를 이어갔으며 이후 나경수(Richard M. Dorson 편·나경수 역, 1995), 임재해(1996), 장철수(2000) 등에 의해 그 논의가 비교적 구체화되기에 이른다. 21세기가 시작되면서 도시민속학은 학회나 대학 연구소의 심포지움 등을 통해 한국 민속학의 본류에 서서히 그 모습을 드러내게 된다. 일상문화연구소(1996), 실천민속학회(임재해 외 저·실천민속학회 편, 1999; 임재해 외 저·실천민속학회 편, 2001), 경희대 민속학연구소(2002; 2003), 한국민속학회(2005) 등이 그것이다. 특히, 박환영(2002), 강정원(2003), 주영하(2003), 이정재(2005) 등의 신진 유학파 민속학자들이 이러한 흐름에 가세함으로써 도시민속학에 대한 논의가 더욱 활기를 띠고 있다.

직 걸음마 단계라 하지 않을 수 없다. 근래에 와서는 도시 민속에 대한 보다 구체적인 연구 성과들[5]이 발표되고 있으며 도시 민속 혹은 현대 민속 개념에 대한 재정립 논의[6]도 거론되고 있는데 이는 도시 민속에 대한 시론이나 외국의 경향을 소개하는 수준에서 벗어나 보다 실질적이고 심층적인 논의의 단계로 넘어가고 있음을 의미하는 것이다. 그럼에도 불구하고 현재까지 도시민속학은 민속학 영역에서 비주류라 할 수 있으며 도시민속에 대한 구체적인 연구 성과도 미흡한 상황이다.

이 연구에서는 서울이라는 도시에 전승되고 있는 부군당 의례를 중심으로 도시의 발전에 따라 공동체 의례가 어떻게 변화해 가는가 하는 점을 살펴보고자 한다. 조선 건국과 비슷한 시기에 건립되었을 것으로 추정되는 서울 지역의 부군당 의례는 그 역사가 근 600년을 넘으면서도 현재까지 활발하게 전승되고 있다. 더불어 서울이라는 대표적인 도시 지역에 존재하고 있어 도시 민속학의 연구 대상으로서도 적합한 조건을 갖추고 있는 셈이다. 이 연구에서는 이러한 부군당 의례를 주 연구 대상으로 하되, 도시 발전에 따라 공동체 의례가 어떻게 변화해 갔으며 주민들은 이를 어떻게 받아들이고 또 어떻게 변용해 나가는가 하는 점에 초점을 맞추고자 한다.

2. 선행 연구 검토

1) 공동체 의례에 대한 연구

이 연구에서 공동체 의례란 '지역 공동체'[7]가 주체가 되어 정기적으로 행하는 '의례'

---

5 김시덕, 「현대 도시공간의 상장례 문화」, 『한국민속학』 41, 한국민속학회, 2005; 김종대, 「도시에서 유행한〈빨간 마스크〉의 변이와 속성에 관한 시론」, 『한국민속학』 41, 한국민속학회, 2005; 정형호, 「20C 용산지역의 도시화 과정에서 동제당의 전승과 변모 양상」, 『한국민속학』 41, 한국민속학회, 2005; 황경숙, 「영업용 차량 운전자들의 자동차 고사와 속신」, 한국민속학 42, 한국민속학회, 2005; 이창언, 「도시지역 민간신앙의 전승에 관한 연구 : 대구시 진천동 용천마을의 동제를 중심으로」, 『민속학연구』 18, 국립민속박물관, 2006.

6 임재해, 「20세기 민속학을 보는〈현재학〉논의의 비판적 인식」, 『남도민속연구』 11, 남도민속학회, 2005; 남근우, 「도시민속학의 고경(苦境)과 포클로리즘」, 2007년도 한국민속학회 연례학술대회 발표문, 2007년 12월 7일.

를 말한다. 한국 학계에서는 지역사회에서 행해지는 공동체 의례를 '洞祭', '마을굿', '공동체 신앙', '공동체 의례(제의)', '마을신앙' 등의 다양한 명칭으로 지칭하고 있다. 그간 한국 민속학의 역사는 이러한 공동체 의례에 대한 연구사라 해도 과언이 아닐 정도로 공동체 의례에 관한 연구는 한국 민속학의 중심 테마로 다뤄져 온 것도 주지의 사실이다. 이러한 공동체 의례에 대한 연구는 민족지民族誌(ethnography)적 성격이 짙은 공동체 의례의 현황과 분포에 대한 연구,[8] 공동체 의례의 기원이나 전개 과정 등 역사적 연구,[9] 공동체 의례와 당신화 연구,[10] 주재 집단과 공동체 의례와의 상관성 연구,[11] 공동체 의례의 기능이나 상징성에 대한 연구,[12] 도시화와 같은 사회 변동에 따른 공동체 의례의 변모에 대한 연구[13] 등의 영역에서 진행되어 왔다. 과거에는 공동체 의례의 분포와 기원에 관한 거시적 접근 방식이 주류였다면 근래에는 신진 연구자들을 중심으로 공동체 의례의 변화와 구조 등과 같은 미시적 접근 방식이 확산되고 있는 점은 주목할 만하다. 이는 그간 공동체 의례에 관한 연구가 양적으로 충분히 축적되었음을 의미하며 이러한 성과를 토대로 질적인 발전 내지는 변화를 모색하고 있는 것

---

7 퇴니스(F.Tönnis)의 「공동사회와 이익사회」에 대한 개념을 보면, 血의 Gemeinschaft는 점차 공동거주와 같은 장소의 Gemeinschaft로, 나아가 목적과 의도를 같이 하는 단순한 공동작업·공동관리로서의 정신의 Gemeinschaft로 발전·분화한다고 하였다. 이러한 공동사회의 이론은 공동체의 개념과 합치된다고 할 수 있다(김삼수, 1966 : 40~43). 따라서 공동체란 혈연과 지연을 바탕으로 하여 공동의 목적과 의도를 같이 하는 집단이라고 정의해 볼 수 있으며 지역 공동체란 특정 지역을 범위로 하여 존재하는 공동체라고 정의해 볼 수 있겠다.

8 김태곤, 「한국신당연구」, 『국어국문학』 29집, 국어국문학회, 1965; 박흥주, 「서울 마을굿의 유형과 계통」, 『한국무속학』 12, 한국무속학회, 2006.

9 박호원, 「한국공동체 신앙의 역사적 연구 : 동제의 형성 및 전승과 관련하여」, 한국정신문화연구원 한국학대학원 박사학위 논문, 1997.2; 유승훈, 「경강변 부군당의 성격과 역사적 전개 양상」, 『서울학연구』 20, 서울시립대학교 서울학연구소, 2003.

10 표인주, 『공동체 신앙과 당신화 연구』, 집문당, 1996; 박혜령, 「소야 堂神의 신화적 정체화와 제의의 당위성」, 안동대학교 대학원 민속학과 석사학위 논문, 1997.

11 정승모, 「성황사의 민간화와 향촌사회의 변동」, 『태동고전연구』 7, 한림대학교 태동고전연구소, 1991; 이기태, 『읍치 성황제 주재집단의 변화와 제의 전통의 창출』, 민속원, 1997; 황경순, 「상주 천봉산성황제 주재 집단의 지속과 변화」, 안동대학교 대학원 민속학과 석사학위논문, 2001.

12 이기태, 『동제의 상징과 의미전달 체계』, 민속원, 2004.

13 강은주, 「도당제를 통해서 본 공동체 의식의 지속과 변화 : 서울 답십리의 사례」, 서울대학교 대학원 석사학위 논문, 1986; 박혜준, 「문화전통과 전통의 재해석 : 위도 띠뱃놀이를 중심으로」, 서울대학교 대학원 인류학과 석사학위 논문, 1999; 김진명, 「서울 밤섬 이주민의 주거 공간의 변화와 의례」, 『서울학연구』 13, 서울학연구소, 1999; 강정원, 「근대화와 동제의 변화 : 부천 먼마루 우물고사를 중심으로」, 『한국문화인류학』 35권 1호, 한국문화인류학회, 2002; 정형호, 앞의 책; 이창언, 앞의 책.

으로 해석된다. 이러한 징후는 새로운 패러다임의 등장을 암시하고 있으며 연구자들로 하여금 변화된 학문적 상황에 부응할 것을 요구하고 있는 것이다.

서울지역 공동체 의례에 대한 연구는 실태 조사와 사례 분석, 유형 및 역사적 고찰 등의 영역에서 진행되어 왔다. 먼저, 서울지역 공동체 의례에 대한 최초의 조사보고는 『부락제』(조선총독부, 1937)[14]에서 찾아 볼 수 있다. 서울지역 공동체 의례로 京城府 新水町(현 마포구 신수동), 龍江町(현 마포구 용강동), 京城府外 牛耳里(현 우이동), 恩平面 佛光里 射亭洞(현 은평구 불광동)의 동제가 보고되어 있다. 그러나 여기에 그치고 있어 당시 서울지역 공동체 의례를 개관하기에는 한계가 있어 아쉬운 감이 있다. 해방 이후 정부 차원에서 시행한 서울시 공동체 의례 실태에 대한 조사는 총 3차례 정도 있었다. 1967년 문화재관리국에서 실시한 전국부락제당 서면조사가 첫 번째 조사이다. 이를 토대로 간행된 『한국의 마을제당 : 서울·경기도 편』(국립민속박물관, 1995)에서는 서울지역 동제당이 28건[15] 정도가 수록되어 있어서 1960년대 후반의 모습을 살피는 데 도움이 된다. 다음은 1972년 서울시에서 실시한 동제당 조사가 두 번째 조사인데 서울시 동제당은 약 44건이었고 전술한 1967년 조사 자료 중 중복되지 않은 동제당을 합치면 총 66건[16]이 확인되었다(장주근, 1986).[17] 여기에서는 서빙고동 부군당, 동빙고동 부군당, 보광동 김유신사당과 관련 의례에 대한 조사 보고가 첨부되어 있어서 1970년대 부군당 의례의 상황을 파악하는 데 도움이 된다. 마지막으로 1990년 『서울민속대관』 편찬사업의 일환으로 시행되었던 조사사업이 세 번째 조사이다. 여기서는 서울시 동

14　1930년대 일본인 학자 村山智順이 囑託을 맡아 진행하였던 조선총독부의 '조선의 鄕土神祀' 조사 사업의 결과로서 발간된 것이다. 이 책에는 전국 동제의 구체적 사례와 祭神, 제사형태, 祭費, 동제를 위한 동회 등에 대한 조사 내용이 통계적 분석과 함께 상세하게 수록되어 있다.
15　동대문구 답십리동, 전농1동, 마포구 관란동, 대흥동, 도화2동, 서대문구 역촌동, 성동구 도곡동, 사근동, 삼성동, 성수2가동, 역삼동, 자양동, 영등포구 가양동, 구로1동(1), 구로1동(2), 봉천동 당곡, 봉천동 자하동, 봉천동 청능, 봉천동 흐리목, 서초동, 신대방동, 신림동, 신풍동, 양평동(1), 양평동(2), 영등포동, 용산구 용문동, 이태원동 이상 28개 마을이다.
16　논문의 서울시 동제당 일람표 상으로는 67건이나, 확인 결과 1건(동대문구 전농동)이 중복 기재되어 있어 실제로는 66건이다.
17　장주근은 부군당과 관련해서 부군당이란 "官府의 것이 민간에의 沈潛인 듯"하다고 하여 그 연원을 관부 내 사당에서 찾고 있다(장주근, 1986 : 62).

제당 59건이 조사 보고되었고 이중 33건은 전승이 유지되고 있었던 것으로 나타났다 (서울특별시 문화재위원회, 1990 : 353). [18] 최근의 성과로는 서울역사박물관에서 '서울 생활문화 자료조사'의 일환으로 조사하여 발간한 『한강변의 마을신앙』(2006)과 국립민속박물관에서 발간한 『한국의 마을신앙』(2007)이 있다. 『한강변의 마을신앙』에서는 서울 한강변에 분포한 37곳의 마을 제당을 현지 조사하고 관련 의례를 영상 자료로 기록해 놓아 2006년 현재 서울지역 공동체 의례를 조망하는 데 긴요한 자료를 제공하고 있다. 뿐만 아니라 마을굿의 절차, 무신도의 현황, 주재 집단과 무당과 악사 등에 대한 분석도 병행하고 있어 연구서로서의 가치도 충분하다고 할 것이다. 그러나 37곳의 마을 제당에 대한 현지 조사에 있어서는 체계가 부재하고 내용 역시 소략하여 아쉬운 감이 있다. 그 밖에 조사 자료로 1979년 문화재관리국에서 펴낸 『한국민속종합조사보고서 : 서울편』과 1986년 서울시에서 펴낸 『서울의 전통문화』 등이 있다. [19]

서울지역 공동체 의례 실태에 대한 개인적인 연구 사례로는 김태곤(1965, 1990)과 박흥주(2001)를 들 수 있다. 김태곤은 1964년에 서울지역 신당을 조사할 때 실지 약 40여 개를 확인하였다(1990 : 649)고 하였으나 '한국 신당 연구'(김태곤, 1965)에서는 이 중에 25건만이 언급되었다. [20] 이후 서울지역 '동신 신앙'(1990)에서는 서울지역 동신洞神의 종류, 동신당洞神堂의 형태, 신체神體 등을 유형별로 나누어 그 특징을 분석했으며, 특히, 유교식 당제형의 사례로서 이태원 부군당 당제, 성동구 청수골 서낭제, 영등포구 자하동 당제를, 무속식 당굿형의 사례로서 남이장군 당굿을 제시하였다. 박흥주는 『서울의 마을굿』(2001)에서 활발하게 전승되고 있는 한강 유역 20개 마을굿을 소개하고

---

18 특히, '민간신앙 편'에서는 서울시 마을제당을 실측조사하고, 이를 체계적이고 상세하게 기록하고 있어서 현재까지 행해진 조사사업 결과물들 중에서 가장 충실한 내용을 담고 있다.
19 1979년 문화재관리국의 자료에서는 전체 현황은 제시되어 있지 않고 다만, 구체적 사례로서 성동구 행당1동 '애기씨 당굿'만을 조사보고하고 있다. 1986년 서울특별시 자료에서는 서울지역 35건의 사례를 제시하고는 있으나 서술체계가 다소 산만한 점이 있다.
20 여기서 김태곤은 부군당 신앙에 대해서 부군 신앙은 日神 즉 天 숭배 사상으로 그 연원이 오래된 것이며 보편화된 신앙형태로 보았다. 그 근거로는 그 분포가 산신, 서낭신 다음으로 많으며 가정 단위로도 부군당이 있는 점, 官廳神化했다는 기록 등을 통해 보편적 신앙이었음을 주장하였다(김태곤, 1965 : 81).

있다. 그는 여기서 제시한 20개 마을 이외에도 5개 마을을 더하여 총 26개 한강 유역 마을이 공동 의례를 전승하고 있음을 최종 확인하였다(2002 : 240).[21] 또한 그는 서울 마을굿의 유형과 계통을 다룬 연구(박흥주, 2006)를 통해 서울 마을굿의 유형을 한강변을 중심으로 한 부군당굿, 근교농업이 활발했던 평야 지대의 도당굿, 서울 북부지역의 산신제로 나누고 이들의 특징을 밝히고 있다. 이 연구는 서울 지역 공동체 의례를 지리적 환경과 생업 조건을 고려하여 유형을 나누어 보고 전체적인 조망을 시도하고 있다는 점에서 의의가 있다고 할 것이다.

　서울지역 공동체 의례를 대상으로 한 연구 중에 특히 굿거리와 관련된 것으로 황루시(1989), 홍태한(2006), 김헌선(2007) 등이 있다. 황루시는 1980년대 봉화산 도당굿, 답십리 도당굿, 보광동 부군당굿을 비교하면서 서울 당굿의 특징에 대해 언급한 바 있다.[22] 홍태한 역시 현재 서울 마을굿은 기존 서울굿의 양식이 점차 확장되고 있는 양상을 보인다고 전제하고 경기도 도당굿의 권역에 속했던 지역의 굿[23]들도 기본적인 굿거리는 서울굿과 일치하는 것으로 보았다(홍태한, 2006 : 130).[24] 김헌선은 한남동 부군당굿과 보광동 부군당굿, 당산동 부군당굿의 거리별 배치를 비교하면서 서울 마을굿[25]

21　박흥주가 확인한 한강 유역 마을 대동 치성 현장은 금호동, 옥수2동, 한남동 큰한강 부군당, 보광동, 용산 둔지미, 동빙고동, 서빙고동, 산천동, 용문동, 청암동, 마포, 밤섬, 창전동, 당인동, 신길3동, 신길2동, 영등포 상산전, 망원동, 염창동, 당산동, 염창동 증미, 양화6동, 한남동 작은한강 부군당, 이태원 이상 24개 마을로, 주장한 26개라는 수치와는 차이가 있다. 마지막 4개 마을을 제외한 20개 마을의 사례가 『서울의 마을굿』에 실려 있다. 박흥주는 전체 서울의 경우, 1999년까지 직접 확인한 서울의 대동치성 현장만 하더라도 87곳이며 드러나지 않은 동네까지 추산하면 120여 곳은 될 것이라 보았다(2002 : 232).
22　그가 밝힌 서울 당굿의 특징을 몇 가지로 요약하면, 우선 서울 당굿의 절차는 집안 재수굿의 확대형으로서 재수굿의 열두거리를 기본으로 수용하면서 거기에 '특이한 절차'들이 부각되어 연행된다는 것이다. 여기서 특이한 절차라는 것은 답십리의 '좌우수살멕이'나 보광동의 '돌돌이' 등 잡귀들을 마을 밖으로 내몰아 마을을 신성한 터로 만드는 절차, 보광동의 대내림이나 답십리의 개비대감을 모시는 과정 등 堂神을 모시는 특별한 절차, 마을을 위해 공헌이 컸던 옛 조상들을 모시는 본향굿의 절차, 역할이 상당히 강조되어 나타나는 군웅굿의 절차 등을 말한다(황루시, 1989 : 135~137).
23　홍태한은 봉화산 도당굿과 당산동 부군당굿을 그 사례로 들었는데, 봉화산 도당굿의 경우는 거리부정, 용왕굿, 대잡이굿 등이, 당산동 부군당굿의 경우는 군웅거리의 마을 순력 등이 경기도 도당굿의 흔적이라는 것이다(홍태한, 2006 : 130).
24　그가 제시한 서울 마을굿의 특징으로 서울 재수굿에는 없는 부군이나 도당거리가 존재한다는 점, 본향과 가망을 따로 모신다는 점, 군웅신을 독립적으로 모신다는 점 등을 들고 있다(홍태한, 2006 : 150). 같은 글에서 언급한 서울 마을굿의 일반적인 순서와 재수굿과 비교한 내용을 정리하면 다음과 같다.

과 부군당굿의 특징을 언급한 바 있다. 그는 부군당굿의 특징으로 한강을 끼거나 인접 또는 한강 가에 있다는 지역적 분포를 보이며 특정한 인물과 결부되어 있고 삼일유가, 군웅, 가진 뒷전, 황제풀이, 씨앗타령 등이 행해진다는 것을 꼽았다(김헌선, 2007 : 99). 황루시와 홍태한의 연구에서 공통적인 점은 서울 마을굿의 굿거리를 개인굿의 확장으로 본 것이다. 그 외 특징적인 몇몇 거리들이 추가되어 지역별 특징을 보여준다는 것은 세 연구에서 공통적인데 이는 모두 현상적인 비교에 그치고 있다는 한계를 지닌다.[26] 지역적 특수성을 보이는 근본적인 원인을 밝혀내고 이를 현재 전승되는 모습 속에서 검증할 때라야 서울 마을굿의 구조에 대한 논의가 보편성을 획득할 수 있을 것이다.

서울지역 무가에 대한 연구는 주로 개인굿을 중심으로 이루어져 왔다.[27] 따라서 개인굿 무가에 대한 자료[28]는 풍부한 편이나 마을굿 무가 자료[29]는 매우 일천하다.[30] 마

⟨서울지역 재수굿과 마을굿의 굿거리 비교⟩

재수굿		마을굿	
해당 굿거리	단계	단계	해당 굿거리
주당물림	굿청 정화하기	굿청 정화하기	주당물림
부정청배, 가망청배	여러 신격 부르기	여러 신격 부르기	부정청배, 가망청배
불사, 산, 조상거리	근원신 처들기	마을신 모시기	부군·도당, 본향신모시기, 대잡이거리
대안주(상산, 별상, 신장, 대감, 제석거리)	구체적인 복 주기	구체적인 복 주기	대안주(상산, 별상, 신장, 대감, 제석거리)
성주, 창부거리	가택의 평안 처들고 액막기	마을 수호신 모셔 마을 운수 빌기	군웅거리
계면거리	굿판에 참가한 사람 복 나누기		
뒷전	굿판의 마무리	굿의 마무리	뒷전

(홍태한, 2006 : 150~152 : 도표는 필자가 재편집)

25 서울 마을굿의 특징으로 서두에 곧바로 부정거리가 오는 것과 마을굿을 상징하는 굿거리가 각기 지역에 따라서 다른 양상을 보인다는 점을 제시하고 있다. 다른 양상이란 즉, 황해도의 마을굿 같은 경우는 맨 처음 당산맞이가 있고 뒤에 마을을 도는 세경돌기 등이 오는 것에 비해 서울 마을굿은 바로 부정거리부터 시작된다는 것이다. 또한, 지역별로 마을굿을 상징하는 거리가 다른데 예를 들면 봉화산 도당굿에는 당할머니와 대내림의 과정이, 답십리의 경우는 좌우수살먹이가, 보광동의 경우는 돌돌이와 대내림의 과정이 그렇다는 것이다(김헌선, 2007, 97~98).
26 각 마을의 공동체 의례는 지리적 특성이나 지역민과 지역사회의 변화, 사회·경제적 여건 등이 반영되어 있다고 볼 수 있는데 이에 대한 천착과 그것에 근거한 분석이 아니고서는 '대부분 서울굿과 비슷하나 약간씩 다르다'라는 보편적인 결론만이 있을 뿐이다.
27 신연우, 「서울 굿의 타령·만수받이·노랫가락의 관계」, 『서울 굿의 이해』, 민속원, 2007; 이명숙, 「서울 재수굿의 ⟨부정거리⟩ 연구」, 『서울 굿의 이해』, 민속원, 2007.

을굿 무가는 개인굿 무가가 바탕이 되겠지만 대상과 구연 상황, 목적 등이 다르기 때문에 마을굿이란 새로운 맥락에서 접근하는 관점이 필요할 것이다.

현용준(1992)과 표인주(1996)에 의해 본격화된 당신화堂神話 연구는 이후 일련의 연구성과들[31]을 통해 당신화와 마을신앙과의 관련성이 활발하게 논의되었다.[32] 서울지역 마을 제당 당신화 연구는 몇몇 연구[33]가 있기는 하나 아직까지는 미미한 실정이다.

서울지역 무속 연구 중에 무당이나 악사 집단에 대한 연구 역시 다른 지역의 그것에 비해 무척 미흡하다. 몇몇 무당들의 개인 구술사에 대한 보고와 악사에 대한 논문 몇 편이 전부이다.[34] 제물에 대한 연구 역시 미미한데, 무속의 상차림을 식문화적 측면에서 다룬 연구(김상보·황혜성, 1988)와 밤섬 부군당굿 제물에 대한 연구(주영하, 1999),

---

...

28 김헌선,『서울지역 안안팎굿 무가 자료집』, 보고사, 2006; 홍태한,『한국의 무가3 : 서울지역 필사본 무가』, 민속원, 2006; 최형근,『서울의 무가』, 민속원, 2004; 최형근,『서울의 무가』 2, 민속원, 2005; 서울새남굿보존회 편,『서울새남굿신가집』, 문덕사, 1996.

29 중랑문화원,『봉화산 도당굿』, 수서원, 2005; 그밖에 서울민속대관(1990)에 부군당굿 무가 중 일부가 실려 있기는 하나 무척 소략하여 아쉬움이 있다.

30 그 이유는 공개적인 장소에서 행하는 굿이라 채록에 어려움도 있었겠으나 연구자들이 마을굿 무가는 개인굿 무가와 별반 다르지 않으며 굿거리가 '재수굿의 확장형'(황루시, 1989 : 135)인 것처럼 무가 역시 재수굿 무가의 연장선에 있을 것으로 인식하고 있기 때문인 것으로 생각된다.

31 박현국,「당산신 모티프 설화와 당산제의 고찰 – 익산 지역을 중심으로」,『한국민속학』 22집, 민속학회, 1989; 천혜숙,「마을우주와 신화적 세계관」,『구비문학연구』 제8집, 구비문학회, 1996; 천혜숙,「화장마을 당신화의 요소 및 구조 분석」,『민속연구』 제6집, 안동대 민속학연구소, 1996; 박혜령,「소야 堂神의 신화적 정체성와 제의의 당위성」, 안동대학교 민속학과 석사논문, 1997; 이세나,「괴시 마을 당신화의 성립과 변화에 관한 연구」, 안동대학교 민속학과 석사논문, 1999.

32 특히, 천혜숙은 표인주가 정의한 "당신화는 공동체신앙에서 의례의 대상이 제당에 좌정하게 되는 당신의 내력을 이야기한 것"(표인주, 1996 : 152)이라는 것에서 한 걸음 더 나아가 "당신화는 계속 형성되는 과정 중에 있다"라고 보았으며 "완결된 구조가 아니라 되풀이되는 열린 구조로 이해되어야 한다"라고 주장하고 있다. 따라서 당신화에는 堂神의 좌정담 뿐만 아니라 '해코지'나 '영험담' 등도 포함되며 이는 "신과 그 신을 모시는 신앙집단 사이에서 지속적으로 이루어진 의미교호 과정이 언술로 드러난 것"이라고 설명하고 있다(천혜숙, 1996 : 21~23).

33 소인호,「잠실 부군당 설화 연구」,『청대학술논집 1 : 인문과학』, 청주대학교 학술연구소, 2003; 오문선,「서울 무가에 등장하는 당에 대한 연구」,『충북사학』 17, 충북대학교 사학회, 2006; 고영희,「서울지역 당신화 연구 : 행당동 아기씨당을 중심으로」,『서울굿의 이해』, 민속학회, 2007.

34 무당들의 개인 구술사 자료에는 마포 부군당 당주무당 김춘강(한국샤머니즘학회, 1999 : 89~94), 한남동 큰한강 부군당 당주무당 김학순·염창동 도당 당주무당 윤원금·용문동 남이장군사당 당주무당 이명옥·옥수동 부군당 당주무당 홍막음(서울역사박물관, 2006 : 159~174) 등이 있으며 악사들에 대한 자료로는 개인 구술사 자료로 마포 부군당 당주악사 김찬섭(한국샤머니즘학회, 1999 : 94~98) 등이 있으며 논문으로 김기형(2002)이 있다. 홍태한은 서울 지역 무속의 정체성에 대한 글(홍태한, 2005a)에서 서울 지역 무당들은 명확한 사승관계의 정립, 치밀한 짜임의 굿거리, 단골 관계의 형성 등을 통하여 명확한 굿의 체계와 정형성을 유지하고 있다고 보았다. 그러나 이러한 특징이 서울지역에만 해당된다고 보기는 어렵다. 타 지역과의 비교 속에서 서울 지역 무당의 특징이 논의되어야 할 것이다.

근래에 와서 '혈식血食'에 대한 민속학적 연구(이덕우, 2006) 등이 있다. 무구에 대한 연구는 서울지역만 하더라도 단행본과 논문 몇 편[35]이 나와 있어 비교적 활발한 편이다.

공동체 의례와 주재 집단과 관련된 연구는 주로 주재 집단과 지역사회와의 관련성에 대한 연구(정승모, 1991; 강정원, 2002; 이기태, 1997)가 많으며 이 밖에 제관의 상징적 의미(이기태, 2004)나 제관 선정 방법(이은창, 1971; 이기태, 2004) 등도 부분적으로 다뤄진 바 있다. 그간 의례에 대한 경제적 측면에서의 논의는 의례 비용의 확보와 재분배(栗本慎一郎 편·양승필 역, 2000; 권삼문, 2001)의 문제나 의례와 경제적 토대와의 상관성(김삼수, 1966; 김헌선, 2004; 조정현, 2004) 등이 주로 다루어졌다.

2) 부군당 의례에 대한 연구

서울 지역 부군당 의례에 대한 연구에 있어서 서울 지역 공동체 의례를 다루면서 부분적으로 언급[36]된 경우도 있었으며 최재선(1985), 한국샤머니즘학회(1999), 김진명(1999a; 1999b), 주세영(2002), 양종승(2003), 유승훈(2003), 정형호(2005), 오문선(2007) 등은 부군당 의례를 중점적으로 연구한 경우이다. 특히, 최재선과 한국샤머니즘학회, 김진명은 공통적으로 밤섬 부군당 의례를 연구 대상으로 하고 있다.

최재선은 밤섬 주민들이 이주를 하면서 타문화와 계속적인 접촉을 하게 되는데 이 과정에서 자신들의 문화를 어떻게 변용해 나갔는가에 대해 관심을 두었다. 그는 밤섬 주민들이 "두 집단 간의 접촉 관계에서 언제나 자신의 문화 형태를 축소·변형시켜 나가는 피지배 집단의 성격"을 보여주고 있으며 그 이유로는 끊임없는 현실적 탄압에 대처해 온 무속제처럼 밤섬 주민들의 "역사적 과정에서 형성된 집단의 특성"으로 보았

---

35 국립문화재연구소, 『인간과 신령을 잇는 상징 巫具 : 서울시·경기도·강원도 편』, 민속원, 2005; 최진아, 「서울굿의 무구 연구」, 『한국무속학』 12집, 한국무속학회, 2006; 이명숙, 「서울지역 무구의 신화·의례적 기능 연구 : 부채·방울·대신칼을 중심으로」, 『한국무속학』 8집, 한국무속학회, 2004; 양종승·최진아, 「서울굿의 神花 연구」, 『한국무속학』 5집, 한국무속학회, 2002.
36 김태곤, 『한국민간신앙연구』, 집문당, 1983, 78~91쪽; 장주근, 「서울시 동제당 조사」, 『한국민속논고』, 계몽사, 1986, 59~86쪽; 김수남 사진·황루시 글, 『서울 당굿』, 열화당, 1989; 박흥주, 『서울의 마을굿』, 서문당, 2001.

다(최재선, 1985 : 79). 그러나 이러한 관점은 피지배 집단 즉, 민중들의 문화적 대응을 지나치게 피동적이고 소극적으로 인식함으로써 빚어지는 오류이다. 즉, 20여년이 지난 오늘날 밤섬 부군당굿은 서울시 문화재로 지정되었으며 서울시 공식 전통문화행사로 '성대하게' 치러지고 있는 현실을 감안하면, 당시 소극적이었던 경향이 "언제나 자신의 문화 형태를 축소·변형시켜 나가는 피지배 집단의 성격"을 지녔던 것이 아니라 당시 수세에 몰린 자신들의 문화를 지속해 가기 위한 대응 전략의 하나였음을 알 수 있다.

한국샤머니즘학회에서는 밤섬 부군당굿의 전반적인 조사 보고와 제물, 음악에 대한 논문을 묶어 출판하였다.[37] 이 책에서는 1999년 당시 사례가 상세하게 보고되어 있어 현재 밤섬 부군당굿과 비교하여 그 변화를 살피는 데 도움이 된다. 이처럼 밤섬 부군당굿에 대한 종합적인 조사 연구서가 출판될 정도로 당시 밤섬과 부군당굿에 대한 관심은 실로 지대했음을 알 수 있다. 이는 근대화라는 국가적 프로젝트에 의해 강제된 지역 공동체의 단절과 변형의 상징적인 존재로 '밤섬'이 부각되지 않았나 싶다. 이렇게 "몰역사화된 전통이라는 담론적 생산 및 근대화의 영향을 받은 서울시 전체, 나아가 국가, 제3세계의 역사의 아이러니를 보여주는 하나의 축도(김진명, 1999a : 192)"로서 밤섬을 인식하고 이를 인류학의 관점에서 분석한 연구가 김진명의 논문이다. 김진명은 밤섬 주민들이 '자연적 몸체'인 고향을 떠나면서 생긴 의례의 변화로 '부군님의 신성(神性) 분열'과 '부군님에 대한 숭배와 상품물신숭배의 혼재와 충돌'을 지적하였고 밤섬 사람들 내부에서는 밤섬에서 지녔던 "본질적인 인격적 가치로부터 유래하여 부군님까지 연결된 총체적이고 우주적 의미"의 '평등'이 점차 파기되고 "근대성의 특징인 배제와 부정에 의거한 공동체 내부, 가족, 심지어 자기 내부의 균열"이 생기고 있음을 지적하였다(김진명, 1999a). 또한 그는 다른 글에서 밤섬 부군당제는 수많은 세월동안 종속된 삶을 살았던 밤섬인들로 하여금 "타인의 삶과 역사에까지 영향력을 행사할 수 있는 주체임을 일깨워 준 의례"였으며 "의례를 통하여 자아(self)가 있는 주체, 나아가

...
37 부군당굿의 전반적인 조사 보고는 조흥윤이, 제물과 음식은 주영하가 부군당굿의 음악은 권오성이 각각 집필하였다.

존재의 또 다른 차원에서는 지배적(dominant) 위치에 있는 '백성'(김진명, 1999b : 116)"으로 만드는 것으로 보았다. 이러한 분석은 근대화와 같은 문화 변동에 따라 공동체 의례가 어떠한 영향을 받으며 민중들은 그 의례를 어떻게 변용하고 의미를 부여하는가 하는가를 살피는 데 시사하는 바가 크다.

한편, 주세영은 경강의 상업적 발전과 부군당의 번성을 동궤로 파악하고 도시화에 따른 부군당 의례의 변화를 역사·문화지리적 관점에서 연구하였다. 그는 여기서 도시의 발전에 따라 부군당의 분포가 축소되고 주택이나 아파트 등에 의해 고립되는 등 현재 변화상과 부군당의 유형을 성쇠의 정도와 전승 주체의 중심이 누구인가에 따라 그 유형을 나누어 설명하였다(주세영, 2002). 그러나, 부군당 변화의 원인을 상업의 발달이나 도시화라는 것으로 단순화하여 지역 사회 내부의 역동적인 측면이 간과되어 있으며 부군당 문화 경관의 변화가 의례와 주재 집단에 어떠한 영향을 미쳤는가 하는 점 역시 설명이 미흡하다. 즉, 부군당과 같은 마을 제당의 분포와 변화를 다루는 데 있어서는 표면적인 위치적 변화 외에 경관 변화와 지역민·지역사회와의 영향 관계를 고려하여 그 의미를 도출하는 관점이 요구된다고 할 것이다. 양종승은 이태원동 부군당에 대한 연구에서 부군당의 명칭이 '부군묘府君廟'로 바뀐 것에 대해 제당의 격조를 높이고 학식이 있거나 부유한 주민들의 개입을 유도하기 위해서라고 보았다. 또한 이러한 의도에는 은연 중 무속에 대한 배타성도 내포하고 있다고 보았다(양종승, 2003 : 6~7). 그러나 이러한 추정은 근거도 미약할 뿐만 아니라 단순히 참여도를 높이고 그들의 신앙 체계를 드러내기 위해 명칭을 바꾸었다고 보기는 무리가 있다. 정형호는 20세기 용산 지역 공동체 의례가 도시화 과정에서 어떻게 변모하였는가 하는 점에 관심을 가지고 연구하였다. 그는 용산 지역 공동체 의례의 중요한 변화로 세시의례적 성격의 약화, 의례의 간소화, 주도 집단의 변화(향우회나 보존회 중심으로), 신성성 약화와 소유권 분쟁의 발생 등을 들고 있다(정형호, 2005 : 431~451). 이 연구는 서울지역의 도시 발달과 공동체 의례와의 상관성을 본격적으로 논의한 최초의 논문이라는 점에서는 의의가 있으나 현상적인 결과를 개괄하는 정도에서 그친 감이 있다. 즉, 변화의 본질적인 원인이나 의미 등에 대한 심도 깊은 분석이 부족하다는 것이다. 따라서 추후 연구에서는 변화의 이면에 존재하는 본질적인 원인 분석과 함께 변화된 의례는 현재 지역민들에게 어떠한 의미가 있으며 지역민들은 이를 어떻게 활용해 나가고 있는가 하는 점에 대해서도 보강이 되어야 할 것이다. 유승훈은 조선 전기 관아 내 신당으로서의 부군당이 어떠한 역사적 경로를 거쳐서 마을 제당으로서의 부군당이 되었는가 하는 점을 중점적으로 다루고 있다. 그가 제기하고 있는 부군당의 민간화의 경로란 첫째, 관청의 아전들이 관청 내 신당에서 행하던 의례 전통을 자신들이 거주하던 마을까지 이끌어가서 행함으로써 민간화가 이루어졌으리라는 것과 둘째, 한강변 관청들에도 부군당이 설치되어 있었으며 이곳에 동원된 강민江民들이 이러한 관청들의 의례 전통을 보고 자신들 마을로 전승시켰으리라는 것이다(유승훈, 2003 : 127~132).³⁸ 이러한 추정은 당시 상황으로 보아 개연성은 높으나 구체적인 자료 제시가 미흡하여 추정에 머무를 수밖에 없다는 한계점을 안고 있다. 오문선은 유승훈의 연구가 각사의 신당과 강민들의 부군당을 분리시켜 본 것에 대해 한계점을 지적하고 각사의 신당이 강민들에게 민간화되었을 가능성을 제기하고 있다(오문선, 2007 : 11). 즉, 서빙고동 부군당을 사례로 들어 조선시대 관 주도의 각사 신당³⁹이 지역 공동체 신앙으로 되는 과정을 밝히고자 하였다. 이 연구는 부군당이 각사뿐만 아니라 지역에서도 건립되었을 가능성 외에 각사에 건립되었던 신당들이 점차 지역민들에게 이양되었을 가능성을 구체적으로 제기하고 있다는 점에서 의의가 있다. 그러나, 이 연구에서도 그 구체적인 근거가 빈약하

...

38 유승훈이 제기한 부군당의 민간화 경로 중 첫 번째의 근거로는 공민왕 사당에 얽힌 전설을 들었으며, 두 번째의 근거로는 밤섬부군당과 명륜당부군당의 사례를 들었다. 공민왕 사당 전설은 일종의 당신화라 할 수 있는데 광흥창 고지기가 현몽을 받아 창전동에 공민왕 사당을 지었다는 것으로 이는 아전(고지기)에 의해 마을 제당이 설립되었을 가능성을 시사한다(유승훈, 2003 : 128~129). 밤섬부군당은 관청의 노역에 종사했던 밤섬 주민들과 관서에서 파견된 典僕들에 의해 설립되었을 가능성이 높고 명륜당부군당은 성균관의 下輩들이 벽송정 골짜기에 부군당을 만들었다는 역사적 기록에 근거하여 성균관 노비들에 의해 그들의 거주지에 세워졌을 것이다(위의 글, 130~131). 이러한 추정은 당시 부군당의 민간화 과정과 양상을 밝히고자 할 때, 착안해 볼 수 있는 거시적 관점을 제시하고 있다는 점에서는 의의가 있다고 할 것이다.
39 오문선은 현재 전승되고 있는 종로구 신영동과 평창동의 부군당, 동대문구 전농동 부군당, 중구 방산동 부군당, 중구 장충동 부군당, 그리고 서빙고동 부군당 등이 조선 시대 각사와 관련이 있을 것으로 보았다. 즉, 신영동은 造紙署, 평창동은 양곡 보관소인 平倉, 전농동은 東籍田, 방산동은 焰硝廳, 장충동은 南營, 서빙고동은 서빙고와 관련이 있을 것으로 보았다(오문선, 2007 : 13~15). 그리고 이런 부군당들이 이후 민간화되어 지역 공동체 의례로 전승되었을 것으로 보았다(오문선, 2007 : 13~19).

고 각사의 신당 의례를 지역민들이 수용하게 되었다면 그 이유는 무엇인가에 대한 규명이 없다.

지금까지의 연구를 종합해 보면, 부군당의 민간화 과정 연구와 도시 발달에 따른 부군당 의례의 변화 연구로 집약된다. 여기서 전자들의 공통적인 한계는 '정황'은 설명하고 있으나 '과정'을 설명할 수 있는 구체적인 근거 부족이라 할 수 있다. 이를 극복하기 위해서는 지역과 지역민에 대한 천착을 통해 근거 자료를 확보하는 것이 무엇보다 중요하다.[40] 후자들의 공통적인 한계는 변화된 현상을 기술하는 데 치중되어 있고 그 원인이나 의미에 대한 면밀한 분석이 부족하다는 것이다. 이러한 한계를 극복하는 것이 이 연구의 책임이겠으나 전자의 경우는 이 연구의 본래 목적과는 다르므로 부군당이 민간화되었던 다양한 경로를 제시하는 데 그치고자 한다. 후자의 경우는 이 연구의 본래 목적과도 부합된다. 따라서 지금까지 연구들의 한계점을 극복하기 위해서 새로운 방법론과 관점이 적용되어야 할 것이다.

3. 연구 방법

이 연구는 서울지역의 한강변 마을에 분포하고 있는 부군당 의례의 문화적 전통과 그 변화를 통해서 서울이라는 도시에 살고 있는 '민'의 삶과 생존 전략을 이해하려는 것이다. 민속은 '民'의 '俗'이라는 관점[41]에서 보면, 부군당

---

40 전범을 삼을 만한 연구 사례로 정승모(1991)와 이기태(1997)의 연구를 들 수 있겠다. 정승모는 관 주도의 성황사가 민간화 되는 과정을 해평현 성황사라는 구체적 사례를 통해 밝히고 있다. 그는 여기서 해평 지역 토호세력들의 족보와 지리지, 개인 문집, 座目과 같은 기록물, 전설 등의 다양한 자료를 논거로 제시하고 있다. 이기태 역시 관 주도의 순홍 지역 성황제가 민 중심으로 이동하는 과정을 통시적으로 고찰하여 밝히고 있다. 그는 이를 위하여 지역 조합의 규약문, '收錢記'와 같은 입출금 장부, 의례 관련 기록물, 성황사 기록물, 족보 등의 기록 자료뿐만 아니라 지역민들의 구술 자료도 적극 활용하고 있다. 이러한 사례들은 공동체 의례의 변화나 주도 세력의 전이 과정을 밝히는 데 있어서 기본적으로 연구자가 취해야 할 자세를 보여주고 있다는 점에서 시사하는 바가 크다. 즉, 공동체 의례의 변화나 과정을 밝히기 위해서는 결국, 공동체의 구성원인 지역민과 공간적 배경인 지역의 역사에 대한 천착이 중요하며 그 천착을 통해 얻어진 다양한 자료들이야말로 '변화'와 '과정' 기술에 반드시 필요한 연결 고리들이 될 수 있음을 명심해야 할 것이다.

41 이기태는 민속을 하나의 문화 현상으로만 이해하려는 경향을 비판하고 민속의 이해는 민 중심으로 진행되어야 함

의례라는 '俗'은 그 의례를 공유하고 있는 '民'들의 사고 체계와 삶의 양태를 반영하는 것이다. 따라서 부군당 의례의 전통과 그 변화를 살피는 일은 의례를 전승하고 있는 민들의 사고와 삶의 양태가 어떻게 변화했는가를 이해하는 것이다. 이 연구는 부군당 의례를 중심으로 그 전통과 변화를 살피되 논의의 최종 결절점은 의례의 주체인 '民'이 될 것이다.

이 연구는 도시 민속을 다루고 있다는 측면에서 도시민속학적인 관점이 요구된다. 도시민속학의 관점과 방법에 대해서는 임재해(1996),[42] 김정하(2001)[43] 등이 소개한 바 있다. 또한 미국, 독일, 일본 등에서 진행되고 있는 연구들도 도시민속학적인 분석틀을 모색하기에 도움이 된다. 이들의 논의를 종합해 볼 때, 도시민속학적 접근 방법이란 특정지역이 도시화 되는 과정에서 혹은 도시적 상황에서 발생되는 민속의 '변모'와 '창출'에 초점을 맞추어 접근하는 관점[44]이라고 요약해 볼 수 있다. 그런데, 그 변모와 창출의 주체는 바로 '民'이다. 즉, 변화된 상황에 따라 民도 변화하며 그 변화에 적절하게 대응한다. 民의 변화와 대응은 의례를 통해서도 표출된다. 民은 의례를 그들의 생존 전략의 한 수단으로 적절히 활용할 것이다. 따라서 의례의 변모와 창출에 관심을 두되 이는 民의 역동적인 변화와 대응의 결과라고 하는 인과 관계 속에서 의례를

...
    을 명확하게 밝히고 있다(이기태, 1997 : 237). 이러한 주장은 기존의 민속 연구가 현상에만 치중하여 그 주체인 民을 간과하면서 빚어진 '民이 없는 민속 연구'라는 과오를 통렬하게 비판하고 있는 것이다. 특히, 공동체 의례에 대한 연구의 경우, 의례 자체에 치중되어 있거나 주재 집단을 다루더라도 의례의 한 요소로만 치부하는 경향이 강하다. 따라서, 기존 연구의 관점이 이러했다면 이에 대한 반성과 인식의 전환을 통해 '民'을 중심으로 한 민속 연구가 되어야 할 것이다.

42 임재해는 도시민속학적인 관점으로 우선, 민속 전승론 보다는 생성론에 관한 연구, 즉 여기서 왜 그러한 민속이 새롭게 생성되고 있는가 하는 원인론적 생성 동인의 문제에 대한 관심을 들고 있다. 다음으로, 문화변동론적 관점을 제시하였는데, 도시의 민속은 도시의 성립과 새 문물의 출현과 더불어 생겨난 것이므로 당연히 취해야 할 관점이라는 것이다(임재해, 1996 : 40~44).

43 김정하는 도시민속을 이해하는 데 있어서 전승과 변형을 동시에 읽는 관점이 필요하다고 주장한다. 즉, 전통사회 주민들이 지니고 있는 사고들, 예를 들면 '원형성', '순환성', '재생에 대한 염원', '위기극복에 대한 염원', '애니미즘' 등은 도시민속에서도 전승되고 있는 사고이므로 이러한 동질성을 무시해서는 안 된다는 것이다(김정하, 2001 : 451~477).

44 일본의 宮田登은 도시민속학의 방향에 대해서 다음 몇 가지를 제시하고 있다. 우선, 도시화된 지역에 농촌의 고풍적 민속이 어느 정도 잔존하고 있는가? 다음으로, 대도시 주변의 도시화의 과정과 민속이 어떻게 결합되는가? 마지막으로, 도시공간에 독자로 생겨난 민속이 존재한다면 그것은 어떤 型을 하고 있는가? 이러한 문제를 도시민속학의 과제로 제시(박계홍, 1983 : 110)하였는데 이는 이 연구의 관점으로도 유효하다.

분석하는 것이 중요하다.

문화의 변동과 민속의 변모 과정을 고찰하기에 참고가 될 만한 것으로 이기태(1997), 장철수(2000)의 연구가 있다.[45] 이기태는 지역 공동체 의례를 연구하는 데 있어서 유효한 몇 가지 관점을 제공하고 있다. 먼저, 역사적 사건이 의례를 통해 상징화되는 것은 국가 권력과 지역 지배권력, 지역민 간의 정치적 이해가 상호 작용한 결과이므로 이러한 맥락에서 파악해야 함을 강조하고 있다(이기태, 1997 : 22~26). 다음으로, 지역민의 구술사적 자료는 집단의 정체성과 집단적 심상을 파악하는 데 중요한 근거로 활용할 수 있다는 것이다(위의 책, 37~39). 마지막으로, '관속官俗의 민속화'[46]과정에서 지역인들은 기존 신앙체계를 자기중심적으로 재구조화시킨다는 점이다(위의 책, 106~116). 이러한 관점은 연구 방법에 있어서도 의례와 그것을 둘러싸고 있는 권력 집단 간의 역학 관계, 구술사적 자료 조사의 관점, 현재 남아 있는 의례 요소의 재구조화 가능성 등을 시사하고 있다.

장철수는 특정한 시대의 생활양식이 새로운 생활양식으로 변하는 과정을 설명하기 위해 인간, 시간, 공간이라는 3개의 구성 요소 간에 이루어지는 역동적인 상관관계를 종합하여 '3간 구성체계'라는 분석틀을 제시하고 있다(장철수, 2000 : 76~80). 이러한 분석틀은 의례 분석에 있어서 인적 측면(인간)과 역사적 측면(시간), 그리고 지역적 측면(공간)을 유기적으로 고려해야 한다는 관점을 드러내고 있다. 도시 지역 공동체 의례는 농어촌과 같은 전통 사회에 비해 다양한 변수가 존재한다. 따라서 의례 연구에 있어서도 보다 다각적이고 세분화된 분석 기준이 요구되는 것이다.

...

[45] 이보다 앞서서 정승모는 마을공동체의 변화와 당제와의 관련성을 논의하면서 의례 변화 연구 관점을 제시한 바 있다. 즉, 그는 의례를 사회체계 내에서 보다 동적으로 파악하기 위해서는 먼저, 의례를 주도하는 집단이 갖는 사회 내에서의 위치, 이해관계 등을 고려해야 하며 이것을 의례를 통해 표현되는 내용들과 관련시켜야 한다고 주장한다. 또한, 사회변화에 따라 사회성원들이 의례에 대해 갖는 가치의 지속 또는 가치의 변화에도 주목해야 한다고 보았다. 이러한 의례에 대한 가치의 지속과 변화는 결국 의례의 기능적 변화와 관련이 있으며 이러한 기능적 변화는 그것이 처해 있는 상황에서 비롯된 것이므로 이를 분석하기 위해서는 상황분석이 보다 적절한 분석틀이라고 보았다(정승모, 1981 : 139~140). 이러한 관점은 의례의 변화를 연구할 때 반드시 견지해야 할 관점이라는 점에서는 의의가 있으나 원칙적인 논의에 그치고 있어 한계가 있다.
[46] 이기태는 각 계층의 집단적 생활 양식 중에서 대다수 지역민이 참가하는 행사일지라도 수령이나 향리, 아전, 하급 관속 등이 주도하는 것은 官俗으로, 유학자들이 주도하는 것은 班俗으로, 民이 주도하는 것은 民俗으로 분류하였다(이기태, 1997 : 244).

이와 같은 방법 이외에 문화지리학적 방법과 유역민족지적 방법을 모색해 볼 수가 있다. 문화지리학에서 문화경관이란 자연경관이 인간에 의해 변형된 경관을 말한다. 이 과정에서 문화가 가장 중요한 동인이 된다. 시간의 흐름 속에 문화는 변화하며 이 문화의 영향 아래 새로운 문화경관이 창출된다. 영국과 미국에서는 경관의 형성과정과 그 속에 포함된 인간의 사상에 주목하는 경관 연구가 지속적으로 행해지고 있으며 최근에는 경관에 내재된 물적 토대인 사회적 관계, 권력, 성性 등을 다루며 경관의 의미와 상징성에 초점을 두는 연구도 많이 행해지고 있다(김봉수, 2001 : 27). 이러한 문화경관론은 도시의 발전에 따른 한강 유역의 경관 변화와 지역주민들의 문화적 변화와의 상관성을 밝히는 데 도움이 된다.

유역민족지적 방법이란 '유역민족지'[47]를 기초적 자료로 활용하게 되는데, 여기에는 유역에 속한 지역들 간에는 강이라는 지리적 매개체로 인해 문화적 친연성이 존재하며 결국 하나의 시스템이나 메커니즘이 존재할 것이라는 전제가 깔려 있다. 따라서, 유역민족지적 방법이란 유역사회의 문화적 시스템이나 메커니즘을 찾아내는 데 초점을 맞추어 접근하는 관점이라 정리해 볼 수 있다. 서울 한강 유역에 부군당이 집중적으로 분포되어 있다는 사실은 각 지역 간에 문화적 친연성이 존재하고 있음을 말하며 이는 한강 유역 사회에 일정한 문화적 메커니즘이 존재했을 가능성을 암시하고 있다. 따라서 부군당 의례에 대한 유역민족지적 접근은 한강 유역의 문화적 메커니즘을 밝힐 수 있는 방법이 될 수 있다.

이 연구는 전술한 바와 같이 부군당 의례의 문화적 전통과 변화를 통해서 의례의 주체인 '民'의 삶과 생존 전략을 이해하려는 것이다. 이러한 목적을 위해서 먼저, 서울 한강 유역의 변화와 부군당과의 상관성을 살펴볼 것이다. 여기서는 새롭게 창출된 한강 유역의 문화 경관에 내재된 사회・경제적 의미와 그 상징성을 살펴볼 것이다.

---

[47] 김양주는 '유역민족지'를 "하천을 중심으로 유역사회라는 틀 안에서 행한 인류학적 작업과 이를 기술한 것"(김양주, 2004 : 27)이라고 설명하고 있다. 그가 시도한 일본의 시만토강 유역사회와 '마츠리'와의 상관성에 대한 연구 역시 이런 유역민족지적 방법의 결과라고 할 수 있다.

또한 이렇게 변화된 문화 경관은 지역민들의 의식과 신앙 체계에 어떠한 영향을 주었는지도 함께 살펴볼 것이다. 이러한 검토는 지역사의 재구를 통하여 민民의 생활 토대 변화와 그로 인한 문화적 변동에 대한 '상황'을 분석하기 위함이다.

다음으로는 부군당 의례의 역사적인 전개 과정과 구조적 특징을 살펴볼 것이다. 여기서, 부군당 의례의 역사적 전개는 '관속官俗의 민속화' 과정으로 볼 수 있다. 조선 초기 각사에 설치되었던 부군당이 지역민들에게 이양되거나 마을 사회에 독자적으로 건립되게 된 배경을 살필 것이다. 이를 위하여 사회·경제적 배경, 권력 집단 간의 역학 관계, 의례 요소의 재구조화 가능성에 주목할 것이다. 부군당 의례의 구조는 의례를 구성하고 있는 부군당굿, 무가와 당신화, 무당과 악사 집단, 무신도·제물·무구 등을 말한다. 이를 통하여 부군당 의례의 전통적 요소를 이해할 수 있을 것이다.

다음으로는 부군당 의례의 현재적 변모 양상을 살피게 될 것이다. 문헌과 조사 자료를 종합하여 부군당 문화 지도를 작성하고 부군당 문화권을 설정할 것이다. 설정된 문화권을 토대로 문화적 메커니즘의 존재 가능성을 검토해 보고자 한다. 도시 발달에 따른 부군당 의례의 변화를 다각적으로 검토하기 위해서 보다 세분화된 분석 기준을 마련하고자 한다. 즉, 부군당 의례를 인적 요소, 물적 요소, 제도적 요소, 내적 요소로 구분하여 변화상을 고찰해 보고자 한다(그림 1).[48]

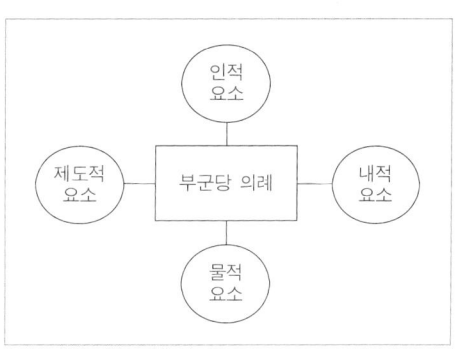

〈그림 1〉 부군당 의례 구성요소

---

48 인적 요소라 함은 부군당과 관련을 맺고 있는 사람들에 관한 사항으로서, 이를 다시 부군당 의례를 주관하는 주재 집단과 무속적 의례를 전문적으로 맡아하는 무당 집단, 그리고 주재 집단을 도와 부군당 의례를 보조하고 직·간접으로 참여하는 참여 집단으로 나누어 볼 수 있겠다. 물적 요소라 함은 부군당과 관련된 물적 토대를 총칭하는 것으로서, 이는 다시 경제적 요소와 공간적 요소, 물질적 요소 등으로 나누어 볼 수 있다. 경제적 요소에는 소요 비용, 비용 조달 경로, 재분배 과정 등이 포함되며, 공간적 요소에는 제당 건물, 전승지(전승 권역), 신앙체의 분포 등이 포함된다. 제도적 요소는 부군당과 관련하여 형성된 관습적 공식적 제도와 의례적 제도에 관한 사항으로서, 부군당 의례가 제도적으로 어떻게 전승되는가 하는 전승 제도, 민속자료나 무형문화재 지정 등과 같은 문화재 제

〈그림 2〉 연구의 공간적 범위

이러한 구성 요소의 변화는 의례와 어떠한 상관 관계가 있는가 하는 점을 구체적 사례를 통해 검증해 보고자 한다. 의례의 구성 요소는 의례의 토대를 마련하고 있는 것으로서 토대의 변화는 곧 의례의 변화를 의미한다. 그런데 이러한 토대의 변화는 사회변동과 밀접한 연관이 있다. 사회변동에 따라 토대가 변화하고 민民은 변화된 토대에 적절하게 대응하여 의례를 변용하고 창출하게 된다. 즉, 의례에는 민들의 생존 전략이 반영되어 있는 것이다. 따라서 마지막에는 지금까지 분석된 결과들을 종합하여 사회변동에 따른 주재 집단의 대응 전략과 의례 전통의 현대적 변용을 구명할 것이다. 이는 곧 부군당 의례의 현재적 의의와 보존 대책의 필요성을 밝히는 것이다.

이 연구는 도시와 그 도시를 가로지르는 강과 그 유역을 주된 공간적 배경으로 한다. 구체적으로는 서울특별시라는 도시를 거시적 범위로 상정하고, 한강 유역에 위치한 12개 구區의 부군당을 중심으로 조직된 집단들과 의례로 한정한다(그림 2). 시간적 범위는 부군당 의례가 시작되었을 것으로 추정되는 조선의 건국 이후부터 현재까지를 연구의 포괄적 범위로 설정하되, 산업화가 급속히 진행되는 1960년대 이후부터 현재까지를 중점적으로 살펴볼 것이다.

이 연구를 수행하기 위한 자료의 수집에 있어서는 문헌조사방법과 현지조사방법을 병행할 것이다. 문헌조사의 대상으로는 그간 작성된 민족지적 자료, 관공서의 공문,

도, 당굿 절차나 식순과 관련한 의례적 제도로 나누어 볼 수 있다. 내적 요소라 함은 당굿 자체의 내용과 관련된 것으로 부군당굿의 굿거리나 무가, 무악 등이 여기에 포함된다.

언론의 보도자료, 주재 집단의 기록문서, 부군당에 설치된 각종 기록물(현판 등) 등이 포함된다. 현지조사의 대상으로는 부군당굿 연행 현장, 주재 집단, 무당 집단, 참여 집단, 비참여 집단, 문화지리적 경관 등이 포함된다. 현지조사의 방법으로는 면담(interview), 참여관찰, 사진 및 비디오 촬영, 민속지도 작성 등이 이용될 것이다.

서울지역 공동체 의례에 대한 현지 조사는 1997년 보광동 무후묘 의례를 참관했던 것으로부터 시작되었다. 이후 용산구 남이장군대제와 한남동 부군당 의례, 행당동 아기씨당굿 등을 참관 조사하였다. 본격적인 조사는 1차 대상 지역이 선별된 2006년 9월부터이며 조사는 크게 주재 집단 인터뷰, 의례 현장 참관 및 지역민 설문, 무당악사 집단 인터뷰, 관련 기관 및 단체 방문 등으로 진행되었다. 구체적인 조사 일정은 〈부록 2〉에 첨부하였다.

조사 대상 지역은 일단 한강 유역(연구의 공간적 범위인 12개 구)에 분포한 부군당으로서의 외형적 근거가 명확한 제당[49]을 일차적 조사 대상으로 선정하였다. 그 이유는 연구자에 따라 부군당에 대한 판별 기준이 다를 수 있기 때문[50]에 외형적인 근거를 기준으로 한 것이다.[51] 선정된 지역은 성동구 금호동, 성동구 응봉동, 성동구 성수동, 성동구 옥수동, 용산구 동빙고동, 용산구 산천동, 용산구 서빙고동, 용산구 이태원동, 용산구 한남동(큰한강), 용산구 한남동(작은한강), 용산구 청임동, 마포구 창전동, 마포구 당인동, 마포구 도화동, 영등포구 당산동, 영등포구 영등포동, 영등포구 신길2동 등 이상

...

49 한강 유역(연구의 공간적 범위인 12개 구)에 분포된 제당 중 현판 등에 '부군당'이라고 명기된 경우나 부군당임을 알 수 있는 구체적 근거가 있는 경우를 말한다.
50 『서울민속대관』에서는 주민들의 호칭을 근거로 마포구 도화동 덕대우물성황당, 영등포구 양평동 제당, 마포구 신정동 大同堂, 영등포구 영등포동 上山殿 등을 부군당에 포함시키고 있으며, 창전동 공민왕 사당이나 용문동 남이장군 사당 등도 부군당에 포함시킨 경우(주세영, 2002; 유승훈, 2003)가 있다.
51 부군당의 범위를 규정하는 데에는 외형적 근거와 내용적 근거를 종합적으로 고려할 필요가 있다. 즉, 제당 현판이나 제당에 모셔진 신위나 무신도에 '부군당', '부군님' 등이 표기된 경우라든지 '부군당보존위원회'와 같이 제도화된 명칭에 부군당이 명시된 경우는 외형적 근거가 명백하므로 부군당으로 인정하는 것에는 이견이 있을 수 없다. 그러나 문제는 이러한 외형적인 근거가 없다고 하더라도 전반적인 제당과 의례의 핵심적인 내용이 부군당의 그것과 일치하는 경우다. 이런 경우에도 부군당의 범주로 인정해야 한다는 입장이 있을 수 있는데 이런 주장의 타당성을 검토하기 위해서는 먼저, 부군당과 부군당 의례의 보편적인 기준이 마련되어야 하고 이에 근거하여 그 타당성을 논해야 할 것이다. 따라서 부군당의 보편적인 기준을 마련하기 위해서는 무엇보다 부군당의 특징을 추출하는 것이 중요할 것이다.

17개 지역이 된다(〈표 1〉 참조).[52] 이 중에 성수동과 마포구 도화동을 제외한 15개 지역에서 현재(2006년 기준)도 부군당 의례가 행해지고 있다.

〈표 1〉 한강 유역 부군당 1차 대상 지역 및 근거

일련번호	지역	표기 내용	외형적 근거	존속 여부
1	성동구 금호동	없음	무신도(부군 내외)	존속
2	성동구 응봉동	'府君堂'	현판, 무신도(부군 내외)	존속
3	성동구 성수동	없음	무신도(부근할머니)	소실
4	성동구 옥수동	없음	무신도(부군 내외)	존속
5	용산구 동빙고동	'府君堂'	중수기, '부군당치성위원회'	존속
6	용산구 산천동	'府君堂'	현판, 무신도(부군 내외)	존속
7	용산구 서빙고동	'府君堂'	현판, '부군당치성위원회'	존속
8	용산구 이태원동	'府君廟'	현판, 무신도(부군 내외)	존속
9	용산구 한남동(큰한강)	'府君堂'	현판, 무신도(부군 내외)	존속
10	용산구 한남동(작은한강)	'府君堂'	현판	존속
11	용산구 청암동	'府君'	축문, '부군당보존회'	존속
12	마포구 창전동	'府君堂'	현판, 무신도(부군 내외)	존속
13	마포구 당인동	'府君堂'	현판, 무신도(부군 내외), '부군당정화관리위원회'	존속
14	마포구 도화동	없음	무신도(부군님)	소실
15	영등포구 당산동	'府君堂'	현판, 무신도(부군 내외)	존속
16	영등포구 영등포동	'上山殿'	무신도(부군 내외)	존속
17	영등포구 신길2동	'밤학곳지부군당'	현판, 무신도	존속

52 이외에 용산구 보광동 명화전, 동작구 노량진1동 제당(소실), 흑석1동 제당(소실), 마포구 현석동 대동당(소실), 마포구 신정동 대동당(소실) 등은 부군당으로 불리기도 했으나, 추적조사의 한계로 인해서 대상 지역에서는 제외시켰다. 이 글에서는 연구의 집중성을 위해 17개 부군당을 우선 선별한 것이지 이것이 한강 유역 부군당의 범주를 확정한 것은 아니라는 것을 미리 밝혀 둔다. 따라서, 부군당의 범주는 연구 결과에 의해 확대될 것으로 예상되며 확대 적용된 지역은 '부군당 문화권'에 포괄될 수 있을 것으로 보인다.

제2장

부군당 의례의 역사적 전개와 구조

1. 부군당의 건립 배경과 의미
2. 한강 유역 사회의 변화와 부군당
3. 부군당 의례의 구조와 특징

02.
부군당 의례의 역사적 전개와 구조

-
-
-

1. 부군당의 건립 배경과 의미

1) 부군당 어원의 이해

'부군당'은 서울지역 특히 한강 유역에 분포되어 있는 마을 제당 중에서 주로 나타나는 제당을 일컫는 말이다. '부군당'이란 명칭은 '부군당' 이외에 '붉은당(종로구 명륜동)'[1] 등으로 불리기도 하며, 제당의 현판 등에 '富降殿(동대문구 전농동)', '府君廟(용산구 이태원동)' 등으로 명기된 경우도 있다. 문헌에서는 '府君堂'이란 표기 외에 '付根堂'[2] · '符君祠'[3] 등으로도 나타난다. 지역에 따라서는 제당의 명칭이 '府君堂'아닌 다른 이름으로 명기되어 있는데도 불구하고 주민들은 '부군당'으로 통칭하는 경우도 있다.[4] 이러한 명칭 상의 혼란은 부군당의 유래나 성격 등에 대한 다양한 이견을 낳는 원인이 되기

---

[1] 원래는 '府君堂' 또는 '大同府君堂'이라고 알려져 있으나, 30년간 이 곳에 산 동네 아주머니는 '붉은 당'이라고도 했다고 한다. 당의 위치가 성균관 바로 뒤이기는 하나, 유생들은 관여하지 않고 주로 관 사람들이나 상인들, 수공업자들, 토박이 등이 제를 지냈다고 한다. 당은 1980년경에 소실되었다(서울특별시 문화재위원회, 1990 : 88).
[2] 『동국여지비고』 제2권 한성부 기지조.
[3] 위의 책, 제2권 한성부 사묘조.
[4] 보광동(명화전)과 영등포동(상산전)이 대표적인 경우이다.

도 한다. 그 이견 몇 가지를 제시해 보면 먼저, 최남선이 제기한 '붉은'설이다.[5] 이후 이러한 설은 조지훈(1963)에 의해 계승이 되는데, 그는 제당의 명칭을 분류하면서 '붉神'계와 '붉은'계를 구분하였고 '붉은'계에 부군당계를 포함시켰다. 그는 "付根·府君 또는 富君은 八關·불구내·붉은의 유속"으로 보았던 것이다. 이렇게 부군이란 명칭의 유래를 '붉은'에서 찾을 수 있다는 주장에 대해서는 이견을 보이고는 있으나, 부군계 신은 일신日神 즉 태양신이라는 점에서는 동일한 주장이 김태곤(1965)에 의해 제기된 바 있다.[6] 다음으로는 '付根堂'과 '府君堂'을 구별하여 '付根堂'은 남근 봉안 풍속과 관련된 명칭이며 '府君堂'에서의 '府君'은 한대漢代에 태수를 칭했던 것에서 유래한 것이라고 본 이능화(1927)의 견해가 있다. 그는 조선 각 군의 부군당에는 대개 임소에서 죽은 수재守宰가 모셔져 있는데, 부군당이란 명칭은 이처럼 고을 수령이나 관리를 신으로 모시는 관행에서 유래한 것으로 보았다.[7] 이러한 착안에 대해 이후 장주근(1986), 유승훈(2003) 등 다수 학자들이 동의하고 있다. 특히, 유승훈은 조선시대 관아도에 그려져 있는 신당의 사례를 들어 이러한 주장을 구체적으로 뒷받침하고 있다.

이 외에 몇 가지 이견이 있기는 하나 이상의 두 가지 주장이 가장 유력하다고 할 수 있다. 그러나 어느 한 쪽만의 주장을 인정하기에는 무리가 있다. 최남선의 견해는 상당히 매력적이기는 하나 시간적 비약이 너무 크다는 약점이 있으며 이능화의 견해는 역사적 근거가 풍부하다는 강점이 있으나 부군신앙의 자생적 측면이 배제되고 있다는 약점이 있다. 이는 '城隍神'이란 명칭이 한국 자생적인 '서낭신'을 음차音借한 것인가 아니면 중국의 성황신앙이 전래되면서 들어온 명칭인가 하는 논쟁과 비슷한 맥

...

[5] 최남선은 『불함문화론』(1927)에서 "조선에서는 '붉(Părk)'을 본원으로 하여 '붉은(Părkăn)'이라고도 하였고, 전하여 '부군(Pukun)'이라고도 또는 단순히 '불(Pur)'이라고도 칭하였다."라고 하여 '府君'이란 표기는 태양신을 의미하는 '붉은(Părkăn)'의 음차라고 보았으며 부군당은 이러한 태양신을 숭배했던 전통에서 유래한 것으로 보았다.
[6] 김태곤은 서울 이태원동(府君堂)과 전농동(富降堂)의 주민들이 부군당을 '붉은堂'으로 칭하는 것에 착안하여 '府君堂'은 식자층에 의한 한자 취음의 표기일 뿐이며 付根·府君·富君의 原稱은 '붉은堂'으로 보았다. 여기서 '붉은'은 '불 火'의 光 내지 色의 뜻을 가지고 있으므로 語意 상으로 태양에서 근원을 찾을 수 있으니, 부군계 神은 곧 日神이라고 한 것이다(김태곤, 1965).
[7] "吾謂府君之名 恐是出於地名 各郡 亦有府君堂 而其神槪多守宰之死於任所者 而守宰亦稱府君故也 府君漢時太守之稱"(이능화, 1927 : 52).

락이다. 따라서 부군신앙 역시 자생적 신앙으로서의 가능성 위에 외래적 요소를 고려하는 관점이 필요할 것이다.

2) 부군당 설치 배경

(1) 상업적 발전과 지역 사회의 변동

조선이 건국되고 태조 3년(1394)이 되던 해 한양으로 천도를 단행한다. 한양부를 한성부라 고치고 한성부의 행정구역을 동·서·남·북·중 5부 52방으로 나누어 도시 규모를 정비하였다. 조선시대에 처음으로 서울에 성곽을 짓고 도읍할 때 행정구역의 범위는 성곽 내의 5부와 성저 10리를 포함하고 있었는데 조선 5백여 년간의 한성부에서 1910년 일제하 경성부로 개칭되기까지는 그 행정구역에 거의 변함이 없었으며 공간적으로도 확대된 적이 없었다(이기석, 2001 : 31).

17세기 후반에는 서울에 유이민流移民들이 집중적으로 이주해 들어오면서 인구가 급격히 증가하게 된다. 인구가 집중된 배경에는 당시 서울은 흉년을 피해 몰려든 유민들이 각종 요역에 노동력을 제공하여 그 대가를 받아 생활할 수 있는 조건이 형성되어 있었고 서울이 급속히 상업도시로 성장하면서 상업과 관련된 다양한 인구들이 몰려 들 수밖에 없었을 것이다. 그런데 인구 밀집 지역은 주로 도성 밖과 경강변인 서강과 마포 등지였다(고동환, 1998 : 31~37). 이렇게 경강변 인구가 증가하면서 17세기 후반에 두모방, 한강방, 둔지방, 용산방, 서강방 등 경강변 5개방이 신설되기에 이른다. 18세기에 경강변이 상업 중심지로 변모하면서 경강변 수만 명의 인구도 대부분 상업에 종사하면서 생계를 이어갔다(고동환, 1998 : 48~62). 당시 경강지역은 미곡·목재·어물·소금 판매의 중심지였으며 경강으로 통하는 서울의 도로도 번화가로 변모하고 있었다. 한강 유역 포구 취락 중 가장 일찍 개발된 용산에는 미곡의 하역과 운송에 종사하는 주민들로 구성된 운부계運負契·마계馬契·모민계募民契 등이 조직되어 있었고 마포에는 어염선이 집결하는 일반상품의 유통기지로 성장한 취락으로서 강변에는 여각주인들의 주거지가 형성되어 있었다. 또한 서강은 삼남지방·경기·황해도의 곡물이

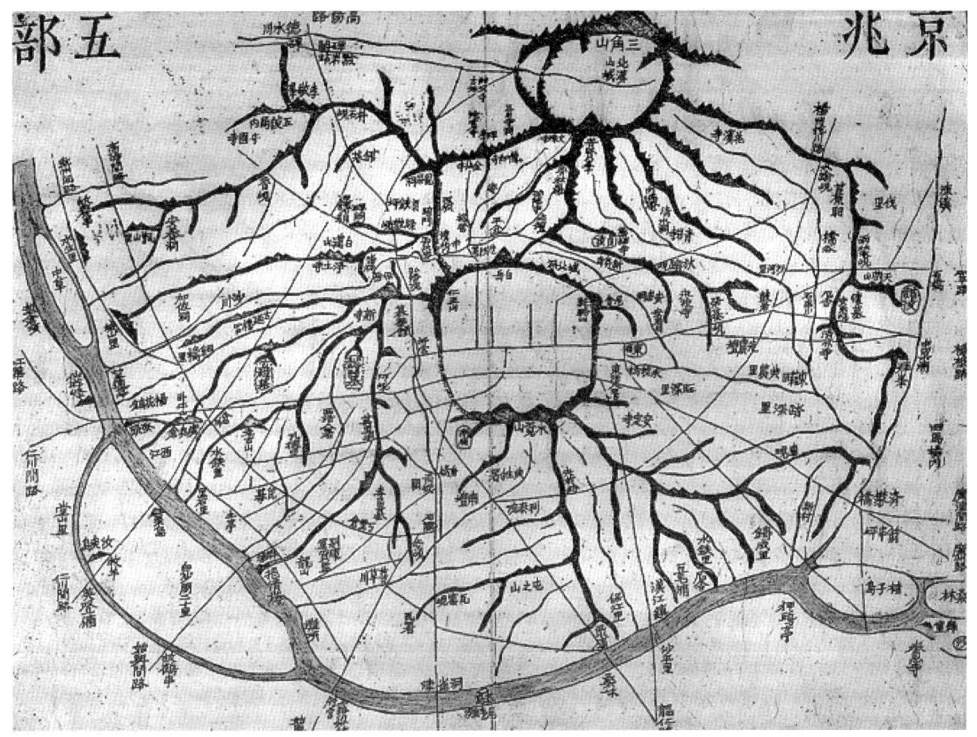

〈그림 1〉 대동여지도의 한성

집결하는 포구로서 광흥창이 있었으며 숯의 집하장이었던 뚝섬 인근의 두모방 수철리 같은 곳에는 철장鐵匠들이 많이 살고 있었다(최영준, 1998 : 28~29).

한강 유역의 농업지가 서강방의 모래내 유역과 용산방과 둔지방 사이를 흐르는 만초천 유역에 분포하고 있었던 것(최영준, 1998 : 28~35)으로 보아 이 지역민들은 농업에도 종사하였음을 알 수 있다. 18세기 후반 3강[8]에 설치된 주가酒家가 600~700여 곳으로 유흥가의 모습도 띠게 된다(최영준, 1998 : 225~226). 또한 경강 지역에는 각종 창고와 군

---

8 경강지역은 시대에 따라 그 명칭과 지역 범위가 변하는데, 18세기 이전에는 한강·용산강·서강을 합쳐 3강이라 하였고 18세기 중엽에는 3강에 마포와 망원정이 추가되어 5강이라 불렀다. 18세기 후반에 이르면 기존 5강에 두모포·뚝섬·서빙고를 추가하여 8강이라 불렀으며 19세기 초반에는 기존 8강에 연서·왕십리·안암·전농을 추가하여 12강이라 불렀다(고동환, 1998 : 217~220).

영 등이 들어서게 되는데, 용산지역에는 군자감과 훈련도감의 별영別營이 있었고, 서강에는 광흥창과 사복시의 강창고江倉庫 등이 세워졌다. 두모포에는 서빙고가, 뚝섬에는 호조의 수세소收稅所 등이 설치되었다. 따라서 이들 창고와 군영 주변에는 여기서 근무하는 하급 관리들이나 노복들의 거주지도 형성되어 있었을 것으로 보인다. 이러한 정황은 당시 한강 유역 지역 사회가 포구를 중심으로 상인과 여각주인, 농민, 임노동자, 하급 관리, 노비, 각종 특수직 종사자 등 다양한 계층과 직종의 주민들로 구성되어 있었음을 알 수 있다.

18세기 후반 인구 변동을 보면, 성 밖 인구가 급속히 늘어나고 있는데 이 중 용산·마포·서강을 포함하고 있는 서부에 성밖 인구의 60%이상이 살고 있어서 이 지역이 신흥 도시민들이 집중적으로 모여들었음을 알 수 있다(조성윤, 1994 : 117~119). 이처럼 경강 유역의 상업적 발전은 각종 상업·군사 시설의 확충을 가져 왔고 이를 근거지로 한 다양한 계층과 직종의 민民들이 지역 사회를 구성하게 되었던 것이다.

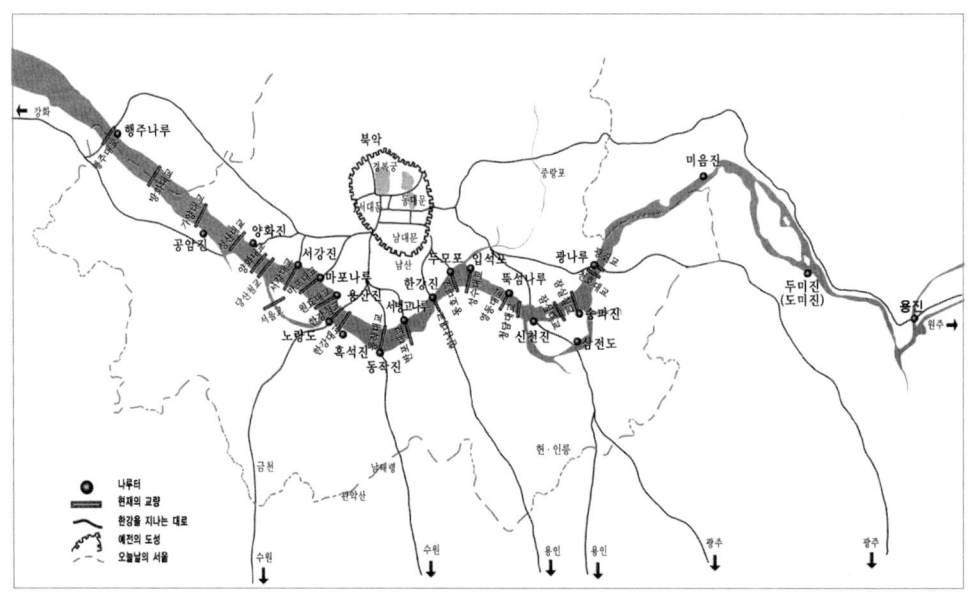

〈그림 2〉 조선 시대 한강의 나루(서울시사편찬위원회, 2001 : 95)

(2) 부군당의 건립과 확산

부군당의 건립에 관한 이해는 부군당 의례를 이해하는 데 선결적인 과제가 된다. 현재 부군당과 관련된 문헌들은 조선왕조실록을 비롯한 역사서와 지리지, 개인 문집류 등이 있는데 수록된 기사들이 단편적이고 중복되는 내용들이 많아 부군당의 건립 경위와 확산 과정을 정확하게 밝히기는 무리가 있다. 여기서는 문헌자료에 나타난 초기 부군당 설치와 유래, 의례 관행에 대한 기사들을 토대로 부군당이 건립되고 확산되는 과정과 그 의의를 유추해 보도록 하겠다.

부군당이 언제부터 존재했는가는 정확하게 알 수는 없으나 지금까지 파악된 자료에 의하면 적어도 15세기 이전부터 존재했음을 알 수가 있다.[9] 부군당에 대한 자료 중에서 가장 이른 시기의 부군당임을 나타내는 것으로 15세기 인물인 어효첨이 부군당을 불사르고 헐어버렸다는 기사가 있다.[10] 어효첨이 집의가 되었을 당시라고 하니 이는 1449년에 사헌부 집의가 된 것을 말하는 것이다. 그런데, 부군당에 신임 관원들이 제사지내는 것이 '고사古事'라고 하는 것으로 보아 그 관행은 당시 보다 훨씬 이른 시기부터 있었던 것으로 추정된다. 부군당이 직접 거론되지는 않았지만 1413년 예조에서 상서한 문언에 "사복시에서 무당과 박수가 마신馬神에게 제사지내므로 음사淫祀입니다. 청컨대, 이제부터 마조馬祖·마보馬步·마사馬社·선목先牧의 신에게 제사지낼 때 사복시의 관원으로 하여금 향을 받아서 지내게 하소서"[11]라고 하여 당시에도 사복시에 부군당이 있었을 가능성을 시사하고 있다.

...

9 이는 기본적으로 조선 건국과 함께 부군당 건립이 시작되었을 것이라는 가설(유승훈, 2003 : 114)에 동의하는 것이기는 하지만 그 이전, 즉 고려시대부터 존재했을 가능성도 배제하지는 않는다. 유승훈은 같은 글에서 조선 초의 국가 대계들이 고려 사회상으로부터 비롯되었다는 사실을 감안하여 조선조 관아 내에 신당을 건설하는 관습은 이미 고려시대에 형성되었을 가능성은 제기하였으나(유승훈, 2003 : 104) 고려조 관아 내의 신당이 부군당일 것이라고는 보지 않았다.

10 "都下官府例置一小宇叢掛紙錢號曰府君相聚而瀆祀之 新除官必祭之惟謹雖法司亦如之 公爲執義下人告以古事公曰府君何物令取紙錢焚之 前後所歷官府其府君之祀率皆焚毁之 東閣雜記 稗官雜記行狀", 『연려실기술』 제4권, 文宗朝故事本末, 文宗朝의 名臣 魚孝瞻.

11 "司僕寺以巫覡祭馬神, 淫祀也 請自今祀馬祖馬步, 馬社, 先牧之神, 令司僕官受香以祭", 『태종실록』 권26, 태종 13년 11월 4일 경진.

〈표 1〉 부군당 관련 문헌기사 목록(내용은 필자 요약)

연 도	내 용	출 전	비 고
1449년	어효첨이 府君을 모두 불사르고 헐어버리다.	연려실기술	府君
1511년	양현고 안 付根堂에 제사를 지내다.	조선왕조실록	付根堂
1517년	헌부에서 각사에 명령하여 付根을 불사르고 제사를 금하다.	조선왕조실록	付根
16C말~17C초	지금 아문의 풍속에 禱祀하는 곳이 있는데 附君이라고 한다. 신임 관리는 반드시 제사를 지낸다.	지봉유설	附君
1667년	각사에 모두 府君堂이 있어 신을 모시고 있는데 상익이란 자는 禁府의 부군당에서 항시 춤추고 하였다고 하니 어찌 실성하지 않았겠는가?	승정원일기	府君堂
18C초	부군당은 2간이며 누각의 정북 쪽에 있다. 강희 정해년에 중건하여 예전에 비해 반간이 늘었다.	통문관지	附君堂
1738~1791년	서울에 있는 각 아문에는 모두 府君堂이 설치되어 있으며 아전이나 노비들이 제사 지낸다. 본 庫에는 송씨 처녀의 초상을 모신 부군당이 있으며 성균관 노비들이 벽송정 동쪽 가장 자리에 부군당을 설치하였는데 최영장군과 우왕의 왕비를 모셨다.	이재난고	府君堂
1793년	중앙의 모든 관청과 지방의 이청 옆에 府君堂을 두고 무당이 가무오락으로 귀신을 즐겁게 하다.	연암집	府君堂
1800년경	우리나라에 附根堂이 있다. 지금 京師 각사에 神祠가 있는데 이를 付根堂이라 하는데 이것이 와전되어 府君堂이 되었다. 付根이란 宋氏姐가 접한 것으로 네 벽에 목경물을 걸어 놓아 심히 음설하고 불경스럽다.	오주연문장전산고	附根堂 付根堂 府君堂
1850년대	예관 府君堂에 임장군의 화상을 그려놓고 제사 지내다. 각사 아전의 청방 곁에 符君祠가 있어 해마다 10월 1일에 제사 지낸다.	동국여지비고	府君堂 符君祠
1908년	都下 관부에 작은 사우를 두고 지전을 걸어 놓았는데 이를 府君堂이라 한다.	추재총화	府君堂

또한, 여러 문헌에서 한결같이 서울 모든 각사에 부군당이 설치되어 있었다고 밝히고 있으며 이를 '국속國俗'[12]이라고 하는 것을 보아 관청에 부군당을 설치하여 제사지내는 것은 당시 일반적인 관행이었으며 그 유래 역시 오래되었음을 알 수가 있다. 특히, 각사에 부군을 모시고 제사지내는 것이 '국속'이라는 대목이 주목된다. 국속이라면 이는 일부 예외적인 풍속이 아닌, 나라의 대표적인 풍속을 말하는데 이를 '음사'라 하여 배척하는 논리와는 배치된다고 할 것이다. 다시 말해 이는 당시 부군당에 대한

---

12 "傳曰:"告祀事非予所知, 問于大妃殿, 則養賢庫內有付根堂【付根者, 官府設祠祈祝, 國俗也。】", 『중종실록』, 중종 6년 신미 3월 29일(기묘).

지배층의 이율배반적인 인식을 보여주는 것으로 유교적 사상에 입각해서는 정식 사전 祀典에 편재되지 않은 음사라 할 수 있으나 오래전부터 보편화된 부군당 신앙을 국속으로 인정하지 않을 수밖에 없었던 당시 지배층의 입장을 반영하고 있는 것으로 보인다. 이러한 정황을 종합적으로 고려하면, 조선 건국(1392년)과 함께 문무백관들이 근무할 각사들이 건립되면서 각사들의 부속건물로서 부군당도 함께 건립되었을 가능성이 농후하다. 그렇다면 이러한 부군당이 존재했었던 당시 정황을 구체적으로 살펴보자. 먼저, 문헌에서 그 유래를 밝히고 있는 대목을 보면 다음과 같다.

(A) 符君祠 : 各司 아전의 청방 곁에 있으며, 해마다 10월 1일에 제사지낸다. 세상에서 혹 말하기를, 고려의 시중侍中(고려 관제의 수상직) 崔瑩이 관직에 있을 때 재물에 깨끗하고 징수를 하지 않아서, 이름이 떨쳤으므로 아전과 백성들이 사모하여 그 신을 모셔 존숭한다고 한다. 각 고을에도 모두 있다.[13]

(B) 지금 경사 각사에 신사가 있는데 부근당이라 했고, 이것이 와전되어 부군당이 되었다. 한 번 비는 비용이 수백금이 되었다고 한다. 혹은 부근은 송씨저(송각시)가 실렸다고 하는데, 사방 벽에 목경물을 많이 만들어 달고 지나치게 음설하였다.[14]

위의 자료들은 19세기 초반, 즉 부군당의 역사로 보면 비교적 후기에 씌어진 것들이다. 이들 기록들만 본다면, 부군당이 자료(A)와 같이 고려시대 최영장군에 대한 신앙에서 비롯되었다는 설과 자료(B)와 같이 '송씨저'[15]를 위로하기 위해 건립되었다는

----

13 『신증동국여지승람』 제3권 비고편 동국여지비고 제2편 한성부 사묘.
14 "今京師各司有神祠。名曰付根堂。訛呼府君堂。一祀所費。至於累百金。或曰. 付根。乃宋氏姐所接。四壁多作木莖物以掛之。甚淫藝不經。【或曰. 付根者。旣爲官司之根。而其懸木莖物。以寓人之根爲腎莖。故作莖物以象之。】", 『오주연문장전산고』 天地篇 天地雜類 鬼神說 華東淫祀辨證說.
15 이능화는 이 '송씨저'를 민간에서 처녀가 시집 못가고 죽은 '손각씨'로 보았다. 즉, 손(孫)은 송(宋)과 음이 서로 비슷한 까닭으로 同體異名으로 불린 것이고 이 손각씨를 위로하기 위해 목경물을 만들어 바쳤다는 것이다(이능화 저・이재곤 역, 1991 : 205). 그런데 이 송씨저는 이후 무속신 중 '송씨부인', 즉 단종의 폐비(김태곤, 1981 : 283)와

설이 존재했다는 것을 알 수 있다. 이러한 설은 위의 자료들보다 시기적으로 앞선 18세기 후반에 씌어진 『이재난고』[16]에서도 언급되어 있어 그러한 유래설이 꽤 유력했던 것으로 보인다. 그러나 이러한 설은 초기 부군당이 설립될 당시의 유래라고 하기보다는 후기에 부가된 몇몇 부군당의 유래담으로 보는 편이 자연스러울 듯하다. 왜냐하면 조선시대 부군당에서는 최영장군 뿐만 아니라 우왕의 왕비, 임장군, 송씨 처녀 등 다양한 신격을 봉안했던 것으로 보이며 목경물을 봉안했던 사례 역시 일부 경우에 지나지 않았던 것으로 보인다. 전술한 바와 같이 모든 각사에 부군당을 설치하고 아전들이 정기적으로 제사를 지내는 등, 특히 이를 '국속國俗'이라 이를 정도의 부군당이었다면 분명 보다 근원적이고 역사적 정통성을 보이는 유래가 있을 것이다. 이러한 유래는 결국 고려시대의 문화적 전통에서 찾아야 할 것으로 보인다.

고려 왕실과 집권층은 호국불교를 지향하고 유교적 이념의 중앙집권체제를 추진해 나가면서도 한편으로는 무속을 제도권 내에 수용하고 국가의 위란危亂을 기양祈禳하고 왕실의 번영을 기은祈恩하는 이중적인 양상을 띠게 된다. 고려 왕조는 일찍이 국무당國巫堂을 설치하여 무격에게 이를 관리하도록 했으며 국무당과는 별도로 별기은別祈恩하는 곳도 10여 개소를 두고 무당들로 하여금 국란을 기양하도록 하는 등(김태우, 1997 : 18~25) 고려왕조에서는 이러한 무속 의례를 국가의 안녕과 왕실의 번영을 비는 데 적절히 활용했던 것으로 보인다. 또한, 고려시대에는 성황신앙 역시 성행했는데 초기에는 국가에서 관리를 파견하여 치제하는 형태를 취하다가 이후 점차 지역공동체 신앙 형태로 변모하게 된다. 즉, 후기에는 각 지역 토성들에 의해 자기 지역의 특정 성황신을 모시는 경우가 많았는데 입신출세한 본관인本貫人이나 고려 태조를 도왔던 개국공신들 중 지역과 연관 있는 인물들이 그 지역 성황신으로 모셔지고 그 지역 토성들이나

도 관련이 있을 것으로 보인다.

[16] "曾聞 京各司 皆有府君堂設幀像 吏隷輩祀之 今驗本庫亦然 堂在庫後 圍以小墻 有中門 吏輩言 此乃宋氏處女像 像有二幀府雖禁神祠 而此一事 未之禁也 此自政府以下 莫不皆然 如東南關王廟 亦居然成一淫祠 可駭矣哉 又聞 成均館下輩 就碧松亭東邊谷中 亦設府君堂 其幀則崔瑩 及其女禑妃云", 『이재난고』 권11 십오일경자十五日庚子, 저자인 황윤석(1729~1791)이 1768년(영조44)에 義盈庫 집사(종팔품직)를 지냈다(유승훈, 2003 : 109)는 것을 보아 본문의 '本庫'는 의영고를 말하며 1768년 당시 사실을 기록한 것으로 보인다.

향리들이 중심이 되어 치제되었다. 이러한 성황신에 대한 치제는 무속 의례로 치러지는 경우도 많았던 것으로 보이는데 다음의 자료들이 그 정황을 잘 보여주고 있다.

(A) (神宗 6년 丁彦眞이 慶州民亂 鎭壓軍의 사령관인 招討處置兵馬中道使에 임명되어 와서) 정언진이 전선에 이르러 사은 기도를 하기 위하여 城隍堂에 참배하게 되었는데 적을 체포할 술책을 가만히 城隍堂 무당(覡)에게 지시하였다. 하루는 적의 도령 이비 부자가 성황당에 와서 가만히 기도를 드리고 있었다. 무당이 거짓말로 "도령이 군대를 일으켜 신라를 회복하려 하니 우리들도 기뻐한 지 오래다. 이제 다행히 뵈옵게 되었으므로 한 잔 술을 드리고자 합니다."고 하고 자기 집으로 데리고 가서 술을 권하여 취한 후에 결박하여 정언진에게로 압송하였다.[17]

(B) 해마다 5월1일에서 5일까지 鄕吏 5명을 번갈아 정하여 각자 그의 집에 堂을 설치하여 대왕이 부인을 거느리게 하고 큰 깃발을 세워 표시하였다. 무당의 무리들이 어지러이 떼지어 모이고 羅列하여 물才를 하며 순행하여 제사를 받드니 역시 지금껏 폐지되지 않은 것은 神靈스런 神의 덕이 사람들의 눈마다 엄숙히 들어서이다 … 올해 중춘에 郡守가 되어 大神을 받드는 실상을 살펴보니 무당의 무리들이 이지럽고 혼잡스러우며 심지어 마을에 횡행하기까지 하여 그 폐단이 헤아릴 수 없이 많으니 참으로 부당하다.[18]

위의 자료(A)는 고려 후기(신종 6, 1203)의 것이고 자료(B)의 자료는 조선 전기(명종 8, 1563)의 것이지만 성황당과 무당이 깊은 연관이 있고 무속 의례로 치제되었다는 점에서 공통점을 보인다. 특히, 자료(B)에서는 지방의 성황당 의례가 향리들에 의해 주도되었고 무당들이 신을 받으며 마을을 순행하였다는 점이 주목된다. 이는 조선시대 부

...
17 "因祈恩 詣城隍祠 密以捕賊之謀授覡一日賊徒都領利備父子 至祠潛禱 覡紿曰 都領擧兵 將復新羅 吾屬喜之久矣 今幸得見 請獻一盃 邀至其家飮之醉 遂執送彦眞", 『고려사』 100 列傳13 丁彦眞傳.
18 『淳昌城隍大神事跡』; 남풍현, 「淳昌 城隍堂 懸板에 대하여」, 『고문서연구』 7, 한국고문서학회, 1995에서 재인용.

군당 의례와 흡사한 양상을 보이기 때문인데, 당시 성황당 의례와 부군당 의례와의 영향 관계를 추론하는 데 단서가 된다. 이처럼 고려시대의 국가적인 무속 전통은 조선 건국 이후에도 여전히 지속되었던 것으로 보인다. 실제 조선 중기까지 별기은은 성숙청星宿廳의 주관 하에 국무당國巫堂에 국무國巫를 파견하는 공식적인 국행의례로 존재했으며 그 이후에도 내행기능의 형태로 명산대천에서 계속되었다(최종성, 2001 : 53~88). 뿐만 아니라 성황신앙 역시 조선시대에는 성황의 사전祀典 기구화와 유교 제례화가 추진되면서 성황이 국가예제의 대상으로 수용되는 양상을 보이기는 하지만 무격들이 주관하여 기복·기풍하는 무속 의례의 성황제도 여전히 존재했던 것이다(박호원, 1997 : 264~265).

이러한 맥락에서 보면, 고려시대 국무당이나 별기은, 그리고 성황당의 설치와 무속 의례를 통한 치제 관행이 조선시대에도 여전히 지속되고 있는 것으로 보아 조선시대의 문화적 전통은 전조인 고려시대로부터 전승되고 있음을 알 수가 있다. 그렇다면 부군당의 전통도 고려시대에 존재했는가가 의문이다. 고려시대 문헌에서는 부군당의 존재를 알 수 있는 단서가 쉽게 발견되지 않는다. 국무당이나 별기은, 성황당에 대해서는 비교적 풍부한 기사가 발견되지만 부군당에 대한 기사가 전무하다는 것은 전술한 전통의 지속성이라는 측면에서 볼 때 쉽게 납득이 가지 않는다.

이처럼 부군당 문화가 예외성을 띠는 원인에는 몇 가지 가능성이 있을 수 있는데 첫째, 고려시대에 부군당이 존재하기는 했으나 미미한 수준이었고 조선 건국과 함께 급격히 확산되었을 가능성이다. 둘째, 고려조나 조선조나 부군당은 비슷하게 존재했으나 문헌상 기록에 있어서만 차이가 날 가능성이다. 셋째, 고려조에는 부군당이란 명칭이 따로 없었을 가능성이다. 즉 일반적인 '신당神堂'[19]으로 불렸거나 성황당과 혼용하여 쓰였을 가능성이다. 넷째, 고려조에는 부군당이 실제 존재하지 않았다가 조선

---

19 실제 「숙천제아도」(허경진, 2003)에는 부군당으로 추정되는 건물들이 모두 '신당(神堂)'으로 표기되어 있다. 여기서 신당을 부군당으로 추정할 수 있는 근거는 일단 다른 문헌들에서 모든 각사에 부군당이 있다고 했으니 숙천제아도의 각사에 그려져 있는 신당은 곧 부군당일 수밖에 없으며 또한 「숙천제아도」에서는 신당과 성황당을 구별하여 표기한 것으로 보아 조선시대 당시에는 이 신당, 즉 부군당을 성황당과는 별개의 존재로 인식했다는 것을 알 수 있다.

건국이 되면서 부군당이 새로 세워졌을 가능성이다. 결국 이는 고려조에 부군당이 존재했는가 그렇지 않은가의 문제로 집약될 수 있는데 현재로서는 부군당의 존재를 입증할 만한 자료가 없다. 따라서 이러한 여러 정황들[20]을 고려해 볼 때, 조선조 부군당 문화는 고려조의 문화적 전통과 연관성은 있으나 조선 건국과 함께 새롭게 등장한 신앙 형태로 보는 편이 옳을 듯하다.

조선시대의 각종 문헌들과 지도류를 종합적으로 검토해 보면, 서울 도성 내 각사는 물론이고 지방 관아에도 부군당이 설치되어 있었다는 것과 그 지역적 범위도 전국에 걸쳐 있었음을 알 수가 있다.

부군당이 설치되어 있었던 서울 도성 내 관청으로는 의금부를 비롯하여 양현고, 사역원, 사헌부, 예관, 사복시, 종친부, 공조, 제용감, 선혜청, 도총부, 의영고 등이 있었으며 지방 관아로는 평안도 영유현, 황해도 서흥부와 신천군, 경상도 안의현, 전라도 영암군, 강원도 원주목 등이 있었다〈표 3〉 참조). 서울 각사에 설치되었던 부군당의 특징으로는 대부분의 부군당은 관청 내 동북쪽이나 서북쪽 담 모퉁이에 위치해 있다는 것과 2칸 정도의 규모에 기와지붕을 얹은 격식을 갖춘 형태이며 중문이나 정면에 태극문양이 그려져 있다는 것이다. 특히 종친부와 선혜청의 부군당은 따로 담을 쌓아 독립된 공간을 확보하고 있으며 그 중에 종친부의 부군당은 단을 쌓은 후 그 위에 부군당을 올려 제법 위세 있게 보인다〈그림 5〉 참조). 서울 각사에 설치된 부군당에서는 어떤 신격을 모셨는가 하는 점도 의문인데 문헌에서는 예관에서 임장군 화상을 봉안했다는 것과 의영고에서는 송씨 처녀 화상을 모셨고 성균관 하인들(하배下輩)이 세웠다는 벽송정 동쪽 골짜기의 부군당[21]에는 최영장군과 우왕의 왕비가 모셨다는 것만 확

....
20 조선 초기부터 부군당이란 명칭과 함께 부군당에 관한 구체적인 기록들이 다양하게 나타나는 것에 비해 고려조에는 부군당과 관련한 기록이 전무하다는 것을 단순히 기록의 누락이나 자료의 한계로 치부하는 것은 안일한 판단으로 보인다. 고려조에 부군당과 유사한 신당이 존재했을지는 모르나 부군당으로 불렸던 신당은 조선조에 와서야 나타난 것이라고 보아야 할 것 같다.
21 벽송정이 어디에 있었는지는 모르겠으나 성균관에서 약 200m 떨어진 지점에 부군당이 있었다고 한다. 1990년에 조사된 자료(서울특별시 문화재위원회, 1990:88)에 의하면 10년 전(1980년)까지 당이 있었으며 당 안에는 공민왕 내외분, 관운장 내외, 七星太上老君, 최영장군, 삼불제석, 석가여래 등이 모셔져 있었다고 한다. 이 명륜동 부군당

인될 뿐이다.

다음으로 지방 관아에 설치되었던 부군당의 특징을 살펴보면, 영유현과 서흥부, 안의현의 경우에 동북쪽에 세워진 부군당과 대응하여 여단과 사직이 서쪽에 세워져 있다는 점을 들 수 있겠다. 그리고 1840년 이후에는 부군당이 관아 안이 아닌 밖에도 세워져 있다는 것이 주목된다. 즉, 1840년 이전에는 거의 모든 부군당이 관청이나 관아 내에 설치되어 있으나 1840년경의 서흥부와 1872년경의 영암군과 원주목에서는 관아 문 밖이나 마을 동북쪽 산기슭에 부군당이 건립되어 있음을 확인할 수 있다.

이러한 정황은 각사나 관아 내 설치되었던 부군당이 점차 외부로 확산되어 나가는 과정을 보여주는 것으로 판단된다. 그 시기가 언제부터인지는 정확히 알 수는 없으나 성균관 하인들이 세웠다는 벽송정 동쪽 골짜기의 부군당이 1768년경에 존재했던 것으로 보아 그 이전부터 부군당의 외부 건립은 시작되었던 것으로 보인다. 물론 초기에 부군당이 각사나 관아 영역 내 뿐만 아니라 외부에도 세워졌을 가능성을 배제할 수는 없으나 여러 문헌 자료들을 종합해 보면, 초기에는 각사나 관아 내에 부군당을 설치하고 아전들이나 향리들로 하여금 치제했던 것이 일반적인 관행이었는데 점차 각사나 관아의 영역을 벗어나 부군당이 인근 밖에 세워지거나 아예 마을 산기슭까지 그 설치 범위가 확대되었던 것으로 보인다.

부군당이 외부로 확대된 이유는 두 가지 가능성이 있다. 하나는 고려시대부터 지속적으로 제기되어 오던 축무론과 음사 반대론에 의해 부군당이 외부로 축출되었을 가능성이다. 다른 하나는 부군당 신앙이 민간층까지 확산되면서 부군당 신앙을 마을사회에서 받아들이고 이들에 의해 부군당이 건립되었을 가능성이다.

조선시대에는 건국 초부터 고려조의 문화적 전통을 이어받아 국무당을 설치하고 국가적인 차원에서 무속 의례인 별기은을 거행하는 등 무풍이 성하였다. 세종 대에는 국가에서 행하는 별기은 외에 민간에서도 산천과 성황에 대한 무속 의례가 대대적으

...

이 1768년경에 쓰여진 『이재난고』의 부군당이라고 단언할 수는 없으나 두 당의 위치가 성균관과 인접해 있었다는 점과 공히 최영장군을 모시고 있었다는 점 등을 감안하면 그 가능성은 충분하다고 생각된다.

로 벌어지면서 음사에 대한 비판[22]이 거세지기도 했다. 결국 중종대에 와서는 유신들의 건의를 받아들여[23] 무속적인 국가 기은 행위를 중단하기도 했고, 정조 대에 와서는 무녀의 색출은 물론 서울의 무巫를 한강 밖으로 몰아내는 강한 조치를 취하기도 했다. 아래의 기사가 당시 정황을 잘 말해주고 있다.

> 정언 柳孟養이 아뢰기를, "재작년 요망한 무당의 변고가 발생한 뒤 서울의 무당들을 모두 한강 밖(江外)으로 쫓아낸 것은 실로 옳지 않은 도[左道]를 금지하고 혼란의 근원을 근절시키려는 의도에서 나온 것이었습니다. 그런데 일전에 南部에서 大巫를 체포했을 적에 刑曹와 京兆의 吏隸들이 그 巫女를 옹호하고서 남부의 下屬에게 공갈하였다고 합니다. 평상시에 신칙시키지 않은 책임이 堂上에게 있는 것이니, 청컨대 모두 重推하소서. 下隸들은 형장을 가하여 定配하고 무녀들은 일일이 색출해 내어 멀리 外鄕으로 축출시키소서." 하니, 비답하기를, "형조와 한성부 당상은 俸給 一等을 감하고 해당 낭청은 먼저 淘汰시키고 나서 잡아들이라." 하였다.[24]

이처럼 조선 초기에는 왕실의 묵인 하에 무풍이 성행했으나 15세기 이후에는 축무론과 음사 비판론이 거세지면서 18세기에 이르러서는 도성 내 무당들이 한강 밖으로 축출되는 지경에 이르게 된다. 이러한 조선의 무속에 대한 정책은 부군당의 설치와 철폐에도 영향을 미쳤을 것으로 생각된다.[25]

・・・

22 『세종실록』 세종 34권, 8년(1426) 11월 7일 병신.
23 『중종실록』 중종 25권, 11년(1516) 6월 16일 병인.
24 "正言柳孟養啓言: 再昨年妖巫變出後, 京巫之盡逐江外者, 寔出禁左道絶亂源之意. 而日前, 南部捉得大巫, 刑曹及京兆吏隸, 擁護巫女, 威喝部屬云. 常時不勅, 責在堂上竝請重推. 下隸刑配巫女, 一一搜出, 遠逐鄕外." 批曰: '刑曹, 漢城府堂上, 越俸一等. 當該郎廳, 先汰後拿.", 『정조실록』 정조 7권, 3년(1779) 2월 8일 계해.
25 유승훈은 강밖으로 밀려난 무속집단이 용산강 등지에 정착하였고 경강 주변의 촌락과 인구의 발전, 민간신앙 수요의 증대와 맞물리면서 부군당의 중심지가 도성 내의 관청에서 경강의 마을로 이전될 수 있었다고 보았다(유승훈, 2003 : 126~128). 이와 함께 고려해야 할 몇 가지 가능성이 있다. 먼저, 당시 무속집단이 쫓겨났다고는 하나 관에 소속된 官ую巫女나 國巫堂에 의해 각사 부군당 의례가 지속되었을 가능성이 있다. 또한, 무당들은 江外, 즉 한강 이남으로 쫓겨났다고 했으며 실지 노량진 등지에 무당촌이 있었다(이기태, 2006b : 241~244)는 것을 보아도 이들이 정착한 곳은 한강 이남이었을 가능성이 크다. 그런데 한강변 부군당은 강북에 집중되어 있으니 이 또한 축출된

한편, 부군당이 외부에 건립되기 전부터 부군당 신앙은 각사나 관아에만 국한된 것이 아니라 그 지역민들에게도 상당한 영향력을 미치고 있었을 것으로 보인다. 1530년대(중종 12)에 씌어졌을 것으로 보이는 아래의 기사가 그 정황을 암시해 주고 있다.

> 符君祠 : 各司 아전의 청방 곁에 있으며, 해마다 10월 1일에 제사지낸다. 세상에서 혹 말하기를, 고려의 시중(侍中 고려 관제의 수상직) 崔瑩이 관직에 있을 때 재물에 깨끗하고 징수를 하지 않아서, 이름이 떨쳤으므로 아전과 백성들이 사모하여 그 신을 모셔 존숭한다고 한다. 각 고을에도 모두 있다.[26]

위의 기사를 보면, 부군당(부군사)이 각사뿐만 아니라 각 고을마다 존재했으며 아전들뿐만 아니라 백성들도 그 신을 존숭하였다는 것을 알 수 있는데 이는 부군당의 영역이 전국적으로 확대되었으며 부군 신앙이 민간층에까지 영향을 끼치고 있었다는 것을 말해 주고 있다. 부군 신앙이 지역 공동체 신앙으로 받아들여지게 되면서 지역민들에 의해 부군당이 건립되었을 것이라는 가정을 입증하기 위해서는 당시 성황 신앙과의 관련성도 고려해 보아야 한다.

성황당(성황사)은 고려조부터 명산대천에 건립되어 정식 사전祀典으로 관리되기도 했던 정통성 있는 신앙 형태이다. 고려의 성황은 12세기 이후 점차 민속신앙화하여 지방사회에서도 성행하게 된다. 조선조에 와서는 건국 직후부터 성황의 사전기구화 및 성황제의 유교 제례화를 추진하게 된다. 이는 조선 건국 후 국가 통치나 질서의 확립을 위해 무엇보다도 사전의 확정 또는 유교예제의 확립이 중요하다는 인식 하에 이루어진 조치이며 지방 성황에까지 왕명을 대리한 지방관이 성황제를 주도함으로써 전국에 왕권을 정점으로 하는 일원적인 지배질서를 구축하고자 하는 의도가 깔려 있는 것

무당들에 의해 경강 유역 부군당이 확산되었을 것이라는 추정과도 배치된다. 따라서, 경강변 부군당 건립과 확산의 계기를 축무 정책과 함께 지역사회의 요구와 국가 정책의 변화 등을 고려하는 것이 옳을 것이다.

26 『신증동국여지승람』 제3권, 비고편 동국여지비고 제2편 한성부 사묘조.

이다(박호원, 1997 : 217~223).

조선 중기에는 각 주·부·군·현과 같은 행정 단위마다 성황사가 건립되면서 지방 사회에 점차 성황사가 확산되어 가는 양상을 보이지만 후기에는 성황의 사전기구화가 유명무실해지고 관행 성황제도 제대로 시행되지 않게 된다. 그러나 민간에서의 성황제는 꾸준히 행해지는데 대부분 무격에 의해 치제되었던 것으로 보인다. 조선 중기 이후에는 지방 향리들에 의한 유교식 성황제도 점차 확산되는 양상을 띤다(박호원, 1997 : 233~251). 아래의 기사는 16세기 경에 지방의 성황제가 지역 공동체 의례로 정착되는 과정에 있었음을 보여 주고 있어 주목된다.

> 城隍祠 : 현 서쪽 2리 지점에 있다. 『신증』 그 지방 사람들이 해마다 5월 초하루에 5일까지 모여서 두 隊로 나눈 다음, 祠堂의 神像을 싣고 화려한 깃발을 세우고 여러 마을을 두루 들른다. 마을 사람들은 술과 음식을 가지고 제사하고, 광대[儺人]들이 다 모여서 온갖 놀이가 벌어진다.[27]

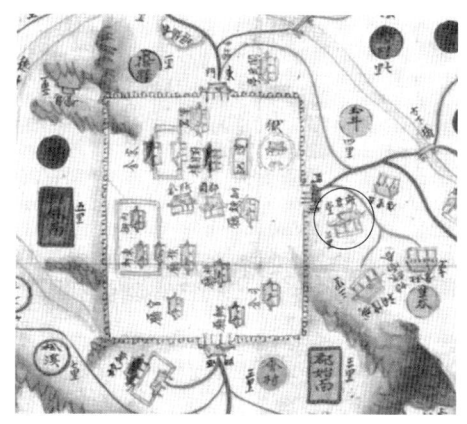

〈그림 3〉 영암군 府君堂(1872년)

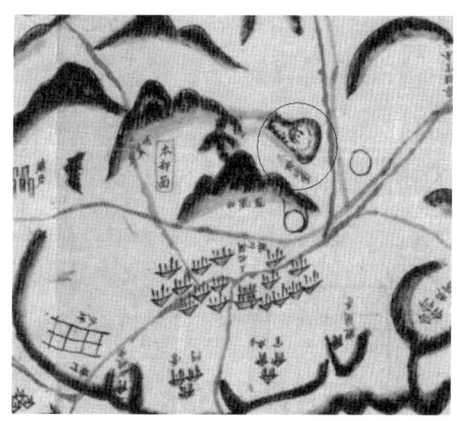

〈그림 4〉 원주목 附近堂(1872년)

---

27 『신증동국여지승람』 권32, 경상도 고성현 사묘조.

이처럼 조선시대의 성황당 의례는 이미 16세기경부터 지역 공동체 의례화되는 단계를 밟고 있었던 것으로 보인다. 그렇다면 부군당이 각사나 관아 내에서 지역 전체로 확대될 무렵에는 성황당이 이미 지역 공동체 신앙의 중심으로 확고하게 자리를 잡고 있었을 것이다. 이러한 정황에서 지역 사회에서 부군당이 어떻게 수용되었으며 성황당과는 어떠한 관계에 있었는가 하는 점이 의문이다.

『숙천제아도』에 그려진 황해도 신천군 관아도를 보면 관아 북쪽 담 밑에 있는 부군당과는 별도로 마을 동북쪽 산기슭에 성황당이 존재(허경진, 2003 : 336~337)하고 있다. 그런데 같은 황해도 지역인 서흥부의 관아도(허경진, 2003 : 322~323)나 강원도 원주목의 지도(〈그림 4〉 참조)를 보면, 1793년과 1872년에 마을 동북쪽 산기슭에 성황당이 아닌 부군당이 세워져 있었다. 이러한 사실은 관아 내에 부군당이 있는 경우는 성황당이 마을에 별도로 존재하기도 했지만 부군당이 마을에 세워졌을 경우에는 성황당이 따로 존재하지 않았을 것이라는 추정을 가능케 한다. 그 이유는 유사한 신격과 목적을 위해 이중으로 치제할 하등의 이유가 없을 뿐만 아니라 경제적인 부담도 무시할 수 없었

〈표 2〉 조선 중기(16C) 관행 성황제 현황

경기	44	강원	26
충청	54	황해	23
경상	67	함경	22
전라	58	평안	42
		계	336

신증동국여지승람; 박호원, 1997 : 232

을 것이기 때문이다. 서울 한강 유역에 부군당이 집중적으로 건립되게 된 것도 이와 같은 맥락에서 이해해 볼 수 있겠다. 서울 한강변에는 조선 초부터 설치된 동빙고와 서빙고 외에도 관리들의 녹봉을 관장한 광흥창, 조선 및 선박관리·운수를 관장하였던 전함사典艦司의 외사外司, 군수물자로 쓸 비축미를 관장하는 군자감, 관곽棺槨을 만드는 일을 관장한 귀후서歸厚署, 벽돌이나 기와 만드는 일을 관장한 와서瓦署 등이 건립되어 있었다(유승훈, 2003 : 118). 이러한 관서들에도 부군당이 설치되어 있었을 것으로 보인다. 현재 남아있는 여러 기록들을 통해 부군당 역사가 14세기 말에서 15세기 초까지 거슬러 올라갈 수 있는 것으로 보아서 조선 초기에 각사에 설치되었던 부군당이 현재까지 전승되는 경우도 있을 것으로 판단된다.[28] 또한 서울 한강변 각사 외에 인근

의 마을사회에서도 부군당이 건립되었던 것으로 보인다. 이것은 명륜당 부군당 건립의 사례[29]나 당산동과 한남동 부군당 건립의 사례[30]를 통하여 확인할 수 있다. 이처럼 부군당이 외부로 확산되게 된 시기는 당시 한강변이 상업중심지로 변모하게 된 17~18세기경으로 추정해 볼 수 있겠다. 즉, 17~18세기 경강변이 상업 중심지로 변모하면서 경강변 인구도 급증하게 되며 그들 대부분이 상업에 종사하면서 생계를 이어가게 된다. 당시 경강지역은 미곡·목재·어물·소금 판매의 중심지였으며 경강으로 통하는 서울의 도로도 번화가로 변모하고 있었다. 이러한 상황에서 경강변의 세력가로 등장한 경강상인들과 이들과 공조관계에 있었던 각사의 아전들이나 무장들이 주축이 되어[31] 그들 나름대로의 의례 전통을 창출했을 것으로 보인다. 이 때 그들이 선택한 의례 전통은 다름 아닌 각사에 설치되어 있어서 정기적으로 치제되어오던 부군당 의례였을 것이라는 추측은 충분히 타당성이 있다고 할 것이다.[32]

...

28 여기서 각사 부설 부군당 의례가 어떠한 경로로 민간화 되었는가 하는 점이 의문시된다. 이러한 관 주도 부군당의 민간화 과정에 대해서는 추후 면밀한 자료 수집과 검토를 통해 해결해야 할 과제로 남겨 놓고자 한다. 이 논문에서는 각사에 설치된 부군당 외에 외부에도 부군당이 건립·전승되고 있다는 사실에 주목하여 그 정황을 살피는 데에서 그치고자 한다. 그것은 이 논문의 주된 목적이 부군당의 역사적 유래를 밝히는 것이 아니고 도시화에 따른 도시 공동체 의례의 변모와 의미를 밝히는 것이기 때문이나.

29 "又聞 成均館下輩 就碧松亭東邊谷中 亦設府君堂 其幀則崔瑩 及其女褵妃云", 『이재난고』 권11, 十五日庚子.

30 아래 표에서 동빙고동과 서빙고동, 이태원동의 경우 각사에 설치되었던 부군당이었거나 이후 지역민들에 의해 다시 건립되었을 가능성이 크지만 당산동이나 한남동의 경우는 조선조 당시 인근에 관련될 만한 관청이 없었던 것으로 보아 지역민 자체로 건립되었던 것으로 보인다. 그러나 아래 추정 연대는 마을 자체에서 작성된 기록물을 근거로 한 것이라 정확한 건립 연대로 보기는 어렵다. 다만 서빙고 부군당의 경우는 현판 분석을 통해 1875년 중건이 확인된 바 있어(김태우, 2009) 인용 자료에서 바로 잡았다.

〈한강 유역 부군당 건립 추정 연대〉 (유승훈, 2003 : 115)

구 분	건립 추정 연대	근거 기록물
동빙고동 부군당	1391년	부군당 현판
당산동 부군당	1450년	부군비
서빙고동 부군당	1875년(중건)	부군당 현판
이태원 부군당	1619년	부군묘비
한남1동 부군당	1628년	상량문

31 이러한 정황은 18세기 서울의 계층별 거주 지역 분포를 보면 참고가 된다. 당시 상인 계층은 대부분 시전과 용산·마포 등 포구 취락에 형성되어 있었으며 하급 군병들이나 관리들은 대체로 소속 군영의 본영 및 예하 군영 주위나 각 아문 주위에 형성되어 있었다(최영준, 1998 : 53~58). 따라서 상인계층과 중인층(하급관리와 군병)이 집중적으로 거주하고 있는 서울 한강 유역에 현재 부군당이 집중되어 있는 현상은 상인과 중인층, 그리고 부군당 의례와의 연관성이 깊을 것으로 생각된다.

그러므로 조선시대 각사에 설치되었던 부군당은 17~18세기 이후 다양한 경로를 통해 각사 외에 점차 마을사회에 건립되었을 것으로 보이며 특히, 상업적으로 번성했던 서울 한강 유역에 집중적으로 분포하게 된 것으로 판단된다.

宗親府의 신당　　司僕寺의 신당　　工曹의 신당　　濟用監의 신당

〈그림 5〉 조선시대 각 관아에 설치된 신당들(허경진, 2003 : 189~345; 서울역사박물관, 2006 : 181)

〈표 3〉 조선시대 부군당 설치 기관과 부군당 위치 및 규모

부군당 설치 기관	기관의 주요 업무	부군당의 위치와 규모	기록 연도	출전
양현고	성균관 유생들에게 제공되는 모든 경비와 석전제 비용을 조달	미상	1511년	조선왕조실록
사역원	외국어 통역과 번역에 관한 일을 관장	누각의 정북쪽(2칸)	1700년대	통문관지
사헌부	정치의 시비에 대한 언론활동, 백관에 대한 규찰, 풍속을 바로잡는 일, 원통하고 억울한 일을 펴주는 일	미상	1449년	연려실기술
예관	경서의 인쇄와 향축·인전 등을 담당한 관청으로 교서관을 말함	위치 미상, 임장군 화상 봉안	1850년대	동국여지비고
의금부	특별사법관청으로 왕명을 받들어 推鞫하는 일을 주로 관장	미상	1667년	승정원일기
의영고	궁중에서 쓰이는 기름·꿀·과일·黃蠟·후추 등의 물품을 출납	창고 뒤에 독립된 공간, 송씨처녀 초상 봉안	1768년	이재난고

---

32 유승훈은 관서 부군당의 민간화 과정에 있어서 이속들뿐만 아니라 관청의 노역을 맡았던 江民들이나 官僕들도 결정적인 역할을 했을 것으로 주장하였다. 즉, 밤섬 부군당과 명륜당 부군당의 경우처럼 밤섬에 살았던 典僕들과 성균관에 소속된 노비들이 관서 신당이었던 부군당과 부군당 의례를 잘 알고 있었을 것이고 이들이 그들 자신의 지역에 독자적인 부군당을 건립하고 부군신을 모심으로써 부군당 신앙을 마을의 민간신앙으로 변화시키는 계기를 마련했다는 것이다(유승훈, 2003 : 127~132).

사복시	수레와 말, 목장을 관장	서북쪽 담의 모퉁이(1칸)	1840년경	숙천제아도
종친부	宗室諸君의 일을 관장	동남쪽 모퉁이에 독립된 공간(2칸, 단 쌓음)	//	숙천제아도
공조	산림·沼澤·工匠·건축·陶窯工·冶金 등에 관한 일들을 관장	서리청의 바로 오른쪽	//	숙천제아도, 경조부지
제용감	왕실에서 쓰는 각종 직물이나 인삼을 진상, 국왕이 하사하는 의복, 비단, 布貨 등을 관장	당상대청에서 동북쪽 숲 사이(2칸)	//	숙천제아도
선혜청	대동법을 실시하기 위해 설치	私庫와 북벽 사이 독립된 공간(2칸)	//	숙천제아도
도총부	五衛를 총괄하던 최고 군령기관	서리청 북서쪽 담 밑(2칸)	//	숙천제아도
영유현 관아	평안도	동북쪽 담 모퉁이(서쪽 여단사직과 대응)	//	숙천제아도
서흥부	황해도	마을 동북쪽 산기슭(서쪽 여단 사직과 대응)	//	숙천제아도
신천군 관아	황해도	관아 북쪽 담 밑(성황당은 마을 북동쪽 산기슭에 별도 존재)	//	숙천제아도
안의현 관아	경상도	위치 미상(여단 왼쪽에 마을 성황당은 별도 존재)	1793년	연암집
영암군	전라도	관아 남문 앞	1872년	1872년 지방도
원주목	강원도	마을 동북쪽 산기슭	1872년	1872년 지방도

3) 부군당의 건립 목적과 의의

앞에서는 부군당의 유래와 초기 설치 현황 등에 대해서 알아보았다. 여기에서는 부군당 건립의 목적을 중심으로 그 의의를 살펴보고자 한다. 고려·조선조에 존재하였던 성황당이 성황 신앙을 기초로 설립되었던 것처럼 부군당 역시 '부군 신앙'을 기초로 건립되었다고 할 수 있다. 따라서 부군당 건립의 목적을 이해하기 위해서는 부군 신앙의 본질에 대한 해명이 선행되어야 할 것이다. 그리고 이러한 부군 신앙은 무엇보다도 신격인 '부군신'의 성격 및 기능을 파악해 봄으로써 그 해명이 가능할 것으로 보인다.

먼저, 부군신은 단일한 신격이 아니고 다양한 신격의 형태를 띠고 있으며 인물신인 경우가 대부분이다. 조선시대 문헌에서 확인되는 부군신은 최영장군, 우왕의 비, 송씨 처녀, 임장군 등이 있는데 송씨 처녀만을 제외하고는 모두 역사상 실존했던 인물들이며 영웅이나 존귀한 인물들이었으나 불운한 최후를 맞았던 인물들이라는 공통점이 있다. 최영장군(1316~1388)은 고려조의 명장으로 이름을 날렸으나 이성계의 위화도 회군에 맞서다 구금되어 결국 참형으로 최후를 마쳤다. 또한, 우왕의 비는 영비寧妃를 말하는 것이며 영비는 최영의 딸이다. 영비 역시 한때 국모의 자리까지 올랐으나 국왕이자 지아비인 우왕의 몰락과 죽음을 힘없이 지켜볼 수밖에 없었던 불운의 여인이었던 것이다. 최영장군과 영비가 부군당에 모셔져 있다는 구체적인 기록은 『이재난고』[33]에서 찾아 볼 수가 있다. 그런데 이런 최영장군이 당시 부군당에 다수 모셔져 있었던 것으로 보인다. 전술한 부군사符君祠[34]에 대한 기록도 그러하고 아래의 기사를 보더라도 부군신의 대표격으로 최영장군이 거론되고 있어 주목된다.

> 세간에서는 또한 이른바 府君이라는 것이 무슨 귀신인지 알지 못한다. 그려 놓은 神像을 보면 주립朱笠에 구슬 갓끈을 달고 虎鬚를 꽂아 위엄과 사나움이 마치 장수와 같은데, 혹 고려 侍中 崔瑩의 귀신이라고도 말한다. 그가 관직에 있을 때 재물에 청렴하여 뇌물과 청탁이 행해지질 못하였고, 당세에 위엄과 명망이 드날렸으므로 서리와 백성들이 그를 사모하여 그 신을 맞아 부군으로 받들었다고 한다.[35]

이처럼, 최영장군은 조선 건국 세력 입장에서 보면 반역의 인물이지만 부군당의 주신으로 당당히 받들어지고 있었던 것이다. 이와 같은 모순된 상황이 가능했던 이유를 부군당 의례를 담당하던 계층이 아전들이었다는 점에서 찾는 견해가 있다. 즉, 아전

...

33 "又聞 成均館下輩 就碧松亭東邊谷中 亦設府君堂 其幀則崔瑩 及其女禑妃云", 『이재난고』 권11, 十五日庚子.
34 제2장 각주 13 참조.
35 "然世亦不識所謂府君何神. 而所畫神像. 朱笠貝纓揷虎鬚. 威猛如將帥或言高麗侍中崔瑩之神. 其居官廉於財. 關節不行. 有威名於當世. 吏民懷之. 迎其神. 尊之爲府君.", 『연암집』, 安義縣 縣司에서 郭侯를 제사한 記.

들은 정치의 중심세력으로 나아갈 수 없는 신분적 한계 때문에 양반들에 대한 신분적 열등감이 존재했을 뿐만 아니라 조선조의 유교체제에 대한 미묘한 반감을 가지고 있었다는 것이다. 따라서 이러한 존재의식이 부군당 속에서 최영 장군을 비롯한 고려 인물의 신격화로 표출되었다는 것이다(유승훈, 2003 : 110). 그렇다면 아전 계층이 아닌 관리들이나 일반 백성들까지 최영 장군에 제를 지내는 것은 어떻게 설명할 수 있을 것이며 또한 무당의 무리들도 최영 장군을 최고의 장군신으로 받들게 된 것은 무슨 연유인지가 의문이다.[36] 최영 장군의 신격화는 아전들의 존재의식에서 기인했다라기 보다는 보다 근원적인 이유가 있었을 것이다. 즉, 당시 사회적 맥락과 지역적 특수성 속에서 최영 장군을 부군신으로 모시게 된 배경이 추출될 수 있다. 성균관 하배下輩들이 최영 장군을 부군신으로 모시게 된 이유도 당시 성균관 하배들의 출신과 성향, 그리고 지역사회와의 관련성 등을 종합적으로 고찰함으로써 그들이 별도의 부군당을 건립하여 조선 왕조와는 대립적인 최영을 주신으로 모신 배경이 드러날 수 있을 것이다. 다음으로, 부군당이 초기에는 주로 관아 내부나 관아 근처에 건립된 것으로 보아 부군신은 본래 건물이나 터와 관련된 신격이었던 것으로 판단된다. 즉, 일반 가옥에는 성주신이나 터주신이 있어 전체 집안과 집터를 관장하듯이 관아에는 부군신이 그 역할을 담당하고 있었다고 보는 견해이다.[37] 성황당이 산정이나 산기슭 등에 건립되었던 것은 성황신이 산신과 유사한 신격으로 인식(박호원, 1997 : 256)되었기 때문이었다는 것을 감안하면 건립 위치가 신격과 무관하지 않음을 알 수 있다.

이러한 부군신의 성격을 종합적으로 검토해 보면, 부군신은 본래 각사나 관아와 같

...

[36] 최영장군이 무당들에게 최고의 장군신으로 모셔지는 대표적인 사례로 조선조 개성 덕물산 최영장군 사당에서 행해졌던 무속 의례를 들 수 있다. 이 개성의 최영장군 사당은 이규경의 『오주연문장전산고』나 이중환의 기록에도 등장하는 것으로 보아 그 유래가 오래된 것이라 할 수 있다. 이러한 전통은 오늘날에도 남아 있어 서울에서 굿을 할 때도 개성 덕물산에 먼저 고하고 굿을 했다든지 상산거리에 반드시 최영장군을 불러 모신다든지 하는 것도 조선조 이후 최영장군신에 대한 절대적인 신앙심을 보여 주는 단적인 사례가 된다.
[37] 유승훈은 각 거주공간에서 神體를 모셔두고 일정한 의례를 행하는 聖의 공간을 확보해 두는데 관아 역시 이러한 사람들의 관념에서 크게 벗어나지 못했을 것으로 보았다. 따라서 집무의 순조로운 진행과 관아의 안녕을 위해서 관청 내에 신당을 설치하고 의례를 시행했을 것이라는 견해를 제시한 바 있다(유승훈, 2003 : 104).

은 공공건물 내에 세워진 부군당에 거주하면서 각각의 건물과 그 터를 관장하는 신이면서 당시 주재 집단들의 염원을 실현해 줄 수 있는 '영험한' 신으로 역사상 뛰어난 인물들이나 '비극적 영웅'들이 신격화된 것으로 볼 수 있다. 그렇다면 이러한 부군신을 각사나 관아에 특별히 사우까지 지어 모시고자 했던 목적은 무엇인가 하는 점이 의문이다. 이에 대한 해답을 얻기 위해서는 역사적인 배경을 이해할 필요가 있다. 조선 건국은 지배층뿐만 아니라 민중들에게까지도 크나큰 정신적 충격과 함께 급격한 문화 변동을 안겨다 준 일대 사건이었을 것이다. 조선 건국과 함께 도읍지 역시 개경에서 한양으로 옮겨지게 되는데 이 또한 중요한 변화 중에 하나이다. 천도는 단순히 지역적인 이동만을 의미하는 것이 아니라 모든 정치·경제·문화의 중심지가 이동된다는 것을 의미한다. 따라서 한양에 도읍지가 형성될 당시 각사와 관아에 속해 있는 관원들은 이러한 변화에 대응하기 위한 정신적인 구심점과 안식처가 필요했을 것이다. 즉, 도읍의 이동과 함께 개경을 떠나 멀리 한양까지 이주한 관원들이 다수 있었을 것이고 이들이 설치한 부군당은 '정신적 본향'에 대한 그리움과 새로운 환경에 대한 막연한 두려움에 대한 해소, 그리고 새로 자리를 잡은 각사나 관아의 안녕과 발전을 기원하는 기제로 활용되었을 것이다.

 조선 초기에 건립된 부군당은 각사나 관아 내에 건립되었던 것이 일반적이었던 것 같다. 그러다 점차 외부로 진출했던 것으로 보이는데 1840년경 황해도 서흥부 관아도를 보면 부군당은 마을 동북쪽 산기슭에 위치하고 있으며 1872년 지방도를 보면, 영암군 부군당은 관아 남문 밖에 세워져 있으며 원주목 부군당은 마을 산기슭에 세워져 있다. 이러한 건립 위치의 변화는 부군 신앙의 범위와 부군신이 관장하는 지역적 범위가 점차 넓어지게 되었음을 의미한다. 즉, 현재처럼 부군신이 마을 수호신으로 인식된 것은 아마도 부군당의 외부 진출이 이루어진 이후부터 시작된 것으로 보아야 할 것이다. 특히, 서울 한강 유역의 경우는 18세기 이후 상업 중심지로 성장하며 인구가 급증하는 등 지역사회가 급변하게 와중에 부군당이 확산 건립되게 된다. 즉, 경강변 각사뿐만 아니라 인근 지역주민들이 밀집된 주거지에도 부군당이 건립되었을 것이다. 경강변 주민들은 상인층, 노동자층, 군병軍兵층, 선인船人층으로 구성(고동환, 1998:

212~215)되어 있었는데 이들 중 유력자들에 의해 부군당 건립과 의례가 주도되었을 것이라는 것은 어렵지 않게 유추해 볼 수 있는 사실이다. 따라서 부군당 건립의 목적도 주도 집단들의 주요 관심사인 상업의 번영과 해상의 안전, 또는 지역민들의 제액초복을 비는 쪽으로 변화되었을 것이다. 즉, 초기 부군신의 성격이 건물이나 터를 주관하는 신격이었다면 부군 신앙이 민간층에 전파된 이후에는 지역 수호신격으로 변화했다는 것이다.

결국, 관아나 각사에 존재했던 부군당은 관인들의 요구에 맞게 각사나 관아의 안녕과 발전을 기원하는 목적으로, 지역민의 주거지에 존재했던 부군당은 지역민들의 요구에 맞게 지역민들이 제액초복을 비는 목적으로 존재하면서 조선시대 서울 한강 유역에 부군 신앙이 확산되었고 이러한 부군 신앙은 점차 지방까지 확산되어 지방 관아나 마을에까지 부군당이 건립되었던 것으로 보인다.

이러한 부군 신앙이 한강 유역뿐만 아니라 전국으로 확산될 수 있었던 중요한 기제는 무속 신앙과의 결합 때문일 것이다. 부군당 의례가 애초부터 무속 의례로 행해졌을 가능성이 크기는 하나 유교식 의례로 치러진 경우도 있었다. 다음의 기사를 보자.

> 제사하는 날 저녁이 되자 戶長이 온 고을의 아전과 노복들을 거느리고 크고 작은 일들을 분주히 처리하기를 조심하고 엄숙하게 하였다. 어렴풋이나마 마치 곽후가 관아에 앉아 있는 것을 다시 뵙고 옷소매를 걷어 올리고 다담상을 올리는 듯이 하였고, 숙연하기로는 마치 곽후가 호령을 발하는 것을 다시 듣고 고개를 숙여 명령을 받드는 듯이 하였다. 그리고 횃불을 휘황하게 밝혀 놓고 절하고 무릎 꿇는 것이 예가 있어 獻爵으로부터 徹床에 이르기까지 감히 시끄럽게 하거나 나태한 기색을 나타냄이 없었다.[38]

---

[38] "及祭之夕。戶長率一縣之吏隸僮奴小大奔趨。震悚嚴恭。僾然如復見疾之坐衙而㪯韛進食也。肅然如復聞疾之發號而抑首承令也。炬燎煌煌拜跪有數。自奠斝至徹豆。毋敢譁譁惰容者",『연암집』, 안의현 현사에서 곽후를 제사한 기(記).

위의 기사는 연암이 안의현 현감으로 있을 때(1793년) 쓴 것으로 곽후[39]를 모시던 현사縣司의 의례를 구체적으로 기술하고 있다. 의례의 형식은 유교식이지만 곽후를 모시는 현사는 부군당이었을 가능성이 크다. 다만 연암 역시 유학자로서 당시 무속 의례를 일삼는 부군당과 곽후의 사당을 구분하려고 했을 것이고 이러한 구별을 통해 아전들의 의례를 묵인했던 것으로 보인다. 이러한 의도는 아래의 기사에서 다시 한번 확인할 수 있다.

> 꼭 모셔야 할 귀신이 아닌데 그 귀신을 섬기면 군자는 이를 아첨이라고 이른다. 하물며 음탕하고 너절하며 예가 아닌 제사로 섬긴다면, 아첨이 이보다 큰 것이 어디 있겠는가? 그런데 지금 안의의 吏廳에서만은 이른바 부군당이라는 것이 없다. 곽후 같은 이는 이 고을에 훌륭한 수령이 되어서 국사에 순절하여 밝은 귀신이 되었으니, 어찌 참된 이 고을의 부군이 아니겠는가. 그런데 현사에서 제사할 때 유독 부군으로 일컫지 않는 것은 무슨 까닭인가? 대개 예가 아닌 제사와 혼동될까 봐서 부군당이라는 이름을 피한 것이리라.[40]

이렇듯 유교식으로 부군당 의례가 행해지는 경우도 있기는 하였겠으나 대부분 무속 의례로 행해졌을 것이다. 당시 부군당에 대한 비판이 거세게 일고 있었던 이유도 다름 아닌 부군당 의례의 무속적 성향 때문이었던 것이다. 부군당이 서울 한강 유역으로 확산될 무렵 서울 무당들이 도성뿐만 아니라 한강 밖으로 축출되는 사건이 일어난다. 세종 대에 무격들이 도성 밖으로 내쫓기고[41] 정조 대에는 서울의 무당들이 한강 밖으로 내몰리는 강한 조치[42]가 내려진다. 이러한 정황은 당시 무풍이 성행하였다는

---

39 郭侯는 당시 安義 현감이었던 郭䞭(1550~1597)을 가리킨다. 곽준은 자가 養靜, 호는 存齋이며, 본관은 玄風이다. 1597년 정유재란이 일어나 加藤清正 휘하의 왜군이 영남과 호남의 요충지인 安義의 黃石山城을 공격하자, 임진왜란 초기에 安義 현감을 지냈던 趙宗道와 함께 산성을 지키다가 그의 아들들과 함께 전사하였다.
40 "非其鬼而事之。君子猶謂之諂也。而況事之以淫褻非禮之祀。諂孰大焉。今安義吏廳。獨無所謂府君之堂如郭侯者。爲良吏於是邑。死王事爲明神。豈非眞玆土之府君歟。然而縣司之祠之也。獨不以府君稱之何也。蓋恥混於非禮之祀而嫌其號也。", 『연암집』, 안의현 현사에서 곽후를 제사한 기(記).
41 『세종실록』 권60, 세종 15년(1443) 6월 갑신조.

것을 반증하는 것이고 이는 부군당 의례에 있어서도 예외는 아니었을 것이다. 당시 부군당의 무속 의례는 무속신의 영험함과 오래된 무풍에 힘입어 민간층에 급속히 파고 들었을 것이고 이는 또 다시 부군당의 확산이라는 결과를 가져 왔던 것으로 보인다. 특히 서울 한강 유역은 상업과 해상 운송에 종사하던 주민들이 집중적으로 거주하고 있었는데 이들은 전통적으로 경제적 번영과 안전을 위하는 무속 의례를 정기적으로 행했을 것으로 보이는데 이러한 문화적 전통은 부군 신앙과 만나면서 한강 유역의 독보적인 부군당 문화를 형성하게 된 것으로 보인다.

마지막으로 이러한 서울 한강 유역 부군당과 그 의례가 당시 지역 사회에서 어떠한 의의를 가지는가 하는 점을 살펴보고자 한다. 먼저 한강 유역의 공동체 사회에서 결사체結社體(association)[43] 의례로서의 의의를 갖는다. 전술한 바와 같이 한강 유역에 부군당이 건립될 즈음에는 전국 각지에서 유이민들이 대거 몰려들어 경강변 인구가 급증하고 있을 때였다. 경강변에 정착한 이들은 낯선 환경에 대한 두려움과 경제적인 압박을 초현실적인 존재를 통해 해소하려고 했을 것이다. 당시 한강 유역으로 확산되어 있었던 부군 신앙은 바로 이들의 요구와 맞아 떨어지면서 그들의 공동 신앙으로 받아들여진 것이다. 그들은 매년 일정한 시기에 부군당 의례를 치르면서 고향에 대한 그리움을 달래고 타향에서 만난 이들끼리 서로를 위로하며 낯선 환경에 점차 적응해 나갔던 것이다.

다음으로, 당시 부군당 의례는 지역사회의 호혜시스템에 기반한 재화의 집중과 분배 의례로서의 의의를 갖는다. 비시장 사회[44]에서 왕이나 수장은 종교·우주관의 중

...

42 『정조실록』 권7, 정조 3년(1779) 2월 계해조.
43 결사체란 한 가지 목적을 위해 결성된 조직을 말하는데 여기에는 부족결사체, 종교적 결사체, 경제적 활동을 위한 결사체, 오락과 여가선용을 위한 결사체 등이 있다(한상복 외, 1994 : 190~192). 이 중에 종교적 결사체는 '공동의 신앙을 바탕으로 하여 여러 상이한 부족 출신들이 참여'(위의 책, 192)하는 형태를 띠는데 부군당 의례를 행하는 집단이 바로 이러한 종교적 결사체에 해당된다.
44 경제인류학에서는 인간사회를 두 가지 종류로 나누는데, 시장교환이 사회의 모든 국면을 지배하고 있는 사회인 시장사회와 시장네트워크는 존재하지만 분산적이며 시장교환은 시장교환 이외의 거래형태와 병립하고 있는 사회인 비시장사회가 그것이다(栗本愼一郞 편·양승필 역, 2000 : 67~68). 당시 경강 유역이 시장경제가 발달된 지역이기는 하지만 공동체 내부에서는 호혜에 기반한 비시장적 요소도 다분히 존재했다고 볼 수 있다.

심이며 이에 따라 왕은 제사를 통하여 그의 역할을 수행하게 되는데 그것이 "공동체 전체에 대한 재화·서비스의 집중과 재분배"이다(栗本愼一郎 편·양승필 역, 2000 : 67~68). 당시 상업과 해운으로 막대한 부를 축적한 경강상인들과 선주들은 부군당 의례를 위해 상당한 제비를 헌납했을 것으로 보인다. 이렇게 헌납과 추렴에 의해 수집된 재화는 부군당 의례를 통해 지역주민들에게 재분배되는 것이다. 효과적인 재분배를 위해서는 몇몇 제관들에 의해 처러지는 유교식 의례보다는 모든 주민들이 음주가무하며 즐기는 무속식 의례가 적절했을 것이다. 뿐만 아니라 의례를 마치고 집집마다 음식을 나누어 주는 '반기'와 같은 풍속도 재분배 방식의 하나가 된다. 이러한 재화의 집중과 재분배가 가능할 수 있었던 것은 당시 지역 사회가 호혜적 시스템을 유지하고 있었기 때문일 것이다. 이러한 호혜를 바탕으로 한 부군당 의례는 상하층뿐만 아니라 빈부층 간의 심리적·경제적 격차를 감하고 갈등을 해소하는 기제로 활용되었던 것이다.

마지막으로 당시 부군당 의례의 주도 세력인 하급 관리나 경강 상인 등 급격히 성장하기 시작한 중인층이 부군당 의례를 통해 '상징적 권위'를 획득함으로써 지역에서 주도권을 행사하게 되는 기제로 활용되었을 것으로 판단된다. 경강을 중심으로 한 조선 후기 상업의 성장은 자본을 토대로 한 상인이나 이에 관여했던 관리, 객주·여각을 경영했던 강주인들 등 중인층을 중심으로 한 시민계급의 급성장을 초래하게 된다. 이러한 계급적 변화는 각종 문화 현상에서도 감지되고 있는데 그 변화의 중심에는 바로 한강이 자리 잡고 있었던 것이다. 즉, 당시 한강에서 쏟아져 나오는 막대한 자본은 여타 경제적 여건을 개선하는데 투자되기도 하였으나 각종 문화·예술 활동에도 적극 지원되었을 것으로 보인다. 이태원·송파·용산 등지에서 활발하게 연행되었던 탈춤이나 한강 유역을 근거지로 활동했던 중인층 문객들, 수많은 군중들을 불러 모았던 부군당굿 등이 바로 이러한 사례가 된다. 이렇게 한강 유역을 중심으로 발현된 문화적 경향성은 당시 사회 전반에 영향을 미치고 있었으며 그 기저에는 한강 유역에서 세력을 얻어가고 있는 중인층의 활약과 지원이 깔려 있었던 것으로 보인다. 또한 그들은 그들 지역에 부군당을 건립하고 이를 중심으로 지역민들로 하여금 '상징적 권위'를 확보하고 나아가 지역의 패권을 장악해 나가는 발판으로 삼았던 것이다. 이러한 사실은 서빙고동 부군당이나 신수동 복개당 현판에 등장하는 각종 무관들이 당시 그 지역을 대표(유승훈, 2003 : 118)할 만한 유력자였다는 것을 보아도 잘 알 수가 있다.

2. 한강 유역 사회의 변화와 부군당

1) 일제시대

서울은 식민지 시기 1910~20년대 경성시구개수사업과 1930년대 경성시가지계획기를 거치면서 도심부 공간과 행정구역이 변하게 된다(염복규, 2004 : 201~213). 한강 유역 역시 1900년 경인선 철도 완공을 기점으로 수로교역의 중심지에서 철도를 매개로 한 기능도시로 변모하게 된다. 일본의 군사기지가 들어서고 각종 제조공장들과 유흥업소 등이 침투해 들어오게 된다. 이러한 경관이 변화함에 따라 거주지의 변천, 이주민의 유입, 생업 형태의 변화 등이 수반된다.[45]

1884년 용산포구가 개시장으로 설정되면서 본격적인 개항 시대를 맞이하게 된다. 이에 따라 일본인들이 대거 유입되는데 도성 내 거주지에서 밀려난 일본인들이 한강변 용산 일대로 몰리게 되었으며 1931년경에는 경성 인구 중 일본인의 33%가 용산 지역에 거주하게 된다. 이처럼 계속되는 일본인들의 이주에 따라 한강 유역은 일본인들과 조선인들의 주거지가 분할되어 분포되는 양상을 보인다. 즉, 일본인들은 한강통을 비롯한 신계동·원효로·문배동 등 한강변에서 떨어진 지역에 주로 거주하였고 조선인들은 한강 수운이 발달된 한강변에 주로 거주하였다(김봉수, 2001 : 35).

1900년 경인선과 1911년 중앙선 철도의 완공과 지역 사회의 변화는 한강유역 부군당에도 일정정도 영향을 끼쳤을 것으로 보인다. 일본인들은 조선의 전통 문화를 탄압

---

[45] 이러한 맥락에 주목한 연구 결과로는 김봉수(2001)와 주세영(2002) 등의 논문이 있다.

하기 위해 부군당과 같은 마을 제당을 헐고 그 자리에 신사를 건설하게 된다(동작구, 1994 : 975). 남산에 있었던 국사당을 내몰고 신사를 지은 것[46]이나 일본의 군사시설 건립을 위해 부군당을 헐거나 이전시킨 것[47] 등이 그러한 사례가 된다. 부군당의 소멸이나 이전과 같은 물리적 변화 외에도 부군당 의례에도 큰 변화가 있었다. 일제강점기 전통 신앙 행위는 미신이라고 하여 탄압의 대상이 되었으며 무속 의례로 행해진 부군당 의례의 경우에도 심각한 타격을 받았던 것으로 보인다. 뿐만 아니라 철도의 완공은 경강 상업의 몰락을 의미하는데 이는 경강 상업에 경제적 토대를 두었던 부군당 의례에도 영향을 미치게 된다. 즉, 부군당 의례에 경강 상인들과 하급 관리나 무관들이 깊이 관여했다는 것은 여러 자료를 통해 알 수가 있다. 즉, 서빙고나 동빙고, 광흥창 등과 같은 국가 시설이나 한남동과 같은 경강 상인들의 집단 거주지에 부군당이 설립되었고 각종 시설에서 근무하던 하급 관리나 무관들과 경강 상인이나 객주 여각의 주인들이 부군당 의례에 주도적으로 참여했을 것이다. 그러나 철도의 부설과 그에 따른 경강 상업의 몰락은 경강 상인들의 침체는 물론이고 경강 변에 위치한 각종 시설물의 유명무실화를 가져왔고 이로 인해 그 곳에 근무하던 자들도 함께 일자리를 잃게 되면서 이들이 주도하던 부군당 의례도 위축될 수밖에 없었던 것이다.

그렇지만, 일제시기에도 서빙고동 부군당 현판[48]에서도 알 수 있듯이 일부 부군당 의례는 꾸준하게 지속되었던 것으로 보인다. 즉, 지역에 따라 부군당 의례는 중단되거나 위축되기도 하였으나 여전히 지속된 곳도 있어서 다소 혼란스러운 양상을 보이며 해방을 맞이하게 된다.

...
46 "이 사당은 처음에 남산 팔각정 부근에 세웠지만, 일제 당시 일인들이 남산에 日神社를 건립하려고 1925년(을축년) 7월 인왕산의 현지로 이전했다"(국사당 설명문, 정재정 외, 1998 : 211, 재인용).
47 이태원 부군당과 서빙고 부군당이 이러한 사례이다. 자세한 내용은 제3장 참조.
48 '府君堂 重修記' 현판의 제작 연도는 1927년(정묘년)으로 추정되는데, 일제 때에도 부군당을 중수할 정도의 전승력을 지니고 있었던 것을 암시하고 있다.

2) 해방 이후

1950년 한국 전쟁은 한강 유역에도 심각한 타격을 주었다. 한강을 사이에 두고 치러졌던 치열했던 전투는 한강 유역에 형성되었던 마을들은 물론이고 경제적인 제반 시설을 초토화시킨 것이다. 전후 시작된 재건 사업은 황폐화된 농촌을 떠나 서울로 일자리를 찾아오는 이주민들에 의해 급격한 인구 증가와 함께 지역 사회의 재편성을 초래하게 된다. 이 과정에서 지역의 공동체 의례는 의례의 주도권을 놓고 벌어지는 토박이들과 이주민들 간의 갈등으로 인해 과도기를 겪었을 것으로 보인다. 서빙고동이나 동빙고동의 경우처럼 6·25전쟁을 기점으로 토박이와 이주민의 비중이 역전된 경우 의례의 주도권도 이주민 집단에게 넘어가게 되었음을 알 수 있다.[49]

한강변이 본격적으로 개발되기 시작한 시점은 1967년 '한강건설 3개년 계획'이 시행되면서부터라고 할 수 있다. 한강 개발 계획의 일환으로 같은 해 밤섬이 폭파되고 여기서 나온 흙과 모래로 여의도가 80만 평의 택지로 탈바꿈하게 된다. 밤섬 폭파가 단적으로 보여 주듯이 개발 일변도의 한강 유역 정책은 결국 수많은 이주민과 '제자리 실향민'을 낳게 된다. 오랫동안 형성되어 왔던 공동체는 붕괴되고 그 자리를 전국에서 몰려든 이주민들이 채우게 된다. 개발로 터전에서 밀려난 이들은 서울을 떠나 서울에 살면서도 '향우회'를 결성하게 되고 이들 단체가 이후 한강 유역 부군당 의례의 후원 집단으로 자리매김하게 된다.

한편, 88올림픽 전까지 지속적으로 진행되었던 한강종합개발로 인해 한강 유역의 경관은 급격하게 변하게 되는데, 강변을 따라 분포된 고층아파트와 강변도로, 여의도·영동·잠실지역의 개발 등이 바로 대표적 사례이다. 이런 과정에서 한강 유역 부

---

49 6·25전쟁 시 한강을 사이에 두고 양쪽에서 퍼부은 포격으로 인해 이 지역이 초토화되었다고 한다. 전쟁 전에는 대부분의 토착민이 거주하고 있었지만 전쟁 이후 토박민들은 점차 다른 지역으로 이주해 나가고 그 자리를 이주민들이 채우게 되었으며 그 결과 현재 토착민들은 거의 없고 대부분이 타지 출신이라고 한다(이석경 부군당 보존회장 면담). 현재, 동빙고동과 서빙고동 부군당 주재 집단 구성원의 출신지를 살펴보면, 대부분이 타지 출신이고 토박이는 거의 없다는 특징이 있다. 이러한 특징은 다른 지역에서는 볼 수 없는 특수한 사례라고 할 수 있다.

군당은 또 다시 급격한 과도기를 겪게 된다. 한강 유역의 개발은 지역 주민들의 이주 뿐만 아니라 강변에 위치한 부군당의 이전도 강제하였기 때문이다. 현재 남아 있는 부군당의 대부분은 2~3차례 정도 이전한 이력이 있는데 그 원인이 바로 한강 개발이거나 아니면 지역의 재개발 때문이다.

1980년대부터 시작된 전통문화에 대한 새로운 관심과 무형문화재 정책의 시행은 한강 유역의 부군당 의례의 새로운 전기를 마련해 주었다. 몇 번의 과도기를 거치면서 전승이 위태로웠던 부군당 의례는 전통 문화라는 측면에서 혹은 지역 축제의 훌륭한 소재로서 각광받기 시작한 것이다. 이러한 전승 환경의 변화는 부군당 의례에 있어서 다양한 측면의 변모를 가져왔으며 현재도 그 변모를 계속하고 있다.

3. 부군당 의례의 구조와 특징

1) 부군당굿의 구조적 특징[50]

부군당 무속 의례의 구조라 함은 구체적으로 굿거리의 짜임을 말한다. 그런데, 굿거리의 구분에 있어서 연구자들은 물론이고 무당들까지도 각기 다른 기준을 가지고 있어 이미 조사된 자료만을 가지고 비교 분석한다는 것이 쉽지도 않을 뿐더러 자칫 단순 비교의 오류에 빠질 수 있어 연구자의 단일한 기준에 의한 정밀한 조사가 선행되어야 하는 어려움도 분명 존재한다. 따라서, 여기서는 김태곤(1981), 황루시(1989), 홍

---

[50] 부군낭 의례는 전통적으로 무풍이 강했던 것으로 보이는데 지금도 서울 한강 유역의 부군당에서는 대부분 무속 의례를 행하고 있어 그 전통은 현재까지도 이어지고 있는 셈이다. 따라서 부군당 의례의 전형적인 형식이라 하면 무속적 형식, 즉 당굿을 중심으로 한 무속 의례라고 할 수 있을 것이다. 그런데 문헌에 나타난 부군당 무속 의례에 대한 기사는 극히 단편적이라 과거의 모습을 재구하기가 쉽지가 않다. 부군당 무속 의례에 대한 체계적인 조사연구는 1970년 이태원 부군당굿에 대한 김태곤(1981 : 379~384)의 연구가 최초라 할 수 있으니 1970년대 이전 상황을 상세히 파악하기란 무척 어려운 일이다. 따라서 여기에서는 옛 문헌과 지금까지 조사 보고된 자료들을 토대로 부군당 무속 의례의 구조와 특징을 살펴보고 여기서 얻어진 결과를 근간으로 과거의 모습을 유추해 보도록 하겠다.

태한(2006), 김헌선(2007)의 조사 자료와 필자의 현지 조사 자료를 중심으로 하되, 녹화 영상 등의 자료를 참고하여 부군당굿의 구조적 특징과 그 변화를 살펴보겠다.[51]

(1) 부군당굿의 구조와 특징

부군당굿의 구조와 관련된 기존의 논의를 정리해 보면, 서울 마을굿의 특징으로 기본적인 굿거리는 개인 재수굿의 확장형이라는 점, 개인굿과는 달리 마을굿에서만 행하는 특징적인 절차가 존재한다는 점, 본향굿과 군웅굿이 특히 강조된다는 점 등이 공통적으로 지적되고 있는 사항이다. 요컨대, 서울 마을굿은 개인굿의 기본적인 굿거리 짜임을 지니되 개인굿과는 구별되는 마을굿 특유의 절차가 강조되거나 추가되어 공간적으로나 시간적으로 확장된 구조라고 할 수 있다. 이러한 서울 마을굿의 특징은 서울 마을굿의 일부인 부군당굿에도 적용될 수 있을 것으로 보인다. (부록 1:5 〈표 1〉)은 서울 한강 유역 부군당 중에서 무속 의례에 대한 조사가 비교적 충실한 지역을 대상으로 굿거리 짜임을 비교해 본 것이다.

이들 부군당 무속 의례 중에서 공통적으로 보이는 마을굿적인 요소들을 살펴보면, 먼저 '유가돌기'가 있다. 보통 서울·경기 지역의 마을굿에서 굿을 시작하기 전에 마을을 한 바퀴 도는데 이를 '유가돌기'라고 한다. '유가遊街'란 예전 과거에 장원 급제한 이가 고향에 돌아와 마을을 돌며 자축하는 관행을 말하는데 이것이 굿에 차용된 것으로 보인다. 이러한 유가돌기에 대해서 밤섬 부군당굿의 당주 악사인 김찬섭은 다음과 같이 회고하고 있다.

> 옛날에는 밤섬 도당굿이 정말 재미있었어요. 굉장히 대단하게 주민들이 호응을 했고. 그 때는 하루 전부터 굿을 했어요. 소임네, 소임집에서 저녁 일을 해요. 주민들이 또 와서 놀아요. 밤새도록 술 먹고. 그 다음 아침에 걸립을 돌아. 그러면 집집마다 꽃반이라는 거를 해와.

...
51 굿거리의 변화를 살펴보는 관점에 있어서 굿거리 순서의 차이도 중요하겠지만 각 거리별 내용의 변화가 더 중요하리라 생각되며 그러한 내용적 변화의 원인이 무엇인가 하는 점을 밝히는 것이 궁극적인 목적이 된다.

꽃반이라는 거가 뭐냐. 요만한 상에다가 쌀, 이런 합에다가, 계란, 또 삶아서. 막걸리, 이걸 내와서 정성스럽게 만신을 맞이한다고. 그 앞에, 집 앞에 가서 장구를 칠 거 아녀요. 그럼 상을 들고 와서 큰 절을 올린다고, 만신한테. 그럼 만신이 거기서 춤을 추다가 공수를 준다고. 말하자면 아들이 몇 살이요 딸이 몇 살이요 이렇게 말을 하면 거기서 얘기를 듣고, 니 아들 올해 물가에 가지마라 올해 교통사고 조심해라 사업이 잘 되겠다 안 되겠다 그것까지 다 얘기 해 준다고, 쌀로 산까지 주면서. 그러구 만신이 공수를 다 주면 다음 집으로. 다음 집에서는 벌써 건너올 줄 알고 벌써 문 열고 꽃반을 내와요. 아 그걸 6시간, 5시간을 돌았어요. 그 동네를 다 도니까. 생각을 해 보세요. 가호 가호마다 다 도니까. 그래 가지고 꽃반을 다 돌아서 들어오면 쌀이 가마 가마가 되니, 쌀을 자루에 다 붜서 지게에 져서 돌아오니까. 그게 다 만신하고 악사하고 노놔 가는 거야, 그 쌀이. 계란 같은 거는 이렇게 놓고, 술안주로 놔주고, 삶아 논 거니까. 그래 가지고 굿이 시작한단 말야. 원 당굿이.[52]

이처럼 유가돌기는 서울 지역 마을굿 뿐만 아니라 부군당에서도 일반적으로 행해졌던 관행으로 보인다. 이러한 사실은 서울지역에서 오랫동안 활동을 해 온 악사들뿐만 아니라 무당들을 통해서도 확인할 수 있다.[53] 이러한 유가돌기의 관행은 현재 밤섬이나 신길2동 부군당굿에서 엿 볼 수 있는데 이도 매우 축소된 형태로 남아 있는 실정이다. 지역이 도시화되고 주민 간에 이질화가 심화되는 상황에서 요란한 무악을 울리며 동네를 돌아다니는 것이 순조로운 일은 아니었을 것이다. 지금은 비록 그 흔적만 남아 있지만 유가돌기의 관행은 부군당 무속 의례의 중요한 절차였음은 틀림없는 사실이다.[54]

다음으로, 부군거리가 있다. 부군거리라는 명칭이 말하고 있듯이 이 굿거리는 부군당굿에서 특징적으로 나타나는 것이라 할 수 있다. 거의 모든 부군당굿에서 부군거리

...
52 김찬섭(남, 당시 60세, 밤섬부군당 당주 악사) 제보. 2007년 10월 8일 면담.
53 김학순(여, 당시 82세, 한남동 큰한강부군당 당주 무당) 제보, 2007년 9월 29일 면담.
54 경기도 지역 마을굿의 유가돌기에 대한 자세한 모습은 구리시 갈매동의 도당굿 자료(갈매동 도당굿 학술종합조사단·구리시, 1996 : 69~70)에서 살필 수 있다.

혹은 부군도당거리가 존재하고 있음을 확인할 수 있다.

다음으로 본향거리가 있다. 본향거리가 조상거리의 일부로 이해되는 경우도 있으나 여기서는 그 명칭보다는 본향거리 또는 조상거리에서 행해지는 내용에 주목하고자 한다. 즉, 선대 마을 조상들과 부군당 무속 의례를 맡아하던 선대 만신과 악사들이 당주 무당의 입을 빌려 현세대와 의사소통을 하는 과정이다. 일반 개인굿에서는 그 집안의 조상들만 해당이

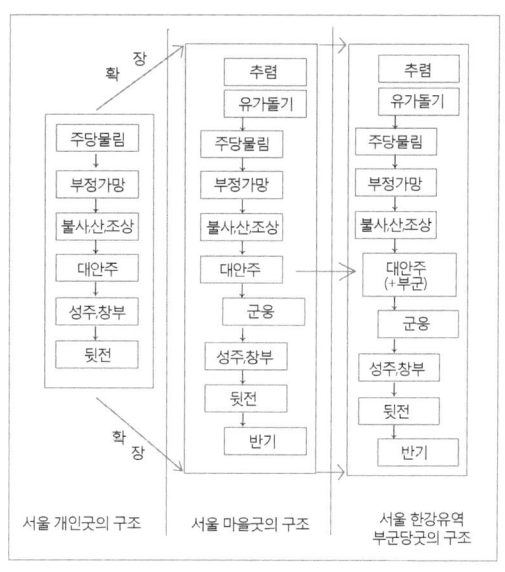

〈그림 6〉 서울 한강 유역 부군당 무속 의례의 구조

되지만 마을굿에서는 마을과 당굿을 지키기 위해 애쓰신 선대 조상들뿐만 아니라 선대 만신과 악사들까지도 치성의 대상으로 모셔지게 된다. 본향거리에서는 단순히 만신의 입을 빌려 과거인과 현재인이 만나는 형식을 취하고는 있으나 여기에는 다양한 함의를 내포되어 있다. 첫째, 과거의 인물과 사실을 구술함으로써 부군당굿의 정통성과 역사성을 재확인하게 된다. 둘째, 과거 조상들의 권위를 빌려 현재 주재 집단의 노고를 치하하고 그들로 하여금 '상징적 권위'를 재부여하는 역할을 하게 된다. 셋째, 과거와 현재가 같은 시공간에서 만남으로써 과거와 현재, 더 나아가 현재와 미래에 대한 의사소통을 시도하게 된다. 과거에 발생했던 갈등과 반목, 현재 주민들 간에 산재한 현안 문제, 앞으로의 전망 등을 '과거인의 공수'라는 형태를 빌려 무당이라는 중계자를 통해 해결해 나가려는 시도로 볼 수 있다.

마지막으로 군웅거리가 있다. 군웅거리 역시 서울·경기지역 마을굿에서 일반적으로 보이는 절차이다. 무당들은 홍철릭을 입고 활에 화살을 메겨 사방에 활을 쏘는 식으로 마을에 드는 액을 막아내는 의미를 표현한다. 서울 한강 유역 부군당의 무속 의례에서도 군웅거리 절차가 모두 포함되어 있어 부군당굿에서 중요하게 인식되는 절차

임에 틀림없다.

이상의 특징들은 부군거리를 제외하고는 서울지역의 마을굿에 해당되는 특징들로서 부군당 무속 의례만의 특징이라고 국한시킬 수는 없다. 다만, 모든 문화 현상들이 일반성과 특수성을 동시에 지니고 있다는 보편적 원리에서 부군당 의례도 예외일 수 없다는 것을 감안한다면 서울지역 마을굿의 일반적 특징을 구명하는 일이 우선이며 부군당 무속 의례의 특징은 그 다음이 될 것이다. 따라서 부군당 무속 의례의 구조적 특징이라면 서울 지역 개인굿의 구조를 기본으로 하되, 서울 지역 마을굿이 지닌 특징적인 굿거리들, 즉 유가돌기·본향거리·군웅거리와 같은 절차로 인해 확장된 구조를 보인다. 여기에다 부군거리와 같은 부군당만의 특별한 절차가 첨가되어 부군당 무속 의례의 전형적인 구조를 갖추게 된 것이다.

(2) 부군당굿의 구조적 변화

① 밤섬 부군당굿의 문화재 지정과 굿의 변화

밤섬의 부군당굿은 1980년경 상황을 알 수 있는 조사 보고(한국샤머니즘학회, 1999)를 비롯하여 1990년(서울특별시 문화재위원회, 1990 : 161~162), 1999년(한국샤머니즘학회, 1999 : 71~87), 2005년(서울역사박물관, 2006 : 136~140),[55] 2007년(필자 조사)[56] 등 순차적인 조사 자료가 있어 굿의 짜임과 그 변화상까지도 잘 알 수가 있다. 밤섬 부군당굿은 두 번의 큰 변화를 겪었을 것으로 보이는데 1968년 밤섬 폭파와 제당의 이전, 그리고 2005년 서울시 문화재로의 지정이 그것이다. 1968년 이전 모습은 조사 자료가 남아 있지 않아 구술자료로 살필 수밖에 없다. 여기서는 구술자료와 그간 조사된 자료들을 바탕으로 밤섬 부군당굿이 1968년과 2005년을 기점으로 어떻게 바뀌었는가를 살피고자 한다.

---

[55] 책자에는 조사 일시가 기재되어 있지는 않으나 조사자에게 확인한 결과 2005년으로 판명되었다. 따라서 당시 부군당굿은 문화재로 지정된 이후에 행해진 것임을 알 수 있다.
[56] 도표에 정리한 2007년 굿거리 순서는 행사 당일 게시된 순서표를 기준으로 한 것이다. 순서표는 당주무당이 작성하고 마을 주민들이 제작하였다고 한다. 그러나 실제 진행되었던 굿거리와는 다소 차이가 있어 전적으로 믿을 만한 자료라고는 할 수 없으나 참고를 위해 제시하기로 한다.

가. 굿거리 내용의 변화[57]

○ 주당물림[58]

부군당 마당 앞에서 진행되는데 당주무당이 맡아서 한다. 주당물림은 당을 정화하고 나쁜 액을 물리는 절차로서 주당물림을 할 때 자칫 나쁜 액, 즉 '주당살'[59]이 주변 사람에게 미칠 수 있어 무당을 제외한 일반 주민들은 대문 밖으로 잠시 자리를 피한다. 이 절차는 거의 변화가 없으며 다른 지역 부군당굿에서도 맨 처음에 진행되는 것으로 보아 부군당굿의 보편적인 절차라고 할 수 있을 것이다.

○ 부정청배[60]

부군당 마당에서 무녀에 의해 앉은청배[61]로 진행된다. 악기는 장고만 사용되며 다

---

[57] 굿거리를 비교하기 위해 기준으로 삼은 것은 2005년에 시행된 밤섬부군당굿이다. 그 이유는 자료가 비교적 충실하고 문화재 지정에 따른 변화를 살피는 데도 유효하기 때문이다. 비교한 굿의 연도별 무당과 악사 집단의 명단은 아래와 같다.

연 도	당주 무당	참여 무당	악 사
1980년경	은아 엄마	미상	미상
1990년	황영숙	김영숙, 장순분, 강성남, 최명희	피리 2(박영원, 신현익), 대금(한영서), 해금(김순봉), 북(강성남), 장구(성윤경)
1999년	김춘강	김유감, 이완분, 원옥희, 장미	피리 2(김찬섭, 김필홍), 대금(박문웅), 해금(김대길), 북(송은주), 장고(김유감), 바라(이완분)
2005년	김춘강	미상	피리 2(김찬섭, 김필홍), 대금(박문웅), 해금(김대길), 북(송은주) 외
2007년	김춘강	이완분, 장정숙, 조명래, 김종열, 신은실	피리 2(김찬섭, 김필홍), 대금(박문웅), 해금(김대길), 북(송은주)

[58] '주당물림'이란 '추당물림' 또는 '주당풀이'라고도 하는데 굿을 시작할 때 집안에 있는 악한 살(煞)을 몰아내서 祭場을 깨끗이 하는 과정이다. '추당'·'주당'은 악독한 煞氣나 惡鬼를 말한다(김태곤, 1978 : 67).
[59] '주당살(周堂煞)'은 安葬, 新行, 그리고 집안의 이사, 굿과 같은 일을 할 때 사람과 장소, 그리고 그것을 행하는 날에 들 수 있는 살로, 이용범은 이러한 살의 특징 중의 하나로 대부분 경계기(liminal period)의 성격을 갖고 있는 넓은 의미의 의례적 사건에서 발생한다는 점을 지적하였다. 즉, 결혼 잔치나 장례식 등 통과의례나 한 집의 굿이나 마을의 동제, 이사, 집의 신축과 개축 등 넓은 의미의 위기 상황에서 생기는 특징이 있다(이용범, 2001 : 41)는 것인데, 그렇게 본다면 통과의례(the rites of passage)를 행하게 되는 동기, 즉 이유를 설명하는데 한국적 상황에서의 설득력 있는 근거로 이러한 주당살을 제시해 볼 수도 있을 것이다.
[60] '부정청배'는 '부정거리'나 '부정굿'의 부속 절차로 볼 수 있다. '부정거리'는 본굿으로 들어가 제신을 청하기 전에 불결한 것을 제거하는 굿 첫 순서로 제신이 오는 길과 좌정할 장소를 깨끗이 치우는 뜻을 가지고 있다(김태곤, 1971 : 51).
[61] '앉은청배'는 본 굿으로 들어가기 전에 무가 굿상에 앉아서 굿을 받으러 올 여러 신들을 청하는 과정을 말한다.

른 악사들은 조율을 하면서 기다린다. 앉은청배가 끝나면 당주무당이 부정소지를 올려 사방의 부정을 물린다. 1999년과 2005년에는 부정청배를 주당물림 다음에 '청송무당'[62]이 진행하였으나 2007년에는 순서가 바뀌어 유가를 돈 다음 당주무당에 의해 진행되었다.

○ 가망청배[63]

가망신을 불러 굿문을 열고 가망 노래 가락을 부르는 절차이다. 평복을 입은 무당이 앉은청배로 진행한다. 무당은 장구를 치면서 신을 청하고 소임은 당 안의 각 신에게 술을 올린다. 술을 올리는 순서는 부군신-삼불제석-군웅신-조상 순이다. 조상에 해당하는 신체神體는 당 안에 걸려 있는 조상들의 이름이 적힌 명판의 형태로 모셔져 있다.[64]

○ 진작(진적)

제관들이 부군당 안에 들어가 처음으로 부군님을 뵙고 절을 올리는 절차이다. 일반 서울 지역 재수굿에서는 가족들이 제상을 향해 절을 하고 그 동안 모든 악기가 반주를 하고 나면 이어서 무당은 바로 상산노랫가락을 부르는데 이것을 '진적'[65]이라 한다

- - -

굿은 무가 서서 가무로 하는 것인데 이 과정은 무가 서지 않고 앉아서 신을 청한다 하여 '앉은청배'라 한다(김태곤, 1978:67).

62 당주무당에 의해 특별히 초빙되어 온 무당을 말한다. 이들은 인척관계나 '신의 형제' 관계 등으로 맺어져 있는데, 서로를 자신의 굿에 초빙하여 지속적인 유대관계를 유지하고 있다. 여기서 '신의 형제'란 같은 신어머니에게 내림굿을 받은 무당들 간의 관계를 말한다.

63 '가망거리'가 '가망청배'와 '가망공수'로 구성되어 있다는 조사 자료(김태곤, 1971:24~27)를 통해 '가망청배'가 '가망거리'의 일부분이라는 것을 알 수 있다. 다만, 무속 현장에서는 이 두 가지를 특별히 구별하지 않고 같은 의미로 사용하고 있는 것으로 보인다. '가망'의 의미에 대해서 김태곤은 神의 古語 '금'에서 파생 전성되어 '가망'으로 되었으며 부정거리 다음에 맨 먼저 청하는 신이 '가망신'이라는 점을 들어 상당한 우위의 신으로 보았다(김태곤, 1971:53). 이용범은 가망청배에 대해서 김유감의 증언과 秋葉隆의 견해(赤松智城·秋葉隆 저, 심우성 역, 1991:136)를 근거로 가망청배는 곧 '조상의 청배'라고 주장하였다(이용범, 2001:47).

64 예전 밤섬에서는 조상에 해당하는 무신도가 있어 절을 하였지만 새로 만든 명판에는 절하지 않는다(한국샤머니즘학회, 1999:75).

65 '진적'은 '進爵'으로도 표기(赤松智城·秋葉隆 저, 심우성 역, 1991:135)되는데, 신령과 조상들을 청하여 음악과 함께 술잔을 드린다 해서 '댄주드린다'라고도 한다(이용범, 2001:42).

(이용범, 2001 : 42). 도표에서 보이는 2007년 굿거리 순서에는 유가돌기 다음에 부정거리(상산노랫가락)만 나와 있으나 일반 재수굿의 부정거리 구성이 '부정 - 가망청배 - 본향노랫가락 - 진적 - 상산노랫가락'으로 되어 있는 점을 감안할 때, 2005년도 자료와 별반 달라진 것은 없다고 볼 수 있다. 다만, 유가돌기의 순서가 부정거리를 기준으로 앞에 오거나 뒤에 오거나 하는 것만 다를 뿐이다.

○ 유가돌기

무당과 악사, 그리고 제관들이 행렬을 지어 마을을 한바퀴 도는 것을 말한다. 밤섬에 있을 때는 해질 녘에 소임을 선두로 하여 그 뒤에 통장과 악사 등이 따르고 마을 전체를 돌면서 걸립을 하였다고 한다(한국샤머니즘학회, 1999 : 66). 이 곳 창전동 아파트 단지로 이주한 이후로는 그 절차나 범위가 간소화되었는데 2007년 부군당굿에서는 당으로부터 약 50m정도 떨어진 아파트 내 벤치 앞에 고사상을 차려 놓고 간단히 치성을 드린 후 다시 당으로 올라가는 것으로 유가돌기가 종료되었다.

○ 부군거리

부군당굿의 핵심적인 거리로서 부군님을 모시는 절차이다. 홍철릭에 갓을 쓴 당주무당이 산종이를 양손에 들고 진행하며 굿이 절정에 올랐을 때 부군님이 정성을 잘 받았는지 부군사슬을 세우게 된다. 부군사슬이 잘 서면 이후 부군신장거리 - 부군대감거리 - 부군호구 - 부군걸립 순으로 진행된다(홍태한, 2006 : 137). 밤섬에서 굿을 할 시절에는 돼지 머리와 앞다리를 삼지창에 꿰어 세운 사슬을 굿이 끝날 때까지 세워 두었다고 한다(한국샤머니즘학회, 1999 : 67). 그러나 2007년에는 부군거리가 끝나자 사슬을 걷었다.

○ 마지[66] 올림

부군님께 국과 밥을 올리며 공양을 하는 절차이다. 소임과 보존회장 등 몇몇 사람들이 부군님께 공양을 드리는 동안 마을 주민들은 당 밖에 도열해서 경건하게 이를 지켜본다. 마을 주민들은 이를 '공양미 드린다'라고 한다. 공양이 끝나면 부군님께 일제히 큰 절을 올리는데 당 입구에 걸려 있는 종을 치면서 준비-절-일어나기 동작을 부군님, 삼불제석, 군웅님을 향해 각각 3번씩(2배拜 반) 반복한다. 2007년에는 이 절차가 '진지공양'으로 되어 있고 순서도 말명조상거리 다음에 바로 진행되었다.

○ 본향말명

본향말명은 서울 재수굿에서는 조상거리 안에 포함된 거리[67]로서 흰색 도포를 입은 당주무당이 부채와 방울을 들고 그 동안 이 마을굿에 왔던 여러 선대 조상들을 불러 모시는 절차이다(홍태한, 2006 : 137). 이 절차는 조사된 시기에 따라 순서가 약간씩 다르게 나타나는데, 2005년의 경우에는 마지올림 후에 진행되었고, 그 전 자료들에는 마지올림 전에 진행된 것으로 조사되었다.[68]

○ 대신

부군당에 왔던 여러 선대 무당들의 혼을 모시는 절차이다. 무당은 노란몽두리를 입

...

66 '마지'에 대한 의미를 일반적으로 '신에게 올리는 일종의 공양'(한국샤머니즘학회, 1999 : 68)이라고 하는데, 보다 넓은 의미로 사용되지 않았을까 생각된다. 굿의 종류에서 '꽃맞이', '단풍맞이'(김태곤, 1981 : 348)가 있는 것처럼, 이 때 맞이(마지)는 일반적인 '迎神'의 의미를 가지고 신을 맞이하는 제사, 즉 굿의 의미로 사용되었을 것이다. 최남선은 "조선의 古語에서 제사를 마지(mazi)라고 하는 것은 일본의 マシリ(마쯔리)와 同源관계에 서 있음을 짐작케 하는 것"(최남선, 1926 : 51)이라고 하였으며 홍일식은 "별달리 차려서 신께 드림을 '굿'이라고 하고 '굿'을 적게 차려서 日例 혹은 月例的으로 신에게 드리는 것을 '고사'라 하고 굿과 고사를 합하여 '마지'라 하는데 굿과 고사가 다 여자-가정에 있어서는 주부의 직분이었다"(김삼수, 1966 : 92, 재인용)라고 하여 '마지'가 굿이나 제사를 의미한다고 밝히고 있다.
67 일반적으로 조상거리는 조상 개개인이 무당에게 실려서 조상과 자손들 사이의 의사소통이 이뤄지는 거리를 말하는데, 이용범은 가망청배 - 가망 - 본향 - 말명 - 조상 - 본향노랫가락 - 밤삼까지의 전 과정을 조상거리에 포함시켰다(이용범, 2001 : 46).
68 1999년 조사 자료에서는 당을 위해 정성을 들였던 조상뿐만 아니라 밤섬 단골 무당이었던 이들의 혼을 위한 절차로 보아 대신거리를 따로 설정하지 않았다(한국샤머니즘학회, 1999 : 68).

고 부채와 방울을 들었으며 주민들에게 그간의 안부를 묻고 공적을 치하하면서 대화를 나누는 식으로 진행된다. 서울의 재수굿에서는 조상거리의 한 부분이나 별도의 거리로서 무당의 몸주신이고 무조신巫祖神인 대신[69]을 노는 거리(이용범, 2001 : 49)를 말한다. 1999년 조사 자료에서는 이 대신거리를 별도로 보지 않고 본향말명에 포함된 것으로 보았으며 2007년 경우에도 순서표에 별도로 기재되지는 않았으나 말명조상거리에 포함되었던 것 같다.

○ 상산별상거리

상산거리는 최영장군, 임경업 장군 등 우리나라의 장군들을 모시는 거리를 말하며 흔히, 장군거리라고 하며 (산)마누라거리, 큰거리라고도 한다. 별상거리는 장군신과 같은 계열의 영웅신이라 할 수 있는 별상신을 모시는 거리이다(이용범, 2001 : 50~51). 상산거리가 시작되면 무당은 남철릭에 갓을 쓰고 삼지창과 월도를 든다. 마을 주민들에게 공수를 내리고 주민들은 엄숙한 분위기에서 공수를 받는다. 별상거리에서 무당은 동다리 복색에 벙거지로 쓰고 별상신을 놀린다. 잔대에 월도를 세워 정성을 보이도록 주민들을 독려한다(홍태한, 2006 : 138). 2007년에는 진지공양 이후에 '장군님 거성'이라고 하여 별상, 신장, 대감, 텃대감을 묶어서 진행하였다. 2005년 상황과 대동소이한데, 별상거리에서 왼손에 삼지창, 오른손에 월도를 들었으며 신장거리에서는 오방신장기를 들고 다니며 기를 뽑게 하여 운수를 점쳐 주었다. 텃대감거리에서는 터시루를 이고 한손에는 부채를 들고 다니며 공수를 내렸다. 2007년 장군님 거성은 청송 무당(이완분)이 진행하였다.

---

[69] 이용범은 같은 책에서 대신은 무당으로서 아이덴티티를 유지하는데 결정적인 역할을 하는 존재이며 무당에게 말문을 열어주는 능력을 부여하는 신이라고 설명하고 있다. 김태곤 역시 '작도大神'·'大神마누라' 등에서 사용하는 '大神'은 巫의 조상신을 가리키는 말이라고 밝힌 바 있다(김태곤, 1981 : 284).

○ 신장거리

신장거리는 별상거리에 곧바로 이어지는 거리로서, 별상의대에 신장기神將旗만 들고서 진행된다. 신장은 5가지 오방 신장기[70]를 가지고서 주로 제액除厄과 점복의 기능을 담당하고 있다고 한다(이용범, 2001 : 52). 무당은 신장기를 들고 다니며 주민들에게 신장 점을 쳐 주고 별비를 받는다. 주민들은 점을 보든가 아니면 장단에 맞추어 춤을 추면서 흥을 돋우게 된다. 2007년의 경우에는 청송 무당에 의해 진행되었으며 하얀 깃발을 뽑을 경우 깃발을 땅에 깔아 놓고 별비를 받는 모습도 목격되었다.

○ 대감거리

신장거리가 끝나면 곧바로 대감거리가 이어진다. 대감거리에서는 무당이 쾌자를 입고 부채를 들고 다니며 주민들에게 복을 나누어 준다. 서울지역 재수굿에서 보이는 대감신은 복합적인 성격을 지닌 신으로, 한 가정의 삶의 터전인 집터나 가족 구성원과 조상, 벼슬한 조상 등을 포괄하는 신이고 결국 넓은 의미의 가신의 범주에 포함시킬 수 있는 신이다. 또한, 재복財福을 담당하는 신의 성격을 강하게 지니고 있다(이용범, 2001 : 107~113). 대감거리에 이어 텃대감거리가 이어지는데 텃대감은 집터를 관장하는 터주대감을 말한다. 무당이 터시루를 머리에 이고 다니며 당 내부와 주변을 돌면서 술을 붓는다. 2007년에는 대감거리까지를 '장군님 거성'이라 하여 청송 무당에 의해 진행되었다.[71]

---

70 오방 신장기는 다섯 가지 색깔로 이루어진 기를 말하는데, 검정색은 북쪽, 파란색은 동쪽, 노란색은 중앙, 흰색은 서쪽, 빨간색은 남쪽을 각각 가리킨다. 오방 신장기의 색깔은 나름대로 상징적인 의미를 가지는데, 빨간 기는 재수를, 하얀 기는 칠성을, 노란 기는 조상을, 파란 기는 서낭과 우환을, 검은 기는 영산과 죽음을 가리킨다고 한다(이용범, 2001 : 52). 따라서, 주민들이 빨간 기나 하얀 기를 뽑을 때는 기뻐하며 만족해 하지만, 파란 기나 검은 기를 뽑으면 실망하는 표정이 역력하며 다른 색깔의 기가 나올 때까지 뽑기를 반복하는 모습을 볼 수 있다.

71 서울지역 재수굿에서는 상산거리 - 별상거리 - 신장거리 - 대감거리가 하나의 그룹으로 여겨지며 이를 '큰거리'(이용범, 2001 : 51) 또는 '대안주거리'(홍태한, 2006 : 141)라고도 한다. 밤섬 부군당굿에서 '장군님 거성' 역시 큰거리 또는 대안주거리의 다른 말로 이해할 수 있겠다.

○제석거리

제석신을 모시는 거리로 무당은 장삼을 걸치고 고깔을 쓴다. 밤섬 부군당에도 삼불제석이 모셔져 있는데 제석은 우주신과 가신家神의 성격을 모두 가지고 있는 신으로, 원래는 하늘신의 성격이 강했던 제석이 이후 아이의 출산과 수명장수를 담당하는 기능을 지닌 가신으로 분화한 것으로 보인다(이용범, 2001 : 66~71).[72] 2005년 조사 자료에서는 제석거리로 되어 있지만 그 이전과 2007년 조사에서는 불사거리, 불사님으로 되어 있다.

○군웅거리

밤섬 부군당에는 특별한 군웅님이 모셔져 있다. 무신도에는 바위와 꽃[73] 이 그려져 있는데 이를 주민들은 군웅님으로 인식하고 있다. 군웅軍雄신은 무신武神으로서 외부로부터 들어오는 액을 방어해 주는 신(김태곤, 1971a : 54)으로 알려져 있다. 홍태한은 마을굿에서 군웅거리가 지니는 특별한 의미에 주목하였는데, 군웅은 상위신격을 따라다니는 부속신격이고 부군이나 장군신이 들어와서 인간들에게 복과 명을 준다면, 군웅은 그 뒤를 따라와서 여러 액을 막아주는 구체적인 의미를 지닌다고 보았다. 따라서 이러한 군웅은 부군님 다음으로 중요하며 서울 마을굿의 특징적인 신격이라는 것이다(홍태한, 2006 : 139, 153~154). 군웅거리에서는 무당이 홍철릭에 갓을 쓰고 활에 화살을 메겨 당 밖을 향해 화살을 쏜다. 이는 마을에 드는 액을 날려 보낸다는 의미도 있고 액을 쏘아 쓰러뜨린다는 의미도 있는 것이다. 군웅거리가 중요한 거리인 만큼 청송 무당이 하지 않고 당주무당이 하는 것이 일반적인 형태로 보인다.

...

[72] 김태곤은 제석은 수미산 꼭대기의 천상인 도리천에 거하는 天王, 즉 天神을 말하며 제석신앙은 불교 전래 후에 재래의 천신신앙과 습합되었을 가능성이 농후하다고 보았다. 즉, 재래의 천신을 불교의 영향을 받아 불교적 용어인 제석으로 부르게 되었다는 것이다(김태곤, 1971a : 54, 1981 : 281).

[73] 이 그림은 모란도의 일종으로 보이는데 모란도는 모란꽃을 그린 그림이다. 모란꽃이 부귀라는 상징적 의미를 지니고 있기 때문에, 옛 사람들은 이 그림을 병풍으로 만들어 혼례 때나 신방을 꾸밀 때 사용하였다. 이런 모란도는 여러 가지 색상의 모란 이외에 괴석도 함께 그려지는데 밤섬 부군당의 경우도 동일한 구성을 보인다. 이러한 모란도가 어떻게 신격화되었고 이를 왜 군웅신으로 인식하는지가 의문이다.

○ 창부거리

창부거리는 무당의 예능신인 창부신, 광대신을 노는 거리(이용범, 2001 : 54)로 신을 청하는 것보다 마을 사람들을 놀리는 데 더 주안점을 둔 거리(한국샤머니즘학회, 1999 : 86)라고 할 수 있다. 무당은 색동옷에 부채를 들고 창부타령을 부르면 마을 주민들은 흥에 겨워 춤을 춘다. 춤과 노래가 길게 이어지며 무당이 술을 따라 주며 별비를 받는 모습도 목격된다. 창부거리는 주로 청송 무당들이 담당하나, 2007년에는 당주무당의 신딸(장정숙)이 진행하였다.

○ 뒷전

굿의 마지막 거리로서 잡귀 잡신과 굿에서 소외되었던 여러 신들을 불러 음식을 대접하는 거리(이용범, 2001 : 55)이다. 부군당 대문 앞에 나와서 부채와 북어를 들고 진행하며 상 위에 시루를 놓고 지신을 놀리다가 떡을 떼어 사방에 던진다(홍태한, 2006 : 139). 뒷전은 당주무당이 진행한다.

○ 소지

굿을 끝났으나 마을 주민들 개개인의 복을 빌고 운수를 점치는 소지가 남았다. 소지는 얇은 한지를 잘라 추렴에 참가한 사람 수 만큼 만드는데 당주무당이 축원을 하면서 소지를 사르면 그 재가 올라가는 모습을 보고 그 해 운수를 점치게 된다. 즉, 재가 하늘 높이 곧게 잘 올라가면 운수대통할 것이고 재가 올라가다 중간에 떨어지면 그 해 운수가 좋지 않을 징조이므로 잘 올라갈 때까지 반복하게 된다. 1999년에는 추렴자의 명단을 부군당 벽에 붙여 놓았다고 하지만 2007년에는 '봉축소지명단'을 A4용지에 작성하여 당 안 구석에 놓아두는 것으로 대신하였다.

이상으로 밤섬 부군당굿의 변화를 굿거리 내용을 중심으로 살펴보았다. 내용면에서 달라진 것을 정리하면 먼저, 유가돌기가 간소화되어 거의 형식적으로 행해지게 되었다는 것이다. 그 이유는 전승 공간과 환경의 변화 때문이다. 현재 밤섬 부군당은 아파트와 타지인들로 둘러싸여서 마치 섬처럼 고립되어 있는 꼴이다. 사정이 그렇다 보니 아파트 단지 안을 악기를 연주하며 돌아다닐 수도 없고 소란스럽다는 민원이 들어갈 수도 있으니 어쩔 수 없이 간소화 될 수밖에 없다. 또한 유가의 목적 중에 하나가 가가호호 복을 빌어주는 것인데 지금은 밤섬 주민들이 뿔뿔이 흩어져 있어 이 역시 불가능하기 때문이다. 다음으로, 부군거리에서 사슬을 세워두는 시간이 단축되었다든지 봉축소지를 부군당 벽에 붙이지 않고 종이에 작성했다든지 하는 변화가 있었다. 예전에는 부군거리에서 세운 사슬은 굿이 끝날 때까지 세워두었다고 하지만 현재는 장소도 협소하고 손님들이 많아 자칫하면 사슬을 쓰러뜨릴 수 있기 때문에 사슬을 오래 세워 둘 수가 없다. 봉축자 명단 역시 예전에는 굿 비용을 대부분 추렴으로 충당했겠으나 현재는 관에서 나오는 지원금만으로도 충분하기 때문에 추렴은 하지 않으며 개인들이 별도로 찬조를 하는 형태이다. 따라서 비공식적인 성격의 찬조자 명단[74]을 따로 벽에 걸어두기가 적절치 않다고 판단했던 것 같다.

가. 구조적 특징과 변화

밤섬 부군당굿의 구조적 특징은 유가돌기와 부군거리, 마지올림, 군웅거리 등을 들 수 있다. 연도에 따라 약간의 변화가 있기는 하지만 대체적인 순서는 일정하다. 구조적 변화로 주목할 만한 것은 서낭거리와 우물굿거리의 생략, 추렴과 반기의 생략을 들 수 있다. 서낭거리는 밤섬 당시 제당 옆에 있었던 상수리 나무에도 제물을 올려다는 것(한국샤머니즘학회, 1999 : 47)을 보아 이를 신수神樹, 즉 서낭으로 인식하고 이 서낭을 놀리는 거리였던 것으로 보인다. 우물굿, 즉 용왕굿은 밤섬 당시 당굿 다음날 마을의 우물 앞에서 벌이는 굿거리인데 창전동으로 이주한 뒤로는 우물굿은 생략되고 용왕시루라는 형태로만 그 흔적이 남아 있다(최재선, 1985 : 78). 그 이유 역시 전승 공간과 환경의 영향이다. 즉, 현재 이전한 창전동에는 공동 우물도 없을뿐더러 과거 섬이라는

---

74 2007년 봉축자 명단에는 총 63명이 기재되어 있었다.

환경에서 유래한 용왕신앙이 더 이상 의미가 없기 때문이다. 추렴과 반기는 지역의 공동체성과 호혜성을 바탕으로 유지될 수 있는 것인데 지역 공동체로의 의미가 약화된 현실에서 지속되기는 어렵다. 이처럼 무속 의례인 당굿의 구조도 전승 공간이나 환경, 지역민들의 변화에 따라 그 상황에 맞게 적절히 변화하였음을 알 수가 있다.

〈표 4〉 밤섬 부군당굿의 구조 변화

시행연도, 주무	밤섬, 은아엄마	1990, 황영숙	1999, 김춘강	2005, 김춘강	2007, 김춘강
1	주당물림	가망청배	주당물림	주당물림	주당물림
2	고삿반	부군님	부정	부정청배	유과 돌아옴(꽃반)
3	유가돌기	대감	가망청배	가망청배	부정(상산노래가락)
4	부정	말명	부군	진작	부군님(신장대감창부)
5	가망청배	창부	본향말명	유가돌기	말명조상
6	부군	불사	마지올림	부군	삼현육각(진지공양)
7	서낭	조상	장군	마지올림	장군님 거성(별상신장대감텃대감)
8	본향말명	장군	별상	본향말명	불사님
9	마지올림	성주군웅	신장	대신	군웅
10	상산	우물굿(용왕굿)	대감	상산별상	창부
11	신장	소지	불사	신장	뒷전
12	대감	뒷전	군웅	대감	소지
13	불사		창부	제석	
14	군웅		뒷전	군웅	
15	창부			창부	
16	뒷전			뒷전	
17				소지	

② 이태원동 부군당굿의 변화와 중단

이태원동의 부군당굿은 이미 2004년을 마지막으로 중단된 상태이다. 여기서는 1970년(김태곤, 1981 : 379~384)과 1990년(서울특별시 문화재위원회, 1990 : 128~132)에 조사된 자료를 중심으로 그 내용과 절차를 비교해 보도록 하겠다. 1970년경은 근대화가 한참 진행될 시점이었으며 지역적으로는 1967년에 대대적인 부군당 중수가 있었다. 1970년 당굿은 대대적인 부군당 중수가 이루어진 다음에 행해졌던 것임을 알 수가 있다. 1990년대는 이태원 지역이 외국인을 대상으로 한 관광지로 각광을 받기 시작할 무렵이다. 또한, 2002년에 행해진 부군당굿을 촬영한 영상 자료(KBS, 2002)도 참고할 것이다. 2002년은 부군당굿이 중단되기 직전에 행해진 것임을 알 수 있다. 아래 제시된 굿거리 순서는 1990년 자료를 기준으로 작성한 것이다.[75]

가. 굿거리 내용의 변화
○부정치기

무당이 신당을 등지고 밖을 향해 앉아서 부정거리 무가를 구송한다. 무악 반주는 없으며 청수 한 그릇에 재를 띄우고 다른 청수에는 소금을 풀었다. 무당이 부정거리를 하는 동안은 12화주가 신당 안에서 3배 3회 절을 한다(김태곤, 1981 : 379). 1970년 조사 자료에는 부정치기를 부정거리라고 하였으며 부정거리 이전에 무당이 앉아 빈 장고를 치며 '추당물림'을 하는 장면을 언급하였다. 또한 굿을 시작하기 위해 당으로 향하는 행렬이 장중한데 무당이 앞에 서고 그 뒤를 임사들과 회주들이 따라가게 된다(김태곤, 1981 : 378~379; KBS, 2002). 이러한 행렬은 보통 경기도 도당굿에서 보이는 '당오르기'와 비슷하여 그 영향관계를 짐작케하는 대목이다. 2002년 촬영 자료를 보면, 제관들이 당에 들어가지 않고 마당에서 절을 드리는 장면이 나오는데 여기서는 7번 큰절을 올리는데 당시 주무의 설명에 의하면 이는 유교식 예법이 아닌 '굿법'에 따라 그렇게 한다는 것이다.

---

[75] 연도별로 참여한 무당과 악사의 명단은 다음과 같다.

연 도	당주 무당	참여 무당	악 사
1970년	오복동	미상	피리 2, 대금, 해금, 장고, 징, 제금
1990년	미상	2인	피리, 대금, 해금
2002년	민명숙	미상	대금(김찬섭), 피리(김필홍), 해금(김대길)

○ 서낭거리

이태원동에는 특이하게도 서낭거리 또는 서낭맞이가 서두에 온다.[76] 서낭당은 부군당 북쪽 담 아래에 있는 신목神木을 말한다. 서낭거리에 앞서 화주 중 한 명은 부군당 주변의 나무 가지를 꺾어와 중간에 한지를 묶는데 이것이 서낭대(신대)가 된다.[77] 무당은 홍갓에 홍철릭을 입었다. 부군당 마당에 쌀을 담은 함지를 놓고 거기에 서낭대를 세워서 서낭신을 받는다. 서낭신이 내리면 서낭대를 들고 서낭당으로 향하게 된다. 서낭당에는 미리 제상을 차려 놓았는데 여기서 화주들에게 차례로 공수를 준다. 한 해 운수를 점쳐 주고 그간 공로를 치하하는 공수가 끝나면 화주들에게 복잔을 내린다.

○ 가망거리

가망거리는 부정거리 다음에 오는 거리로서 부정을 가린 다음에 여러 신이 와서 '감응感應'해 달라는 뜻에서 하는 거리이다. 무당은 녹색 바탕에 붉은 색 소매가 달린 구군복具軍服을 입고 양손에 큰 백지를 2매 잡고서 화주들에게 차례로 공수를 내린다(서울특별시 문화재위원회, 1990 : 128). 1970년에는 우수右手에 부채와 백지 2매, 좌수에 방울과 백지 1매를 들었다고 했다. 또한 굿을 하는 동안 동민들이 떡을 쪄서 시루채로 신당 안 신전에 바치고 절을 하는 모습도 언급되었다. 이렇게 동민들이 정성을 드리는 모습은 2002년 자료에도 보이는데 부군당에 대한 주민들이 신심을 엿볼 수 있는 대목이기도 하다. 1970년과 1990년 자료를 비교할 때 내용은 대동소이하나 다만 순서에 있어서 차이가 난다. 즉, 1970년에는 부정거리와 가망거리를 한 이후에 서낭맞이가 진행되었으나 1990년에는 부정거리를 하고 바로 서낭거리가 왔고 이후에 가망거리가 진행되었다.

---

[76] 그 이유에 대해 민명숙 무녀(2002년 당시 73세)는 이태원동은 서낭님이 먼저 오시기 때문에 서낭거리를 먼저 한다고 설명하고 있다(KBS, 2002).

[77] 1990년 조사 자료에는 서낭대를 사용하지 않았다고 하나 1970년과 2002년 자료에서는 모두 서낭대가 등장하는 것을 보아 이태원동 부군당굿에서는 서낭대를 사용하는 것이 원래 맥락인 것으로 판단된다.

○부군거리

부군할아버지와 할머니를 위한 거리로서 무당은 남철릭 위에 홍철릭을 포개 입고 붉은색 갓을 쓴다. 1990년 자료에 의하면, 부군거리에서 신대(내림대)가 등장한다. 즉, 큰 그릇에 쌀을 조금 담고 참나무 가지를 그 위에 꽂는데, 이는 일종의 내림대로서 신이 내리면 나무가 떨게 된다. 다른 자료에서는 이 장면이 서낭맞이에서 보였는데, 이는 내림을 서낭신을 받는가 아니면 부군신을 받는가 하는 것으로 이는 단순한 차이가 아니라 굿거리나 신격에 대한 인식의 차이에서 비롯된 것으로 보인다. 그리고 이러한 대내림은 한강 유역에서는 당산동, 보광동(명화전) 등에서도 행해지기는 하나 부군당 의례의 보편적 절차인지는 확실치 않다.[78]

○장군거리

무당은 붉은 색 소매가 있는 남철릭을 입고 벙거지를 썼다. 장군거리에서는 대접에 쌀을 조금 담고 그 위에 언월도를 세워 '사실'을 세운다. 사실 세우기가 끝나면 삼지창과 부채를 들고 공수를 준다.

○별상거리

'별상'은 보통 마마신(두신痘神)을 지칭하는 것[79]으로 별상거리는 이 마마신을 놀리는 거리라 할 수 있다. 여기서도 사실을 세우는데, 무당은 돼지머리를 삼지창에 찍어서 거꾸로 세운다. 화주들은 정성껏 두 손을 비비며 사실이 서기를 기원한다. 사실이 서면 무당은 부채와 삼지창을 들고 춤을 춘다.

...

[78] 신대(서낭대)에 신을 받아 온다든가 아니면 신대를 들고 마을을 돌며 축원과 액막이를 하는 행위는 경기도 도당굿이나 해안지역 풍어제나 별신굿 등에서 보편적으로 보이는 현상 중에 하나이다.
[79] 김태곤은 '별상'에 대해 '별성' 또는 '별신'의 類音을 갖은 神名인 痘神의 경칭으로 보았다. 또한, 두신을 '별신', '별성', '별상' 등으로 부르게 된 이유는 민간에서 천연두를 '손님', '손님마마'라고 하는데 이것을 來客이란 경칭이고, 천연두의 두신을 경외시하여 특별한 내객 손님이란 뜻의 '別神'稱이 붙게 된 것으로 보았다(김태곤, 1971a : 53).

○ 신장거리

다른 지역의 경우와 별반 차이 없이 신장거리가 진행된다. 복장 역시 별상거리의 복장에 신장기만 든다. 신장거리 무악巫樂에 따라 무당이 도무跳舞하는 것으로 진행된다. 1970년 자료와 1990년 자료에는 신장거리가 나와 있으나 2002년 영상 자료에는 신장거리가 빠져 있다.

○ 대감거리

무당은 장군거리에서 입었던 복장을 그대로 신장거리와 대감거리에서 입는데, 붉은색 소매가 있는 남철릭을 입고 검정색 벙거지를 쓰고 진행한다. 무가를 구송한 후 도무와 공수가 이어진다. 1970년 자료에서는 신장거리 다음에 제석거리와 호구거리가 오고 나서 대감거리가 진행되었다. 2002년 자료에서는 이 대감거리에서 '무감서기'[80]가 진행되었는데 1970년 자료에서는 별상거리에서 사슬을 세우고 난 후에 무감서기를 한 것으로 조사되어 2002년과 차이가 난다.

○ 조상거리

1990년 조상거리에서는 무당이 평상복에 청색 전복을 입고 진행하였다. 오른손에는 부채를 들고 왼손에는 노란색 천을 쥐고 무가를 구송하면서 진행한다. 이태원 부군당굿에서는 이처럼 조상거리가 후반부에 오는 점이 특이하다. 조상거리는 말 그대로 선대 조상님들을 불러 들여 노는 거리로서 대부분 전반부에 오게 되는데 1990년 자료뿐만 아니라 1970년 자료에서도 대감-창부-계면거리 다음에야 조상말명거리가 오고 있어 후반부에 오는 공통점을 보인다. 이는 다른 지역 부군당굿과 구별되는 이태원 부군당굿의 특징이라 하겠다.

---

[80] 굿을 하는 중간의 휴식시간을 이용하여 굿을 구경하는 관중 중에서 무복을 입고 신 앞에서 춤추는 것을 '무감'이라고 한다. 이 무감을 서고 나면 일 년 간 神德을 입어 몸에 잔병이 없고 운이 좋다고 한다(김태곤, 1981 : 383).

○제석거리

1990년에는 조상거리에 이어 제석거리가 진행되었다. 무당은 홍철릭을 입고 그 위에 소매가 긴 흰색 장삼을 입었으며 머리에는 흰 고깔을 쓰고 양손에는 제금을 각각 들었다. 무녀는 무가를 구송하다가 긴 소매를 휘날리며 천천히 춤을 춘다. 1970년에는 장군거리 다음에 제석거리가 왔고 2002년에는 생략(혹은 편집에서 누락)되어 차이가 난다.

○군웅거리

이태원동 부군당굿의 군웅거리는 '밥소래 붙임'이라는 것으로 유명하다. 무당은 홍철릭을 입고 붉은 색 갓을 썼으며 오른손에는 부채를 왼손에는 신칼을 들었다. 화주들에게 공수를 준 다음에 '밥소래 붙임'이 진행되는데 이 '밥소래 붙임'은 군웅신의 밥그릇으로 상징되는 놋동이를 무당이 입술에다 붙여서 영력을 보여 주는 것이다(김태곤, 1981 : 383). 밥소래 붙임의 과정은 먼저 놋동이를 백지에 싸서 무당이 입에 물고 조무들이 그 양 옆의 놋동이 쇠고리를 잡는다. 이러는 동안 무당의 아랫입술이 놋동이에 붙는다. 화주들이 차례로 나와서 놋동이 속에 돈을 넣고 절을 한 후 놋동이를 손으로 슬쩍 만지며 지나간다. 화주들이 이렇게 놋동이 주위를 빙빙 돌며 손을 대다가 어느 순간 놋동이가 땅으로 떨어진다. 그러면 그 순간 손을 댄 화주는 거꾸로 뒤집어 놓은 놋동이 위에 올라가 춤을 춘다.[81] 이와 같은 놋동이를 가지고 하는 굿거리는 동해안 별신굿이나 울진의 '노또오굿'(김태곤, 1971a : 341), 안동의 '노또물기'(김태곤, 1971b : 238) 등에서 볼 수 있는데, 서울지역에서는 보기 드문 장면이다.

○창부거리

1990년 자료에는 군웅거리 다음에 창부거리가 진행된 것으로 되어 있다. 무당은 평

---

[81] 2002년 자료에서는 화주가 춤을 추는 이유에 대해서 놋동이가 떨어진 것은 손을 댄 화주가 액이 있기 때문이고 놋동이 위에 올라가 춤을 춤으로써 액땜을 하는 것이라고 설명하고 있다(KBS, 2002).

상복을 입고 굿거리 장단에 맞추어 타령을 부르며 춤을 춘다. 이 때 목판에 인절미를 담아서 화주와 구경꾼들에게 나누어 주는데 이 떡을 '계면떡'이라고 한다. 이 떡을 먹으면 일 년 운수가 좋다고 믿으며 떡을 받아먹고 얼마 정도의 돈을 낸다. 1970년에 자료에는 창부거리와 계면거리를 별도로 구분하였는데 대감거리 다음에 이어지는 것으로 되어 있다. 또한 마지막 뒷전이 진행되기 전 - 성주군웅거리 다음에 '황제풀이'[82]가 있었다고 하는데 1990년과 2002년 자료에는 없는 것으로 보아 1970년 이후에는 생략된 것으로 보인다.

○ 뒷전

뒷전은 온갖 잡신을 풀어 먹이는 과정으로 대문 안쪽에 제상이 따로 차려진다. 무당은 평상복을 입고 바가지에 온갖 음식을 조금씩 담은 다음 대문 밖으로 나가 사방에 뿌린다. 신칼로 땅에다 열십자를 긋고 칼을 던져 칼끝을 밖으로 향하게 하면 굿이 끝나게 된다.

이상으로 이태원 부군당굿의 내용과 그 변화를 살펴보았다. 그 변화 중에 주목할 만한 것으로는 신대(내림대)로 신을 받는 시점에 혼선을 빚고 있다는 것이다. 즉, 1970년과 2002년에는 서낭거리에서 신대로 서낭신을 받았으나 1990년에는 부군거리에서 부군신을 받는 등 각기 다른데 이는 각각 다른 당주무당에 의해 행해졌기 때문으로 보인다.

...

82 황제풀이는 신이 처음으로 인간에게 집짓는 법을 마련해 주고 복을 점지해 준 그 과정을 서술하여 제액초복을 기원하는 것이다(김태곤, 1981 : 384).

〈표 5〉 이태원 부군당굿 구조 변화

	1970, 오복동	1990, 미상	2002, 민명숙
1	추당물림	부정치기	당오르기
2	부정	서낭거리, 비석제	서낭맞이(대잡이거리)
3	가망청배	가망	부군
4	서낭맞이	부군할아버지·할머니	대신
5	본향바램	장군	별상
6	부군	별상	대감
7	장군	신장	군웅
8	별상	대감	밥풀떼기(밥소래붙임)
9	신장	조상	뒷전
10	제석	제석	
11	호구	군웅	
12	대감	창부	
13	창부	뒷전	
14	계면		
15	조상말명		
16	성주군웅		
17	황제풀이		
18	뒷전		

나. 구조적 특징과 변화

이태원동 부군당굿의 구조에서 특징적인 것으로 당오르기와 서낭맞이, 신대에 신 내리기, 후반부에 오는 조상거리, 밥소래 붙임 등이 있다. 이 중에 당오르기와 서낭맞이, 신대에 신 내리는 절차는 경기도 지역 도당굿에서는 흔히 보이는 것이지만 서울 지역 부군당굿에서는 보기 드문 광경이다.[83] 또한, 조상거리가 후반부에 오는 것 역시

---

83 이태원동이 일제시대만 하더라도 과수나 밭작물을 주로 하던 근교농업지였다는 지역적 성격이 도당굿과의 유사성을 설명하는 단서가 될 수 있을 것 같다.

특징적이다. 밥소래 붙임과 같은 절차 역시 서울지역에서는 흔치 않은 것이다. 한편, 황제풀이 및 호구거리, 계면거리 등의 생략으로 인해 굿거리가 축소되었다는 것은 구조적인 변화라고 할 수 있다. 이러한 변화는 이태원동이 점차 상업지역으로 변화되면서 타지인이 유입되고 토속 신앙에 대한 믿음이 쇠퇴하면서 부군당굿에 대한 중요성이나 절차상의 엄밀함도 점차 약화된 결과로 볼 수 있다.

2) 무가와 설화

(1) 부군당굿 무가의 특징

여기서는 비교적 무가 자료가 충실한 2004년 당산동 부군당굿 무가(김헌선·김은희, 2004)와 1966년 문덕순의 재수굿 무가(김태곤, 1971a : 9~55)를 비교하여 그 차이가 무엇인가 살펴봄으로써 부군당 무가의 특징을 알아보고자 한다. 이 두 자료는 시대가 약 40여년의 차이가 나기는 하지만 개인굿과 당굿의 차이점을 살피는 데는 그리 큰 무리는 없을 것으로 판단된다.

① 부군당굿 무가의 마을굿적 특징

먼저 굿거리의 짜임에서 차이가 난다. 이러한 차이는 개인굿과 당굿이라는 점에서도 생길 수 있지만 각기 다른 지역에서 전승되어 온 것이기에 지역적인 차이도 보여주는 것이라 할 수 있다. 부정거리에서는 불러들이는 신격에서 약간의 차이가 난다. 그러나 이러한 차이는 마을굿과 개인굿에 따른 것이라고 보기는 어려울 듯하다. 다음, 가망거리에서는 호명하는 당주와 부르는 노랫가락에서 차이가 난다. 마을굿에서는 당주가 마을 주민들로서 소임이나 제관들에 해당되기 때문에 이들 이름을 나열하게 되지만 개인굿에서는 '대주'의 이름만 부르면 그만이다. 가망거리 말미에 나오는 노랫가락은 마을굿에서는 '본향노랫가락'이 불려지지만 개인굿에서는 '가망노랫가락'이 불려졌다. 이는 마을굿이 마을 터전 즉, '본향'에 대한 의식이 강하기 때문이 아닐까 추정된다. 다음, 말명거리에서는 개인굿의 경우 무가가 간단한 것에 비해 마을굿에서는 대대로 마을굿에 다녔던 마을 조상들이나 만신들의 혼이 내려 공수를 하므로 무척 길어지는 특징이 있다. 이는 무가의 차이라기보다는 굿거리의 차이로 보는 편이 맞겠다. 다음, 마을굿에서는 산신도당거리가 상당히 길게 진행되는데 그 이유는 산바라기, 본향, 산신후토신령, 도당부군·군웅·신장·대감·서낭 등 하위 거리가 발달되어 있기 때문이다. 반면 개인굿에서는 산신도당거리에 해당하는 것이 산거리나 서낭거리 정도로 보이는데 산신도당거리에 비해 무가가 소략하다는 것이 차이가 난다. 이렇게 마을굿에서 산신도당거리 무가가 발달된 이유는 마을굿에서는 아무래도 지역신인 산신도당이 중요한 신격일 것이고 이를 잘 놀려야지만 마을의 액이 들지 않을 것이라는 믿음 때문일 것이다.

이처럼, 부군당 무가는 마을굿으로서의 특징을 잘 보여주는 굿거리의 무가가 역시 잘 발달되어 있다는 것을 알 수 있었다. 즉, 부군당 무가는 그 자체로 독립되어 존재한다기보다는 전체 굿거리와 굿을 의뢰한 주민들과의 관계 속에서 개인 재수굿과는 여러 가지로 다른 면모를 보여주고 있다.

② 거리별 무가의 의미와 구조

부군당굿의 무가를 거리별로 살펴보고 각 거리별 무가의 의미와 구조가 무엇인지 알아보고자 한다. 당산동 부군당굿 무가[84]를 중심으로 살펴보되, 밤섬 부군당굿 무가[85]와 이태원동 부군당굿 무가[86]도 참고하고자 한다.

...

[84] 대안주거리와 창부거리, 뒷전은 조성봉이 구송하였으며 나머지는 당주무당인 서정자(여, 당시 67세)가 구송하였다. 채록 일시 : 2004년 11월 12일, 채록 장소 : 영등포구 당산동 부군당, 조사자 : 김헌선·김은희, 출처 : 송승성 당주 소장본, 당산동부군당굿(김헌선·김은희, 2004)
[85] 밤섬 부군당굿의 무가는 아직까지 전편이 채록된 자료는 없다. 다만 1990년에 일부가 채록되어 전하고 있는데 이를 간단히 소개하고자 한다. 당시 부군당굿을 담당했던 무당들은 황영숙, 김영숙, 장순분, 강성남, 최명희 등이다. 황영숙은 일명 '자문'이라 하고 1990년 당시 57세로 가망청배에서 창부거리까지 담당하였다. 김영숙은 당시 58세로 불사거리를 주관하였다. 장순분은 당시 37세로 장군거리를 주관하였다. 강성남은 당시 61세로 창전동에 거주하였으며 조상거리를 주관하였다. 최명희는 당시 31세로 '자문' 즉 황영숙의 신딸이다(서울특별시 문화재위원회, 1990 : 171). 채록 일시 : 1990년 1월 28일, 채록 장소 : 마포구 창전동 밤섬 부군당, 조사자 : 서울특별시 문화재위원회, 출처 : 서울민속대관(서울특별시 문화재위원회, 1990 : 165~171).
[86] 이태원동 부군당굿의 무가 역시 전편이 채록된 바가 없다. 1990년에 굿의 일부분만 채록되어 남아 있다. 당시 굿

가. 부군당굿 거리별 무가의 내용과 의미

○ 부정청배

부정청배의 서두는 "입설에 귀설을 다 젖아 주시고, 신사덕 후방덕 입히어 주소사. 내외야 제수로 공수허시다. 조라는 전물영정"으로 시작된다. 이후 대감, 성주, 광대·창부, 서낭, 걸립, 터주, 업, 지신, 맹인, 영산을 차례로 언급하는데 각 대상에 대한 내력이 구송되기 전에 "내외야 ~ 전물영정"이 후렴구로서 규칙적으로 반복된다.

부정청배에서 순차적으로 나열되는 신들이 이후 맞아들일 신들이며 이는 곧 굿거리 순서와도 같다(이명숙, 2007 : 385)고도 하나 당산동의 사례에서는 장군이나 제석, 별상 등 중요한 신격이 부정청배에서 빠져 있어 일반적인 규칙은 아닌 듯하다.

○ 가망

"초가망 이가망 조라는 전물가망, 맑게 받어서 오신가망 맑게 설게요 설게는 맑게시라"로 시작된다. 여기서는 동네뿐만 아니라 굿을 위해 수고하는 소임들과 당주만신인 자신, 그리고 악사들의 운수를 기원한다. 축원이 끝나면 '본향노랫가락'[87]이 이어진다.

이태원동 부군당굿의 가망거리는 "해가 바뀌고 철기가 바뀌어서 생기복덕 날을 가려 모두 화주를 골라서 수렴을 놓고 시주를 하고 언랍을 해서 4월 연등맞이에 부군할아버지 부군할머니께 우춘하고 대우하니"로 시작된다. 동네 각 가정에 명인나고 효자 날 것을 축원한다. 이어 "물 건너 하주당 사날가망 동가망 남가망 아들 딸에 신전가망 아니리시"하면서 동네에 화재 없고 불화 없도록 기원한다. 다음으로 "살말명 결말

...

을 주관했던 무녀의 이름이 밝혀져 있지 않아 누구인지는 정확히 알 수 없다. 채록 일시 : 1990년 4월 25일, 채록 장소 : 용산구 이태원동 부군당, 조사자 : 서울특별시 문화재위원회, 출처 : 서울민속대관(서울특별시 문화재위원회, 1990 : 135~138).

87 본향노랫가락은 4음보의 율격에 3줄 형식을 기본으로 하여 8절까지 불려진다. 가사 내용은 다음과 같다. "천리소 허오 본향 양산이 산에 올라 / 우염은 단신에 구시설상에 돌아다니 / 설상에 매화진 꽃이 나이 본 듯 // 도당가망 오시는 길에 가얏골로 다릴 놓소 / 가얏골 열두 줄에 어는 줄로만 서겨오셔 / 줄아래 덩기덩소리 노리라고 // … (중략)… 정성덕을 입소와지오 / 대동일동이 황국덕에 / 황국에도 덕이요나 황국지사에 덕이라오 / 마누라 지우신 상덕을 다 입힐까".

명 부군말명 다리말명 제사말명"이 언급되고 화주를 비롯한 모두가 대동 정성을 들이니 참으로 경사스럽고 영화롭다고 치하한다.

○ 상산노랫가락

상산노랫가락은 "높은 장군님"을 모시고 축원을 하는 노래로서 본향노랫가락과 같은 4음보의 율격에 3줄 형식을 기본으로 하고 있다. 총 11절로 구성되어 있으며 4절의 "남산에 달래를 캐어 시냇 영변에 흘러 씻어 / 꽃그린 화전방에 얼기 설기를 구여 담어 / 그 달래 맛이 좋아서 진상갈까"라든지 7절의 "높은장군 잡으신 잔에 황세주로 이슬 맺어 / 황세주 천일주 오니 일년주로만 이슬 맺어 / 일광에 수없는 잔을 시스라고"에서 볼 수 있듯이 '높은 장군님'에 대한 정성과 경외감이 잘 나타나 있다.

○ 가망청배

가망청배는 부군가망, 본향, 말명, 도당부군대신 공수의 순서로 진행된다. 부군가망은 "어허 구자 당산동 지접 아니신가 도당은 부군이라"로 시작된다. 여기서는 소임들의 수고를 치하하고 축원하는 내용이 중심이다. 본향은 "어허 구자, 수천향 수본향에 육천향 육본향에 양산은 본향이며, 씨주구 싱준 본향 아니시나, 도당본향 부군본향 오호냐 살륭본향이라"로 시작된다. 예전에는 많은 주민들이 모여 살았지만 지금은 모두 흩어져 몇 사람 남지 않았음을 한탄하고 남은 주민들에게 축원을 한다. 말명은 "에허 구짜 사외는 삼당말명 궁위루 제당말명 육전은 삼아래 부군말명 아니신가"로 시작된다. 인사를 온 사람들과 주민들에게 그 정성을 치하하고 축원하는 내용이다.

도당부군대신 공수는 "에허허허허허 천하대신 지하대신 우레주뢰 벼락대신 외방으로 창부대신 아니신가"로 시작된다. '대신할머니'의 혼이 무당에게 내렸다고 하여 정성을 치하하고 축원하는 내용이다. 축원이 끝나면 '대신타령'이 이어진다. 대신타령까지 끝나면 다시 공수가 이어지는데 이전에 부군당굿을 위해 수고했었던 소임들과 당주, 당주악사들의 혼이 차례로 무당에게 내려서 공수를 준다.

밤섬 부군당굿에서는 조상굿 무가에 해당된다. 조상굿에서는 예전에 부군당을 위해

헌신했던 이들의 혼이 무당에게 차례로 내려 공수를 준다. 먼저 '밤섬 문지기'의 혼이 내렸는데, 와우산으로 부군당을 옮긴 지 20여년이 지났지만 해 놓은 것이 없다며 정성을 더욱 잘 받들라고 공수를 준다. 다음으로 '밤섬지기'의 혼이 내려서 상을 잘 차려 준 것에 대해 치하한다. 조상들의 공수가 끝나면 부군님 공수가 이어진다. "어허나 칼 같은 시절이요 불같은 세월이라. 지나게 도와주고 부군님 아니신가"로 시작된다.

이어서 덕유산 최엽장군님, 한라산 여장군님, 임장군님, 병마(백마) 장군님 등을 차례로 언급하면서 동네 평안을 축원한다. 다음으로는 별상님 공수가 이어지는데, "세월이라 내 바닥에 오신 ○○별상 호나라 호씨별상 아니신가 저나라 대한민국에 사신 별상님 아니신가"로 시작된다. 집집마다 재수가 있고 무탈하도록 기원한다. 다음으로는 신령님 공수가 이어지는데 "오내가마 신령님 오늘 동동기적이고 밤섬 기적이요"로 시작된다. 소임들의 수고를 치하하고 그들의 운수를 점쳐 주며 축원한다.

○ 산신도당

산신도당은 산바라기, 본향, 산신 후토신령, 도당부군 살륭할아버지, 도당군웅, 산신 사실세우기, 도당부군신장·대감·창부·제장말명 순으로 진행된다. 산바라기는 "구이봅소사 육산은 소산이요 소산은 육산이라"로 시작된다. 산신할아버지에게 동네와 소임들이 편안하기를 기원한다. 본향은 "에 허 구자, 당산동 지접 아니신가, 도당은 부군이라 육산은 소산이며 소산은 육산 아니신가. 소산은 육산신령이라 수천향 수본향에 육천향 육본향 아니신가"로 시작된다. 여기서는 제주와 소임들에게 부군당 문을 함부로 열어 주지 말 것과 제기 등을 아무나 해 놓고 가지 못하도록 하라는 당부의 말이 주된 내용이다.

산신 후토신령은 "어허 구자, 좌청룡 우백호라 우청룡은 좌백호 아니신가 청룡백호 나리시던 팔도명산은 산신은 후토신령"으로 시작된다. 제주 한라산으로부터 과천 관악산에 이르기까지 나열한 다음 소임과 주민들의 건강을 축원한다. 도당부군 살륭할아버지는 "어 허 구자, 남도당은 여부군에 여도당은 남부군에 은주간 부군 집주간 부군 아니시랴. 너 내 도당부군 할아버지, 외살륭마누라 내살륭마누라"로 시작된다. 이어 인사

온 주민들의 안녕을 축원한다. 도당군웅은 "어 허 구자, 도당군웅은 살륭군웅 아니시냐"로 시작된다. 차사고 당하지 말 것과 부자 될 것, 벼슬 공명할 것을 축원한다.

산신사실세우기에서는 본향 월도사실, 부군 삼지창사실, 살륭마누라 삼지창사실, 도당부군 삼지창사실을 차례로 세우는데, 축원 내용은 비슷하나 해당되는 각 신을 호명하는 서두부분은 각각 다르다. 예를 들면 본향 월도사실을 세울 때는 "소변향 육으로 육본향 올습네다"로 시작되며 부군 삼지창사실을 세울 때는 "당산동 지접으로 부군은 할아버지 수이해서"로 시작된다. 도당부군 신장은 "에허 구자 도당신장 부군신장 살륭신장 어호냐 한강으른 노들이며 한웃물 선웃물 용궁신장님 오호냐 은행나무 아니신가"로 시작된다. 제주에게 신장기를 뽑게 하고는 일 년 운수를 점쳐 주는 내용이다. 이어서 '도당부군신장타령'이 구송된다. 타령은 "어떤 신장이 내 신장 상산으루는 도당신장 부군신장두 내 신장님"으로 시작된다. 도당부군 대감은 "어허 구자 사외로 삼당대감 구위루 제당대감 유전은 삼아래 부군대감"으로 시작된다. 소임들과 동네 주민들의 안녕을 축원하고 이어 '도당부군대감타령'을 구송한다.

타령은 "얼마나 존지두 모르겠다 이때 허구는 어느 때 구시월 허구는 새단풍에"로 시작된다. 도당부군 서낭은 "어허 구자 어호냐 너희 모두 도당서낭 부군서낭"으로 시작된다. 전라도 지리산을 시작으로 과천 관악산 남대령서낭님에 이르기까지 팔도 명산들의 서낭님들을 나열한 후 동네에 화재나 동티, 가스사고 등이 없도록 축원한다. 도당부군 창부는 "에허 구자, 오호냐 사외는 삼당창부 궁위제당창부 육조 삼아래 부군창부 일년은 열두달 홍수창부씨가"로 시작된다. '삼재'가 든 주민들의 무탈을 기원한다. 도당부군 제장말명은 "어허 구자 도당제장 부군제장 살륭제장 도당말명 부군말명 살륭말명 아니신가"로 시작된다. 동네가 무탈하도록 간단하게 축원한다. 도당부군 영산은 "어허 구자 도당영산 부군영산 살륭영산 산에 올라 호영산에 들루나려 객사영산"으로 시작된다. 억울하게 죽은 원혼인 '수비영산'들이 좋은 곳으로 갈 수 있도록 기원한다.

○ 제석거리

제석거리는 불사, 칠성, 제석, 천왕중상, 산주기, 호구 순으로 진행된다. 불사는 "어허 구자 당산동 지접이라 천궁은 불사야 일월불사 아니시랴"로 시작된다. 소임들과 주민들의 정성을 치하하고 축원한다. 칠성은 "어허 구자 오호냐 동두는 칠성에 남두칠성 서두칠성은 북두칠성이라"로 시작된다. 유명한 사찰들과 고승들을 나열하고 주민들의 명과 복을 빌어 준다. 제석은 "어허 구자 대함은 제석에 젠제석 제물제천에는 일월요왕이라"로 시작된다. 자식을 점지해 줄 것과 자손들이 건강하게 자랄 수 있도록 축원한다. 천왕중상은 "어수나 어허 구자 문수천왕 신에천왕 줄천왕 보살천왕 아니시냐"로 시작된다. 소임들을 치하한 후에 바로 '천왕중상타령'이 이어진다.

타령은 "나무아미타불 나무아미타불 어떤 중상 내려왔나 황금산에는 황에중상"으로 시작된다. 타령 중간 중간에 인사 온 주민들에게 공수가 내려진다. 마지막에는 '바라 기원불사'를 구송한다. '바라 기원불사'는 일곱 글자가 한 구를 이루는 형태로 "일세동방결도량 이쇄남방득청량"으로 시작해서 "나무아미타불 나무아미타불"로 끝난다. 산주기는 대추나 밤을 던져주고 운수를 점쳐 주는 것으로 특별한 무가는 없고 공수로만 이루어져 있다. 다만 마지막에 '중상타령'이 불려진다. 타령은 "나무아미타불 우리 중상 거둥을 봐라 어떤 중상이 나려 왔나"로 시작된다. 호구는 "어허구자 당산동 지접 아니신가 어허냐 천궁호구에 일월호구라"로 시작된다. 무당이 썼던 너울을 벗고서 집집마다 답답한 것이 다 벗겨지라고 하면서 축원한다.

○ 대안주거리

대안주거리는 상산마누라, 장군마누라, 명잔복잔내림, 별상, 사실세우기, 신장, 대감 순으로 진행된다. 상산마누라는 "어허구자 마누라 수위라 안산은 여덟에 밧산은 열세위라 여 일곱지명산은 제불제천 아니시리"로 시작된다. 여기서는 개성 덕물산 최일장군님 등을 언급하며 동네 평안과 재수를 축원한다. 장군마누라는 "어허구자 의마장군님 백마신령님 천하대장군마누라 지하여장군마누라"로 시작된다. 황해도 평산 신장군님, 임장군님, 파주 파평산 윤씨대왕님, 감악산 비틀대왕님 등을 열거하며 소임들의 수고를 치하하고 주민들 모두 부자가 될 수 있도록 축원한다. 명잔복잔 내림은 "어허 구자 이 정성 받으시구 어늘 마누라 잔은 어느 잔마다 명실어 도와주구"하면서 간단하게 복을 빈다. 별상은 "어허구자 별성님 수안이라"로 시작된다. 이씨별성, 홍씨별성, 사신별성, 호구별성 등을 열거하며 동네 평안을 기원한다.

사실세우기에서 '마누라 월도사실'을 세운 후에 '별상 삼지창사실'을 세우게 된다. 월도사실을 세울 때는 "구여를 봅시사 안산은 여덜이요 박산은 일국에 제불은 제천이고"로 시작되며 삼지창사실을 세울 때는 "이 나라 이씨 별성님 저 나라 홍씨 별성님 강남은 대한국에 사신별성님 만장안에 호구별성님"으로 시작된다. 신장에서는 신장기를 가지고 점을 쳐 주는데 공수를 준 다음 '신장타령'이 이어진다. 타령은 "어떻게 좋으신지 몰르겠다 도당신장 부군신장 사해로는 용신신장"으로 시작된다. 대감거리에는 '당대감'을 시작으로 해서 은행나무 텃대감, 서낭대감, 몸주직성대감, 당터주대감을 차례로 놀게 된다. 당대감은 "어 좋다 난 당대감님 부군당대감님 오냐 사외삼당 제당대감님 또 한강수 노들루다가 용신대감님 부군대감 도당대감님"으로 시작한다.

마지막에는 "어떤 대감님 내 대감 당산동 도당대감 부군대감에 살륭대감"으로 시작되는 대감타령이 불려진다. 타령이 끝나면 은행나무로 이동을 하여 은행나무 텃대감거리를 진행한다. "산나무 시접대김님 죽은 나무 목신대감님"으로 시작하여 가각호호 평안하기를 기원한다. 은행나무에 막걸리와 떡을 뿌린 후 서낭대감거리를 진행한다. 서낭대감거리는 "애 많이 쓰구 힘 많이 들였소. 어느 서낭 도당서낭 부군서낭 살륭서낭 용신서낭 서낭대감님 말머리 대감님"으로 시작하여 소임들의 재수를 빌어준다. 이후 몸주직성대감거리가 진행되며 마지막에 '텃대감타령'을 부른다. 몸주직성대감거리는 "어구자 너 열에 열성 당산동 지접에 각성받이들 남녀노소 몸주대감 직성대감님"으로 시작되고 타령은 "어떻게 조으신지 몰르겠네 남터주 여대감이요 여터주 남대감님"으로 시작된다.

○성주거리

성주거리는 성주, 성주군웅, 군웅할아버지 순으로 진행된다. 성주거리가 시작되면 대내림을 하게 되는데 "구여라 보시구 반거라 굽으시고 받들어 보시고 소원 열고 성취 열어 도와주시고"하면서 당 주위를 돈다. 적당한 곳에서 대에 성주신이 내리면 다시 당으로 돌아와 주민들 안녕을 축원한다. 성주군웅은 "에허 구자 도당군웅은 살륭군웅 아니신가 너희 모두 군웅은 할아버지 할머니 너희 모두 성주군웅"으로 시작하여 차사고와 횡액이 없도록 기원한다. 군웅할아버지에서는 활을 들고 당 주위를 돌면서 화살을 쏘는데 동서남북 방향으로 1회씩 쏘게 된다. "어허구자 당산동 지접이라 활안전에 오신 군웅 사살받아 오신 군웅 의마군웅은 백마군웅이라"라고 시작하여 길을 다니면서 사고가 없도록 도와주마하고 공수를 내린다. 이어 군웅사실을 세우는데 "살안전 오신 군웅 다 의마군웅은 백마신령님 수위해서 갑신년 해오년이 옳습니다"라고 시작된다. 정성이 부족해 성주군웅님이 섭섭하기는 하지만 마음을 풀고 사고가 나지 않도록 도와주마하고 공수를 준다.

밤섬 부군당굿의 성주 군웅굿에서는 "천량을 똑바로 떠다가 밤섬지절에 집집마다 ○○해줬어"라고 시작된다. 이후 온갖 부정을 다 막아주고 사고도 나지 않도록 도와주겠다며 공수를 내린다. 쉬는 사이에 창부타령을 부른다.

○창부거리

"어 구자 어 당산동 지접에 부군당 당창부 아니시냐"로 시작된다. 동네 축원이 있고 나서 '창부타령'이 이어진다. 타령은 "도당창부 내 창부 당산동 당창부씨 부군당 허구는 당창부씨"로 시작되는데 달마다 드는 횟수와 집집마다 사람마다 드는 횟수를 막아주고 모두가 출세하고 부자 되게 해주겠다는 내용이다.

○뒷전

뒷전은 자진만수받이, 도당부군걸립, 텃대감 걸립대감, 서낭, 영산, 수비 순으로 진행된다. 자진만수받이에서는 "만신몸주 대신걸립 / 사외삼당 제당걸립 / 부군걸립 도당걸립 / 당산동요 대동일동"으로 시작된다. 4·4조의 음수율과 2음보 또는 4음보의 정형률을 보인다. 도당부군걸립에서는 "어구자 도당걸립 부군걸립 어느 부군당 당걸립 아니시냐"로 시작된다. 주로 곡간이 가득가득 채워질 부자가 되라는 축원이다. 텃대감 걸립대감에서는 "어허 구자 남터주 여대감님 여부군당 도당대감님 어느 터왕 텃대감님"으로 시작된다. 역시 재복財福을 비는 내용이 중심이며 후반부에는 '걸립대감 타령'이 이어진다.

타령은 "남터주 허구는 여대감님 여터주 남대감님요 앞문전에 화주대감"으로 시작된다. 서낭에서는 "어허 구자 산서낭 들서낭 마루마루 넘던 서낭 부군서낭"으로 시작된다. 여기서는 한강과 관련된 지명이 언급되고 있는데 양화교 용신서낭, 양평 뗏목서낭, 염창 새우젓 등이 그것이다. 영산에서는 "어 구자 산에 올라 호영산 물에 내려 수살영산 만경창파 ○영산"으로 시작된다. 여러 '상문'들을 모두 제치고 무탈할 것을 기원한다. 수비에서는 "수비야 수비야 상문수비 걸립수비"로 시작하여 "의주월강 소캐천리허세"로 마친다.

밤섬 부군당굿 뒷전에서는 "덩덩덩 덩덩덩 덩덕은 우리 대감님 어떤 대감이 내 대감님 어떤 하구는 상대감님"으로 시작된다. 이어서 무녀는 서낭님, 부군님을 차례로 불러 들여 공수를 내리고 동네의 안녕과 재복을 기원한다. 마지막에는 영산을 모두 불러 이들을 달래는 것으로 끝을 맺는다.

나. 부군당굿 무가의 거리별 구조와 특징

당산동과 이태원동, 밤섬 부군당굿 무가를 종합적으로 살펴보면 다음 몇 가지 특징이 드러난다. 먼저, 각 거리별 무가의 구조는 '어허 구자'와 같은 발어사로 시작하여 신격의 소개와 내력이 이어진다. 다음으로는 주민들에 대한 치하나 공수와 같은 인간과의 소통이 이어지고 마지막으로는 주민들의 기복에 대한 화답으로서 '도와주시마' 하는 종결사로 끝을 맺고 있다. 신격의 소개와 내력을 이야기하는 부분에서는 신격이 세분화되어 나타나는 특징이 있다. 예를 들면, 말명의 경우는 삼당말명, 제당말명, 부군말명, 불사말명, 제장말명, 도당말명, 살륭말명, 용궁말명 등으로 열거된다. 대감에 경우도 당대감, 부군당대감, 제당대감, 용신대감, 도당대감 등으로 열거된다.

이처럼 신격을 세분하여 나열하는 것은 제신들의 다양함을 드러내는 것이기도 하지만 신이 등장하는 대목을 확장하여 인간들로 하여금 장중함과 신에 대한 경외감을 부각시키려는 의도로 볼 수 있다. 다음으로 주민들에 대한 치하나 공수로 이루어지는 신과 인간의 의사소통 단계는 각 거리에서 중심이 된다. 신의 치하에 주민들은 그간 수고로움을 보상받으며 공수를 통해 앞날을 예측하게 된다. 타령이나 오방신장점과 같은 신점神占 등도 이 단계에서 행해진다. 이를 도식화하면, [발어사 '어허 구자' - 신격의 소개와 내력 - 인간과의 의사소통 - 종결사 '도와 주시마']의 구조를 보인다.

(2) 부군당 설화의 특징과 의미

제당과 관련된 설화는 크게 제당의 주신이 좌정하게 된 내력을 담고 있는 당신화와 당과 당신의 영험함을 드러내는 영험담으로 구분해 볼 수 있다. 여기에서는 부군당의 당신화와 영험담을 중심으로 하여 부군당 설화의 특징을 살펴보고 그 의미를 고찰해 보도록 하겠다.

① 한강의 상징성과 남근봉안의 유래

서울 한강 유역 부군당 설화의 특징을 꼽으라면 무엇보다도 먼저 '한강'과 밀접한 관련을 맺고 있다는 점을 들 수 있겠다. 부군당의 건립에 대한 당신화에도 한강이 중요한 무대로 설정되어 있으며 영험담에서도 한강은 당신堂神의 영험함을 더욱 부각시키는 공간으로 설정되어 있다. 여기서 우리는 '한강'이 내포하고 있는 신화적 상징성에 주목할 필요가 있다. 과거에 한강은 상업과 물류 유통의 중심지라는 경제적인 의미 외에도 문화와 신앙의 상징적 공간으로 인식되었다. 즉, 한강을 흔히 '민족의 젖줄'이라고 표현하듯이 한강은 한민족의 생존과 번영을 상징하였을 뿐만 아니라 한강의 용왕신은 한강 유역의 범위를 넘어서는 국가적인 신[88]으로 인식되었다. 한강 유역에 산재해 있는 부군당에 얽힌 설화 역시 이러한 한강의 상징성을 잘 드러내주고 있다.

---

[88] 조선시대 국가적인 기우제의 중요한 致祭處가 한강이었다는 사실이 이를 증명하고 있다.

부군당 의례의 유래나 당신이 좌정하게 된 내력에 한강이 관련된 사례로 신길2동 부군당, 흑석1동 부군당, 창전동 공민왕 사당 등이 있다.

신길2동에서는 부군당의 유래담이 전승되고 있는데 그 내용은 현재 부군당 옆에 설치된 안내판에도 수록되어 있다. 그 내용을 옮겨 보면 다음과 같다.

> 옛날 이곳은 방학동(소나무등 나무가 무성한 흰모래사장과 언덕의 경치가 무척 빼어나 학이 놀다갔던 곳이라 하여 붙여짐) 또는 방앗고지(성안으로 실어 가는 곡식을 빻는 방앗간이 있다 하여 붙여짐)라고 불리었다. 그래서 이곳의 당을 방학곳지 부군당이라 불렀는데, 옛날 윤정승이 물난리로 물에 빠져 정신을 잃었을 때 잉어가 나타나 등에 태워 방앗고지 기슭의 모래밭에 내려 주어 살아났다고 하여 윤정승이 당을 지어 제를 지냈다고 한다. 그후 후손들이 마을의 안녕과 행복을 위해 매년 음력 10월 1일 제사를 지내고 있다.[89]

위에 등장하는 잉어는 설화에서 흔히 용왕의 아들로 상징되는 바 윤정승이 세운 부군당은 결국 용왕신에게 제사지내기 위한 제당이었음을 알 수 있다.

흑석1동에서도 부군당[90]이 있었는데 한강과 관련된 당신화가 전하고 있다. 내용은 다음과 같다.

> 옛날 흑석동은 시흥군에 속했는데 어느 날 시흥군수의 꿈에 "한강에서 떠내려 오는 것이 있으니 그것을 모셔라."하는 계시가 있어 다음날 한강에서 이것을 찾아보니 목패였다. 그래서 이것을 당에 모시고 오랫동안 당제를 지내왔는데 지금으로부터 40여 년 전에 없어졌다고 한다(동작구, 1994 : 967).

위의 당신화는 한강에서 떠내려 오는 목패를 건져 당신으로 모시고 제를 지내게 되

---

89 신길2동 부군당 안내판 전문.
90 현재 중앙대학교 앞 12용사탑 자리에 있었다고 하며 2간 정도의 오두막집 형태였다고 한다(동작구, 1994 : 967).

었다는 유래담이다. 그 목패는 한강의 용왕신이나 다른 지역에서 유입된 신앙 대상으로 해석이 가능하다.

이상은 한강과 한강에 거하는 용왕신에 대한 관념을 드러내는 설화의 사례이다. 한강 유역에서는 용왕신앙 외에 여신격에 대한 신앙도 존재했었다. 이와 관련된 설화를 소개하면 먼저, 당산동 부군당 인근 선유봉에 얽힌 전설이 있다. 그 내용은 다음과 같다.

> 당산동 부근에 선유봉이란 곳이 있었다. 지금은 양화대교가 가설되어 허물어졌지만, 예전에는 한강가의 경치가 좋던 岩峰이었다. 이곳 선유봉 처녀나 강화도 처녀는 예부터 결혼을 하지 않는다고 한다. 그것은 그 곳의 처녀들이 새별산이란 神, 일명 손각시귀(孫閣氏鬼)를 믿기 때문이다. 새별산신은 노랑종이 다홍치마를 입고 있다고 한다. 전하는 말에 의하면, 손씨 집에 규중처녀가 있었는데, 출가하지 못하고 죽고 말았다. 따라서 그 원귀를 모셔 놓고 신봉하는 가정이 많게 되었다. 그런 가정에서는 젊은 처녀가 있으면 출가시키기에 앞서 女巫를 초청하여 여탐굿을 하여 손각시귀의 원을 풀어주고 출가시켰다. 손각시옷을 만들 때는 비단필의 머리 부분을 끊어 처녀를 만들고 神箱 속에 넣는다. 집안에 새로운 음식이 생기면 손각시 신상에 먼저 바친 후에 먹게 된다(서울특별시 문화재위원회, 1990 : 73).

위에서 등장하는 '손각시귀'는 출가하지 못한 처녀 귀신을 일컫는데 이는 조선시대 문헌에 등장하는 '송씨 처녀(宋氏姐)'의 이칭異稱일 가능성이 크다. 『이재난고』에서는 부군당에 송씨 처녀의 초상을 모셨다는 기사가 나오고 『오주연문장전산고』에서는 이 송씨 처녀가 접한 '목경물'(남근)을 걸어 놓았다고 하였다. 송씨 처녀에게 목경물을 바친 이유는 다름 아닌 결혼을 하지 못하고 처녀로 죽었기 때문에 원혼을 달래기 위함이었으니 이는 선유봉에서 전승되는 손각시귀를 모시게 된 연유와 일치한다. 따라서 선유봉의 손각시귀나 부군당의 송씨 처녀는 한강 유역에서 오래 전부터 신봉되어 오던 동일한 계통의 민간 신앙이었던 것으로 판단된다. 이러한 여신격, 특히 처녀에 대한 신앙은 동해안 지역에서도 발견되는데 이는 바다나 강이 상징하는 여성성, 즉 여신 숭배 신앙의 형태라고 볼 수 있다. 한국에서 여신 숭배는 성 신앙과 결합하여 모형 남근물 봉안이나 남근석의 조형 등의 형태로 표현된다. 선유봉 설화에서 손각시귀는 선유봉뿐만 아니라 강화도에서도 신봉된다고 했다. 실제 강화도 지역에서도 남근이 봉안된 부군당[91]이 있어서 전설의 신빙성을 뒷받침하고 있다. 서울 한강 유역 부군당에서 모형 남근을 봉안하는 풍속은 신길2동 부군당에 남아 있다. 남근을 봉안하게 된 유래는 다음과 같다.

> 예전에 윤씨네 처녀가 살고 있었는데 어느 날 물에 빠져서 죽게 되었다. 그 이후에 이 혼을 위로하기 위해서 당굿을 할 때 항상 남근을 가지고 놀게 되었다. 만약 남근을 가지고 놀지 않으면 동네 처녀들이 바람이 나고 좋지 않은 일들이 생겨 빠짐없이 하게 되었다.[92]

여기서도 물에 빠져 죽은 윤씨 처녀를 위로하기 위해 당굿을 할 때면 모형 남근을 가지고 놀게 되었다는 유래담이 전한다. 윤씨 처녀[93]는 전술한 손각시귀나 송씨 처녀와 대응되며 모형 남근이 등장하는 것으로 보아 동일 계통의 민간 신앙 형태라고 할 수 있다.

이러한 여신 숭배와 모형 남근 봉안 풍속은 일찍이 한강 유역에 분포해 있었던 민간 신앙의 하나였을 것이다. 그런데, 부군당이 종종 '부근당付根堂'이란 명칭과 혼용되는데 이는 후대의 부군당 신앙이 고래의 처녀신과 모형 남근 봉안 풍속을 수용하면서 나타난 현상으로 해석해 볼 수 있다.[94]

...
91 강화군 교동면 읍내리 교동읍성 북성 위둑(읍내리 273)에 부군당이라는 조그만한 당집이 있어 이곳에는 연산군과 그 부인 신씨의 화상으로 추정되는 탱화가 걸려 있다. 마을주민들은 이들의 원혼을 달래기 위해 해마다 이곳에서 굿을 하고 있다고 한다(교동, 2007).
92 신길2동 윤○○(여, 2006년 당시 85세)씨 제보.
93 윤씨 처녀는 제당에 부군신을 비롯한 여러 신들과 함께 모셔져 있으며 모형 남근은 제당 지붕 처마 아래 상자에 보관했다가 당굿날에만 꺼내 사용한다.
94 이러한 추정은 한강 유역에 부군당 신앙이 형성되기 전부터 여타 다른 민간 신앙이나 공동체 의례가 존재하고 있었을 것이라는 가정과 모형 남근이 봉안되어 있었던 '付根堂'과의 혼란 현상을 동시에 해결하고 있다는 점에서 의의가 있으며 보다 논의가 진척되면 한강 유역의 민간 신앙의 변화 과정을 재구하는 데 도움이 될 수 있을 것으로 생각된다.

② 시대적 변화에 따른 영험담의 생성과 변화

한강 유역의 변화나 현대사의 흐름에 따라 영험담도 형성·변모되고 있다. 특히, 한국전쟁과 을축년 대홍수가 영험담의 소재로 자주 등장하며 한강 유역 개발로 인한 피해 의식이 영험담이란 형태로 표출되기도 한다. 전자의 경우는 주민들이 부군님 덕택에 피해를 모면할 수 있었다거나 부군당만 멀쩡했다거나 하는 내용이 주를 이루는 것으로 당산동, 밤섬(창전동) 등에서 전승되고 있다. 후자의 경우는 부군신을 모욕하거나 공사나 여타의 이유로 부군당에 손을 댔다가 부정을 타 크게 다치거나 사망했다거나 재산이 탕진되었다는 내용이 주가 되는데 밤섬 부군당의 사례가 대표적이다.

먼저, 위험한 상황에서 부군신이 생명을 구해주었다고 설화는 보편적인 영험담 중에 하나이다. 아래의 내용은 밤섬에서 전해지는 영험담이다.

> 어떤 아이는 3살 때 형을 따라 석유를 사러 갔다가 물에 빠진 일이 있었다. 그러나 수영을 못하는 아이의 머리가 수면 위로 둥둥 떠내려가 형이 아이를 구할 수 있었다. 어느 김씨는 강풍과 폭우가 일어나던 날 배를 몰고 한강에 나갔다. 주위의 사람들이 말렸지만 김씨는 부군할아버지가 자기를 지켜줄 것이라며 배를 몰았고 결국 그는 무사히 돌아 올 수 있었다(한국샤머니즘학회, 1999 : 105).

위와 같이 부군신의 은혜를 입었다는 영험담도 있지만 부군신을 모욕하여 벌을 받았다는 내용도 보편적인 영험담 중에 하나이다. 밤섬에서 전해지는 영험담을 보면 다음과 같다.

> 부군당 주변에서 소변을 보거나 당 안에 함부로 출입하거나 당 근처의 나무에서 열매를 따 먹었던 아이는 부스럼에 걸려 고생을 했다고 말한다. 밤섬 부군당 아래에는 빨래터가 있었다. 그러나 빨래를 하러 갈 때에도 아이의 기저귀나 여자의 생리가 묻은 빨래를 가지고 부군당 앞을 지날 수 없었으며 빨래를 할 수도 없었다. 그것을 지키지 않으면 꼭 탈이 났다고 한다(한국샤머니즘학회, 1999 : 105~106).

흰 털이 박힌 돼지를 사와서 검은 매직으로 칠을 한 어떤 사람은 뇌수술을 받았다. 소임을 맡은 기간 동안 보신탕을 먹었던 어느 사람은 병에 걸려 죽었다고 한다. 밤섬에서 이주할 당시 부군당에 관계된 수표를 초상계 돈과 바꾸었던 사람은 명판을 분실하고 객사했다. 도가를 맡은 적이 있는 어떤 사람은 눈이 오면 담을 넘어 당에 들어가 눈을 쓸었다. 그 후 몸이 오그라져 붙는 병에 걸렸다. 그리하여 그는 집 안에 들어가지 못하고 움막을 지어 거기서 기거했다고 한다. 소임을 통하지 않고 당에 들어오는 불경을 저질렀기 때문이었다(한국샤머니즘학회, 1999 : 106~107).

부군당의 영험담은 시대의 변화에 따라 그 시대를 반영하는 내용으로 변개된다. 1925년에 있었던 대홍수 때 부군신 때문에 피해를 모면할 수 있었다는 당산동 부군당의 당신화와 은행나무에 대한 영험담은 인근에서도 유명하다. 그 내용은 다음과 같다.

1925년 을축년 대홍수 때였다. 아파트도 없고 노들길이나 88대로가 생기기 훨씬 전에는 은행나무가 있던 당산 언덕이 그 일대에서 가장 높은 지대였다고 한다. 지대가 높아 물이 침범하지 못했다. 강물에 떠내려 가던 사람도 이 당산으로 기어오르면 살아날 수 있었다. 당산이 생명의 은인이 되었다. 당시에 당집 근방에 있어서 무사했던 28집을 보호하기 위해 당집을 지었다는 이야기도 있다(박홍주, 2001 : 33~34).

일제 강점기에는 일본에 대한 적개심이 부군신의 영험담으로 표출되기도 했다. 영등포3동 상산전과 관련된 영험담을 보면 다음과 같다.

일제 강점기 당시 한 일본 병사가 말에 올라타고 당 앞을 지나다가 말의 말굽이 붙어 지나갈 수 없게 되자 허리춤에 차고 있던 칼로 말을 죽인 뒤에 지나갔다고 한다(서울특별시 문화재위원회, 1990 : 111).

한국 전쟁 때가 되면 적개심의 대상이 일본군에서 북한군으로 바뀌면서 영험담의 내용도 구조는 동일하지만 그 구체적인 대상만 바뀐 채로 전승된다. 밤섬에서 전해지는 영험담을 보면 다음과 같다.

> 인민군이 부군님 화분을 찢었다. 인민군은 여의도 벌판을 나가다 몰살당했다. 현재 그림은 홍제동 사신당에서 모셔왔다. 인민군이 말을 타고 갈 때 당 안에서는 말발굽이 떨어지지 않아 움직이지 못하였다. 나중에 내려서 당에 대한 유래를 듣고 걸어서 갔다고 한다(서울특별시 문화재위원회, 1990 : 165).
>
> 6·25때 첫 폭격에 53명이 죽을 정도로 피해가 컸는데 당집 주위의 13가구만 피해를 보지 않았다고 한다(마포구청, 1992 : 523).

1960년대에는 국가적인 경제개발사업의 일환으로 한강 유역이 개발되기 시작된다. 개발과정에서 지역민과의 갈등과 반목은 부군당 영험담 속에서도 반영되어 나타난다. 특히, 1968년 밤섬이 여의도 개발 사업의 일환으로 폭파되자, "밤섬 폭파와 관련이 있었던 당시 서울시장이 국회의원 선거에 낙선하고 불우한 삶을 마쳤다", "여의도 개발사업에 관여한 건설 현장 소장이 밤섬 폭파 이후로 눈이 멀었다", "부군님의 벌을 받아 아파트가 붕괴되었다" 등(김진명, 1999b : 115)의 소문이 나돌았는데 이러한 소문의 근저에는 밤섬 부군당이 자리잡고 있었다. 즉, 밤섬 주민들은 이 모든 불운한 사건들 모두 부군님의 터전인 밤섬을 폭파했기 때문이며 이로 인해 부군님이 벌을 내리신 것이라고 인식했을 것이다. 결국, 밤섬 폭파를 계기로 밤섬 부군당의 영험담이 새롭게 탄생한 셈이다. 이처럼 영험담은 당신堂神의 신성성을 지속시키고 강조하는 기능도 있지만 전승 집단 간 또는 외부와의 의사소통을 하는 매개체의 기능도 담당하고 있다. 밤섬 폭파로 인해 생겨난 영험담은 밤섬 주민들 간에는 실향의 고통을 조금이나마 위안 받을 수 있는 기제가 되며 외부적로는 당시 약속을 지키지 않았던 관계 당국과 관리들에 대한 불만과 비판의 목소리를 담고 있는 것이다. 이러한 변화를 "부군님은 악마이기도 하며 동시에 선신이기도 한 신성神性이 분열된 신으로 변모"되었다고 할 수 있는데 이러한 주신의 악마적 속성은 "근대화가 일상생활과 세계인식의 토대를 재조직한 것에 대한 문화적 반응으로 해석할 수 있을 것"으로 본 분석(김진명, 1999b : 118)도 영험담이 전승 집단 간 또는 외부와의 의사소통을 하는 매개체라는 관점에서 의미가 있다.

③ 지역사회 구조 변화와 설화에 나타난 상징성

부군당 설화에는 당시 한강을 중심으로 한 지역 주도권의 재편성 과정과 세력의 교체 등과 같은 역사적 사실이 상징적으로 담겨져 있다. 그 대표적 사례가 신길2동 당신화와 창전동 공민왕 사당 당신화, 마포 금성당 설화 등이다.[95]

신길2동에서 전승되는 설화를 통해 신길2동 부군낭이 그 지역 명문세족에 의해 건립되었고 또 그들의 후손들에 의해 전승되었다는 것을 알 수 있다. 지역 주민들은 그 명문세족이 파평 윤씨라고 알고 있으며 현재도 윤씨 가문과 관련이 깊은 이들에 의해 의례가 전승되고 있다.[96] 윤씨 가문이 이 곳 '방학고지'(신길2동의 옛 지명)에 어떻게 세거하게 되었는가에 대해서 그 역사적 전거를 찾기는 어렵지만 부군당의 유래담과 전승 주체의 가문 등을 고려해 볼 때 윤씨 가문이 당시 세도가로서 이 지역에 지대한 영향력을 행사하고 있었으며 부군당 신앙을 적극 수용하여 제당까지 건립하게 되었던 것으로 보인다. 윤성승이 어떠한 의도와 배경에서 부군당 신앙을 수용했는지는 확실치 않으나 설화에서는 이러한 과정이 상징화되어 나타난 것으로 보인다.

창전동에는 공민왕을 주신으로 모시는 마을 제당이 있다. 현판에는 '공민왕사당'이라고 적혀 있으며 사당의 유래는 사당기祠堂記에 기록되어 있다. 사당기의 내용은 아래와 같다.

---

[95] 그 밖에 보광동의 명화전, 영등포구 신길3동 도당, 행당동 아기씨당, 전농동 부강전 등에서 전해 내려오는 설화가 역사적 사실과 밀접하게 연관(박흥주, 2006 : 124~142)되어 있어 참고가 된다.
[96] 신길2동 부군당 의례는 여성들(할머니 집단)에 의해 전승되고 있다는 점에서 특이하다. 할머니 집단의 좌장 격인 김○○(여, 2006년 당시 84세) 할머니는 윤씨 집안의 며느리로 들어와 시어머니의 대를 이어 부군당을 모시고 있으며 그를 도와 의례를 주도하고 있는 윤○○(여, 2006년 당시 85세) 할머니는 파평 윤씨의 후손으로 50여 년 전에 이곳으로 이사 온 뒤부터 부군당을 모시고 있다.

서강나루 가까이 설치한 광흥창에 착실한 고지기(이름은 전하지 않음)가 있었다고 한다. 어느 당직날 잠시 벽에 기대어 졸고 있는 사이에 꿈을 꾸었는데, 위의를 갖춘 대단한 행차가 이르는가 하였더니 모시고 온 관원 가운데 한 사람이 앞으로 나서면서 "이 어른은 고려조의 공민왕이시다. 부복하여 삼가 말씀을 받들거라"하는지라 고지기는 몸 둘 바를 모르다가 땅바닥에 납작 엎드리니 공민왕은 다음과 같은 윤음을 내리시더라 전하고 있다. "과인이 젊었을 때 여기에 와 저 훌륭한 서강의 풍경을 관상한 일이 있었느니라. 이제 지나가는 길에 실로 오래간만에 다시 찾아와 보는 것이나 과연 그 시절과 같이 서호팔경은 여전히 아름답구나. 이후에도 종종 이 곳에 올 것인데 마침 이번에는 충실되고 성실한 너를 만났음으로 한마디 이르노니 다음부터 과인이 여기 오면 잠시 쉬어 갈 자리를 저 언덕 위에 마련하여 둘 것을 명심하여 거행할지니라. 그렇게 하면 이 포구에는 모든 잡귀가 범접을 못하게 되어 재앙이 없을 것임으로 포구와 마을이 크게 번창하고 평안하리라"하였다. 인흘불견하는 잠에서 깨어난 고지기는 어리둥절하다가 이것이 비록 꿈이기는 하나 생시나 다름없이 너무나 歷然한지라 지체하지 않고 임금이 가리키던 지금의 창전동 산2번지 언덕 위에 자력으로써 공민왕을 모시고 받드는 사당을 마련하였다고 전해오고 있다(서울특별시 문화재위원회, 1990 : 298~299).

위의 내용은 조선 초기에 설치된 광흥창[97]의 창고지기가 현몽에 의해 신당을 건립했다는 당신화에 해당된다. 사당이 설립된 시기가 언제인지는 확실치 않으나 창고지기와 같은 하급 관리에 의해 신당이 건립되었으며 이후 지역민 모두가 참여하는 공동체 의례로 전승되고 있다는 점은 확실하다. 전술한 신길2동의 당신화와 비교해 볼 때, 신당의 건립 주체가 지역의 권문세가나 고위관리가 아닌 창고지기와 같은 하급 관리라는 점이 주목된다. 창고지기가 자력으로 신당을 건립할 정도라면 경제적 능력이 어느 정도 있었다는 사실을 말하며 하급관리라 하더라도 마을 사회에는 어느 정도 지위

---

[97] 광흥창은 호조에 예속된 관서로서 태조 원년(1392년)에 설치하여 경상, 전라, 충청도와 경기 연안에서 들어오는 貢米를 쌓아 두었다가 관리에게 주는 祿俸米로 사용했다고 한다. 또한 이 곳 서강 일대에 많은 관리들의 가솔이 모여 살았다고 한다(광흥창터 안내문, 서울특별시 문화재위원회, 1990 : 301, 재인용).

를 확보하고 있었던 상황이었음을 말하는 것이다. 즉, 공민왕 사당 당신화에서는 지역에 따라서는 관이나 권문세가가 아니라도 경제적 능력을 어느 정도 갖춘 지역의 유력자라면 신당의 건립 주체가 될 수 있었던 정황이 반영되어 있다.

다음으로 금성당에 대한 설화가 마포지역에서 전승되는데 내용은 다음과 같다.

> 두미암은 매우 경치가 좋은 곳으로 많은 사람들이 즐겨 찾은 곳이다. 그런데 두미암에 고려시대 이래로 전라도 나주의 귀신이 내접하여 영험이 있다는 불상이 있었다. 기도하지 않으면 재앙을 받는다는 속설 때문에 이곳을 지나는 행인들이 다투어 기도를 하였으나 점차 사람들의 내왕이 끊어져 드디어 수목이 우거졌고 중종 임금 때에는 호랑이가 서식할 지경에 이르렀다. 이 때 충청병사를 지낸 김말손이 활로 석불을 쏘니 석불은 피를 흘림으로서 그 날 밤으로 강을 건너 도망을 갔다. 김말손은 그 나주석불이 있던 자리에 정자를 짓고 영벽정이라고 하였다. 김말손이 쏜 화살을 맞은 나주석불은 강 건너 지금의 성산동으로 건너갔는데 석불이 지나간 자리를 나주의 별호인 錦城이라 하고 석불을 모신 자리는 금성당, 금성당이 있는 산이라 하여 성산이라는 이름까지 얻은 성산동과는 한강을 사이에 두고 서로 마주한다(손주영, 1998 : 23).

위에서 등장하는 나주 금성당은 본래 고려시대부터 유명했던 곳(이능화 저·이재곤 역, 1991 : 41)으로 조선시대에도 국행의례가 치러졌던 곳이기도 하다. 성종 당시에 나주 금성산에는 국행의례가 행해지는 사우 외에도 5~6개의 사설 신당이 건립되어 있었는데 국행 산천제 외에 민간의 산천신앙이 강렬하게 병행되어 몰려드는 인근 각지의 남녀들의 음란과 실덕에 대한 비판이 강하게 일어나기도 했다. 특히 시집갈 처녀들을 먼저 산신에게 시집보낸다는 명목으로 처녀를 금성당에 유숙시키는 폐풍도 있었다(최종성, 2001 : 64~65)고 하니 당시 금성당에 대한 신앙이 민간층에서 지대한 영향을 끼치고 있었던 것으로 보인다. 이러한 금성당에 대한 신앙은 서울 한강 유역에서도 발견되지만 한강 하류 지역인 인천과 강화도 지역[98]에서도 다수 발견된다.

이러한 마포 금성당 설화에 대한 해석으로, "김말손으로 상징되는 한양의 다른 양반 세력의 경제 주체나 권력에게 금성의 경제권이 넘어갔다는 상징"이라고 보는 견해(박흥주, 2006 : 132)와 나주 석불과 같은 신앙적 대상이 강서구 일대 원주 김씨의 시조로 알려진 김말손에 의해 축출되거나 저지되는 양상으로 보는 견해(오문선, 2006 : 135)가 있다. 전자의 견해는 금성당 설화가 상징적인 언술이기는 하지만 당시 사회·경제적인 변화를 구체적으로 반영하고 있다는 입장이고 후자의 견해는 금성당 설화와 유사한 각편들을 살펴볼 때 당시 역사적 사실을 반영했다기보다는 설화에서 보편적으로 나타나는 민중의 적을 물리치는 영웅담의 일종으로 본 입장이다.

그러나 이 두 가지 견해는 상충적이기보다는 오히려 상호보완적이라고 할 수 있다. 즉, 김말손으로 대표되는 지역적 영웅이 '기도하지 않으면 재앙을 내리는' 괴물과 같은 석불을 물리치는 일종의 '괴물퇴치담'의 구조를 갖추고 여러 각편이 존재하고 있다. 또한 설화는 '역사적 사실의 흔적을 반영하고 있다'는 고전적인 명제를 감안한다면 '전라도 나주'라는 지명과 양천 일대에서 원주 김씨를 대표하는 실존 인물 김말손이 등장하는 것으로 보아 이 설화는 당시 외부 세력과 토착 세력 간의 갈등과 투쟁이 상징화된 것으로 지역의 특수성이 반영된 것이라고 볼 수 있다. 따라서 금성당 설화는 일종의 '괴물퇴치담'이라는 보편성 위에 당시 지역 세력 간 갈등과 투쟁이라는 특수성이 반영된 것이라고 결론지을 수 있겠다.

3) 무당과 악사 집단

여기서는 서울 지역 무당과 악사 집단의 전통을 역사적으로 검토해 보고 부군당과의 관련성을 살펴보기로 하겠다.

서울지역 무당과 악사에 대한 기록은 한양으로 도읍이 정해진 조선시대 이후에나 등장한다. 고려시대 개경을 중심으로 성행했던 무풍은 조선 건국 이후에도 한양까지

---

98 강화도 지역에 전승되는 금성당 신앙으로는 교동 말탄마을의 금성당선황님, 길상면 동검도 큰마을의 금성당, 화도면 내리 후포마을의 금성당 등이 있다(강화군 군사편찬위원회, 2003 : 690~691).

전파되어 활발하게 전승되었던 것으로 보인다. 이러한 역사적 배경은 서울지역 무당과 악사 집단이 고려 개경 지방의 무속과 밀접한 관련을 가지고 있었을 것이라는 추론을 가능케 한다. 실제로 서울 지역 무가에 보편적으로 등장하는 '상산'이나 '본향'은 개성 덕물산을 의미하며 서울 지역 무당들이 장군신 중에 개성 덕물산에 모셔져 있는 최영 장군을 으뜸으로 인식하고 있다는 사실을 보더라도 이러한 추정이 전혀 근거 없는 주장이 아님을 알 수 있다.

조선시대에 부군당 의례는 주로 당굿을 위주로 진행되었다는 사실은 이미 앞에서 여러 문헌들의 기록을 통해 확인한 바 있다. 이 중에 무당과 관련된 부분을 다시 살펴보면 다음과 같다.

> 아! 지금 중앙의 모든 관청과 지방의 州縣에는 吏廳의 옆에 귀신에게 푸닥거리하는 사당이 없는 곳이 없으니, 이를 모두 府君堂이라 부른다. 매년 10월에 서리와 아전들이 재물을 거두어 사당 아래에서 취하고 배불리 먹으며, <u>무당들이 가무와 풍악으로 귀신을 즐겁게 한다.</u> 그러나 세간에서는 또한 이른바 府君이라는 것이 무슨 귀신인지 알지 못한다. 그려 놓은 神像을 보면 朱笠에 구슬 갓끈을 달고 虎鬚를 꽂아 위엄과 사나움이 마치 장수와 같은데, 혹 고려 侍中 崔瑩의 귀신이라고도 말한다.[99]

위의 기사를 보더라도, 매년 10월이면 부군당에서 가무와 풍악을 중심으로 당굿이 벌어졌음을 알 수가 있으며 굿을 집행하는 이들은 다름 아닌 그 지역 무당이었을 것이고 풍악이 울렸다고 하니 악사 집단도 참여했으리라는 것은 자명한 사실이다. 이러한 무당 집단과 악사 집단은 어떠한 형태로 존재했으며 부군당 의례와는 어떠한 관련성이 있었는지에 대해 알아보자.

---

99 "噫。今之百司。外而州縣。其吏廳之側。莫不有賽神之祠。皆號府君堂。每歲十月。府史胥徒醵財賄。醉飽祠下。巫祝歌舞跛?樂以娛神。然世亦不識所謂府君何神。而所畫神像。朱笠貝纓挿虎鬚。威猛如將帥或言高麗侍中崔瑩之神。",『연암집』, 안의현 현사에서 곽후를 제사한 기(記).

무당 집단이 도성 내에서 도성 밖과 한강 유역으로 이주하게 된 배경에 대해서는 전술한 바가 있다. 이들의 존재 양상에 대해서는 조선 조 행해졌던 내행 별기은, 국행 기우제나 폭무暴巫 의례, 무의巫醫 활동, 무세巫稅 징수 현황 등을 통해 개략적으로 짐작해 볼 수 있다.

고려시대에 이어 조선 조에도 명산의 신에게 정기적으로 제사를 지내는 별기은이 거행되었는데 이러한 별기은에는 으레 무녀들이 동원되었으며 국무당國巫堂과 국무國巫를 두기도 하였다. 기은을 했던 장소는 송악과 개성, 그리고 서울지역에서는 백악, 삼각, 목멱, 한강 등이다(최종성, 2001 : 52). 국가적인 기우제에도 무당이 동원되었다. 초기에는 고열 속에서 무당에게 화열火熱의 고통을 부가했던 폭무 의례가 성행하였다가 후기에는 기원 의례 형식으로 전환되었는데 기우했던 장소는 기은했던 장소와 동일하다.

조선조에는 국가에서 무의巫醫의 치병적 직능을 국가적 의료 정책에 활용하게 되는데, 서울의 무격은 예조가 대장臺帳을 정리하여 활인서에 분속시키고 지방의 무격은 각 관에서 대장을 정리하여 병자를 치료하게 하였다. 또한 동서활인원 등에 분속된 각지의 무격 신당은 신세미神稅米를 거둬 소속 관청에 운영자금으로 지원하였다고 한다(위의 책, 225~226). 그러나 정조 대에 서울 무녀들이 강외江外로 축출되면서 무세巫稅는 폐지된다.

이러한 정황들은 정리해 보면, 조선조 서울 지역의 무당들이 초기에는 별기은이나 기우제 등 각종 국가적 의례에 동원된다든지 혹은 무의적 능력을 인정받아 관청에 소속되고 세금도 부여받는다든지 하여 그 존재에 대해 국가적인 승인이 있었던 것으로 보인다. 그러나 후기가 되면 무당들은 성 밖 뿐만 아니라 한강 밖에까지 쫓겨 가는 수모를 받게 된다. 이러한 무당에 대한 탄압으로 인해 무속 의례는 위축되었을 것으로 보이며 당시 파트너로 활동했던 악사들 역시 심각한 타격을 받았을 것으로 보인다.

이와 같은 상황에서 이들은 새로운 활로를 개척할 수밖에 없었을 것이다. 앞에서 18세기 무렵에 부군당이 한강 유역으로 확산되었을 것이라고 밝힌 바 있는데 이 시기는 무당들이 한강 밖까지 쫓겨 가는 시기와 거의 일치하고 있다. 즉, 무당들과 악사 집단들이 새로운 활로로서 개척한 것이 바로 한강 유역 부군당이 아니었겠는가 하는 추정이 가능한 부분이다. 강외江外 축출로 인해 위축된 무당과 악사 집단은 한강 유역으로 확산되기 시작한 부군당을 주요 거점으로 삼아 활동하기 시작하였으며 이 과정에서 현재와 같이 특정 지역 부군당을 특정 무당이 계보를 형성하면서 해당 의례를 맡게 되는 '당주 무당'의 관행이 형성되었던 것으로 보인다.

4) 무신도 · 제물 · 무구

(1) 무신도[100]

무신도는 무당이건 지역 주민들이건 그들이 모시고자 하는 신의 화상을 봉안해 놓은 것이므로 신봉되는 신격을 파악하는 데 가장 확실한 단서가 된다.[101] 여기에서는 서울 한강 유역 부군당에 봉안되어 있는 무신도를 중심으로 무신도에 나타난 신격의 특징과 종류를 살펴보고 이를 토대로 서울 한강 유역 부군당의 신격 체계와 신관을 알아보도록 하겠다.

서울 한강 유역 부군당에는 거의 예외 없이 무신도가 봉안되어 있다. 주신인 부군신(부군 내외)을 중앙에 배치하고 좌우에 부속신들을 모셔놓고 있다. 또한 부군신은 내

---

[100] 巫神圖란 일반적으로 무당이 신앙하는 신의 畵像을 말한다(김태곤, 1989 : 15). 그런데 이런 신의 화상은 무당의 신당 뿐만 아니라 마을 제당에도 봉안되어 있다. 따라서 이 논문에서는 무신도란 용어를 무당이나 주민들이 모시는 신의 화상 전체를 가리키는 말로 사용하고자 한다.
[101] 그러나 꼭 그렇지도 않은 것이, 비슷한 무신도라 할지라도 시대와 지역에 따라 다른 신격으로 인식되어 전승되기 때문에 그려진 모습만으로 신격을 판단하기에는 무리가 따른다. 따라서 무신도를 통해 신격을 판단할 시에는 보편적인 신격의 표현 형태를 기본적인 기준으로 하되 전승의 맥락, 즉 지역 주민들의 인식이나 설화 등을 참고하여 신격이 변이되지는 않았는지 혹은 특수한 신격으로 파생되지는 않았는지를 검토해 보는 것이 반드시 필요하다. 이러한 종합적인 검토를 거치면 해당 지역의 신격 체계를 추론하는 데 도움이 될 수 있다. 그런데, 이렇게 무신도를 통한 신격의 종류와 체계를 추론하는 데 한 가지 염두에 두어야 할 사항은 마을 제당에 모셔진 무신도의 경우, 주민 공동체적 신앙 못지않게 당주 무당의 신앙 역시 강하게 반영되었을 것이라는 점이다. 즉, 주신을 그린 무신도는 그렇다 치더라도 나머지 부속신의 경우는 당주 무당의 주관적 판단에 따라 봉안되었을 가능성이 크기 때문이다. 따라서 마을 제당에 모셔진 무신도를 기준으로 하여 마을 공동체 신앙의 신격 체계를 판단하는 것은 잘못된 자료를 근거로 결론을 유도하는 오류를 범하는 것이 된다. 다만, 지역적인 무속의 특징에서 당주 무당들도 자유롭지 못했을 것이라는 점을 감안하면 그들의 주관적인 판단 역시 지역 무속의 특징과 신관을 반영한 것으로 볼 수 있으며 이는 곧 마을 제당에 모셔진 무신도들이 지역 무속의 특징과 신관을 판단하는 데 단서로 활용될 수 있음을 전제해 볼 수는 있다.

외가 함께 모셔져 있는 경우가 압도적으로 많다. 부군신이 구체적인 역사적 인물로 인식되는 경우도 있으나 그렇지 않고 추상적인 신격으로 인식되는 경우가 일반적이라 할 수 있다(부록 1:2 〈표 1〉 참조). 부속신으로는 삼불제석, 산신, 용왕, 군웅님, 장군님, 대신할머니, 백마·청마·기마 장군님, 대감님, 오방신장 등이 있다. 이 중에 삼불제석과 산신은 거의 빠지지 않고 모셔지고 있으며 용왕과 군웅님도 그 빈도가 높게 나타난다. 나머지 제신들은 지역에 따라 한두 군데 산발적으로 모셔지고 있다. 부군신의 복색을 살펴보면, 남신인 경우는 주립이나 복두를 쓰고 철릭 아니면 포를 입고 있어 일반 평민이 아닌 고위 관리의 형상을 갖추고 있다. 여신의 경우도 족두리나 화관(가체머리)을 쓰고 원삼이나 활옷을 입고 있어 역시 고귀한 신분임을 알 수가 있다. 다시 말해 이들 복색은 산신이나 대신할머니, 용왕 등이 입고 있는 옷과는 달리 제도적인 공복公服의 성격이 강하다는 특징이 있다. 이는 부군신이 자연신이나 토착신의 계통이 아닌 관과 밀접한 연관을 가지고 전승·발전된 계통이라는 점을 암시한다. 이와 같은 부군신의 특징이 과거에도 그러했겠는가 하는 점이 의문이다. 조선시대 부군신과 그 무신도에 대한 기록을 살펴보면 다음과 같다.

    이속들은 이것이 곧 송씨 처녀의 초상이라고 한다. 초상은 2개의 영정이다. 사헌부에서 비록 신사를 금한다고 하였지만 이 일만은 아직껏 금할 수가 없었다. 이것으로 말미암아 스스로 관청 이하 모두가 동쪽과 남쪽의 관왕묘처럼 하나의 음사를 이루고 있지 않은 곳이 없으니 어찌 해괴하다 하겠는가? 또한 들건대, 성균관의 노비들이 벽송정 동쪽 가장자리 골짜기의 가운데 부군당을 설치하였는데 그 영정 하나는 최영 장군의 상이고 또 하나는 우왕의 왕비였다.[102]

    그려 놓은 神像을 보면 朱笠에 구슬 갓끈을 달고 虎鬚를 꽂아 위엄과 사나움이 마치 장수

---

[102] "吏輩言 此乃宋氏處女像 像有二幀憲府雖禁神祠 而此一事 未之禁也 此自政府以下 莫不皆然 如東南關王廟 亦居然成一淫祠 可駭矣哉 又聞 成均館下輩 就碧松亭東邊谷中 亦設府君堂 其幀則崔瑩 及其女禑妃云"『이재난고』권11, 十五日庚子.

와 같은데, 혹 고려 侍中 崔瑩의 귀신이라고도 말한다.¹⁰³

교서관동(校書館洞)에 임경업(林慶業)과 채호주(蔡湖洲 유후(裕後))의 옛집이 있고, 예관 부군당(藝館府君堂)에 <u>임 장군의 화상을</u> 그려놓고 제사지낸다.¹⁰⁴

위의 기사들을 보면 예전에는 부군당에 지금처럼 여러 신들이 봉안되어 있지는 않았던 것 같다. 대체로 한 분이나 두 분 정도가 모셔졌던 것으로 보이는데 반드시 내외간이 아닌 경우도 있었던 것 같다. 성균관 노비들이 세운 부군당에는 최영 장군과 그의 딸이 모셔져 있었다고 했으며 송씨 부인이 모셔진 부군당에서도 2개의 초상이라고만 했지 송씨 부인이 다른 초상의 주인공과 내외간인지는 알 수가 없다. 그렇다면 부군당의 무신도가 내외간으로 모셔져 있는 현상은 후대에 형성된 형태일 수 있다는 가능성이 제기될 수 있다. 산신이나 용왕, 군웅, 장군 같은 신들은 보통 홀몸으로 모셔지지만 부군신의 경우는 내외간이 함께 모셔지는 것이 현재의 일반적인 현상이다. 이는 마을신의 하나인 도당신이 도당할아버지·할머니로 모셔진다거나 장승이 천하대장군·지하여장군으로 모셔진다거나 하는 것과 같은 맥락으로 볼 수 있는데 이러한 현상은 부군신이 마을신으로서의 성격을 강하게 지니고 있기 때문에 나타나는 것이라고 할 수 있다. 즉, 각사나 관아에 건립될 당시 부군당의 부군신은 역사적 인물이나 해당 관아의 역대 수장들이 신격화된 것으로 해당 건물이나 관리들에게 국한된 신격을 지녔으나 점차 외부로 확산 건립되면서 그 지역 수호신적 성격을 띠게 되는데, 그 과정에서 마을신이 지니는 일반적인 특성 중에 하나인 내외간이 함께 모셔지는 관행이 수용된 것이 아닌가 생각된다.

뿐만 아니라 현재 전승되고 있는 부군당에는 주신인 부군신(내외) 외에 여러 부속신들이 모셔져 있는데 과연 예전에도 그러했겠는가 하는 점이 의문이다. 위의 기사들을

---

103 『연암집』, 안의현 현사에서 곽후를 제사한 기(記).
104 『신증동국여지승람』 제3권 비고편, 동국여지비고 제2편 한성부(漢城府) 기지조.

참고해 볼 때, 이러한 현상 역시 후대에 형성된 것이라고 판단된다. 즉, 초기에 각사나 관아에 부군당이 건립되었던 당시에는 주신의 초상만 있었거나 한두 분의 부속신만이 봉안되어 있었는데 점차 외부로 확산 건립되면서 그 지역 무속 집단들이 깊이 관여하게 되었고 그 과정에서 다른 무신도들이 추가로 봉안되었던 것으로 보인다.

다음으로, 『연암집』에서 묘사한 부군신의 초상은 현재의 모습과 무척 흡사하다. "주립朱笠에 구슬 갓끈을 달고 호수虎鬚를 꽂아 위엄과 사나움이 마치 장수와 같다"라고 한 부분은 현재 용산구 한남동 작은한강·청암동·서빙고동, 마포구 당인동의 부군당에서 볼 수 있는 모습이다. 이처럼 무장武將의 모습을 한 부군신상은 그 연원이 오래된 것이라 할 수 있다. 한편, 복두를 쓰고 있는 부군신의 모습은 또 하나의 유형으로 볼 수 있을 것 같다. 복두를 쓴 부군신의 형상은 현재 영등포구와 성동구 일대의 부군당에서 볼 수 있는 것으로 주립을 쓴 무장 형상의 부군신과는 확연히 다른 모습이다. 따라서 이는 양자가 서로 다른 계통의 무신도일 가능성이 크다. 이에 대해서는 좀 더 면밀한 검토가 있어야 할 것으로 보인다.

마지막으로, 부군당에 봉안된 부속신격 중에 빈도가 높게 나타나는 삼불제석과 산신, 그리고 용왕과 군웅의 존재에 대해서 살펴볼 필요가 있다. 전술한 바와 같이 삼불제석과 산신이 거의 예외 없이 모셔지고 있으며 용왕과 군웅의 빈도도 꽤 높게 나타나고 있다. 삼불제석은 통상 불교의 영향이라 볼 수 있고 산신도 봉안은 민간 신앙의 보편적 현상이라 할 수 있다. 그런데 용왕과 군웅은 지역적 특색을 드러내고 있는 것으로 보인다. 즉, 용왕신상은 한강 유역이라는 지역적 특징이 반영된 것이고 군웅신상은 서울지역 마을굿에서 중요하게 인식되는 신격으로서 부군당에도 역시 이러한 영향으로 봉안되었을 것으로 판단된다. 또한 위에서 거론된 신격 이외의 부속신들은 당시 무속 집단들이 임의적으로 선택하여 봉안했을 가능성이 크다.

(2) 제물

의례에서 사용되는 제물은 단순히 먹는 '음식'의 차원이 아니라 "의례의 상징성을 표현하는 언어"(주영하, 1999 : 113)이며 "상징적인 비언어적 커뮤니케이션의 수단"(이기태, 2004 : 130)으로서 오랜 기간 축적된 의례 전통의 하나라고 할 수 있다. 따라서 특정 의례에서 사용되는 제물을 통해서도 신격의 성격이나 의례 집단의 신앙체계와 사상 등을 엿 볼 수 있는 것이다. 서울 한강 지역 부군당 의례에서 차려지는 제물에 대해 알아보기 전에 무속에서 차려지는 제상들의 일반적인 몇 가지 특징들을 살펴보기로 하자.

주영하는 굿에서 차려지는 제상들의 특징으로 첫째, 해당 신령들의 종류에 따라 차려지는 음식의 종류와 내용이 다르고 둘째, 제물에는 사람들의 음식 기호가 그대로 반영되어 있고 셋째, 제상을 차리는 규칙도 사회문화의 변동과 경제적인 측면에서 부의 증감 등 여러 요인에 따라 변화된다는 것을 제기하고 있다(주영하, 1999 : 112~119).

보다 구체적으로 제물의 종류별로 그 특징을 살펴보면, 먼저 '희생'을 들 수 있겠다. 본래 '희생犧牲(sacrifice)'에는 두 가지 의미가 있는데, 하나는 타인을 대신한 희생제물, 즉 타인을 위해 자신을 희생하는 경우로 이때는 '희생양' 내지 '속죄양(scape goat)'로 불리는 경우이고 다른 하나는 타인을 위한 희생이 아니라 신에게 자신의 생명의 본질 즉 영혼을 바쳐 순종을 표시하거나 속죄한다는 뜻에서의 희생을 의미하는 경우이다(김복희, 1986 : 202).

'희생제의'란 어떤 방식으로든 신에게 영향을 끼치기 위해서 아니면 신과 경배자 간의 유대를 이룩하기 위해 신에게 사람이나 동물 또는 사물을 바치는 행위이다(W. Richard Comstock 저, 윤원철 역, 1984 : 280). 희생제의의 의미를 신과 인간의 '상호호혜관계(reciprocal relationship)'의 표현 행위로 본 리치의 이론(E. Leach 저·구본인 역, 1991 : 132)을 따르면, 죽은 사람의 영혼은 차안此岸의 정상 상태에서 Liminal Zone(경계, 변두리 지대)의 비정상 상태를 통과 변형하여 피안彼岸의 타계에서 불멸의 신이 된다. 차안의 세계는 늙어가서 끝내 죽는 세계이며 피안의 세계는 건강한 삶과 풍요와 강력한 힘과 부의 원천으로서의 힘이 자리 잡고 있는 세계이다.

인간은 이러한 피안의 세계에 있는 신에게 선물을 줌으로써 신이 인간에게 은혜를 돌려 줄 것으로 믿는다. 그런데, 피안의 세계에 있는 존재(신)에게 선물을 주기 위해서는 사자死者의 영혼이 가는 길로 보내야 하는데, 그렇게 하기 위해 희생물을 죽여서 선물의 형이상학적 본질인 영혼을 이 세계에서 저 세계로 옮기는 것이다. 따라서 의례의 기능은 '경계 지역'에서 희생을 수행하기 위해 인간과 신의 중개자인 사제를 마련함으로써 그 사제를 통해 신의 힘이 자기에게 흘러들어 올 수 있도록 이 세계와 저 세계 사이의 다리를 놓는 것이며 이때의 희생물은 그 다리가 되는 것이다(김복희, 1986 : 201~202).

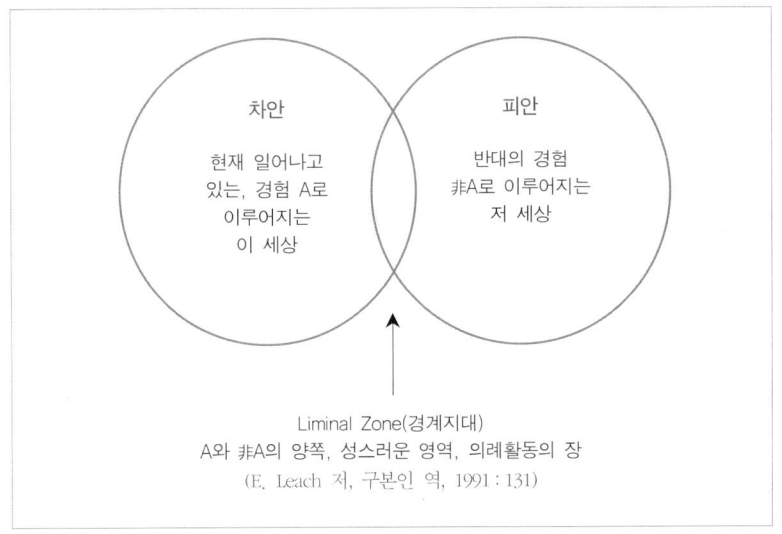

〈그림 7〉 리치의 의례 활동의 장 개념도(필자 일부 재편집)

공동체 의례나 무속 의례의 원초적 의미는 이러한 희생 제의라 할 수 있을 것이다. 공동체 의례에서 바쳐지는 희생은 소나 돼지가 일반적이다. 이는 부군당 의례에서도 마찬가지이다. 경제적으로 풍족하거나 규모가 큰 의례인 경우에 소를 희생으로 바치지만 대부분은 돼지를 희생으로 바치게 된다.

희생이 지니는 의례적 상징성은 희생을 구입하고 조리하는 과정에서도 명백히 드러난다. 희생으로 사용될 돼지는 "반드시 거세하지 않은 수퇘지"이어야 하며 "몸 전체가 완전히 검은 털"이어야 한다든지 수퇘지를 구하러 가는 새벽에 "도가와 소임은 먼저 꽁꽁 언 한강 물을 깨고 목욕"을 했다는 증언(주영하, 1999 : 121)들은 어렵지 않게 듣게 되는 사례이다. 뿐만 아니라 돼지를 도살할 때나 삶을 때도 각별하게 금기를 지키며 정성을 들이는 것을 볼 수 있다. 이처럼 희생의 구입에서부터 조리에 이르기까지 지켜지는 각종 금기 행위는 고대 희생 제의의 흔적이라고 할 수 있다. 즉, 고대 희생 제의에서는 희생의 살해와 공식共食(commensalism)이 주된 내용이 되는데, 후대에 와서는 이러한 과정은 부수적인 것이 되고 유교적인 제사 형식 등이 주된 내용이 된 것이다. 그렇지만 희생의 구입과 조리 과정에 지켜야 하는 각종 금기가 고대의 의례적 상징성을 유지하고 있다고 볼 수 있는 것이다.

서울 한강 유역 부군당 의례에서는 대부분 돼지가 희생으로 사용된다. 통돼지를 바치지 않으면 돼지머리나 다리, 족 등이 바쳐진다. 또는 돼지의 내장으로 만든 순대가 바쳐지는 경우도 있다. 순대를 만들어 바치는 경우는 영등포구 당산동 부군당이 대표적인데 순대는 제물이기도 하지만 손님들을 대접하는 중요 음식물이기도 하다. 이 곳 외에도 예전에는 밤섬이나 몇몇 다른 지역에서도 순대를 만들어 먹었다고 하는 것으로 보아 예전에는 제물은 아닐지라도 주민들을 대접하였던 보편적인 음식이었을 가능성도 있다. 이러한 순대를 먹는 관행을 '혈식血食'[105] 민속의 한 형태로 본 연구가 있는데, 피를 바치고 음복했던 고대의 혈식 의례가 선짓국이나 순대 등을 나누어 먹은 형태로 남아 있다는 것이다. 따라서 순대를 먹는 관행도 "신과 인간의 영적교류의 구조 속에서 성과 속의 관계로 이해"(이덕우, 2006 : 237) 할 수 있을 것이다. 한편, 희생으로 소머리가 바쳐지는 경우도 있다. 영등포구 신길2동이 대표적인데 이곳에서는 소머리와 소족을 주요 제물로 사용한다. 경제적 사정이 좋지 않음에도 불구하고 돼지머리 등으로 대체하지 않고 그 전통을 고수하고 있다.

다음으로, 중요한 제물로는 떡과 술을 들 수 있다. 공동체 의례나 무속에서 사용하는 떡은 팥 시루떡, 백설기, 증편, 계면떡(계면떡) 등이 있다. 떡 역시 신격에 따라 바쳐지는 종류가 다른데 일반적으로 삼불제석에게는 주로 백설기가, 부군신을 비롯한 다른 부속신들은 팥 시루떡이 바쳐진다. 떡은 네모나게 잘라서 제기에 올리는 경우도

---

[105] 혈식이라는 개념은 '희생을 바쳐 제사를 지낸다'는 말로 '제사에 바쳐지는 음식'을 말하기도 하며, 글자 그대로 '피 음식' 또는 '피를 먹는다'는 뜻으로 해석되기도 한다(이덕우, 2006 : 222).

있지만 대부분 시루째 바쳐진다. 통상 시루 위에는 통북어를 걸쳐 놓는다. 이러한 시루는 고대 식기구가 발달하지 않았을 때 조리기구이면서도 식기구였을 가능성이 제기되기도 한다. 즉, 시루에 떡을 한 후 그 상태로 내려 놓고 떡을 먹었을 것이라는 것이다. 이러한 전통이 오늘날에도 제상에 떡을 시루째 바치는 형태로 남아 있는 것이다 (주영하, 1999 : 142). 떡은 전통 의례에서 희생과 더불어 대표적인 제물 음식이라는 것은 주지의 사실이다. 떡을 할 팥을 고를 때나 떡을 찔 때는 엄격한 금기와 절차가 지켜진다. 제신들에게 메와 술과 더불어 떡도 필수적으로 각각 바쳐진다. 밤섬 부군당의 예를 들면, (1) 삼불제석시루, (2) 부군시루, (3) 군웅시루, (4) 용궁시루, (5) 산시루, (6) 신당시루, (7) 터시루, (8) 정문시루 등 총 8개의 시루가 바쳐지는데 각각의 시루마다 해당 신의 명칭이 기입되어 있으며 시루를 찌는 순서도 철저히 지켜진다. 이처럼 떡(시루)에 대한 의미는 각별하다 하겠다.

 술은 제사 음식에서 빠지는 않는 제물이다. 제사를 지낼 때 술을 매개로 인간은 신령을 만나고 제사가 끝나면 신령이 마셨던 술을 음복함으로써 신령과 일체를 이룬다 (주영하, 1999 : 144). 무속 의례 중에 무당이 따라주는 술잔은 '복잔'이라 하여 신의 영험함이 깃든 것으로 인식한다. 이처럼 의례에 사용되는 술은 의례적 상징성을 지니고 있으며 술을 빚는 과정이나 술을 올리는 절차에서 엄격함이 지켜진다. 또한 술은 신에 대한 정성과 경배의 상징적 헌물이기도 하다. 희생이나 떡을 비롯한 여타 제물은 한번 바쳐지면 철상 때까지 그대로 놓아두지만 술은 개개인이 지속적으로 반복해 올릴 수 있는 유일한 제물인 셈이다. 따라서 제관들 이외의 주민들이 개별적으로 신에게 정성을 드릴 때는 반드시 술을 올리게 된다. 영등포구 신길2동 부군당의 경우, 당굿이 벌어지는 날이면 부녀자들이 주축이 되어 부군신에게 정성을 드리는데 이들이 부군당을 방문할 때면 예외 없이 한 손에 막걸리가 한통씩 들려 있음을 발견할 수 있다. 이러한 장면은 술이 지니고 있는 의례적 상징성을 잘 보여 주는 사례가 된다.

 (3) 무구[106]

부군당 의례에서 사용하는 무구는 당주 무당들이 개인굿을 하면서 사용하는 무구와 별반 다르지 않다. 서울지역 무당들이 사용하는 무구는 칼류, 부채와 방울, 무복, 무신도, 무악기, 촛불·옥수·향로 등이 있다. 여기에서는 서울 한강 유역 부군당의 당주 무당들을 중심으로 그들이 사용하는 무구의 종류[107]와 특징을 살펴보도록 하겠다.

개인 굿당에서 무속 의례를 행할 시에는 무신도와 신단 위 무구들이 존재한다. 개인 굿당의 무신도는 무당의 몸주신을 위주로 모시기 때문에 부군당과 같은 마을 제당에서 모시는 것과 그 형태와 종류가 다르다. 개인 굿당에 설치된 무신도의 형태는 대부분 족자나 액자로 된 그림이지만 위패를 모신 경우나 종이를 오려 신의 형상을 한 '전발'을 모신 경우도 있다.[108] 신단 위 무구들 중 대표적인 것으로 명두, 촛불, 옥수 그릇, 잔, 향로 등이 있다. 이 중 명두는 명도라고도 하는데 일종의 놋쇠 거울이다. 명두의 앞면은 볼록한 모양이고 해와 달 문양이나 북두칠성 문양이 양각되어 있거나 '범梵'자가 새겨져 있기도 하다. 이러한 명두는 고대 제정일치의 체제에서 왕권을 상징하는 동경과 같은 것으로 그 연원이 깊고 고대 무당이 지녔던 권위와 사제자적 면모를 대변하고 있는 무구라 할 수 있다. 명두는 보통 무신도 위나 벽에 장식되어 있지만 무신도 대신 명두로써 신체를 대신하는 경우도 있다. 밤섬부군당 당주 무당인 김춘강이 바로 그러한 경우인데, 그의 신단에는 무신도는 없고 명두만 13개가 걸려 있다.

의례를 행할 때 사용하는 무구로는 무복을 비롯하여 칼과 창류, 방울과 부채, 오방신장기, 무악기 등이 있다. 무복의 경우, 언제 어떤 무복을 입는가 하는 점에서 무당들 간에 대체로 비슷하기는 하지만 완전히 일치하지는 않는다. 이는 굿하는 방식이 사승관계에 의해 전수되는 까닭에 그 계통에 따라 옷 입는 법도 약간씩 다르게 나타

...
106 여기서 巫具란 무당의 신당이나 무당이 의례를 행하는 장소에 장식되어 있거나 巫儀를 행할 때 소지하고 있거나 사용하는 일체의 도구를 가리키는 용어로 사용하기로 한다.
107 무구의 종류를 크게 두 가지로 구분할 수 있는데, 첫째는 무당의 소지여부에 따라 무당이 소지하는 무구와 의례 시 제작되는 무구로 나눌 수 있으며 둘째는 그 기능에 따라 신당과 굿청 무구, 의례도구, 종이무구, 점구, 무악기, 문서 등으로 나눌 수 있다(최진아, 2006 : 180).
108 위패를 모시고 있는 대표적인 사례로 이태원부군당 당주 무당인 민명숙의 신당이 있으며, 전발의 경우는 서울 새남굿 보유자인 김유감의 신당이 있다(위의 글, 183~184).

나는 것으로 보인다.[109] 또한 개인굿을 할 때와 마을굿을 할 때 착용하는 무복 역시 별다른 차이는 없어 보인다(부록 1:4 〈표 3〉과 〈표 4〉 참조).

칼에는 월도, 대신칼, 장군칼, 칠성칼, 신장칼, 별상칼, 부정칼, 작두 등이 있으며 창에는 삼지창이 있다. 기본적으로 서울굿 무당이 소지하는 칼과 창류는 삼지창·월도·대신칼이며 작두는 작두신령이 내린 경우에만 지니게 된다(최진아, 2006:187). 서울굿에서 월도는 관운장을 상징하는 무구로서 전안거리에서 사용되며 삼지창과 함께 장군신을 상징하는 대표적인 무구라고 할 수 있다(최진아, 2006:207~208). 방울과 부채는 다른 지역과 비교할 때 그 사용법에서 차이가 난다. 특히, 황해도 굿과 비교해 보았을 때, 서울굿에서 무당이 오른손에 부채 왼손에 방울을 든다면 황해도 굿에서는 그 반대가 된다. 또한 서울굿에서는 방울을 청배가 된 후나 공수 중간에, 그리고 특정한 신이 내린 뒤 신을 보내고 다른 신을 맞아들일 때 등 특정한 상황에서 제약적으로 사용하는데 비해 황해도 굿에서는 장군거리를 제외한 거의 모든 거리에서 방울을 사용한다. 반면, 부채의 경우는 그 반대이다. 즉, 서울굿에서는 방울보다 부채가 더 빈번하게 사용되는데 황해도 굿에서는 부채가 들려 있기는 하지만 사용은 거의 하지 않는다(최진아, 2006:203~205). 또한 무당마다 사용하는 부채의 종류도 약간씩 다르다. 예를 들면, 이태원부군당 당주무당인 민명숙의 경우는 삼불제석부채를 주로 사용하지만 밤섬부군당 당주무당인 김춘강의 경우는 쉰대할림(삼불제석 그림) 부채와 무궁화 부채를 주로 사용한다.

부군당굿에서 중요한 점구로서 오방신장기가 있다. 오방신장기의 다섯 가지 색은 사방四方과 중앙의 색을 상징하지만 그 의미는 무당마다 약간씩 다르다. 예를 들면, 이태원의 민명숙은 청색은 대감, 황색은 조상, 백색은 칠성, 적색은 재수, 초록은 청춘에 죽은 귀신으로 인식한다. 한편, 밤섬의 김춘강은 남색은 대감, 황색은 대신할머니, 백색은 불사, 적색은 재수, 초록은 조상으로 인식한다.

...
[109] 서울굿 무복의 특징을 전체적으로는 무복이 발달했지만 획일화되어 무당 간에 편차를 발견하기 어렵다는 견해도 있다(국립문화재연구소, 2005:81~82).

이처럼 무구의 종류와 사용 방법의 차이는 지역적 특성을 반영하고 있는 것으로 볼 수 있으므로 차후 한반도 전체를 대상으로 그 무구의 종류와 차이를 구명해 본다면 보다 객관적인 지역적 특성이 밝혀질 것으로 보인다.

제3장

부군당 의례의
지속과 변화

1. 부군당 의례의 현황과 분포
2. 의례의 토대 확립과 지속
3. 의례의 지속성 확보와 주재 집단

03.
부군당 의례의 지속과 변화

-
-
-

1. 부군당 의례의 현황과 분포

부군당 의례의 전반적인 현황을 파악하기에 앞서 한강 유역에 분포하고 있는 공동체 의례의 전체적인 현황을 파악해 보는 것이 순서일 것이다. 이를 통하여 한강 유역 공동체 의례 속에서 부군당 의례가 차지하고 있는 비중과 지역적 특성을 밝혀 볼 수 있을 것이다.

1) 서울 한강 유역 공동체 의례의 구성과 특징

한강 유역에서 행해졌거나 행해지고 있는 지역 공동체 의례의 실태를 파악하기 위해서는 일단, 앞에서 제시한 그간의 조사 자료들을 종합하여 정리하는 것이 우선일 것이다. 조사 자료들을 종합하여 정리해 본 결과, 한강 유역에서 약 69건 정도가 조사되었으며 이 중 최소 28건 정도가 현재(2006년)까지 전승되고 있는 것으로 보인다.[1] 정리된 (부록 1:1 〈표 1〉)을 근거로 각 항목별로 현황을 살펴보면 다음과 같다.[2]

...
1 전승이 확인된 28건 외에 소멸 여부가 확실하지 않은 경우(소멸 추정)를 감안하면 전승 건수가 이보다 늘어날 여지가 있다.

(1) 명칭[3]의 다양성

한강 유역에 분포하고 있는 마을 제당의 명칭으로는 '부군당'(17건)이 가장 많은 것으로 나타났다. 다음으로는 군왕이나 장군과 같은 영웅들의 이름이 붙은 왕장당王將堂(12건)이 많았다. 그 밖에 산제당이나 도당, 서낭당 등 다른 지역에서도 흔히 볼 수 있는 제당들 외에 '불당'이나 '아기씨당'과 같은 특이한 제당이 있어 주목된다. 기타에 해당하는 것으로, '신당', '방하다리제당', '영산당' 등 그 지역 특유의 명칭을 사용하고 있는 곳도 다수 분포하고 있었다. 이러한 결과는 전체 서울 지역의 제당 분포와 비교[4] 해 볼 때 비율적인 면에서 대동소이한 것으로 나타나서 전체 서울 지역의 공동체 의례를 단적으로 살펴볼 수 있는 표본 지역의 조건을 갖추고 있다고 할 것이다.

당 명칭의 지리적 분포에 있어 몇 가지 특징이 있다. 먼저, 조선시대 한강 유역 수운의 중심지라고 할 수 있는 경강변, 즉 마포나 용산, 성동구나 영등포구 일대에는 주로 부군당과 왕장당, 불당, 아기씨당 등이 분포되어 있다. 다음으로, 한강 유역에서 발견되는 '도당'[5]은 그 분포 지역이 조선시대 상권의 중심지와는 거리가 먼 한강 주변부 지역에 주로 분포되어 있다.

...

2 장주근은 1972년 당시 조사자료를 근거로 서울지역 공동체 의례의 특성에 대해 장주근은 다음과 같이 정리하였다(1986 : 61~62).
　① 산농어촌에 산재하는 부락제당들에 비해서 서울시내 동제당들은 그 당 건물이 훨씬 나은 편이다.
　② 경로당 노인들의 主宰性.
　③ 의례비용은 적지 않은 금액이다.
　④ 祭日은 10월이 많다.
　⑤ 당 명칭은 府君堂이 많다.
　⑥ 堂神은 역사상 偉人의 인격화가 많다.
3 당 명칭은 일반적으로 당의 종류를 나누는 기준이 된다. 그러나, 명칭이 반드시 종류와 일치하지는 않는다. 명칭은 다르지만 같은 종류의 당인 경우도 있을 수 있기 때문이다. 예를 들면, 강남구 대치동 '영산당'의 경우, 명칭은 영산당이지만 모시는 신이 '신령님'인 것으로 보아 종류는 산제당류일 것이다. 그러나 이러한 판단은 주관적인 추론을 거친 것으로 오류가 있을 수 있고 한강 유역 제당들의 명칭이 대부분 당의 종류와 일치하는 경우가 많아 여기서는 일단, 당 명칭을 기준으로 분석해 보겠다. 일람표 상에서 명칭에 대한 표기는 현판이나 기타 기록물에 명기된 명칭의 경우는 ' '(작은따옴표)안에 묶었으며 특별히 명기된 것이 없거나 소실된 경우에는 제보자들이 일반적으로 부르는 명칭을 취할 밖에 없었고 이런 경우 (　)안에 묶어 표기하였다.
4 1990년 조사(서울특별시 문화재위원회, 1990) 당시에도 부군당(19건)〉왕장당(10건)〉도당(10건)〉산제당(7건)〉불당(3건)〉기타(10건) 순으로 집계되어 부군당과 왕장당의 비율이 높게 나타났다.
5 도당이 발견되는 지역은 강남구 압구정동, 강남구 학동, 서초구 반포동, 동작구 상도1동, 영등포구 신길3동, 양천구 고척동, 양천구 염창동 등이다.

지리적 분포와는 별도로 당의 성격이나 명칭에 따라 그 존속 여부가 다르게 나타나고 있다. 즉, 부군당류와 왕장당류의 경우는 존속 비율이 높게 나타난 반면, 산제당류와 서낭당류는 거의 중단된 상태이다. 이러한 사실은 당의 명칭이나 성격이 존속 여부와 밀접한 관련성이 있다는 점을 암시하고 있다.[6]

〈표 1〉 한강유역 제당 명칭 분포 및 존속 여부

명칭	건수	존속건수	명칭	건수	존속건수
부군당류	17건	13건	서낭당류	7건	0건
왕장당류	12건	7건	불당	4건	2건
산제당류	9건	0건	아기씨당	2건	1건
도당	7건	3건	기타	11	0건
					총 70건

(2) 신격神格 분포의 특수성

한강유역에 분포되어 있는 제당에서 모시는 신神 중에 산신계통(20건)이 가장 많은 것으로 나타났다. 그 다음으로 부군신 계통(16건)이 많고 군왕신 계통(9건)도 비교적 많은 편이다.[7] 산신 계통의 신격이 많은 것은 한국 마을신앙의 일반적인 현상의 하나로 이해할 수 있으나, 부군신과 군왕신의 비중이 높게 나타난 것은 한강 유역의 특수한 현상으로 보아야 할 것이다. 이러한 현상에는 서울이 과거 조선의 도읍지로서 지녔던 사회·경제적 조건이 영향을 미쳤을 것으로 생각된다.[8]

---

6 『서울민속대관』에서도 왕장당과 부군당의 현존 비율이 높다고 하였으며 서낭당은 급격한 도시화로 거의 사라졌다고 하였다. 또한, 당의 존속과 의례와의 관계에서도 당이 존속하면 축소된 형태이나마 의례가 유지되고 있다는 점도 제시하고 있다.
7 主神의 분포 수치는 제당 명칭의 수치와 약간 차이가 있다. 그 이유는 제당의 명칭과 모시는 신격이 반드시 일치하지는 않기 때문이다. 예를 들어, 서초동의 경우 당 명칭은 '선황당'이지만 모시는 신은 삼신할머니 등이며, 동빙고동 부군당의 경우도 모시는 신은 부군신이 아닌 단군내외로 조사되었다.
8 김태곤은 서울의 동신들 중 군왕·왕비·왕녀계가 많은 이유를 王室과 관련된 지리적 상관성으로 보았고, 부군계의 경우는 조선시대에 관아를 중심으로 전승되던 것이 점차 민간화 되었다는 이능화의 견해(1991)를 하나의 원인으로 지적하고 있다(김태곤, 1990 : 665).

⟨표 2⟩ 한강유역 제당 神格 분포

산신계(자-3)	20건	서낭신계(자-4)	5건
부군신계(인-5)	16건	왕녀계(인-3)	2건
군왕신계(인-1)	9건	기타	10건
			총 70건

(3) 회화형태의 신체神體

한강 유역에 분포된 제당에는 동신洞神을 회화 형태로 봉안한 사례(D형태, 40건)가 압도적으로 많이 나타났다. 다른 지역에 비해 회화 형태의 신체가 많다는 것도 특징적일 수 있겠는데 이러한 현상은 제당 형태의 분포와 관련이 깊다. 즉, 회화 형태의 신체가 봉안될 수 있으려면 최소한 눈과 비바람을 막을 수 있는 당집이 존재해야 가능하다. 그런데, 서울의 경우 다른 지역에 비해 당집 존재의 비중(53건)이 높게 나타나고 있으며 특히, 전각류의 규모가 큰 당집(33건)도 다수 존재하고 있다. 이러한 공간적인 조건 이외에 서울 지역의 고유한 민속적 정황을 고려할 필요가 있다. 회화 형태의 신체는 대부분 무신도류로 볼 수 있는데 한강유역에는 부군당과 같이 무당이 직접 관여하여 진행되는 당굿형(39건)이 압도적으로 많다. 당굿에 참여하는 무당들은 이러한 무신도류의 신체가 봉안되는 데 결정적인 역할을 했을 것으로 보인다.

⟨표 3⟩ 한강 유역 제당 神體 분포

D형태	40건	A형태	3건
B형태	14건	C형태	1건
			총 : 70건

(A : 문자, B : 자연물, C : 조각, D : 회화)

(4) 당굿 위주의 제의祭儀

한강 유역의 공동체 의례에서도 당제형과 당굿형이 혼재되어 나타난다. 무당이 중심이 되어 행해지는 당굿에서도 실은 마을 주민들로 구성된 제관들이 행하는 유교식 의례가 당굿 전에 행해지기 마련이다. 그렇기 때문에 무당굿을 금기시하거나 금기는 아니더라도 예전부터 유교식 의례만이 고유한 형식으로 인식하고 있는 경우라야 당제형으로 분류하는 것이 의미가 있는 것이다. 한강 유역에는 이러한 당제형(21건)도 다수 나타나고 있지만 당굿형(39건)이 보다 우세하게 나타난다. 특히, 부군당에서는 예외 없이 당굿을 하는 것으로 나타났고 도당이나 불당, 아기씨당에서도 당굿을 위주로 의례가 진행된다. 반면, 산제당에서는 당굿 보다는 유교식 당제가 주로 행해지며 왕장당의 경우는 당굿을 하는 곳과 엄숙하게 당제만을 지내는 곳이 비슷한 비율로 나타난다. 이러한 결과를 다른 지역과 비교해 보면, 산제당에서 당제형이 우세한 것은 보편적인 현상으로 별 반 차이가 없다고 할 것이나 부군당에서 예외 없이 당굿이 행해지는 것은 주목할 만한 사항이다. 또한, 불당이나 아기씨당 역시 타 지역에서는 드물게 나타나는 제당 형태인데, 이들 역시 무속적 성향이 강하게 나타나고 있음을 알 수 있다.

〈표 4〉 한강 유역 제당별 祭儀 유형 분포

명칭	당굿형	당제형	미상	계
부군당류	17	0	0	17
왕장당류	6	5	1	12
산제당류	2	6	1	9
도당	5	1	1	7
서낭당류	1	1	5	7
불당	3	1	0	4
아기씨당	2	0	0	2
기타	6	4	1	11
총계	39	21	9	70

(5) 전각형태의 제당

한강 유역에 분포하고 있는 제당들은 대부분 당집을 갖추고 있으며(53건) 이 중에는 규모가 크고 기와지붕에 단청 등 격식을 갖춘 전각 형태(D+E, 36건)의 것들이 많다는 특징을 보인다. 또한, 이러한 전각 형태의 당집에는 예외 없이 회화 형태의 무신도가 봉안되어 있다.[9] 전체적으로 제당 형태에 따른 존속 비율은 50%정도로 나타난다. 그러나, 제당의 존속과 의례 전승 여부와는 밀접한 연관 관계가 있는 것으로 보인다. 즉, 제당이 소실된 경우에는 대부분 의례도 중단 또는 소멸되었으며 제당이 존속하는 경우에는 대부분 의례가 지속되고 있음을 알 수 있다. 이러한 상관성은 공동체 의례의 물적 토대와 의례와의 관련성을 드러내고 있다고 할 수 있는데, '제당이 존속하면 의례도 존속한다'라는 단순한 인과관계가 아니라 제당이라는 물적 요소가 존재할 수 있는 주변의 여러 상황과 경제적 여건, 재산권의 문제 등이 종합적으로 작용하여 의례 존속에도 영향을 미친 것으로 판단된다.

〈표 5〉 한강 유역 제당 형태 분포

제당 형태	건수	존속	소실	제당 형태	건수	존속	소실
D	33건	11	12	B'	2건	2	0
A	10건	4	6	미상	2건		
C	10건	5	5	총 계	70건	29	38
C'	7건	3	4	당집이 있는 경우(C+C'+D+E)	53건	21	22
E	3건	2	1	당집이 없는 경우(A+B+B')	14건	8	6
B	2건	2	0	神樹가 있는 경우(A+B+C+E)	25건	13	12

(A : 神樹, B : 신수+제단, B' : 제단, C : 신수+당집, C' : 당집, D : 전각, E : 전각+신수)

---

9 김태곤 역시 서울지역 동제당의 특징으로서, 타 지역에 비해 기와집과 전각 형태의 규모 있게 다듬어진 동신당들이 월등하게 많고, 이러한 동신당 안에는 대체로 神像을 모시고 있어 현저한 차이를 보인다고 하였다(1990 : 665).

(6) 변화 추세

변화 추세는 과거에 비해 그 규모가 어떻게 변하였는가를 말하는 것으로 그 기준이 애매하기는 하나 일단, 무속식 당굿이 중단되고 유교식 제사만 남아있는 경우는 명백히 축소된 유형으로 볼 수가 있다. 반면, 예전과 마찬가지로 당굿과 당제가 여전히 지켜지는 경우는 지속되는 유형으로 볼 수가 있다. 그리고 지속되는 유형 중에서도 지역 축제화 되거나 아니면 지역 행사로서 대대적으로 행해지는 경우는 확대된 유형으로 볼 수 있다. 이러한 기준으로 볼 때, 전체 70건 중에서 축소된 경우는 16건, 지속되는 경우는 10건, 확대된 경우는 3건, 그리고 아예 소멸된 경우는 41건으로 나타났다.

〈표 6〉 한강 유역 마을 공동체 의례 변화 추세 분포

축소	16건	확대	3건
지속	10건	소멸(추정)	41건
			총 70건

2) 부군당의 분포와 의례 현황

(1) 부군당의 지리적 분포

서울 지역에서 부군당이 집중되어 있는 곳이 바로 한강 유역이다. 따라서 서울 지역 부군당의 지역적 범위를 한강 유역으로 한정하여도 크게 어긋나지는 않을 것이다.[10] 〈그림 1〉은 한강 유역 부군당 1차 내상을 지도에 표시한 것이다. 여기서 나타난 지리적 분포를 통해 알 수 있는 분포 상의 몇 가지 특징이 있다. 첫 번째는 전술한 바와 같이 강변에 인접하여 분포하고 있으며 강남보다는 강북에 집중되어 있다는 점이다. 두 번째는 부군당들이 주로 한강을 가로지르는 대교와 이와 연결된 대로를 중

---

10 서울 지역에서 한강 유역 이외에 종로구에 명륜동 부군당이라든지 동대문구에 전농동 부군당 등이 있다(서울특별시 문화재위원회, 1990)고는 하나 2건에 불과한 예이므로 이와 같이 단정해도 크게 무리는 아닐 것이다.

심으로 분포하고 있다는 점이다. 영동대교와 성수동 부군당, 성수대교와 응봉동 부군당, 동호대교와 금호동·옥수동 부군당, 한남대교와 한남1동 큰한강·작은한강 부군당, 반포대교와 동빙고동·서빙고동·이태원동 부군당, 원효대교와 산천동 부군당, 마포대교와 청암동·도화동·신길2동 부군당, 서강대교와 당산1동·영등포3동·창전동 부군당 등이 바로 그러한 사례가 된다.

이러한 현상은 한강의 다리들이 예전에 주로 도성으로 들어가는 대로와 이를 연결하는 나루터에 건설되었다는 점을 감안하면 부군당의 입지가 교통이나 상권 등의 요소와 밀접한 연관이 있을 것이라는 점을 강하게 시사하고 있다. 이러한 추측은 첫 번째 특징 중에 부군당이 강북에 집중되어 있다는 점을 설명하는 데도 유효한데, 이 역시 조선시대에는 강남보다는 강북 쪽의 상권이 더 강성했다는 사실과도 관련이 있을 것이다(고동환, 1998 : 217~218). 세 번째로 현재 한강 유역에 분포한 대부분의 부군당들은 위치가 바뀌지 않은 경우는 거의 없으며 두세 차례의 이전 경험을 가지고 있다는 점이다. 즉, 부군당이 있었던 원래 위치는 대부분 평지보다는 언덕이나 산자락 등 한강이 한눈에 내려다보이는 비교적 높은 곳에 있었으나 차츰 한강 유역이 개발되면서 수차례 이전을 하게 되었고, 따라서 부군당의 지리적 환경 역시 바뀌었다는 점을 유의해야 할 것이다.

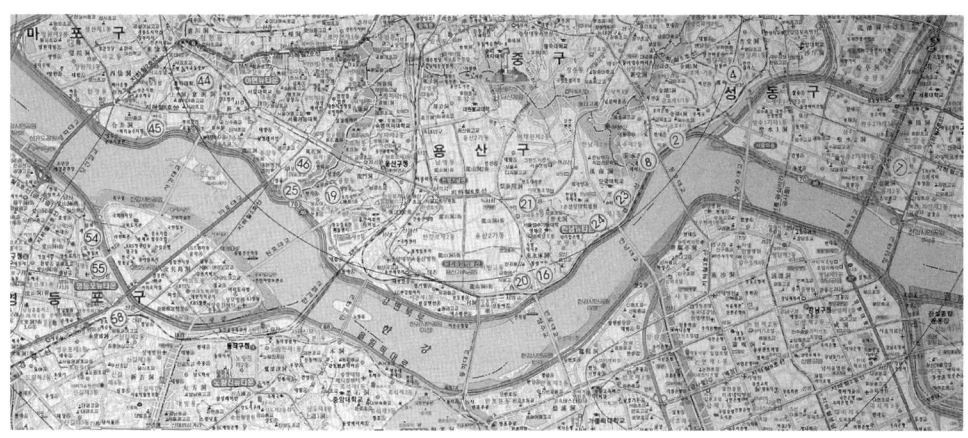

〈그림 1〉 한강 유역 부군당 분포도 (1차 선정 대상)

현재 부군당의 지리적 환경은 상당히 열악한 편이다. 강변에 늘어선 아파트 단지로 인해 전망이 차단되었을 뿐만 아니라 지역이 개발되면서 들어선 주택단지나 아파트 단지에 부군당이 홀로 고립되어 있는 형상이다. 이렇게 변화된 지리적 환경은 부군당 의례의 전승과 변모에 중요한 변수로 작용하고 있다.

〈표 7〉 한강 유역 부군당의 위치 변화 및 지리적 환경

지역번호	현재 위치	원 위치 및 지리적 환경
2	성동구 금호4가 412번지	무쇠막 나루터, 가파르고 기복이 심한 지형
4	성동구 응봉동	소실
7	성동구 성수동	소실
8	성동구 옥수동 241 삼성아파트 内	동호독서당 터(숙종대)에서 이전
16	용산구 동빙고동 62번지	동빙고 소재, 정미소 등 곡물도정업체와 객주 여각 등 밀집(일제)
19	용산구 산천동	산천동 173번지에서 이전
20	용산구 서빙고동 200-2	미8군 사령부 앞 둔지산 자락에서 이전
21	용산구 이태원1동 192번지	하얏트호텔 근처 외인주택 삼거리에서 이전
23	용산구 한남1동 385-5	매봉산자락 끝, 한남도(漢南渡, 구한말) 소재, 면사무소(일제) 소재
24	용산구 한남1동 577	현 한광교회자리에서 이전
25	용산구 청암동 169	용두형 지형, 별영창 근처(조선시대), 경치가 뛰어난 곳으로 유명했음.
44	마포구 창전동 28번지	밤섬
45	마포구 당인동 15-3	높은 산→당인리발전소 내 야산에서 이전
46	마포구 도화동	소실
54	영등포구 당산1동 110-71	당산동1가 85번지에서 이전
55	영등포구 영등포3동 7가 156-1	수원-여의도샛강-마포 등지로 가는 고갯마루에 위치
58	영등포구 신길2동 37	수려한 한강어귀의 경치로 유명함(방학동이라고도 함)

(2) 부군당 의례의 현황

한강 유역에 분포한 부군당의 일반적인 현황을 살펴보면, 먼저 명칭에 있어서는 거의 '부군당'이 압도적으로 많다. '부근당'이나 '부군묘' 등으로 불리는 경우도 있지만 이러한 경우는 '부군당'이란 명칭에서 파생된 것으로 보아도 무리가 없을 것이다. 부

군당에서 모시는 주신主神 역시 부군님이 많은데 부인과 함께 모셔진 경우가 대부분이다. 이러한 부군님을 형상하는 것으로 무신도의 형태가 일반적이다. 이러한 부군당의 의례적 형식은 단연 당굿 형식이 위주가 된다. 그러나 현재 재정상의 문제로 인해 당굿 형식이 생략되고 유교식 의례 형태로만 진행하는 경우가 점점 늘고 있는 실정이다. 부군당 의례가 실행되는 일시는 대부분 음력 10월 초나 정월 초가 많은데 정월보다는 음력 10월이 더 많은 편이다.[11]

제당의 형태를 살펴보면 대부분 맞배지붕에 기와를 얹고 단청 등을 하고 있어 전각殿閣과 같은 형태를 띠며 부속건물과 마당 등이 딸려 있는 경우도 다수 있어 다른 지역에 비해 규모가 큰 편이다. 부군당 의례의 전승 주체는 대부분 보존회와 같은 단체가 되는데 구체적인 단체가 없다고 하더라도 향우회나 노인회 등의 자치 조직에서 부군당 의례를 주관하고 있으며 시청이나 구청과 같은 관에서는 이들에게 매년 행사 지원금을 지급하는 형식으로 이들을 후원하고 있다. 지역에 따라서는 부군당이나 그 의례가 문화재로 지정된 경우도 있으며 지정을 받지 못한 지역에서도 이러한 문화재 지정을 점차 요구하고 있는 실정이다. 이러한 전반적인 상황을 정리하면 (부록 1:1 〈표 2〉)과 같다.

3) 부군당 문화권의 변화

(1) 부군당 문화권의 설정

전술한 바와 같이 서울 한강 유역 부군당 의례의 1차 연구 대상을 선정할 당시 기준은 부군당임을 알 수 있는 객관적인 근거의 유무이다. 즉, 편액이나 현판, 축문이나 기타 기록물, 혹은 주재 집단의 조직 명칭 등에 '부군당'이 명시되어 있는 경우만 1차 대상으로 선정하였다. 그러나 이러한 객관적 근거가 없다 하더라도 부군당의 특징과

---

[11] 부군당의 의례 일시에 따라 그 계통이나 유형을 구분할 수 있는 근거가 될 수도 있을 것이다. 박흥주(2006)는 한남동, 밤섬, 이태원, 동빙고동, 보광동, 문지미무후묘, 신기리 도당 등 대표적인 부군당의 치성일이 정월이라는 점을 들어 서해안 지역 특히, 나주금성 지역과의 관련성을 논한 바 있다.

내용을 지니고 있다면 이도 부군당의 영역으로 묶을 수 있다는 점을 사전에 밝힌 바 있다. 따라서 부군당 의례의 구조적 특징에 대한 검토를 통해 부군당의 특징과 내용이 일정 정도 밝혀진 현 시점에서는 이를 근거로 2차 연구 대상을 선정하여 1차와 2차 연구 대상 지역을 묶어서 '부군당 문화권'이라 이름 짓고자 한다. 이때에는 서울 한강 유역뿐만 아니라 부군당과의 연관성이 밝혀졌거나 추정되는 모든 지역을 망라하여 설정하는 것이 타당하리라 생각된다. 즉, 조선 시대에는 서울 한강 유역뿐만 아니라 평안도, 황해도, 경상도, 전라도, 강원도까지 부군당이 설립되었으며 현재에도 강화도나 임진강 유역에도 부군당이 존재하고 있다. 따라서 이들을 포괄하여 2차 연구 대상으로 선정하고 부군당 문화의 영역과 그 전파 경로를 추적해 보고자 하는 것이다. 먼저, 서울 한강 유역에서부터 부군당 의례의 특징과 내용을 기준으로 그 범위를 확대해 볼 수 있을 것이다. 즉, 부군당임을 구체적으로 증명하는 객관적인 근거는 없으나 고귀한 신분의 인격신(유사 신격)을 주신으로 모시고 있거나 지역민들에게 '부군당'으로 호칭되는 경우(제당 호칭)이면서 당굿이 위주가 되어 의례가 진행되는 경우에 2차 대상 지역으로 선정하였다. 이렇게 선정된 지역은 다음과 같다.[12]

성동구 사근동 남이장군사당
성동구 행당동 아기씨당
성동구 왕십리 애기씨당(소멸)
용산구 보광동 명화전
용산구 보광동 무후묘
용산구 용문동 남이장군사당
용산구 주성동 부군당(소멸)
동작구 노량진1동 부군당(소멸)
동작구 흑석1동 부군당(소멸)

행당리(동) 부군당 ⓒ 국립민속박물관

...
12 추가 선정을 위해 필요한 구체적인 자료는 서울민속대관(서울특별시 문화재위원회, 1990)을 참조하였다.

마포구 창전동 공민왕사당

마포구 도화동 덕대우물성황당(소멸)

마포구 현석동 대동당(소멸)

마포구 대흥동 불당(광진당, 소멸)

마포구 신정동 대동당(소멸)

마포구 신수동 복개당(소멸)

마포구 망원동 금성당(소멸)

다음으로, 지금까지 조사된 자료들을 참조하여 서울 한강 유역 이외에 부군당으로 간주할 수 있는 지역을 선정하면 다음과 같다.

서울특별시 종로구 명륜동 부군당(소멸, 서울특별시 문화재위원회, 1990 : 88~89)

서울특별시 동대문구 전농동 부강전(서울특별시 문화재위원회, 1990 : 144~158)

서울특별시 송파구 잠실동 부군당(소인교, 2003)

경기도 김포시 월곶면 성동리 부군당(김태곤, 1983 : 85)

경기도 연천군 중면 삼곶리(경기도박물관, 2001 : 424~425)

경기도 연천군 군남면 선곡리 (경기도박물관, 2001 : 425)

경기도 연천군 장남면 고랑포리(경기도박물관, 2001 : 429)

인천광역시 강화군 강화읍 갑곶리 부군당(김태곤, 1983 : 85)

인천광역시 강화군 선원면 창리 부군당(김태곤, 1983 : 82)

인천광역시 강화군 교동면 읍내리 부군당(현지 조사)

인천광역시 강화군 교동면 말탄마을 금성당(강화군 군사편찬위원회, 2003 : 690~691)

인천광역시 강화군 길상면 동검도 큰마을 금성당(강화군 군사편찬위원회, 2003 : 690~691)

인천광역시 강화군 화도면 내리 후포마을 금성당(강화군 군사편찬위원회, 2003 : 690~691)

다음으로, 조선시대 당시 기록에 근거하여 선정된 지역은 다음과 같다.

서울 도성 각사

평안도 영유현(읍치는 현 평안남도 평원군 삼봉리일대)

황해도 서흥부(읍치는 현 황해북도 서흥군의 화곡리 일대)

황해도 신천군(읍치는 현 황해남도 신천군 신천읍 일대)

경상도 안의현(읍치는 현 경상남도 함양군 안의면 금천리 일대)

전라도 영암군(읍치는 현 전라남도 영암군 영암읍 교동리, 남풍리 일대)

강원도 원주목(현 강원도 원주시내와 주변에 해당)

이를 종합하여 도표화하면 〈표 8〉과 같다. 추가 선정 과정에서 발견된 특이할 만한 사항으로 먼저, 임진강을 끼고 있는 연천군 일대에 부군당 문화가 발견되고 있음을 지적할 수 있다. 연천군 중면 삼곶리와 군남면 선곡리에서는 일제강점기까지 부군굿을 행했다고 한다. 부군당과 같은 제당이 있었던 것은 아니었고 공터나 신목 밑에서 부군굿을 했으며 그 시기는 음력 10월경이었다. 장남면 고랑포리에서는 제당이 있었는데 이를 부군당이라 불렀으며 여기서 하던 굿은 '고창굿'이라 하였다. 고창굿은 주로 배를 부리던 선주들이 중심이 되었으며 10여 명의 무당에 의해 거의 한달 간 지속되었던 대규모 굿이었다고 한다. 광복 후에도 한두 번 굿을 했으나 한국전쟁 후에는 중단되었다고 한다.

〈표 8〉 부군당 2차 대상 지역 및 선정 근거

<2차 대상 지역>

	일련번호	지역	제당명	신징 근거
서울특별시	1	성동구 사근동	남이장군사당	유사 신격
	2	성동구 행당동	아기씨당	유사 신격, 당굿 위주
	3	성동구 왕십리	애기씨당(소멸)	상동
	4	용산구 보광동	명화전	상동(김유신)
	5	용산구 보광동	무후묘	상동(제갈공명)
	6	용산구 용문동	남이장군사당	상동
	7	용산구 주성동	부군당(소멸)	제당 호칭, 유사 신격(김유신)

	8	동작구 노량진1동	부군당(소멸)	제당 호칭
	9	동작구 흑석1동	부군당(소멸)	제당 호칭
	10	마포구 창전동	공민왕사당	유사 신격
	11	마포구 도화동	덕대우물성황당(소멸)	유사 신격(부군님), 당굿 위주
	12	마포구 현석동	대동당(소멸)	유사 신격(이성계)
	13	마포구 대흥동	불당(광진당, 소멸)	유사 신격(최영장군), 당굿 위주
	14	마포구 신정동	대동당(소멸)	유사 신격(뒤주대왕), 당굿 위주
	15	마포구 신수동	복개당(소멸)	유사 신격(세조대왕)
	16	마포구 망원동	금성당(소멸)	유사 신격(금성왕), 당굿 위주
	17	종로구 명륜동	부군당(소멸)	유사 신격(공민왕 내외)
	18	동대문구 전농동	부강전	유사 신격(조반선생 내외), 당굿 위주
경기도	1	김포시 월관면 성동리	부군당	제당 호칭
	2	연천군 중면 삼곶리	없음	부군굿
	3	연천군 군남면 선곡리	부군나무	유사 신격(부군), 부군굿
	4	연천군 장남면 고랑포리	부군당	제당 호칭, 당굿 위주
인천광역시	1	강화군 강화읍 갑곶리	부군당	제당 호칭
	2	강화군 선원면 창리	부군당	상동
	3	강화군 강화읍 교동면 읍내리	부군당	상동
	4	강화군 강화읍 교동면 말탄마을	금성당	유사 신격(금성왕)
	5	강화군 길상면 동검도 큰마을	금성당	상동
	6	강화군 화도면 내리 후포마을	금성당	상동
평안도	1	영유현(평안남도 평원군 삼봉리 일대)	신당	관아 내 신당
황해도	1	서흥부(황해북도 서흥군 화곡리 일대)	신당	마을 동북쪽 신당
	2	신천군(황해남도 신천군 신천읍 일대)	신당	관아 내 신당
경상도	1	안의현(경상남도 함양군 안의면 금천리 일대)	현사(縣司)	유사 신격(곽후), 관아 내 신당
전라도	1	영암군(전라남도 영암군 영암읍 교동리·남풍리 일대)	부군당	명칭
강원도	1	원주목(원주시내와 주변 일대)	부군당	명칭

다음으로 강화도 지역에서 발견되는 부군당 문화를 주목해 볼 수 있겠다. 강화도에서는 부군당뿐만 아니라 금성대왕을 모시는 금성당도 다수 발견되는데 금성당 역시 부군당과 관련이 깊다는 것을 감안할 때 이 역시 부군당 문화의 한 형태로 간주할 수 있을 것이다. 특히, 강화도 읍내리 부군당에서는 모형 남근이 봉안되어 있어 서울 지역의 신길2동과 함께 부군당 내 모형남근 봉안 풍속이 전승되고 있는 곳이기도 한다.

〈그림 2〉 부군당의 분포와 부군당 문화권
A:평안도 영유현 B:황해도 신천군(좌)·서흥부(우) C:한강 유역 D:강원도 원주목 E:경상도 안의현 F:전라도 영암군

이와 같이 선정된 1차와 2차 대상 지역을 묶어 보면 '부군당 문화권'이 결정된다. 여기서 문헌에 기록된 조선시대 부군당은 주로 관아에 설치된 것으로 그 지역 전반까지 그 영향이 미쳤을지는 알 수가 없다. 따라서 이 경우에는 관아 주변에 국한된 것으로 그 범위를 제한하기로 한다. 이를 그림으로 표시하면 〈그림 2〉와 같다.

(2) 부군당 문화권의 의미와 변화

부군당 분포도를 통해 알 수 있는 사실은 부군당 문화가 한강 유역뿐만 아니라 여타 지역에도 분포되어 있었음을 알 수가 있으며 주로 서울 한강 유역과 강화도를 포함한 한강 하류 해안지역, 그리고 그 흐름이 임진강을 따라 올라가고 있음을 알 수가 있다. 즉, 부군당 문화는 한강 이외의 지역에도 존재하고 있었으며 한강-서해안(강화)-임진강으로 이어지는 해상교통로 주변에 집중되어 있었던 것으로 요약해 볼 수 있겠다.

먼저, 부군당 문화의 지리적 분포에 관해 살펴보자. 분포에 있어서는 전 한반도에 걸쳐 있기는 하지만 실상 그 범위는 극히 제한적임을 전제해 둘 필요가 있겠다. 즉, 서울 한강 유역과 강화도나 임진강 유역을 제외한 지역은 대부분 조선시대 문헌을 통해 설정된 것인데 이때의 부군당은 민간화 된 제당이라기보다는 관아에 속해 있거나 관에 의해 건립된 것이라고 할 수 있다. 따라서 이러한 경우는 부군당 건립의 확산이라는 측면에서 지리적인 의미는 있으나 부군당 문화의 전파나 확산이라는 측면에서는 제한적으로 받아들일 수밖에 없는 것이다. 결국, 부군당 문화는 서울 한강 유역을 중심으로 확산·전파되어 각 관아를 중심으로 전 한반도에 걸쳐 부군당이 건립되기에 이르렀으나 그 신앙과 문화적 영향력은 중심부에서 멀어질수록 점차 약화되어 그 말단 지역에서 토착화되는 데는 실패했던 것으로 보인다.

다음으로, 부군당 문화가 한강-서해안(강화)-임진강으로 이어지는 해상 교통로 주변에 집중되어 있는 것에 대하여 살펴보자. 우선, 한강-강화-임진강의 루트는 개성과 한성을 잇는 해상 운송로임을 상기할 필요가 있다. 개성은 고려시대 이래로 서울과 평양을 잇는 우리나라에서 가장 중요한 상품 유통로의 중간에 위치하였으므로 일찍이 상품유통의 거점으로 성장하였으며 조선시대에는 관서미關西米를 평양에서 개성까지는 육로로, 개성에서 서울까지는 배로 운송하였다(고동환, 1998 : 78). 이 때 이용되었던 해로가 바로 임진강 지류를 시작으로 서해안을 거쳐 한강을 통해 한양으로 들어오는 뱃길이다. 그렇다면 부군당 문화가 이러한 개성과 한양을 연결하는 해상 루트를 통해 확산·전파된 것이라는 추정도 가능하다.[13] 또한, 부군당 문화가 서해안 해상 루트 상에 존재하는 것으로 보아 그 전파의 주체는 개성과 서울을 오가며 상업과 해운에 종사했던 세력과도 관련이 있을 것이다. 추후 이들 해양 세력들에 의해 형성되었던 문화에 대해서는 면밀한 검토가 있어야 할 것이며 이를 통해 부군당 문화의 전파에 관련해서도 보다 객관적인 근거를 마련할 수 있을 것으로 생각된다.

---

13 박흥주는 여말 선초 나주지역을 근거지로 한 서해안 해상 세력에 의해 부군당 문화가 전파된 것이라고 주장한 바 있다(박흥주, 2006 : 131~135).

마지막으로, 분포도에서도 볼 수 있듯이 몇몇 고립적으로 존재하는 지역들에 대한 해석이 문제이다. 즉, 부군당 문화가 이들 지역에서 특별히 발견되는 이유가 따로 있는 것인가 아니면 전국 관아에 부군당 문화가 전파되었으나 기록상에 남아 있는 지역이 이들 뿐인 것인가 하는 점이 의문이다. 그런데 이들 지역의 특징을 살펴보면 먼저, 평안도 영유현[14]은 평안도 지역 해안 교통로 상에 위치하고 있음이 주목된다.[15] 황해도 서흥부는 부의 북쪽에 성황사가 있으며 부연용사釜淵龍祠에는 봄가을로 본 읍에서 제사를 드리는데 비가 오지 않으면 무녀들이 춤을 춘다고 했다. 이외에도 서도신사鼠島神祠가 있는데 부의 사람들이 평상시뿐만 아니라 가물 때에도 제사를 지냈다.[16] 황해도 신천군은 북쪽에 진산인 화산花山이 있으며 남쪽으로 누교천이 흐르는데 부정천과 합류하여 고을 동쪽에 이르러 우산포가 된다. 우산포는 소우산 아래에 있는데 바다로 통해 있다. 고을 서쪽에 사직단과 성황사가 있으며 북쪽에는 여단이 있다.[17] 경상도 안의현[18]은 연암 박지원이 1793년경에 현감으로 부임한 적이 있으며 현사縣司에서 곽후(곽준)를 모시고 제사지내는 것을 보고 무당들이 푸닥거리하는 부군당과는 다르다[19]고 했던 지역이기도 하다. 그러나 비록 유교식으로 의례를 지내고는 있으나 관아 내에 신당을 차려 놓은 것이나 그 주체가 서리와 노복들인 것을 보아 당시 부군당의 한 형태였을 것으로 추정된다. 전라도 영암군[20] 역시 조선시대 전라도 지역 해안 교통로

...

14 사면이 산으로 둘러싸여 있으나 서쪽은 滄海에 연해 있다. 현의 동쪽에 진산인 米豆山이 있으며 포구로는 현의 서쪽에 사군교포, 남쪽에는 관교포가 있다. 미두산 봉진사 남쪽에 고려대조 영전이 있어서 안에 태조의 영정을 봉안했고 동서쪽 벽에는 37공신과 12장군의 상을 그려 매양 제삿날과 명절이면 등에 불을 켜고 지방의 수관이 제사를 지냈다고 한다(신증동국여지승람 제52권, 영유현조).
15 조선시대 평안도 지역 海沿路의 경로를 보면, 의주 - 용천 - 철산 - 선천 - 관산 - 구성 - 정주 - 가산 - 박천 - 안천 - 숙천 - 영유 - 순안 - 평양 - 증산 - 함종 - 용강 - 삼화로 이어진다(고동환, 1998 : 143).
16 세종 6년에 도호부가 되었던 곳으로 북쪽에 부의 진산인 대현산이 있으며 서쪽에는 평양에서 서울로 통하는 옛길인 자비령이 있다(신증동국여지승람 제41권 서흥도호부조).
17 『신증동국여지승람』 제42권 신천군조.
18 1767년까지 안음현으로 불리다 안의현으로 개칭되었다. 현의 서쪽에는 진산인 城山이 있으며 동쪽에 東川이 흐르고 남쪽에서 함양군 南溪가 된다. 현 서쪽에 사직단과 성황사가 있으며 북쪽에 여단이 있다(『신증동국여지승람』 제31권 안음현조).
19 『연암집』, 안의현 현사에서 곽후를 제사한 기(記).
20 남쪽에 월출산이 있고 서쪽으로는 바다와 접해 있다. 군 북쪽에 덕진포가 있어 바다로 들어간다. 예로부터 "농업에 전적으로 힘쓰매 부지런하고 검소하며 꾸밈이 없다"고 하는 풍속이 있다. 군의 서쪽에 사직단이 있으며 남쪽에는

상에 위치하고 있었음을 알 수 있다.[21] 강원도 원주목은 동쪽에 치악산이 있으며 서쪽에는 섬강이 있어 섬강 북쪽 언덕에 흥원창을 두었다. 이 외에 주천창과 별창이 있었으며 읍내에는 사창, 영창, 둔창, 군기고, 영고, 보영고, 군수고 등이 있었다. 주의 서쪽에는 사직단이 있고 남쪽에는 성황사가 있다. 또한 치악산 산정에는 치악산사雉岳山祠가 있는데 세상에서는 보문당普門堂이라고 하며 봄가을로 치제한다.[22] 결국 원주목도 한강수로의 중요한 거점 중 하나임을 알 수 있다.

이들 지역의 특징 중에서 황해도 서흥부와 경상도 안의현을 제외하고는 모두 서해안 해상 교통로나 한강 수로 상에 위치하고 있다는 것을 우연의 일치로 보기는 어려울 듯하다. 즉, 이는 전술한 한강-강화-임진강의 루트 상에 존재했던 부군당 문화권을 서해안과 한강 유역 전체로 확장될 수 있는 여지를 시사하고 있기 때문이다.[23] 이처럼 조선시대에는 부군당 문화가 전국적으로 확산되면서 폭 넓은 분포를 보였던 것으로 판단된다. 그러나 현재는 서울 한강 유역과 강화·임진강 일원에서만 그 전승을 확인할 수 있다. 그런데, 전승되고 있는 부군당 의례는 지역 공동체 의례의 형태이다. 즉, 서울 각사나 지방 관아 등 관 주도의 부군당과 그 의례는 대부분 소멸되었으나 지역민들에게 이양되었거나 지역민들이 건립한 부군당과 그 의례는 현재까지 지속되어 있다. 결국 부군당 문화권의 변화와 축소는 부군당의 민간화 양상과 지역민들의 수용

성황사가 있다. 월출산에는 월출산신사가 있어 본 읍에서 제사를 지낸다(『신증동국여지승람』 제35권 영암군조).
21 조선시대 전라도 지역 해안 교통로를 살펴보면, 광양-순천-낙안-홍양-보성-장흥-강진-영암-해남-진도-영암-무안-나주-함평-영광-무장으로 이어진다(고동환, 1998 : 143).
22 흥원창은 본주와 평창, 영월, 정선, 횡성 등 고을 田稅와 세곡을 수납하였던 곳이다. 흥원창에 수납된 세곡은 조운으로 서울로 가져가게 된다(『신증동국여지승람』 제46권 원주조).
23 이러한 추정이 사실로 입증된다면 부군당 문화는 단순히 서울 한강 유역에서만 존재했던 국지적인 문화 현상이 아니라 서울 경강 유역을 기점으로 하여 한강과 서해안을 매개로 전체 한반도에 확산되었던 거대한 문화적 흐름이었다는 것이 밝혀지는 셈이다. 이러한 추정은 단지 부군당의 지역적 분포나 몇몇 문헌 기록에 의지하고만 있지 않다. 조선시대 경강지역을 중심으로 형성되었던 문화적 '힘'은 막대한 자본력과 광범위하고 역동적인 조직, 그리고 지방에 비해 상대적으로 '중앙 문화'라는 상징성을 기반으로 하고 있었기에 그 문화적 전파력은 실로 대단했던 것이다. 일례로, 조선 후기 사상도고를 위시한 시민의 경제적 활동이 왕성해지고 도시탈춤·사설시조·잡가·판소리·상품화된 소설 등을 통해서 시민문학이 뚜렷한 모습을 드러내게 되는데(조동일, 1994 : 182) 이 과정에서 경강 지역의 상업적 발전은 그 견인차 역할을 했다고 볼 수 있다. 부군당 문화 역시 이러한 조선 후기 문화적 경향에 힘입어 전국 각지로 확산되기에 이르렀던 것으로 보인다.

여부와 깊은 연관이 있음을 알 수 있다.

2. 의례의 토대 확립과 지속

의례가 성립되고 지속되기 위해서는 의례 주체와 같은 인적 요소, 비용이나 제당과 같은 물적 요소, 소유권이나 문화재 지정과 같은 제도적 요소, 의례 자체의 내용을 담고 있는 내적 요소 등이 마련되어야 한다. 이는 의례의 토대가 되며 이러한 토대가 확보되지 않으면 의례는 성립될 수가 없다. 또한 토대 중 어느 한 쪽이 약화되기 시작하면 이를 보강하기 위한 조치들이 강구된다. 이는 의례의 변화를 가져오는 원인이 되기도 한다. 즉, 토대의 특성과 변화를 살피는 것은 의례의 지속하기 위한 주체들의 행동 양식을 이해하는 방법이기도 하다. 여기서는 부군당 의례를 지탱하고 있는 토대를 몇몇 구성 요소로 구분하고 그 변화를 살펴보도록 하겠다.

1) 구성 요소의 특징

(1) 인적 요소
① 주재 집단

의례의 주재 집단은 지역 사회의 인적 구성과 조직 등 제 요소와 밀접하게 관련을 가지고 형성되며 이들의 변화에 따라 역시적인 변모를 겪게 된다. 여기서 주재 집단이라 함은, 특정 의례가 실행되고 전승되는데 필요한 인적 풀pool로서 여기에는 다시 제관과 같이 실제 의례를 집행하는 주제자主祭者 집단, 보존위원과 같이 안건을 처리하고 제관 등을 선출하는 의결자議決者 집단, 의례 집행에 전면적으로 나서지는 않지만 주제자와 의결자들을 도와 실무적인 일과 온갖 잡무를 처리하는 비교적 젊은 축에 속하는 후계자後繼者 집단 등이 이에 속한다. 무엇보다 이러한 주재 집단에 대한 고찰은 지역의 사회경제적 변화에 대하여 지역민들은 어떻게 대응하고 변모해 나갔는가를 살퍼보는 데 긴요한 단서를 제공한다는 점에서 중요하다. 한 지역의 주재 집단은 고정되어 있는 것이 아니고 시대와 상황에 따라 변해 왔으며 한강 유역 역시 예외는 아니다. 여기서는 현재의 모습을 위주로 주재 집단의 구성과 특징을 살펴보도록 하겠다.

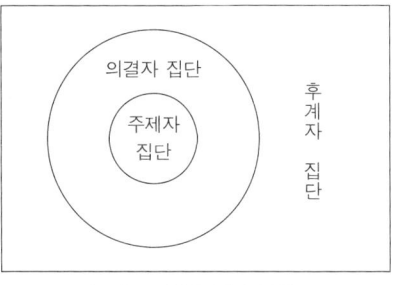

〈그림 3〉 주재 집단 구성도

가. 주제자主祭者 집단

주제자 집단이란 의례가 행해질 때 의례를 집행하고 관장하는 집단을 말하며 현지 주민들로 구성되는 경우가 많고 이들을 흔히 '제관祭官'이라 한다.[24] 제관들은 의결자 집단 내에서 선출되는 경우가 일반적이며 초헌관, 아헌관, 종헌관과 축관 등으로 구성된다. 제관의 선출 방식을 유형별로 보면 ① 선출형 ② 윤임輪任형 ③ 종신형 ④ 고정형 등으로 나눌 수 있다.[25] 먼저, 선출형은 주민들 중에서 별다른 결함이 없으며 소위 '생기복덕'이 제일祭日에 잘 맞는 이를 제관으로 선발하는 방식으로 대부분의 마을 의례에서 이러한 방식을 따르고 있다. 다음으로 윤임형은 의결자 집단 내에서 해마다 돌아가면서 제관을 맡는 경우이다. 다음으로 종신형은 한번 제관에 선출되면 사망 시까지 그 직을 맡는 것으로, 그를 보통 '당주'라고 한다. 종신형을 다시 세분하면 당주직을 집단 내에서 선출하는 방식과 가계를 통해 전승되는 세습하는 방식으로 나누어 볼 수 있다. 한강 유역에서는 당산동이 '선출식 종신형'에 해당하고 당인동이 '세습식 종신형'에 해당하는 경우이다. 마지막으로 고정형은 제관들을 따로 선출하지 않고 제관을 맡을 이가 고정되어 있는 경우인데, 보통 그 지역의 사회적 직책에 따라 정해진다. 예를 들어 초헌관은 노인회 회장, 아헌관은 동장, 종헌관은 보존회 회장, 축관은

...

24 이들의 존재는 유교식 의례로 진행되는 경우에 명확히 드러나는데, 비록 유교식 의례 절차가 없고 무당에 의해 바로 당굿이 진행되는 경우라 하더라도 헌작이나 치성 등의 행위로 주민 주체들이 참여하는 것을 볼 수 있다.
25 기존 연구에서는 제관 선정 방법을 협의 선정, 강신 선정, 윤번 선정, 장순 선정 등으로 나눈 바 있다(이은창, 1971).

보존회 의전위원이 맡는 식이다(용산구 청암동 사례).

주제자 집단의 선출 범위는 의결자 집단인 경우가 대부분이지만 요즈음에는 고정형의 경우처럼 사회적 직책을 고려하여 외부에서 영입하는 경우가 늘고 있다. 특히, 지역 문화재로 선정된 경우나 지역 축제의 일환으로 의례가 행해지는 경우에는 구청장이나 동장과 같은 지역행정수반이나 국회의원, 구의원과 같은 해당 지역정치인 등이 삼제관三祭官 중에 한 명으로 참여하는 경우가 많다. 한강 유역 부군당 의례에서는 의결자 집단 내에서 제관을 선출하는 것이 가장 보편적인 방식이다.

나. 의결자 집단

의결자 집단은 주로 의례 일시나 예산을 결정하고 제관을 선출하는 등 의례 전반에 관한 주요 사항을 의결하는 회의체를 말한다. 이러한 의결자 집단은 외부적으로는 '○○동 부군당 치성위원회', '○○동 부군당 보존위원회', '○○동 부군당 (정화)관리위원회' 등으로 표현된다.[26] 의결자 집단의 구성원은 대부분 2~3대 이상을 그 지역에서 살아온 토박이들이며 60대 이상인 원로들로 구성된다. 이들은 부군당 의례를 오랫동안 주관하면서 지역민들로 하여금 사제자로서 역할을 인정받고 있을 뿐만 아니라 의례와 관련된 지식을 체득하고 있어서 의례 전승자로서의 지위도 지니고 있다고 할 것이다. 또한 의결자 집단은 해마다 제관을 배출하는 인적 풀pool의 기능을 담당하고 있다.[27] 의결자 집단의 조직은 임원과 평회원으로 구성되는데, 임원은 회장이나 위원장, 총무나 서기 등이 있으며, 평회원은 지역에 따라 '소임'·'화주'·위원 등으로 불린다. 한강 유역에서는 대부분 이러한 의결자 집단이 구성되어 있으며 이들에 의해

---

[26] 19세기 및 20세기 초까지는 마을의 노인들 중심으로 계(稧)를 조직해서 부군당의 치성을 주관했던 것으로 보인다(서울특별시 문화재위원회, 1990 : 101)
[27] 제관을 선출할 때는 후보자들의 '생기복덕' 뿐만 아니라 부정한 사건의 유무 등도 종합적으로 검토하게 된다. 일단, 사전 검토에서 통과되어 선출된 제관들은 여러 가지 까다로운 금기 사항을 위반하지 않아야 하는데, 이를 어길 시에는 다른 제관으로 교체된다. 사정이 이렇다 보니 제관 후보자들이 충분하게 확보되어 있지 않으면 자칫 제관이 부족한 사태가 생길 수도 있다. 따라서, 의례 주체들은 이러한 일이 생기지 않게 하기 위해서 평소에 의결자 집단을 넉넉하게 구성하여 안정적인 전승 상태를 유지하고자 하는 것이다.

부군당 의례가 꾸준히 유지되고 있다. 의결자 집단이 없는 지역은 이미 의례가 중단되었거나 개인에 의해 근근이 명맥만을 유지하고 있는 실정이다. 따라서, 한강 유역의 사례를 통해서도 의결자 집단의 구성 유무가 의례 전승에 절대적인 영향을 미친다는 사실을 다시 한 번 확인하게 된다.

다. 후계자 집단

후계자 집단은 이후 의결자 집단 구성원들의 뒤를 이어 의례를 주관하게 될 전승 주체들을 말한다. 이들은 비교적 젊은 층으로 구성되며 의결자 집단을 도와 결정 사항을 시행하고 의례에 필요한 실무를 담당한다. 이러한 후계자 집단은 주로 '○○동 향우회'라는 명칭으로 표현되는, 40~50대가 주축이 되는 본토박이 모임과 일치하는 경우가 많다. 이들은 의례가 행해질 때마다 주제자 집단을 도우면서 의례 절차 등을 학습하게 되며 이후 경험과 연륜이 어느 정도 쌓이면 일정한 절차를 거쳐 의결자 집단에 편입하게 된다. 이들은 의결자 집단의 후계 집단이면서도 중요한 후원 집단이기도 하다. 즉, 이들이 내는 찬조금이나 치성금은 부군당 의례에 있어서 안정적이면서도 고정적인 경제적 토대가 되고 있는 것이다. 한강 유역 부군당 의례가 있는 대부분 지역에서는 '○○동 향우회'라는 이름으로 이러한 후계자 집단이 존재한다.

이상으로 부군당 의례의 주재 집단에 대해서 살펴보았다. 한강 유역 부군당 주재 집단의 세부 현황은 (부록 1:6-1 〈표 1〉~〈표 8〉)과 같다.

② 무당과 악사 집단

한강 유역 부군당 의례의 공통적인 특징 중에 하나가 유교식 당제 후에 무속식 당굿이 연속적으로 행해진다는 사실이다. 매년 당굿을 주도적으로 맡아하는 무당을 '당주 무당'이라 하는데, 이들은 전대前代 당주 무당과 함께 조무로 오래전부터 참여하다가 그가 사망하면 뒤를 이어 당주 무당의 지위를 계승하게 된다. 이처럼 한강 유역 부군당의 당주 무당은 지역 주민들과 밀접하게 관련을 맺으며 단골 관계를 형성하고 있다. 당주 무당들은 부군당굿에 2~5명의 조무들을 초빙하는데 자신의 신딸들은 기본적이고 그 외는 통상 개인적으로 친분이 있거나 지역적으로 연고가 있는 무당들을 불러 온다. 한강 유역 부군당의 당굿에 참여하고 있는 무당들은 거의 강신무 계통이지만 당주 무당들은 사승관계가 확실하여 대부분 그 계보를 확인할 수 있다고 한다.[28] 연구 대상 지역 중에 당굿이 지속되는 곳으로 산천동(정해옥), 한남동 큰한강(김학순), 한남동 작은한강(조정자), 창전동 밤섬(김춘강), 당산동(서정자), 신길2동(대나무집 할머니) 등이 있다. 이들 지역의 당주 무당들은 대부분 전대 당주무당으로부터 그 직을 물려받은 경우이다.

  무당들 간의 인적 교류는 주로 개인적인 친분이나 악사들의 소개를 통해 다른 굿판에 초빙되는 형식으로 이루어진다.[29] 한번 초빙되었던 무당은 자신의 굿이 있을 때 자신을 불러주었던 무당을 자신의 굿에 초빙함으로써 상호 호혜적 관계를 유지하게 된다.

  무당 집단에는 주무와 보조무 외에 악사 즉, 악사 집단[30]도 포함된다. 당주 무당들은 당굿 날짜가 잡히면 보조무뿐만 아니라 악사들도 초빙하게 된다. 초빙되는 악사들은 당주무당과 혈연이나 지연 이외에도 강신 내력[31]과 연관이 있는 경우가 대부분이다. "20년 전에는 삼잽이를 불렀는데 점점 굿 비용이 안 나오니까 그 다음에는 양잽이, 지금은 외피리만 부른다"라는 김학순(여, 81세)[32]의 말처럼 당주 무당들은 마을 경

- - -

28 당주 무당들의 계보가 확실한 구체적 사례로서 행당동 아기씨당과 봉화산 도당굿을 들고 있다. 이 외에도 마포의 최인순 무녀의 계보를 추적해 보면, 그녀의 신딸들은 마포나루굿을, 조카는 악사 최형근으로 남이장군당굿의 보유자인 이명옥과 연결되고 이명옥은 다시 밤섬부군당굿의 주무 김춘강과 악사 김찬섭으로 연결되고 김찬섭은 이태원부군당굿의 주무인 민명숙으로 이어지는 등 서울 지역에서 대를 이어 활동하는 강신무들은 혈연 내지 사승관계를 통해 밀접하게 연결되어 있다고 한다(홍태한, 2005 : 63~64). 이러한 무당 집단의 인적 네트워크가 구체적으로 어떻게 형성되어 있으며 이러한 네트워크에 편입되고 이탈하는 원인 등에 대한 연구가 추후 남겨진 과제이다.
29 한남동 큰한강부군당의 당주 무당인 김학순의 경우, 젊은 시절에는 인기가 좋아 압구정동, 갈매울(구리시 갈매동), 우이동, 서초동, 광나루 등으로 불려 다녔다고 한다. 압구정동의 경우는 '神형남'이 당주 무당으로 있었고, 나머지는 악사들의 소개로 다닌 경우이다. 김학순은 다른 동네 당굿을 할 때면 주로 대감거리를 했다고 한다(2007년 9월 29일 면담).
30 서울굿에서는 악사를 흔히 '전악'이라고 부르는데, 이러한 연유를 김기형(2002:91)은 전악이란 조선시대 장악원에서 음악에 관한 업무를 맡았던 잡직의 하나로 종5품의 벼슬에 해당하는 직책명으로서 서울굿에서 이러한 직책명을 악사에 적용한 것은 서울굿이 궁중문화의 영향 아래 있었기 때문이라고 보았다.
31 홍태한(2005 : 73)에 의하면, 단골에 대한 의식이 악사와 무당 사이에도 존재한다고 보고 신굿에 참가하여 악기를 연주해 주었다면 내림을 받은 무당은 그날 이후부터 당시 참가했던 악사를 자신의 굿에 초빙하는 것을 당연시하고 있다는 것이다.
32 한남동 큰한강부군당 당주 무당이다.

제적 사정에 따라 초빙하는 악사들의 수를 조정한다.

당굿이 끝나면 수고비를 배분하게 되는데, 배분의 원칙은 공개적 균등 배분 방식이다. 즉, 당주 무당은 마을에서 주기로 한 원래 굿 비용과 별비로 들어온 돈을 공개하고, 여기서 굿을 하는데 들어간 실비를 제하고 남은 돈을 모든 무당들과 악사들이 똑같이 나누게 가지게 된다.[33] 이러한 배분 방식을 '판씨름'(김학순) 또는 '돈을 놓는다'(김찬섭)[34]라고 한다.

요즈음 서울 한강 유역 부군당굿 중에는 서울시 무형문화재로 지정된 경우가 늘고 있어서 부군당굿에 참여하는 무당과 악사 집단은 새로운 국면을 맞고 있다. 즉, 경제적인 목적이나 지역민들과의 관계 지속을 위해 당굿에 참여했던 무당과 악사 집단들은 문화재 제도라는 새로운 환경에 대응하고자 할 것이기 때문이다.

〈표 9〉 한강 유역 부군당(1차 대상 지역) 당주 무당 및 악사 현황(2006년 기준)

번호	지역	주 무		악사
		성 명	당주 계승 관계	
1	성동구 금호동	김유감	현재 중단	없음
2	성동구 응봉동	김옥렴	현재 중단, 현재 행당동 아기씨당 주무	없음
3	성동구 성수동	없음	현재 중단	없음
4	성동구 옥수동	홍막음	단독으로 인계	없음
5	용산구 동빙고동	남옥씨	현재 중단	(오자완)
6	용산구 산천동	정해옥	신어머니로부터 계승	미상
7	용산구 서빙고동	남옥씨	1994년 중단	(오자완)
8	용산구 이태원동	민명숙	오복동-박어진-민명숙, 2004년 중단	(허무길)
9	용산구 한남동(큰한강)	김학순	원당집-친딸-김학순(광나루 평양집)	이선호 외

---

[33] 별비가 넉넉하게 나온 경우에는 다른 보조무나 악사들의 동의하에 당주 무당이 조금 더 가져가기도 한다. 그러나 대부분은 경력이나 맡은 거리 수와는 무관하게 똑같이 나누는 것이 원칙이라 한다. 이러한 균등 배분이 쉽게 납득이 가지는 않으나 만약 이러한 원칙이 아니면 금전적인 불만과 갈등이 일어난다는 것을 뻔히 알고 있기 때문에 원칙을 지킬 수밖에 없다는 것이 무당(김학순)과 악사(김찬섭)의 공통적인 인식이었다.

[34] 창전동 밤섬부군당 당주 악사이다. 2007년 당시 60세. 2007년 10월 8일 면담.

10	용산구 한남동(작은한강)	조정자	미상	박문수 외
11	용산구 청암동	윤지순	단독으로 인계	없음
12	마포구 창전동	김춘강	딱부리(노량진만신),개똥엄마(당인리)-김춘강	김찬섭 외
13	마포구 당인동	정복만	1987년 중단	없음
14	마포구 도화동	없음	현재 중단	없음
15	영등포구 당산동	서정자	손정희(당인리할머니)-서정자	최형근 외
16	영등포구 영등포동	조애자	깜둥이만신-조애자	없음
17	영등포구 신길2동	대나무집 할머니	검정치마만신-이북할머니-대나무집할머니(영등포동 주무의 신어머니)	없음

③ 참여 집단

어떤 지역의 공동체 의례가 '성공적'으로 지속되고 있는가를 판별하기 위해서 무엇보다 중요한 기준은 그 지역민들의 참여도일 것이다.[35] 참여 집단이란, 주재 집단과 무당 집단을 제외하고 의례에 참여하는 모든 사람들을 말한다. 이들은 통상 '손님'으로 불리며 주로 찬조금을 낸다든지 의례 당일에 음식을 접대 받고 구경을 하는 것으로 의례에 참여한다.[36]

참여 집단은 다시 적극 참여 집단과 단순 참여 집단, 그리고 특정 목적 집단들로 세분해 볼 수 있다. 적극 참여 집단에는 주재 집단에 속하지는 않지만 찬조금 등을 내는 주민들이나 지역 인사들(관공서 임원, 지역 국회의원, 구의원, 지역 단체 대표 등)이 속한

---

[35] 어떤 지역의 공동체 의례가 '성공적'이가 그렇지 않은가를 판단하기는 쉽지 않다. 현대 도시 지역은 대규모적인 주거 환경 변화 — 아파트 단지 건설과 같은 — 라든지 직업 환경의 변화 등으로 인하여 지역민의 이주가 잦고 지역 정체성도 모호하여 전 지역민들이 참여하는 공동체 의례는 현실적으로 불가능하다. 이러한 상황에서는 지역 공동체 의례가 주로 본토박이로 구성된 향우회 등을 중심으로 행해지기 마련이어서 마치 결사체의 秘儀 — 조선시대 香徒 의례와 같은 — 와 같은 양상을 띠기도 한다. 그러나, 장기적인 전망으로서는 지역 공동체 의례는 이러한 비의적인 형태에서 지역 축제와 같은 형태로 변모해야 할 것으로 보인다. 따라서, 어떤 지역 공동체 의례의 성공성을 판별하기 위해서는 주재 집단 이외에 일반 지역민들이 얼마나 참여하고 있으며 의례에 대한 인지도는 어느 정도인지 등이 종합적으로 검토되어야 할 것이다.

[36] 공동체 의례에 있어서 주재 집단과 같이 의례를 주도하는 집단 못지않게 단순히 음식을 먹어준다든지 구경을 한다든지 하는 집단도 중요한 의미를 갖는다. 이들의 존재는 주재 집단으로 하여금 그들 노력에 대한 정신적인 보상을 제공하며 의례에 대한 전파자 역할도 수행한다. 뿐만 아니라 이들은 이후 주재 집단으로 편입될 수 있는 잠재적인 존재들이기도 하다. 따라서 이들을 단순히 방문자 집단이나 손님 집단이라고 하기보다는 적극적 의미의 참여 집단이라고 명명하였다.

다. 단순 참여 집단에는 찬조금을 내는 것과 같은 적극적인 참여 의지를 보이지는 않았지만 식사나 구경 등을 위해 방문하는 자들로서 그 지역민들은 물론이고 다른 지역민이나 심지어 관광객들도 이들에 포함된다. 특정 목적 집단에는 사진작가들이나 취재 기자들, 그리고 연구자들이 이에 속한다.

이러한 참여 집단은 과거보다는 현재에, 농어촌보다는 도시에서 더욱 중요한 요소로 인식되는 듯하다. 즉, 지역 인사 중 누가 참석했는지 또는 신문이나 방송 등 매스컴에 소개가 되었는지 혹은 어느 대학 교수가 왔는지 등이 중요한 관심사가 되고 있다. 실지, 2006년 신길2동 부군당굿에 초청된 인사들의 명단[37]을 통해 주재 집단의 이러한 관심을 엿볼 수가 있다. 또한 2006년 청암동 부군당굿에 참여한 인사들[38]의 면면을 살펴보면 지역의 유력자들로서 이들 또한 부군당 의례에 높은 관심을 보여 주고 있다는 것을 알 수가 있다.

이와 같은 참여 집단에 대한 주재 집단의 관심은 의례 전승에 영향을 미칠 수밖에 없다. 즉, 이는 주재 집단은 참여 집단의 반응을 의식하여 의례 내용이나 형식, 의례 도구와 같은 물적 요소를 변화하고 창출할 수도 있다는 뜻이다. 따라서, 공동체 의례의 변화 양상을 살펴보기 위해서는 이러한 참여 집단의 변화와 그 역할을 면밀하게 살펴볼 필요가 있다.

...

37 신길2동 부군당굿에 초청된 지역인사의 명단과 실제 참석한 명단은 다음과 같다. 영등포구청장, 국회의원 2인, 서울시의회 의원, 영등포구의회 의원 2인, 영등포문화원 부원장, 신길노인정 회장, 방학노인정 회장, 우성아파트노인정 회장, 주민자치위원회 위원장, 새마을금고 이사장, 새마을협의회장, 새마을부녀회장, 새마을문고 회장, 자원봉사센터 회장, 바르게살기위원회 위원장, 청소년지도협의회 회장, 민족통일협의회장, 자유총연맹 위원장, 자율방범대장, 적십자회장, 노래교실 회장, 신광조기축구회장, 우성아파트부녀회장, 청소년문화의집 원장, 향토예비군 신길2동대장, 신길지구대장 이상 27명이 초청되었으며 이중 15명은 참석하였고 구청장, 국회의원, 시구의원 등은 불참하였다.
38 청암동 부군당굿에 참석한 지역인사의 명단은 다음과 같다. 시의회 의원, 구의회의장, 원효2동 동장, 새마을금고 이사장, 주민자치위원장, 새마을협의회 회장, 새마을부녀회 회장, 통친회 회장, 청소년 육성회 회장, 노인복지회장, 바르게살기회장, 체육회장, 자유총연맹회장, 현 산천부군당회장, 내년 산천부군당회장, 청암부군당 고문, 방위협의회 등 이상 17명이 참석하였다.

(2) 물적 요소

한 지역의 공동체 의례가 전승 변모하는 데 있어서 인적 요소 못지않게 물적 요소 역시 중요한 변수가 된다. 물적 요소는 다시 몇 가지로 세분해 볼 수 있는데 먼저, 의례에 소용되는 경비의 수입·지출이나 재분배 방식 등을 경제적 요소로 구분해 볼 수 있으며 의례를 행하는 의례 공간이나 전승 지역과 같은 요소를 공간적 요소로 구분해 볼 수가 있다. 마지막으로 제물을 비롯하여 의례 도구나 행사 용품 등은 물질적(도구적) 요소로 구분하여 살펴보고자 한다.

① 경제적 요소

경제인류학적 관점에서 보면, 공동체 의례에 소용되는 비용을 확보하기 위해 행해지는 '추렴'이라는 것도 종교가 가지는 '수집기능'(栗本慎一郎 편·양승필 역, 2000:74)을 단적으로 보여주는 사례가 된다. 즉, 비시장 사회에서 왕이나 수장은 종교·우주관의 중심이며 이에 따라 왕은 제사를 통하여 그의 역할을 수행하게 되는데 그것이 "공동체 전체에 대한 재화·서비스의 집중과 재분배"(栗本慎一郎 편·양승필 역, 2000:88)인데 여기서, 재화의 집중은 '추렴'으로, 재분배는 '반기'[39]와 같은 행위에 대응해 볼 수 있다. 따라서 아직까지 '호혜 시스템'[40]이 강하게 남아 있는 지역사회에서 동제와 같은 공동체 신앙 의례를 통해 재화나 서비스를 집중하고 이를 또한 마을 잔치나 '반기' 등을 통해 재분배하는 '재분배 시스템'이 공존하고 있다고 볼 수 있다.

한편, 신앙성을 띠는 의례의 발생에 있어서 경제적인 환경은 상당히 밀접하게 연관되어 있던 것으로 보이는데 김삼수가 남효온의 기사[41]를 근거로 성소(聖所)와 상업적

---

39 원래 '반기'란 잔치나 제사를 지낸 뒤 목판에 몫몫이 담아서 이웃이나 친척에게 나눠주던 음식을 말하는데, 공동체 의례에서는 추렴에 참여한 각 가정에 고기나 떡을 동일하게 나누어 돌리는데 이를 '반기 돌린다'라고 한다.
40 '호혜'란 친족·친구·지연·인척을 통해 행해지는 상부상조적 행위를 말하는데 원시사회는 재화·서비스의 원활한 운영을 — 양적인 의미에서 — 주로 호혜에 의존하고 있는데, 트로브리안드섬의 쿨라(Kula)나 와시(Wasi) 등이 대표적인 호혜시스템의 사례이다(栗本慎一郎 편·양승필 역, 2000:74~79).
41 "本朝孝溫冷話曰 嶺南民俗每於三四五月中 擇日迎巫 以祭山神 富者駄載貧者負載 陳於鬼席 吹笙鼓瑟連三日 醉飽然後下家 始與人買賣不祭則尺席不得與人",『증보문헌비고』, 市糴考, 鄕市.

교환 장소가 관련되어 있으며 "생산력이 발전한 후에도 그 독점성과 배타성을 가지면서 사사社寺의 문전에서 시장이 발달할 가능성"(김삼수, 1966 : 111~112)이 있음을 주장하였다. 이러한 주장은 이후 장시가 발달하면서 나타난 '장별신'(김태우, 2005)의 존재나 규모가 큰 공동체 의례가 행해질 경우 '난장'이 동반된다는 사실 등을 볼 때 타당성이 있어 보인다. 범위를 보다 확장해서 상업적으로 발전했던 한강 지역에 부군당 의례와 같은 공동체 의례가 특히 발달한 것도 이러한 관점에서 설명해 볼 수도 있을 것이다.

가. 수입과 지출의 구조

어떤 지역의 공동체 의례가 안정적으로 지속되느냐 그렇지 않으냐의 여부는 안정적으로 재원을 마련할 수 있는가 그렇지 않은가의 여부에 달려 있다고 해도 과언은 아닐 것이다. 다시 말해, 주재 집단이 존재하여 의례가 지속된다고 하더라도 재정 여건에 따라 의례의 규모나 형식 등이 달라질 수밖에 없는 것이다. 한강 유역 부군당 의례의 경우만 하더라도 예전에는 유교식 제사 이후에 무당들이 주관하는 당굿을 하는 것이 상례였으나 점점 힘들어지는 재정 사정으로 인해 당굿이 폐지되고 간단한 유교식 치성만 진행하는 경우가 늘어가는 추세이다. 서빙고동, 이태원동, 당인동의 경우가 재정 확보의 어려움으로 인해 당굿이 중단된 대표적인 사례이다. 이처럼 부군당 의례에 있어서 수입지출 구조의 변화는 일정 정도 의례 전승에 영향을 미치고 있음을 알 수가 있다.

부군당 의례의 재정 확보에 있어서 가장 중요한 수입원은 주민들이 내는 치성금(찬조금)과 관의 지원금이다. 치성금은 '추렴' 또는 '걸립'[42]이나 행사에 참가하면서 내는 '찬조금' 등의 형태로 걷히게 된다. 치성금은 관의 지원금에 대하여 주민 부담금에 해당하는데 전체 수입에 대하여 주민 부담금의 비율이 어느 정도인가가 부군당 의례의

---

[42] 박전열은 동제에 있어서 걸립의 문제를 다룬 논문에서 "걸립은 동제 진행의 중요한 의례 과정이자, 동제가 반복적으로 이루어지도록 하는 재정 조달의 행위"라고 밝힌 바 있다(2001 : 86). 그러나 걸립이나 추렴과 같은 절차는 단순한 '재정 조달의 행위'를 넘어서서 지역사회의 '호혜 시스템'을 재확인하고 이를 지속하는 기능을 가진다고 할 수 있다.

자립도를 평가하는 기준이 될 수 있다. 주민들의 찬조가 점점 줄고 있는 요즈음에는 관에서 매년 지급하는 지원금에 대한 의존도가 점점 커지고 있다. 현재 한강 유역 부군당은 대부분 시청이나 구청으로부터 지원금을 받고 있으며 액수는 구청에 따라 일률적으로 지급하는 경우와 차등 지급하는 경우가 있어 각기 다르다. 지역 관청에서 부군당에 지원금을 지급하기 시작한 지는 지역마다 차이는 있으나 대부분 그리 오래되지는 않았다. 공식적으로 지원이 되는 경우는 부군당이 문화재로 지정된 경우이며 문화재가 아닌 경우는 지역행사 지원 명목으로 지급된다.[43] 이처럼 문화재로 지정된 경우는 안정적으로 그 경비를 확보할 수 있으나 그렇지 않은 경우는 관청의 사정에 따라 지원금의 액수와 지원 여부가 달라질 수 있다. 따라서 문화재로 지정이 되지 않은 부군당의 주재 집단들은 문화재 지정을 위해 지속적인 노력을 하고 있다.[44]

다음으로, 부군당 의례에서 중요한 지출 항목은 제물 구입비와 무당 집단에 지불되는 '만신 수고비' 등이 있다. 이러한 지출 내역은 곧 부군당 의례가 간단한 유교식 치성으로 할 것인가 아니면 무당이 주관하는 당굿도 벌일 것인가에 따라 결정된다고도 할 수 있다. 유교식 치성으로만 하는 경우는 100~300만 원 정도가 소요되며 당굿까지 벌일 경우는 500~1,000만 원까지 소요된다. 굿을 할 경우 만신 수고비가 지출 내역에서 높은 비중을 차지하는데 60만 원에서 500만 원까지 지역에 따라 크게 차이가 난다. 이러한 차이는 당주 무당 외에 추가로 참가하는 무당이나 악사들의 인원수, 당주 무당이 주민들 대신 전적으로 제물을 준비하는가의 여부 등에 의해 나타나는 것이다.[45]

---

[43] 영등포구청을 예로 들면, 2005년 3월 21일 개정된 '서울특별시 영등포구 문화예술 및 생활체육 진흥조례' 제4조(진흥사업대상 및 보조금 지원) 제8항 '기타 문화예술 생활체육 진흥을 위한 사업 개최 및 지원'의 구체적인 사업 대상에 '문화예술 예산 지원' 항목 중 '전통문화행사'로 '부군당 : 상산전(영등포3동), 당산동부군당(당산2동), 방학곳지부군당(신길2동), 도당(신길3동) - 각 제주 또는 책임관리인에게 행사지원금 지원'이라고 명시하고 있다.
[44] 한남동 큰한강부군당과 당산동 부군당이 대표적인 사례이다. 특히 당산동부군당의 주재 집단은 2006년도부터 문화재 지정을 위해 노력하고 있는데 이에 대해서는 다른 장에서 상세하게 다루도록 하겠다.
[45] 수입과 지출의 구조를 알 수 있는 사례를 제시하면 아래와 같다.

나. 재분배 방식

기존의 공동체 의례에서 일반적인 재분배 방식은 '마을 잔치'나 '반기'와 같은 풍습이다. 의례를 위해 추렴이나 찬조금, 혹은 노동력 제공 등의 형태로 '수집'된 재화나 서비스[46]는 의례 당일 무상으로 제공되는 식사나 술과 안주, 또는 의례가 끝난 후 집집마다 남은 음식을 담아 돌리는 '반기'와 같은 형태로 주민들에게 재분배된다.

아직도 반기 풍속을 지키고 있는 지역은 신길2동과 한남동 작은한강 마을이 대표적인데 주민대표들이 일일이 추렴에 참여한 집들을 찾아다니며 떡과 고기 등을 나누어 준다. 당산동 같은 경우는 떡과 고기 대신 기념품인 '수건'을 만들어 의례 당일 방문객이나 의례 후 찬조금을 낸 주민들을 찾아다니며 나누어 준다. 상하기 쉬운 떡이나 고기 대신 수건과 같은 기념품이 반기를 대신하고 있는 것 역시 요즈음 변화된 부군당 의례의 모습이다. 이 밖에 다른 마을에서는 마을 잔치를 벌이는 것으로 재분배를 행한다. 당굿이 벌어지는 경우에는 굿이 진행되는 동안 굿판 한 쪽이나 뒷마당에 식사나 술과 안주를 차려 놓아 주민들이나 손님들을 대접하고 당굿이 없고 유교식 제차만 있는 경우에는 의례가 다 끝난 다음에 동네 노인들이나 주민들을 모셔 놓고 음식을 대접한다.

반기와 같이 주재 집단이 주민들을 직접 찾아다니며 음식을 나눠 주는 것을 적극적인 재분배 행위라고 한다면, 마을 잔치와 같은 형태는 이와는 반대로 주민들이 찾아와서 음식을 먹어야 하는 것으로 소극적인 재분배 행위라고 할 수 있다. 또한, 반기와

〈부군당 의례 수입 지출 내역 사례〉 (한남동 큰한강부군당, 2006년 기준)

수 입		지 출	
위원 75건(치성금)	420만원	무인(여)4명, (남)2명	300만원
구청 지원금	230만원	제물 및 기타	243만 5백원
부군당 1년 방세	48만원		
계	698만원		543만 5백원

[46] 의례를 위해 특정 시기에 재화나 서비스를 수집하는 것 이외에 평소 공동자산(토지나 건물, 또는 공동어장 등)을 통한 공동잉여의 축적도 있을 수 있다. 권삼문은 동해안 풍어제를 사례로 "동해안 풍어제의 물적 기반은 마을의 총유자원(총유어장)과 주민의 노동에서 비롯되는데 별신굿의 의례 경비는 촌락 공동의 잉여에서 비롯된다"라고 보았고 이러한 촌락 공동 잉여는 "노반이 장악하여 의례를 통하여 마을 주민들에게 재분배하는 것"으로 보았다 (권삼문, 2001 : 203~204).

같은 재분배 시스템은 추렴이나 찬조에 참여한 주민들에 대한 호혜적 표현에 기반한 것이라고 할 수 있다. 따라서, 동빙고동이나 서빙고동의 경우처럼 의례 비용을 추렴하던 관습이 중단된 경우에는 역시 반기 풍속도 중단되는 현상을 보인다.[47] 이처럼 추렴이나 반기와 같은 행위가 중단된다는 것은 그 지역 사회의 호혜 시스템이 무너지고 있다는 것을 의미하며 재분배 행위 역시 점점 소극적으로 변화되는 것으로 보인다.

이상으로 부군당 의례에서 차지하는 경제적 요소에 대해서 살펴보았다. 대상 지역 전체 부군당 의례의 경제적 요소를 정리하면 (부록 1:6-2 〈표 1〉)과 같다.

② 공간적 요소

한강 유역 부군당 의례와 관련된 공간적 요소로는 평소 신상이 봉안되어 있으며 의례가 실제 행해지는 제당(부군당)이라는 성역의 공간과 특정 지역에서 특정 부군당 신앙의 영향력이 미치는 공간, 즉 전승 권역을 설정해 볼 수 있다. 이들 공간적 요소는 부군당 의례의 전승 환경과 관련이 깊은 것으로 부군당 의례가 변화하는 데 하나의 변수로 작용할 수 있다.

먼저, 제당에 관해서는 그 지리적 위치나 건축 양식, 소유권 등을 고려해 볼 수가 있다. 제당의 지리적 위치는 다시 생태지리적 환경[48]과 민속지리적 분포[49]라는 층위에서 각각 논의될 수 있겠다. 한강 부군당에 대한 이러한 접근 방법은 지리적 환경과 부군당 분포와의 상관성을 밝히거나 '부군당 경계선'[50] 구획을 통한 '부군당 민속권'을 설정하는 데 도움이 된다. 한 예로, 부군당이 위치한 지역이 한강을 중심으로 한 수운 상권 지역인가 아니면 전통적인 근교 농업지역인가 하는 점을 고려하여 부군당문화권

---

47 서빙고동과 동빙고동 보존회장 면담.
48 민속론을 전개할 때, 민속이 일차적으로 자연환경(풍토)에 관계되어서 만들어지거나 거기에 적응하면서 유지되어 온다는 관점을 '생태적 접근 방법'이라 하는데(임덕순, 1992 : 143), 여기서 말하는 자연환경, 즉 풍토를 생태지리적 환경이라 할 수 있다.
49 민속지리학에 관해서는 김영진(1973)과 임덕순(1992)의 논의가 있다.
50 민속 지도 상의 민속 분포에 생긴 차이를 '민속 경계선(Folklore boundary)'라고 하는데(김영진, 1973 : 105), 이를 부군당 분포 지도에 적용해 보면 '부군당 경계선'을 얻을 수 있다.

과 도당굿문화권으로 구별해 볼 수도 있다는 것이다(박흥주, 2006 : 148~166). 또한, 이러한 시도에 앞서 선행되어야 하는 것이 해당 지역의 지리적 환경이 어떻게 바뀌었는지 그 과정을 세밀하게 살피는 일이다. 〈표 11〉에서도 볼 수 있듯이 한강 유역은 도시지역이 점차 확장되면서 모래지역이나 농경지가 점차 줄어들었음을 알 수가 있다. 이에 따라 도시 외곽에 위치하고 있었던 한강 유역 부군당 역시 대부분 도시 지역으로 흡수되면서 변화된 환경에 처하게 된다. 이러한 지리적 환경의 변화는 부군당 의례의 변화에도 영향을 끼쳤을 것이다. 따라서 지리적 환경과 부군당 의례와의 상관성 역시 중요한 분석의 대상이 될 수 있다.

또한 제당과 관련해서 건축 양식 등도 고려 대상이다. 대체로 한강 유역 부군당은 타 지역에 비해 기와집과 전각 형태의 규모 있게 다듬어진 동신당들이 월등하게 많다(김태곤, 1990 : 665)고 알려져 있지만 이러한 전각 형태의 제당들이 과연 원래부터 그러했는가는 의문이다. 옛 동빙고동 부군당의 사진(그림 4)이라든지 보수되기 전 이태원부군당에 대한 진술[51] 등에서 현재의 규모 있는 모습과는 다른 면모를 엿볼 수가 있는데 이는 부군당 제당 형태의 변천과 지역적 차별성을 면밀하게 재검토해야 할 필요성을 제기하고 있다.

뿐만 아니라 제당의 이동과 재건립 과정도 검토의 대상이 된다. 특히, 한강 유역은 급격한 개발이 진행

〈그림 4〉 1972년 당시 동빙고동 웃말 부군당 전경
(서울역사박물관, 2006 : 54)

...
51 양종승은 이태원 부군당에 대한 연구에서 "1967년 이태원 부군당이 보수 정비되기 전까지만 해도 이곳의 당집은 전형적인 우리나라 마을 제당의 모습을 갖춘 조그마한 전각으로써 약 다섯 평 남짓의 벽돌에 기와를 얹어 지은 1칸까지 목조 건물이 전부"라고 진술하고 있다(2003 : 3).

되었던 지역으로서 여기에 분포하고 있었던 부군당들은 대부분 2~3차례 이전과 재건립을 반복한 이력을 지니고 있다. 이러한 의례 공간의 변화는 의례 전승에도 일정한 영향을 미쳤을 것으로 보이며 심지어 의례가 중단되거나 대폭 축소되는 결과까지도 초래하는 것으로 나타났다.[52]

제당이나 제당이 건립된 대지에 대한 소유권에 관한 문제도 검토의 대상이다. 부군당에 대한 소유 형태는 크게 국가 소유, 마을 공동 소유, 개인 소유로 나누어지는데 대부분 국가 소유나 마을 공동 소유의 형태를 띠고 있다. 국가 소유인 경우는 공원 용지 등의 명목으로 마을에 대지를 무상으로 대여하는 있는 형태를 취한다. 반면 마을 공동 소유인 경우에는 마을 대표자 3~5인이 공동으로 건물과 대지의 소유권자로서 등기가 되어 있다. 이러한 소유 형태는 제당의 이전 유무와 경제적 토대, 그리고 소유권 분쟁 등의 문제와 관련이 깊다.

먼저, 현재 부군당에 관한 소유 형태는 제당의 이전 유무와 관련이 있는데, 원래 위치에서 이전을 한 경우는 거의 국가 소유의 형태를 띠게 된다. 이는 원래 위치에서 재개발이나 도로 확장 등의 공사로 인해 불가피하게 현재 위치로 이전을 하면서 국가에서는 원래 대지를 매입하고 현재 대지를 무상으로 불하하는 식으로 보상을 해 주었던 것이다. 보상 과정에서는 대지의 무상 대여뿐만 아니라 부군당의 이전 비용과 재건축 비용 일체를 국가에서 부담하였던 것으로 보인다.

반면, 제당의 이전이 전혀 없었거나 있었다 하더라고 오래 전에 공동 매입을 다시 한 경우에는 마을 공동 소유 형태를 유지하고 있다. 이런 경우 공동 명의로 되어 있는 대표자들을 대부분 사망하였고 새로운 대표자들 명의로 갱신을 해야 하는 상황이다. 그런데 이러한 명의 변경이 제때 이루어지지 않으면 소유권 분쟁이 일어날 소지가 있다. 동빙고동이나 한남동 작은한강의 경우에 명의 변경을 준비하고 있으며 이태

---

52 금호동의 경우, 부군당이 있었던 지역이 재개발되면서 부군당이 헐리고 대신 지어주기로 했던 건설업자가 약속을 지키지 않아 2006년 현재 제당이 없어진 상태이며 의례 역시 중단되고 있다. 청암동 역시 비슷한 사례인데, 부군당이 들어갈 자리를 마련해 주기는 했으나 예전과 같이 독립된 형태가 아니고 새로 지어진 경로당 건물 내에 한 칸을 빌려 준 것이다. 이에 대해 주민들은 탄원서를 올리며 반대를 했으나 받아들여지지 않았다.

원동의 경우는 이미 소유권 분쟁[53]에 휘말려 있는 상황이다. 부군당이 마을 공동 소유로 되어 있는 경우에 이는 일종의 마을 공동 자산이므로 여기서 생기는 잉여[54] 는 부군당의 유지·보수나 의례 비용 등에 소용된다. 이처럼 부군당이 마을 공동 소유인 경우에는 공동 자산이란 측면에서 경제적 토대가 될 수 있으나 이후 소유권 분쟁과 같은 법적 갈등의 소지를 안고 있어 전승 환경에 미치는 영향이 국가적 소유인 경우보다 클 것으로 보인다.

〈표 10〉 한강 유역 부군당의 소유권 현황(2006년 기준)

번호	지역	소유 형태	
		변경 전	변경 후(현재)
1	성동구 금호동	마을 공동(무쇠막향우회 소유, 대지 43평)	변경 사항 없음
2	성동구 응봉동	미상	미상
3	성동구 성수동	미상	미상
4	성동구 옥수동	미상	미상
5	용산구 동빙고동	마을 공동(대표자 4명 명의, 대지 40평)	변경 사항 없음
6	용산구 산천동	미상	미상
7	용산구 서빙고동	개인 소유	국가 소유
8	용산구 이태원동	마을 공동(대표자 2인, 대지 500평)	법정 소송 중
9	용산구 한남동(큰한강)	마을 공동(대표자 3인 명의, 대지 26㎡)	변경 사항 없음
10	용산구 한남동(작은한강)	마을 공동(대표자 5명 명의, 대지 48평)	변경 사항 없음
11	용산구 청암동	개인 소유	국가 소유
12	마포구 창전동	미상	국가 소유
13	마포구 당인동	미상	국가 소유
14	마포구 도화동	미상	소멸

---

53 예전에 부군당의 대지를 마을 원로 2명 앞으로 명의신탁을 해 놓았는데 이들이 사망하자 그 후손들이 그 소유권을 다른 이에게 팔아넘기고 말았다. 주민들은 부당하게 넘어간 소유권을 되찾고자 법원에 호소하였고 몇 차례의 재판을 통해 2006년에 최종 승소하였다.
54 한남동 큰한강부군당은 당주가 거처하는 별채가 딸려 있는데 여기에서 저렴하지만 일정 정도의 집세가 나오고 한남동 작은한강부군당도 별채가 딸려 있어서 방 2칸에 대한 월세가 나온다.

15	영등포구 당산동	미상	국가 소유
16	영등포구 영등포동	미상	미상
17	영등포구 신길2동	미상	국가 소유(노인정, 부군당 포함 1000여평)

다음으로 부군당 의례의 전승 권역과 관련하여 일반적 현황이나 변화된 양상 등이 고려의 대상이다.[55] '전승 권역'이라 함은 전술한 바와 같이 특정 지역에서 특정 부군당 신앙의 영향력이 미치는 공간을 말하는데, 이는 대체로 부군당 의례가 행해질 때 추렴이나 찬조에 참여하는 주민들의 거주 지역 범위와 일치한다. 그러나 도시 지역에서는 주민들의 전입·전출이 잦고 재개발 등으로 인해 원주민들이 대거 다른 지역으로 이주를 하는 등의 이유로 전승 권역과 주민 거주 지역이 반드시 일치하지는 않는다.

전승 권역이 변화된 양상을 살펴보면, 크게 전승 권역이 축소된 경우, 확장된 경우, 이전 또는 소멸된 경우 등으로 나누어 볼 수 있겠다. 도시화가 진행되면 될수록 전승 권역은 축소되기 마련이지만 특별한 경우 확장되거나 아예 그 전승지가 이전되거나 소멸된 경우도 존재한다. 확장된 경우의 예를 들면, 그 지역 공동체 의례가 지역 축제화 된 경우 예전 토박이 중심의 참여에서 구나 동 전체의 참여로 확대된 경우이다. 이전된 경우는 옛 밤섬부군당이 대표적인데 밤섬 폭파로 인해 섬 주민 대부분이 창전동으로 이주하면서 그 전승 권역도 바뀌게 된 것이다. 그런데 청암동의 사례처럼 그 지역이 재개발되면서 원주민들이 뿔뿔이 흩어진 경우는 부군당은 존재하되 구체적 전승지는 이미 소멸된 것으로 볼 수 있다. 전승 권역이 축소된 경우나 확대된 경우에는 전승 환경에 미치는 영향은 그리 크지 않을 것으로 보이나 전승 권역이 이전 또는 소멸된 경우는 그 영향이 클 것으로 보인다.

...

55 전승 권역에 대한 본격적인 연구는 아니지만 동제 공간의 이용 실태에 관한 연구(강혜경·한삼건, 1999)라든지, 무속 사상의 공간 모형을 실지 마을 공간에 적용해 본 연구(김동찬 외, 1999) 등이 있다.

〈표 11〉 서울 한강 유역 부군당의 분포 및 지리적 환경의 변화 (주세영, 2002 : 52~53, 재편집)

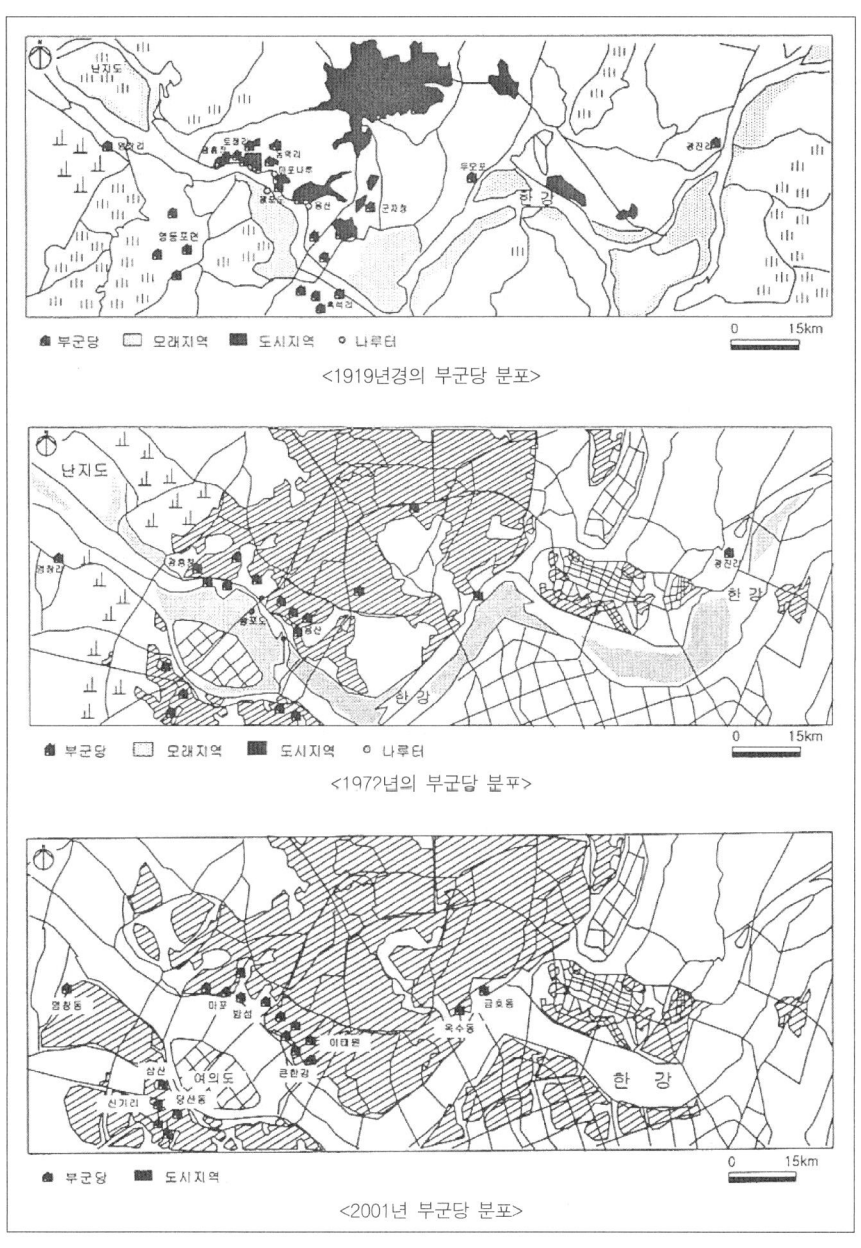

③ 물질적 요소

부군당 의례의 물질적 또는 도구적 요소라 하면, 당굿에 사용되는 무구와 같은 의례 도구를 포함하여 제물, 각종 기록물, 무신도, 행사 도구 등을 말한다. 여기서는 부군당 의례에서 사용되는 제물과 무구, 무신도 등을 제외한 기타 의례 도구와 기록물, 행사 도구 등만을 살펴보도록 하겠다.

가. 의례 도구

부군당 의례에 사용되는 도구로 공통적인 것으로는 당굿 시 무당들이 사용하는 무구, 제물 진설 시 사용되는 제기류, 제관들의 의례복, 축문 등이 있으며 기타 특징적인 것으로는 금줄, 남근 모형, 의례나 굿거리 순서를 적은 종이 등이 있다.

먼저, 제기류를 살펴보면 재질에 따라 목기, 사기, 유기, 스텐 등이 다양하게 사용되고 있다. 요즈음은 가격이 저렴하고 관리가 편한 스텐 재질의 제기를 많이 사용하고 있다. 기타 제기로 시루와 노구솥 등이 있다. 노구솥은 동빙고동에서만 사용하고 있었고 다른 지역에서는 발견되지 않았다. 시루는 재래식 시루와 개량식 떡판으로 구분해 볼 수 있다. 이는 떡을 어디서 찌는가에 따라서 달라진다. 즉, 마을에서 직접 떡을 찌는 경우는 거의 재래식 시루를 사용하며 방앗간에서 쪄다가 가져오는 경우는 개량식 떡판에 쪄서 제상에 놓게 된다. 마포 밤섬, 신길2동, 한남동 큰한강 부군당 등에서는 아직까지 재래식 시루를 고수하고 있다.

다음으로 제관들이 입는 의례복에 대해서 살펴보면, 갓이나 두건에 흰 도포가 일반적인 형태이며 이러한 의례복을 갖추는 경우는 주로 제관이 한두 명인 경우보다 여러 명인 경우, 유교식 제차가 중심인 경우, 당굿이 위주가 된다 하더라도 유교식 제차가 비중 있게 진행되는 경우라 하겠다. 이는 축문의 유무와도 밀접하게 연관되어 있는데 (부록 1:6-2 〈표 2〉)에서도 확인할 수 있듯이 의례복을 갖춰 입는 경우는 반드시 축문이 있어 축 읽는 과정이 들어가지만 그렇지 않은 경우는 축문을 읽지 않는다. 즉, 동빙고동, 서빙고동, 이태원동, 청암동, 당산동 등과 같은 지역에서 축문이 전승된다. 이 지역은 모두 근래까지 당굿이 행해졌거나 아직까지도 당굿을 하는 경우이지만 굿 중간에 제관들이 의례복을 갖춰 있고 유교식 제사를 진행하면서 축문을 읽는다. 축문의 표기는 한자를 위주로 하고 옆에 한글로 한자 독음을 달아 놓은 형식이 대부분이며 나머지는 한자(동빙고동)나 한글(당산동, 2006년 본) 전용의 형태를 띠고 있다.[56] 문체는 한문 전용체가 일반적이나 한문으로 된 문장 끝에 한글로 토시를 단 한주국종체漢主國從體(이태원동, 서빙고동)도 발견된다.

축문은 마을마다 대부분 1건씩 존재하지만 일 년에 제사를 두 번 이상 지내는 경우나 제당이 두 군데 이상 존재하는 경우에는 축문이 2건 이상 있을 수 있다. 전자의 경우는, 예를 들어 이태원동의 경우처럼 음력 10월과 4월에 제사를 두 번 지내는데 그 축문들의 내용에 있어서는 큰 차이가 없다.[57] 후자의 경우는, 동빙고동 부군당을 예로 들 수 있는데 이곳에서는 부군당에 제사가 끝나면 경로당 앞 신목神木(은행나무)에 따로 제사를 지내는데 이때에도 축문을 읽는다. 따라서 동빙고동 부군당은 부군당과 신목의 축문이 각각 따로 존재하는 경우이다.

기타 의례 도구로는 먼저 '금줄'을 들 수 있겠는데, 한강 유역의 부군당 의례에서는 금줄을 거는 예가 드물다. 당산동과 청암동 등에서만 발견될 뿐 다른 지역에서는 발견되지 않았다.[58] 이러한 현상은 오늘날 변화된 모습으로 볼 수도 있겠으나 한양이라는 도시적 환경에 의해 농경문화의 산물인 금줄 관행이 일찍부터 쇠퇴함으로 인한 하나의 현상으로 볼 수도 있을 것 같다.

다음 사례로는 '남근 모형물'이 있는데, 한강 유역에서는 유일하게 신길2동 부군당에서만 발견된다. 전술하였듯이 부군당이 '부근당付根堂'으로도 불리었다고 하는데 그 이유는 "付根이라 하는 것은 宋氏姐가 접한 것인데 네 벽에 목경물을 여러 개 만들어

---

56 한자 옆에 한글로 독음을 단 경우는 원래부터 작성된 것이 아니고 연필 등을 사용하여 후에 가필된 것으로 그 이유는 두 말할 나위 없이 독축의 편이를 위해서라고 할 수 있다.
57 실제, 이태원동의 경우에는 치성 날짜만 변경되었을 뿐 나머지 내용은 전부 동일하다.
58 청암동에서는 부군당 들어가는 입구에, 당산동에서는 부군당 입구와 은행나무 둥치에 금줄을 건다. 특히 당산동 제관들은 일찍부터 볏짚을 구하기 위한 방도를 고민하였고 의례 10일 전에 새끼를 꼬아 금줄을 거는 등 금줄에 대한 관념이 아직까지도 강하게 남아 있음을 알 수 있다.

〈그림 5〉 신길2동 부군당 남근 모형물 보관함

걸어두니 심히 음설하고 불경스럽다"[59]라는 기사에서 볼 수 있듯이 남근 모형물을 봉안한 것으로부터 그 명칭이 유래한 것이다. 그러나 현재로서는 신길2동 이외에 다른 지역 부군당에서는 남근 모형물 봉안 사례가 발견되지 않고 있어 이를 일반화시키기는 무리일 듯싶다.

신길2동 부군당에서는 목경물 4개를 제당 건물 좌측 처마 밑 외벽에 상자를 만들어 달아 놓고 그 안에 넣어 보관하고 있다. 목경물에 대한 금기가 심하여 평소는 물론이고 당굿을 할 때에도 함부로 드러내지 않으며 심지어는 소위 '남근 유희男根遊戲(play with model phallus)'[60]를 할 때에도 무당의 치마 속에 감추어서 그 형태만 짐작케 할 뿐이다. 마지막으로 의례의 절차라든지 제물 진설 위치 혹은 굿거리의 순서 등을 적어 놓은 표 등을 들 수 있겠다. 이는 근래에 제작된 것이 대부분인데 당주나 제관들이 구전으로 전해오던 것을 명시적으로 문서화했다는 데 의의가 있다. 즉, 의례에 관한 일체의 전문적 지식은 제관들의 '의례적 지위 (ritual status)'(이기태, 2004 : 124~128)나 '상징적 자본(capital symbolique)'(피에르 앙사르 저, 정수복 역, 1992 : 200)을 형성하는 데 결정적인 역할을 한다.[61] 그러나 요즈음에 와서는 이러한 제관들의 지식이 점차 문서화되면서 다른 주재 집단 성원들에게 공개되어 '의례 지식의 공유' 현상이 나타나고 있다. 즉, 까다로운 유교식 제차를 종이에 적어 다른

- - -

59 "付根。乃宋氏姐所接。四壁多作木莖物以掛之。甚淫褻不經。", 『오주연문장전산고』 권43, 華東淫祀辨證說.
60 여기서 '남근 유희'라 하는 것은 의례 과정 중에 나무나 짚 등으로 만든 남근 모형을 가지고 노는 것을 말하는 것으로 이 연구에서 이 용어를 처음으로 사용하기로 한다. 남근 유희에는 직접 남근 모형을 착용하고 노는 경우와 허수아비 등에 과장된 남근을 만들어 성교 행위 등을 하며 노는 경우로 나누어 볼 수 있겠다. 전자의 경우는 동해안 별신굿 중 뒷전이나 신길2동 부군당굿 등에서 볼 수 있으며 후자의 경우는 오티별신굿이나 위도풍어굿 등에서 볼 수 있다.
61 밤섬 부군당의 마용문 당주가 제물 준비 과정에서 자신 이외에는 제대로 제물을 차릴 사람이 없다는 말을 누차 강조하는 것은 이러한 의식을 반영하고 있는 것으로 볼 수 있다.

제관이 볼 수 있도록 한다든지(동빙고동, 이태원동) 복잡한 제물 준비와 진설의 내용을 도표화해서 벽면에 부착해 놓거나 의례 시 이를 펼쳐 놓고 참고한다든지(밤섬 부군당) 또는 굿거리가 진행될 때 손님들의 이해를 돕기 위해 굿거리 순서를 적은 괘도를 설치해 놓는다든지(밤섬 부군당) 하는 것들이 이러한 사례가 된다. 이러한 '의례 지식의 공유' 현상은 소수의 제관들만으로는 전승이 어려워진 요즘의 세태와 제도적인 정립을 통해 정통성 등을 인정받기 위한 노력 등이 반영된 결과로 해석된다.

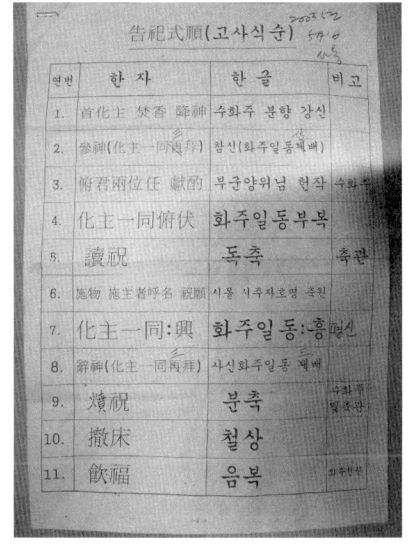

〈그림 6〉 이태원 부군당 고사 식순표

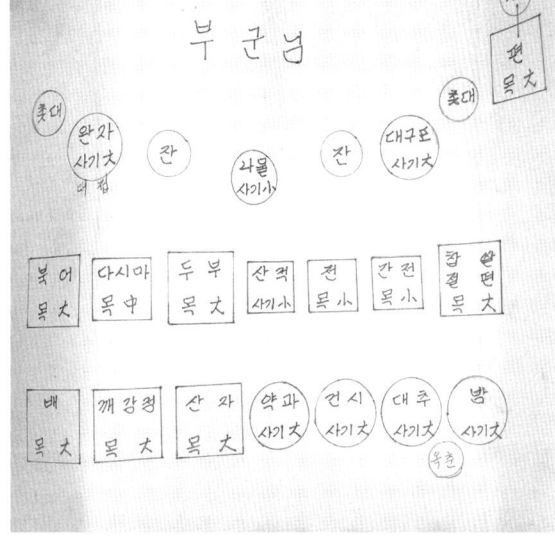

〈그림 7〉 밤섬 부군당 제물 진설도

나. 기록물

부군당과 관련된 기록물들에는 부군당에 설치된 편액[62]이나 중건·중수기, 기념비

---

[62] 扁額이란 건물의 명호(名號)를 널빤지나 비단 또는 종이에 써서 문 위에 거는 액자를 말하며 보통 현판이라도 하지만 이 연구에서는 중수기나 이건기 등과 구별하기 위해 부군당 건물에 '부군당'이라 적힌 현판을 특별히 편액이라 칭하겠다.

뿐만 아니라 주재 집단에 의해 작성된 문서류, 그리고 관에서 설치한 안내판 등이 있다. 최근에 나타나기 시작한 것으로, 관으로부터 받은 지원금에 대한 사후 보고를 위해 작성한 보고서나 사진 및 영상물 등도 이에 포함된다. 이들 기록물들은 부군당의 건립 시기나 중수 등의 연혁, 그리고 건립 초기 주재 집단들의 출신 성분 등을 가늠하는 데 결정적인 근거를 제공하고 있어 중요한 의의가 있다. 즉, 서빙고동 부군당에 보관되어 있는 현판 중에 '崇禎紀元 上之十三秊乙亥四月十八日 重建'이라고 적힌 중건기가 있는데, 이에 근거하면 서빙고동 부군당의 건립 연대는 적어도 1875년 이전이라 할 수 있고(김태우, 2009 : 198)[63] 이 부군당은 그 전부터 존재했었을 것이라는 추정을 가능케 한다. 또한, 서빙고동 부군당에는 전수한 중건기와 '老人稧座目序'라고 적힌 현판에는 오위장五衛將, 첨사僉使, 별장別將, 사과司果, 도사都事 등의 직책명과 성명이 있어 당시 주재 집단의 면모를 짐작케 하고 있다.

편액은 보통 부군당 건물의 문 위에 걸려 있다. 형태는 목판에다 '부군당府君堂'이라는 글씨를 오른쪽에서 왼쪽으로 가로로 새겨 놓거나 써 넣었는데, 새겨 놓은 경우에는 음각과 양각 두 가지 형태가 있다. 편액의 글씨는 '부군당府君堂' 이외에 '부군묘府君廟'(이태원동)라는 형태도 있으며 한자가 아닌 한글로 쓰인 경우(신길2동)도 있다. 이 편액들은 해당 제당들이 부군당임을 알 수 있게 해주는 가장 확실한 증거가 된다. 부군당 중에는 제당 앞에 기념비가 세워져 있는 경우가 있는데, 이태원동과 당산동이 그 예이다. 이태원동 부군당 기념비에는 1967년에 보수했다는 사실이, 당산동 부군당 기념비에는 부군당이 1450년에 창립되었고 비는 1974년에 세운 것이라고 기록되어 있다. 이 역시 부군당의 연혁을 살피는 데 도움이 된다.

다음으로 문서류가 있겠는데, 의례와 관련된 입출금 장부, 기부자 방명록, 기타 문서 등을 말한다. 대부분의 부군당 주재 집단들은 입출금 장부를 작성하고 있으며 의례가 끝난 후 이를 결산하고 다른 대표자들로 하여금 감사를 받는다. 이러한 장부는

---

63 원래 논문(김태우, 2008)에서는 이전 조사 자료(서울시 문화재위원회, 1990 : 98)에 근거하여 1635년(인조 13)으로 보았으나 이후 후속 연구에 의해 1875년으로 판명되어 바로잡았다.

대부분 요즈음 작성된 것들이며 예전부터 전해 내려오는 경우는 무척 드물어 안타까운 실정이다.[64] 이러한 장부들은 해당 부군당 의례의 경제적 규모와 주민 자립도 정도를 판단하는 데 참고가 된다. 기부자 방명록은 입출금 장부에 함께 수록하는 것이 일반적인데, 특별한 경우에는 현판으로 제작되어 부군당에 걸어놓기도 한다. 기부자

〈그림 8〉 이태원 부군당 치성금 장부

방명록은 문서로 작성되기도 하지만, 행사 당일 별도로 한 사람씩 이름과 금액을 종이에 적어 걸어 놓기도 한다. 이러한 기부자 방명록은 의례 참여자의 지역적 범위와 참여 인원의 변화 추이를 통해 의례의 전승 상황을 파악하는 데 이용될 수 있다.

마지막으로 요즈음 등장하기 시작한 것으로 관에서 제작하여 부군당 앞에 세워 놓은 안내판을 살펴볼 수 있겠다. 대체로 문화재로 지정된 경우(서빙고동)에 안내판이 설치되어 있지만 그렇지 않은 경우(동빙고동, 신길2동, 당산동 등)에도 점차 설치되고 있는 추세이다. 안내판의 내용을 보면, 문화재로 지정된 경우에는 먼저 지정번호, 시대, 소재지를 밝혀 놓았고 그 밑으로는 부군당의 내력을 국문과 영문으로 적어 놓았다. 비문화재인 경우에는 지정번호가 없고 소재지와 규모만을 밝혀 놓았고 그 밑으로는 역시 부군당의 유래를 국문과 영문으로 적어 놓았다. 이러한 안내판은 관에서 일정한 검증과 조사를 거쳐 세워진 것으로 공신력이 있다고 믿어지는 것이기에 전승 환경에 있어서 제도적 기제로 작용하기도 한다. 즉, 안내판의 존재는 주민들로 하여금 부군당이 관에서 인정한 권위 있는 '문화재'로 인식시키는 한편, 전승 집단이나 학생들로

---

64 예전부터 전해 내려오는 장부를 보관하고 있는 곳은 이태원동과 동빙고동, 영등포동 부군당 정도이다. 이태원동은 필자가 확인하였고, 동빙고동은 공개를 꺼려하여 구체적 내용은 확인이 불가하였다. 영등포동은 박흥주(2001 : 83)가 확인한 바 있다. 옛 문서의 전승이 드문 이유는 한강 지역 부군당들의 잦은 이전과 중·보수의 과정에서 소실된 것으로 보인다.

하여금 안내판에 적힌 내용을 절대적인 것으로 받아들여 부군당에 대한 지식을 고정시키게 되는 것이다. 따라서 이러한 안내판의 존재 유무 역시 전승 환경에 있어서 결코 무시할 수 없는 요소라 하겠다.

다. 행사 도구

한강 유역 부군당 의례는 점차 '지역 행사'로서 그 성격이 변화하고 있다. 현대 도시화된 환경은 부군당 의례 주재 집단들로 하여금 부군당 의례가 종교적·의례적 성격만을 고수했다가는 자칫 전승이 중단될 수도 있다는 위기감을 안겨다 주었을 것이다. 이러한 위기감은 부군당 의례를 전통적인 문화 행사로서 범지역적으로 확대해야 할 필요성을 느끼게 해 주었다. 따라서 요즈음의 부군당 의례를 잘 살펴보면, 이러한 주재 집단들의 고민을 엿볼 수가 있는데, 과거에는 볼 수 없었던 다양한 행사 도구들이 동원되고 있은 것도 이러한 추세를 반영하고 있는 것이다. 먼저, 효과적인 홍보를 위해 등장한 것이 초청장과 현수막이다. 몇몇 지역에서는 이미 통상적으로 준비하는 물품들이 되었으며 아직 시행하지 않은 지역에서도 그 필요성을 절감하고 있다.[65] 행사 시에는 행사 분위기를 돋우고 주민들의 참여를 유도하기 위해 만국기나 태극기, 치성자 명단 벽보, 마이크와 스피커 등 음향 장비, 천막과 의자, 기념품, 팸플릿, 기념기 등이 동원된다. 만국기

〈그림 9〉 당산동 부군당에 등장한 현수막과 만국기

...
65 김이수(여, 56세) 신길2 동 부녀회장 2006년 11월 11일 면담.

는 흔히 학교 운동회나 업소의 개업식 때 분위기를 돋울 목적으로 장식되는데 이러한 만국기가 마을 공동체 의례 현장에 등장한 것은 근래의 일이다.

당산동 부군당제나 용문동 남이장군사당제가 그 예가 되는데, 당굿이 벌어질 때면 제당 주변에 만국기를 걸어 축제 분위기를 유도하

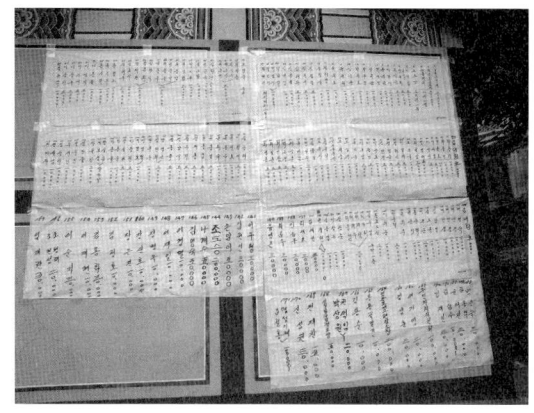

〈그림 10〉 신길2동 부군당 치성자 명단

고 있다. 태극기는 이태원동 부군당(서울특별시 문화재위원회, 1990 : 138), 당인동 부군당(박홍주, 2001 : 191), 용문동 남이장군사당(2005년) 등에서 사용된다.[66] 이러한 태극기의 등장은 공동체 의례의 권위를 높이고자 하는 주재 집단의 의식이 반영된 결과로 보인다. 태극기 외에 의례의 권위를 높이는 도구로 기념기가 사용되기도 한다. 밤섬 부군당의 경우처럼 당굿이 문화재로 지정된 후에 이를 기념하기 위해 제작한 기념기[67]를 부군당 한편에 세워놓고 당굿을 진행하는 것을 볼 수 있다.

의례의 분위기를 돋우는 데는 치성자 명단을 적은 벽보도 한 몫을 한다. 치성자 명단은 큰 종이에 성명과 금액을 순서대로 써 넣은 형태와 작은 종이에 치성자 성명과 금액을 써서 줄에 각각 매달아 놓은 형태가 있다. 치성자 명단 벽보는 분위기를 돋우는 효과도 있지만 치성자 당사자들에게는 치성에 대한 자부심을 가지게 하고 방문자들로 하여금 의례에 대한 주민들의 참여도를 확인케 하는 일석이조의 효과가 있다. 이러한 치성자 명단을 게시하는 관행은 의례의 규모가 작고 전통적인 농촌 지역보다는 의례의 규모가 크고 도시화된 지역에서 주로 행해지는 것으로 보인다.

...

66 이태원부군당의 경우는 부군당 정문에 태극기를 단 국기봉 2개를 X로 엇갈려 세워 놓았고, 당인동 부군당의 경우에는 부군내외 신상 가운데 태극기를 펼쳐 벽에 붙여 놓았다. 남이장군사당에서는 당제 전날 마당 한편에 설치된 국기봉에 태극기를 게양해 놓는다.
67 기념기에는 "경축 무형문화재 35호 밤섬부군당도당굿"이라고 적혀 있다.

공동체 의례가 점차 행사화 되는 양상을 잘 보여주는 또 다른 사례로 각종 음향 장비와 천막이나 의자 등 편이 시설, 그리고 방문객을 위한 팸플릿과 기념품 등을 들 수 있다. 마이크와 스피커 같은 음향 장비는 규모가 큰 마을굿을 할 때면 필수적인 도구인데, 그것의 주된 목적은 의례의 전 과정을 스피커를 통해 온 동네에 '생중계'를 하기 위해서이다. 요즈음에는 규모가 작은 공동체 의례에서도 이러한 음향 장비가 동원되는데 의례의 생중계를 위해서라기보다는 소위 '식전 행사'라고 할 수 있는 '내빈'[68] 소개 시에 더 적절하게 이용된다. 도시 지역에서는 주민들의 민원 때문에 소란스럽게 스피커를 통해 온 동네에 생중계를 하는 경우는 거의 없다. 그럼에도 불구하고 음향 장비를 갖추고자 하는 것은 공식적인 행사로서의 형식을 갖추고자 하는 의식이 반영된 것으로 보아야 할 것이다.

또한 '내빈'들의 중요성이 점차 커짐에 따라 천막과 의자로서 별도의 '내빈석'을 마련해 놓는 것도 요즈음 자주 볼 수 있는 광경이다. 지역에 따라서는 방문객들에게 팸플릿과 기념품을 나누어 주는 광경도 종종 볼 수 있다. 이 연구의 1차 대상 지역에서는 아직 시행되고 있지만 않지만 인근 용문동이나 행당동에서는 해마다 당굿을 할 때면 팸플릿을 제작하여 배포하고 있다. 일반적으로 팸플릿에는 당굿에 대한 해설 이외에도 해당 구청장, 정치인, 학자, 주재 집단의 장, 당주 무당 등의 인사말과 이력 사항 등과 함께 보존회나 무당 집단의 명단 등이 수록되어 있다. 이러한 팸플릿을 제작·배포하는 일은 해당 공동체 의례에 관계하고 있는 이들의 존재를 외부에 널리 알리고 그들의 '상징적 권위'(정수진, 2004 : 498~500)를 확보하는 데도 상당히 효과적인 방법이 된다. 방문객을 위해서 기념품을 증정하는 모습도 종종 볼 수가 있는데 주로 행사 일시와 장소 등이 인쇄된 수건을 나누어 준다. 이러한 기념품은 주로 손님들에게 증정

---

68 여기서 '내빈'이란 그 지역 공동체 의례에 초빙되어 온 외부인들을 말하는데, 주로 지역 인사나 유력자, 정치인, 학자들이 이에 해당된다. 이러한 '내빈'의 존재는 도시지역 공동체 의례에서 중요한 의미를 가진다. 즉, 전통적인 마을 공동체 의례의 경우, 지역 주민들의 참여가 우선되며 외부인은 단순한 손님으로서 그리 큰 의미를 부여하지는 않는다. 그러나 현대의 공동체 의례에서 '내빈'들의 존재는 공동체 의례의 위상과 규모, 지역적 입지 등을 판단하는 중요한 기준이 되고 있어 점차 유력한 '내빈'들을 유치하려는 마을이 늘어가는 것도 요즈음 새로운 양상이라 할 수 있겠다. 이에 대해서는 다른 장에서 자세히 논의하겠다.

하기 위해 제작되지만 지역에 따라서는 '반기'의 방법으로 이용되기도 한다.[69]

이상으로 서울 한강 유역 부군당 의례의 물질적 요소를 살펴보았다. 연구 대상 지역의 물질적 요소에 대한 전체적인 현황을 정리하면 (부록 1 : 6-2 〈표 1〉과 〈표 2〉)와 같다.

(3) 제도적 요소

제도란 일반적으로 인간이 만들어 낸 관습·도덕·법률 따위의 사회의 종합적 규범을 말한다. 이러한 제도는 넓게는 전 사회적 차원에서 적용되는 것이지만 좁게는 특정 지역 사회나 공동체에도 존재할 수가 있다. 그런데 이러한 제도라는 것은 처지와 이해관계가 각기 다른 사회 구성원들로부터 최종적으로 도출해 낸 합의 사항이라는 점에서 사회 구성원들의 의식 구조와 지향점 등에 대한 가장 정제되고 구체화된 정신적 산물이라고 할 수 있다. 따라서 제도는 단순히 지켜야 하는 형식적 절차나 당위적인 규범이라는 의미를 넘어서는 사회·문화적인 '힘'을 가지고 있는 것이다. 부르디외는 어떠한 일련의 행위를 제도화하는 것에 대해서 신성화의 의식儀式적 과정으로 보았다. 즉, 모든 의식은 그 자체에 대한 신성화와 정당화의 과정을 거쳐 그 어떤 초월적이고 신비로운 상태로 보이게 하는 경향을 가지는데, 제도화는 바로 이러한 신성화의 의식적 과정이라는 것이다(현택수, 1998 : 21). 공동체 의례에서 의례의 절차나 규정, 제관을 선출하는 방법, 후계자를 양상하고 지속적인 전승을 위한 '회會'의 결성 등도 결국 이러한 제도화 과정에 의한 것임을 알 수 있다. 국가적인 제도에서는 이러한 양상이 더욱 뚜렷하게 나타난다. 그 대표적인 것이 문화재 제도이다. 여기서는 이러한 제도적인 요소가 한강 유역 공동체 의례에서 어떻게 나타나고 있는가를 살펴보고자 한다.

---

69 2006년 당산동 부군당굿의 경우, 기념품으로 수건을 제작하였는데 일차적으로 행사 당일 방문한 주민들에게 수건을 배포하였고 참석하지 않았으나 추렴에 참여한 주민들에게는 이후 제주와 몇몇 사람들이 집집마다 돌며 수건을 배포하였다.

① 전승 제도

공동체 의례의 주재 집단들은 자신들의 의례가 안정적이고 지속적으로 후손들에게 전승될 수 있도록 나름대로의 제도적 장치들을 마련해 놓고 있다. 제관들의 선출 방식이라든지 추렴과 같은 제비의 조달 방식이라든지 의례 수행을 위한 연령별 역할 분담이라든지 하는 일련의 관습들이 바로 이러한 제도적 장치에 해당한다. 의례의 규모가 작고 전통적인 농어촌 지역에서는 대개 기존의 '대동계'나 '어촌계' 또는 마을 회의 등을 통하여 의례를 준비하기 때문에 의례를 위해서 별도의 특별한 조직을 구성하지는 않는다. 그러나 의례의 규모가 크고 도시화된 지역에서는 의례를 위한 별도의 조직을 구성하고 이를 통해 굿이나 제사를 준비하는 등 전자에 비해 보다 제도적 면모를 갖추고 있다고 할 수 있다. 이러한 조직은 '준비위원회'나 '보존위원회' 등의 형태를 띠고 있는데, 이러한 '회'의 구성원들이 바로 의례를 준비하는 실질적인 주체들이다.

한강 유역에서 부군당 의례를 전승하고 있는 지역에서도 대부분 이러한 회가 구성되어 있다. 한강 유역 부군당에서의 '회' 역시 '(치성·관리·보존)위원회'의 형태를 띠는데, 이들 조직은 주재 집단 중에서도 의결자 집단에 속한다.[70] 이러한 회가 구성되기 이전에는 전술한 '대동계'나 '어촌계'와 유사한 촌락공동체 또는 제사 공동체가 존재했던 것으로 보인다. 실제 서빙고동 부군당에는 예전 부군당 의례의 주재 집단으로 추정되는 '노인계老人稧'와 '이중계里中稧'의 좌목座目[71] 현판이 전해지고 있다.[72] '노인계'와 '이중계'라는 명칭에서 보이는 '계(契·稧)'[73]라는 조직은 일반적으로 촌락 공동체

---

70 인적 요소에 관한 논의에서 주재 집단을 제관과 같이 실제 의례를 집행하는 主祭者 집단, 보존위원과 같이 안건을 처리하고 제관 등을 선출하는 議決者 집단, 의례 집행에 전면적으로 나서지는 않지만 주제자와 의결자들을 도와 실무적인 일과 온갖 잡무를 처리하는 비교적 젊은 축에 속하는 後繼者 집단 등으로 나눈 바 있다. 본 절에서는 이러한 집단의 조직이 안정적이고 체계적인 전승을 위한 것으로 간주하고 이의 제도적 측면에 주목하여 논의해 보고자 한다.
71 좌목이란 계원들의 이름·자·호·본관, 그리고 당시의 품계와 관직 등을 기록한 것을 말한다.
72 "老人稧座目幷序 凡生民所聚之社必有守護之 靈今此五月修 此堂宇齊誠擇吉以禱以祀除其灾害降之吉祥於萬斯年永享芝芬 尊位五衛將 李興黙 靑海人 …(중략)… 辛卯 五月 日 愚齊生拭腕", 서빙고 부군당 노인계 좌목 현판.
"里中稧員座目 凡生民所聚之社必有守護之 靈今此五月修此堂宇齊誠擇吉以禱以祝 除其灾害降之吉祥於萬斯年永享芝芬 …(중략)… 光武七秊癸卯五月 日", 서빙고 부군당 이중계 좌목 현판.
73 일찍이 계에 대해서 면밀하게 검토한 바 있는 김삼수에 의하면, "契는 본원적으로 '무을'(村)집단의 일반적 단체

로서의 성격을 지니지만 공동체 의례를 위한 제사 공동체로서의 성격도 함께 지니고 있다는 주장은 눈여겨 볼만하다.[74] 이러한 계와 공동체 의례와의 상관성을 뒷받침하는 사례로 서울지역에서는 서빙고동 이외에도 용산구 보광동 '명화전계'를 들 수 있다.[75]

서빙고동의 전승 조직에 대해서 좀 더 살펴보면, 서빙고동 부군당에는 적어도 1875년(김태우, 2009 : 198) 이전부터 전승 조직이 존재했을 것으로 보인다. 부군당이 설치될 시의 전승 조직이 어떠했는가는 확실치 않으나 '숭정기원崇禎紀元'이라 적힌 현판에 올라 있는 관직명을 보면 13명 중 오위장五衛將(전직) 1, 첨사僉使 3, 절충折衝 1, 별장別將 1등 무관 출신이 6명이나 되고 그 중 수군인 첨사가 3명이나 되는 것으로 보아 당시 서빙고동의 주민들 성향을 짐작해 볼 수 있는 대목이다(박흥주, 2001 : 145). 이후 1891년에 존재했었던 것으로 보이는 '노인계'(김태우, 2009 : 201)와 1903년(광무 칠년)에 존재했었던 '이중계'에도 역시 오위장五衛將, 사과司果, 절충折衝 등의 무관들이 다수 참여하고 있어 이들이 중심이 되었던 전승 조직에는 큰 변화가 없었던 것으로 보인다. 이후 일제 강점기와 해방을 거치면서 전승 조직은 다소 혼란스러운 과도기를 거쳤던 것으로 보인다. 즉, 일제 강점기에는 전승 조직이 명확치 않으며[76] 해방 후 1946년에는 '서빙고 당사보건친목회西氷庫堂舍保健親睦會'라는 명칭으로, 한국전쟁 이후 1955년에는 '서빙고부

형태로서 大小의 會聚에 호칭된 것으로 촌락공동체 = 제사공동체 = 생산공동체에 一貫한 본래적인 공동체의 범칭"이며 "촌락공동체 밑에 氏族神的, 농업생산의 곡령적 신앙과의 합체로서 제사공동체의 일면(마지 및 굿)을 가지며, 농업 생산에 수반된 물적 향락을 위한(친목적) 인간적 집단과 농업 생산 그 자체의 협동성 즉, 공동노동으로서의 단순협업을 위한 생산공동체가 그 중요한 내용"이라고 했다. 또한 이러한 계가 "'會'로서 고려, 이조시대를 통하여 행정단위에서 촌락 공동체, 상업적 특권단체의 會聚(廛契), Leiturgie적 수공업의 職人의 會聚(工匠契), 혈연적 會聚에 이르기까지 그 다면성을 專制體制下에서 구현시켰던 것"이라고 역사적 변천과정을 설명하고 있다(김삼수, 1966 : 57~58).

74 위의 김삼수도 동의하고 있듯이 최남선은 계의 기원을 두고 "계는 원래 종교적 행사를 중심으로 하는 일종의 部族議會였다."라고 하여 계의 기본적인 성격은 제사 공동체임을 밝히고 있다(최남선, 1927 : 52). 참고적으로 계의 역사적 변모 과정에 대한 언급을 보면, "이것이 뒤에 국교의 성립과 동시에 교단이 중심이 되고 나아가서는 國民皆敎徒의 古義로부터 종교 중심의 일종의 자치단체의 형식을 이루어 洞里마다 혹은 직업별로 一契를 가지고 공동생활상 一切의 상담을 하게 되었으니 이것이 소위 계의 源委로 契員同士를 香徒라고 호칭하였던 것"이라고 하였다(김삼수, 1966 : 90).
75 1990년 조사 자료(서울특별시 문화재위원회, 1990 : 90)를 보면 당시에는 '명화전계'가 구성되어 있었으나 2006년 현재는 '명화회'로 명칭이 변경되었다.
76 1927년(정묘년)으로 추정되는 '府君堂重修記' 현판에는 기부자 명단만 기록되어 있고 구체적인 전승 조직의 명은 나타나 있지 않다.

군당사재건위원회西氷庫府君堂舍再建委員會'라는 명칭으로 변경되는 과정을 현판들의 기록을 통해 확인할 수가 있다. 1986년에는 현재와 같은 '부군당치성위원회府君堂致誠委員會'(서울특별시, 1986 : 840)라는 조직이 운영되고 있었던 것으로 보아 치성위원회는 이미 그 이전부터 존재했었던 것으로 추정된다.[77] 이렇게 서빙고동 부군당은 다소 변화를 겪기는 했으나 전승 조직을 꾸준하게 유지해 왔음을 알 수가 있다. 또한 현재까지 "단 한 번의 중단도 없이 의례가 지속되어 올 수 있었던 것"[78]도 결국 뒤에 탄탄한 전승 조직이 버티고 있었기에 가능한 일이었을 것으로 생각된다. 서빙고동 부군당뿐만 아니라 한강 유역에서 부군당 의례가 활발하게 전승되고 있는 곳은 전승 조직을 대부분 갖추고 있다는 사실은 공동체 의례 전승에서 전승 조직의 유무가 얼마나 중요한 의미를 지니는지 다시 한 번 확인시켜 주는 대목이다.

한강 유역 부군당 전승 조직은 대체로 회장 1인과 회장을 돕는 총무 등의 실무자 그룹이 있고 그 밑으로 일반 위원들이 그룹을 이루고 있다. 회장은 '치성위원장'(동빙고동, 서빙고동) 또는 '제주'(당산동)로도 불리며 이들의 선출 방식과 임기는 지역마다 약간씩 다르다. 회장의 선출 방식은 전술한 제관의 선출 방식에 의거하여 ① 선출형 ② 윤임輪任형 ③ 종신형 ④ 고정형으로 나눌 수 있다.[79] 대부분은 전승 조직 내에서 회장을 선출하는 선출형에 해당되지만 종신형에 해당하는 지역(한남동 작은한강, 당인동, 당산동, 신길2동)도 다수 있어 주목된다. 종신형에 해당되는 회장들은 한번 선출되면 생을 마감하기 전까지 그 회장직을 수행해야 하고 또한, 이들은 특별히 '당주堂主'로 불리며 실제로 부군당 의례의 정신적 구심체 역할을 하고 있는 인물들이다.[80]

---

77 1972년 서빙고동 부군당 조사 자료(장주근, 1986 : 65~66)를 보면, 전승 조직에 대한 언급은 없으나, 치성 절차가 엄밀히 지켜지고 있는 등 당시 상황으로 미루어 보아 전승 조직이 안정적으로 운영되고 있었던 것으로 판단된다.
78 이○○(남, 79세) 보존회장 2007년 2월 10일 면담.
79 전술한 인적 요소 중 주재 집단 항목 참조.
80 한남동 작은한강의 최○○ 회장은 부친의 뒤를 이어 2대째 당을 맡아 회장직을 수행하고 있다. 현재 후계자, 즉 차기 회장 후보가 없어 의례가 중단될 것을 염려하고 있다. 당인동의 김○○ 회장 역시 부친의 뒤를 이어 회장직을 맡고 있다. 현재 거동이 불편하여 노인회장이 모든 직무를 대행하고는 있으나 현 부군당 의례의 정신적 구심체로서의 역할에는 변동이 없다. 당산동의 경우, 특별한 전승 조직 명칭은 없으나 전승 조직의 구성은 뚜렷하다. 따라서, 이곳에서는 회장에 해당하는 직함을 '제주'라고 한다. 현 당산동의 송○○ 제주 역시 전 제주가 사망한 뒤에

실무자 그룹에는 총무가 대부분 존재하고 기타 재무(당산동), 서기(이태원동), 화주(이태원동, 한남동 큰한강), 소임(당산동, 밤섬) 등이 있다. 이 중에 전승 조직의 옛 모습을 엿볼 수 있는 것이 '화주'와 '소임'이라는 직함이다. '화주化主'는 이태원동과 한남동 큰한강의 부군당 전승 조직에 잘 나타나 있는데, 이태원동의 경우는 수화주-이화주-평화주 순으로 위계질서가 분명하다. 이태원동은 예전에는 '열두화주'라고 하여 12명의 제관이 선출되었다고 하니 화주라 함은 제관을 의미하기도 한다.[81] 한남동 큰한강 부군당의 경우에는 매년 화주를 2명씩 선출하는데 이들은 당굿을 할 때 제관이라기보다는 '대주'[82]와 같은 역할을 한다. 두 지역의 화주가 역할 면에서 다르기는 하지만 둘 다 의례의 핵심적인 존재라는 점은 공통적이다.

'소임所任'은 당산동과 창전동(밤섬)에서 나타나는 직함인데, 역시 역할 면에서 차이가 있다. 먼저, 당산동의 경우에는 소임 집단이 따로 구성되어 있는데 이들은 다른 지역 '위원' 그룹에 해당된다. 이들 역시 부군당 의례의 대소사를 의논하고 추렴이나 반기를 다닐 때 적극적으로 참여한다. 또한 제관들도 이들 소임 집단 내에서 선출된다. 반면, 창전동 밤섬 부군당의 경우는 소임을 매년 한 명만 선출하는데 선출된 소임은 당굿을 할 때 전술한 한남동 큰한강의 화주와 같이 '대주' 역할을 수행한다.

② 의례 제도

의례 제도라 함은, 의례의 실질적 내용인 의례 절차, 제상 차림, 금기禁忌(Taboo) 등을 말한다. 이러한 의례 제도는 오랜 세월을 거치면서 공동체 성원들 간에 합의된 사

제주직을 맡게 되었으며 그 역시 사망 전까지 제주직을 수행하게 될 것이다. 마지막으로 신길2동의 경우인데, 이곳은 특이하게도 별도의 전승 조직이 구성되어 있지는 않으나 정신적 구심체 역할을 하는 소수의 할머니들 그룹에 의해 꾸준하게 의례가 전승되고 있는 곳이다. 따라서 이곳에서 회장격에 해당하는 인물은 할머니들 그룹의 리더라 할 수 있는 김○○ 할머니(주민들에게 '오야 할머니'로 불린다)라고 할 수 있다. 김○○ 할머니는 윤씨 집안에 시집 온 후 시어머니 뒤를 이어 부군당을 맡아 오고 있다. 윤씨 집안은 이 지역 부군당의 기원 설화에 등장하는 윤정승의 후손들로서 이들을 중심으로 부군당 의례가 전승되었던 것으로 보인다.

81 2006년 음력 10월과 2007년 음력 4월 제사에는 8명의 화주가 제관으로 참여하였다.
82 '대주(大主)'란 일반 가정집에서 하는 굿에서 굿을 요청한 집안의 가장을 말한다.

항으로서 지역별로 차이가 있을 수 있으며 또한 그 지역 특유의 의례적 특징을 설명해 주는 근거가 된다. 공동체 의례의 형태를 흔히, '당굿'류와 '당제'류로 구분(김태곤, 1983:88)하는데 주지하다시피 한강 유역 부군당 의례의 대부분이 당굿(무속식)과 당제(유교식)가 결합된 형태를 띠고 있다. 즉, 주민들 중에 선출된 제관들을 중심으로 유교식 당제를 먼저 지내고 이후 당굿을 진행하든지 아니면 당굿을 하는 도중에 당제를 지내든지 하여 주재 집단과 무당 집단이 동등한 비중을 가지고 참여하는 형태를 말한다. 현재 보이는 부군당 의례들 중에는 유교식 당제로만 지내는 곳이 많은데, 이들 경우도 사실은 과거에는 당굿과 당제를 같이 했지만 여러 사정으로 인해 당굿이 중단되었을 뿐이지 원래부터 유교식 당제의 형태를 고수하고 있는 것은 아니다.

반면, 지역에 따라서는 당제보다는 당굿의 비중이 더 큰 경우가 있는데, 한남동(큰한강·작은한강), 신길2동 등이 그런 경우이다. 이들 지역에서는 제관을 따로 선출하지도 않으며 무당 집단에게 의례 전반을 전적으로 맡기기 때문에 유교식 당제가 개입되지 않는다. 따라서 이들 지역은 무속식 당굿이 우세한 경우라고 할 수 있다. 당인동의 경우는 특이한 형태로 무당이 참여하지는 않으나 그렇다고 유교식 제차에 의해 의례가 행해지지도 않는다. 즉, 회장(당주)이 대표로 각 신위 앞에서 '비손'을 하면 주민 대표들이 뒤에 도열하여 있다가 절을 드리는 형태로서 이는 유교식도 무속식도 아닌 '치성식'이라고 불러야 할 것 같다.

이처럼 유교식 당제를 위주로 하는지 또는 무속식 당굿을 위주로 하는지 혹은 두 가지 형태를 동등하게 시행하는지에 해당하는 것들도 의례 제도의 한 측면으로 이해할 수 있을 것이다. 본 장에서는 유교식 당제에 한정하여 살펴보도록 하겠다.[83]

유교식 당제의 절차는 대체로 유교식 제례 절차를 따르고 있다. 그러나 지역에 따라 일반적인 제례 절차(임돈희, 1990:99~102)에서 약간씩 차이가 있다. 즉, 공동체 의례에서 절은 가제와는 달리 삼배三拜를 하지만 서빙고동이나 동빙고동의 경우처럼 사배

---

[83] 무속식 당굿의 경우는 이미 '부군당 의례의 전통적 구성'에서 자세하게 다룬 바 있다.

四拜를 하는 지역도 있고, '소지'의 과정이 있는 경우와 그렇지 않은 경우, 음복을 하고 철상을 하는지 아니면 철상을 하고 음복을 하는지 등 순서 상의 차이 등이 약간씩 다르다(부록 1:6-3 〈표 1〉참조). 먼저, 절을 하는 횟수가 지역마다 다른데, 그 이유는 부군당에 모시고 있는 주신主神의 지위와 성격이 각기 다르기 때문이다. 일반적으로 삼배를 하는 지역은 주신이 부군할아버지나 할머니인 경우지만 사배를 하는 지역은 태조 이성계나 단군과 같은 국왕을 모시고 있는 경우로서 유교식 대제와 같이 사배를 올린다.[84] 그런데 흥미로운 점은 2002년에 이태원 부군당굿을 보면, 제관 중 한 명이 절하는 횟수를 무당에게 묻는 대목이 있다(KBS, 2002). 이에 대해 무당은 절 예법은 각 도마다 다 다르지만 일반적으로 세 번을 한다고 하였고 이후 본굿을 시작하기 위해 당을 오르고 나서 제관들이 당에 들어가지 않고 마당에서 절을 드리는 장면이 나온다. 여기서는 7번 큰절을 올리는데 당시 주무는 이는 유교식 예법이 아닌 '굿법'에 따라 그렇게 한다고 설명하였다. 즉, 유교식 제사의 절차에 있어서도 무당들의 영향 또는 무속식 예법의 영향을 많이 받고 있다는 점을 알 수 있다.

다음으로 '소지燒紙'의 절차인데, 이 역시 공동체 의례에서는 보편적으로 보이는 현상이다. 한강 유역 부군당 의례에서는 소지를 올리는 지역이 절반 정도인데, 무속식 당굿인 경우는 소지 절차가 지켜지고 있지만 주로 유교식 당제에서는 생략되는 양상을 띤다. 이처럼 개인별로 일일이 축원을 해주어야 하는 번거로운 소지 행위가 점차 생략되는 것도 의례 절차가 점점 간소화되고 행사화 되는 현 상황과 맥을 같이 한다고 볼 수 있다.

③ 문화재 제도

문화재 제도란, 주로 국가에서 실시하는 문화재 정책[85]과 관련된 제도를 말하는데

---

84 동빙고동의 조대호 위원장은 2007년부터 유교식 대제의 절차를 부군당 의례에 적용하기 시작했다. 스스로 대제에 관한 책을 참고하여 의례 절차를 새로 작성하였다고 한다.
85 문화재 정책이란 1962년에 제정된 '문화재 보호법'을 법적 근거로 한 문화재의 지정과 보유자의 인정, 해제 등의 제도적 행위를 포함하여 문화재에 상응하는 유형·무형의 유산 — 문화재로 지정받지 못한 — 에 대한 모든 정책

여기에서는 문화재 지정뿐만 아니라 발굴 및 보급 등의 문화재 보호법 전반을 포함하는 포괄적인 제도로 보고자 한다. 따라서 문화재 제도의 범주에는 지정 문화재뿐만 아니라 비지정 문화재에 대한 정책까지도 포함되며, 문화재 보호법뿐만 아니라 문화재(비지정문화재까지도 포함한)의 활용과 보급에 관한 것도 여기에 포함되는 것이다. 서울지역 공동체 의례에 대한 문화재 정책의 양상은 크게 세 가지로 볼 수 있는데 문화재 지정을 통한 지원, 비지정 문화재에 대한 '전통문화행사'라는 명분화와 경제적인 지원, 지역축제나 문화콘텐츠로의 활용이 그것이다. 이러한 문화재 제도가 한강 유역 부군당 의례에 어떻게 나타나고 있는지 살펴보고자 한다.

먼저, 서울 지역에는 무형문화재가 5건, 민속자료가 2건 지정되어 있다.[86] 본 연구 대상 중에서는 밤섬 부군당굿과 서빙고 부군당이 무형문화재와 민속자료로 각각 지정되어 있다. 창전동 밤섬부군당 건물은 2000년에 서울시 근대건축물로 지정되었고 부군당굿은 '밤섬부군당도당굿'[87]이란 명칭으로 2005년에 서울시 무형문화재로 지정되었다.[88] 밤섬부군당굿이 무형문화재로 지정된 후에 생긴 가장 큰 변화라면 부군당 의례

...

86 〈서울지역 문화재 지정 공동체 의례 현황〉 (2006년 기준)

분류	지정 번호	지정명	지정 일시
서울시 무형문화재	제10호	바위절마을호상놀이	1996.09.30.
//	제20호	남이장군사당제	1999.07.01.
//	제33호	행당동아기씨당굿	2005.1.10.
//	제34호	봉화산도당굿	//
//	제35호	밤섬부군당도당굿	//
서울시 민속자료	제2호	서빙고부군당	1973.01.26.
//	제3호	평창동보현산신각	//

87 현지 주민들은 '밤섬부군당도당굿'이라는 명칭을 사용하지 않는다. 부군당굿과 도당굿이 엄연히 다름에도 불구하고 이렇게 애매한 명칭이 붙게 된 이유가 의심스럽다. 2004년에 있었던 문화재위원회 심의 결과 보고서에는 '밤섬부군당굿'이라 명기되어 있으나 최종 등록된 명칭은 '밤섬부군당도당굿'으로 되어 있다. 참고적으로, 한국샤머니즘학회에서 1999년에 출간한 『마포 부군당굿 연구』에서는 '부군당도당굿'이란 명칭이 사용되고 있어서 그 연관성을 추정해 볼 따름이다.

88 보통 무형문화재가 지정되면 그 보유자가 인정되기 마련인데, 2007년 현재까지 보유자 인정이 미뤄지고 있다. 2004년 문화재위원회 심의 결과 보고서를 보면, 보유자로 당주무당 김○○과 악사 김○○을 신청하였으나, "기량은 인정되나 종목을 선 지정하여 굿의 전통성을 유지, 보존하고 연차적으로 구성원을 인정하기로 보류함."이라고 하였다. 이후 당주무당과 악사도 보유자로 인정되었다.

가 '행사화' 되는 경향을 첫 번째로 꼽을 수 있겠다. 즉, 밤섬부군당굿은 밤섬주민들의 공동체 의례라는 원래의 의미 외에도 무형문화재로서의 '공개발표회'라는 새로운 '명분'을 가지게 된 것이다. 아파트로 둘러싸인 채 주변 눈치를 보며 부군당굿을 해야 했던 '제자리 실향민'[89]인 밤섬 주민들은 이제 떳떳하게 부군당굿을 하게 된 것이다. 주재 집단 역시 이러한 명분에 걸맞게 다양한 행사 도구를 설치하고 '내빈 소개' 등이 포함된 '식순'에 따라 행사를 진행하고 있다.

두 번째 변화라고 한다면, 관의 전폭적인 지원을 들 수 있겠다. 관 역시 그 동안 '민원'[90]을 살피며 소극적으로 지원하던 태도를 바꾸어 행정적·경제적 지원을 아끼지 않고 있다. 즉, 2007년부터는 부군당굿을 마포문화원과 공동으로 주최하게 되었으며, 행사 지원금도 대폭 늘어 서울시와 마포구에서 약 800만 원가량이 지원되고 있다.[91] 또한, 행사 당일에는 마포구청 직원들과 문화원 직원들도 다수 참석하였고 지역 방송국과 학자들이 몰려 성황을 이룬 점도 문화재 지정과 무관하지는 않을 것이다.

서빙고동 부군당은 전술한 바와 같이 부군당의 역사를 구체적으로 알려 주는 현판 등이 다수 보관되어 있고 건물 자체도 그 역사적 가치가 인정되어 일찍이 서울시 민속자료로 지정되었다. 현재 서빙고동의 부군당 의례는 예전에 비해 많은 부분이 생략되고 간소화되는 상황이다. 즉, 마을 주민들을 대상으로 했던 '추렴' 풍속이 사라지고 추렴이 사라지고 추렴에 참여했던 주민들에게 음식을 나누어 주었던 '반기' 풍속도 따라서 사라졌다. 또한, 의례 절차에 있어서도 격식과 절도를 지켰던 모습에서 점차 이완되고 간소화되는 모습으로 변하고 있다. 즉, 소지가 생략되고 의례 진행에 있어서도 절차에 대해서 제관들 간에 의견이 분분하는 등 다소 혼란스러운 모습을 목격할

---

89 대규모 토목 공사(댐 건설, 섬 폭파 등)나 재개발로 인해 고향 땅을 잃어버린 이들을 일컫는다(박흥주, 2001 : 229).
90 2007년 당시 부군당굿 현장에 참석했던 마포구청 공무원은 그간 밤섬부군당굿으로 인한 숱한 민원 때문에 애로가 많았다고 털어 놓았다. 민원의 주된 내용은 종교적 거부감에 대한 표현, 소수 주민들만을 위한 지원에 대한 불만, 소란스러움에 대한 주변 아파트 주민들의 신고 등이라고 한다.
91 이러한 지원 금액은 문화재로 지정이 되지 않은, 마포구의 다른 부군당과 비교도 안 될 큰 액수이다. 당인동 부군당의 경우 30만 원 정도다(2006년 기준).

수 있다.

이렇게 의례가 간소화되는 현상은 시대적 요청일 수도 있겠으나 문화재 제도와도 어느 정도 관련이 있을 것으로 보인다. 즉, 서빙고동의 경우에는 부군당 건물만 문화재로 지정되었고 부군당굿은 지정되지 않았다. 따라서 법적으로는 부군당 의례의 '원형 유지'에 대한 의무는 일단 없는 것이다. 이렇게 부군당 의례의 원형 유지에 대한 법적 강제력도 없을 뿐더러 관 역시 부군당 의례에 대해서 지원금 지급 외에는 별도의 행정적·경제적 지원은 하지 않아 소홀하다는 인상을 지울 수 없다.[92] 상황이 이렇게 된 데에는 이러한 외적인 문제도 문제거니와 주재 집단의 상황 변화도 한 몫을 하고 있다. 즉, 5년 전(2001년경)까지도 추렴이 이루어졌으나 지금은 추렴을 하지 않고 서울시에서 나오는 지원금 내에서 의례 비용을 충당하고 있다. 추렴을 중단한 이유는 추렴에 참여할 주민들도 많지 않으며 굳이 추렴을 하지 않아도 지원금만으로도 행사를 치르기에는 충분하다는 것이다.[93] 그런데, 이러한 재정으로도 의례 수행이 가능하게 된 것은 1994년 이후 당굿이 중단되었기 때문일 것이다. 만약 당굿이 지속되었다면 현재의 지원금만으로는 턱없이 부족했을 것이고 그렇다면 추렴 역시 중단될 수 없었을 것으로 보인다.

결국, 서빙고동 부군당 의례에서 추렴과 반기 풍속의 소멸은 당굿의 중단과 지역 주민들의 참여가 점차 줄어들고 있다는 내부적 원인과 함께 문화재 지정에 있어 의례에 대한 지정 누락과 지원금에 대한 의존도 증대 등의 외부적 원인이 복합되어 일어난 결과로 볼 수 있다.

이 외에 문화재 제도에 의한 몇 가지 변화를 살펴보면, 먼저 안내판이 설치되어 부군당이 서울시 문화재임을 주민들에게 공식적으로 알려 주고 있다. 다음으로, 문화재 보호법에 따라 주변 지역 건축 제한[94]이 가해지자 "부군당 때문에 개발이 안 된다"라

---

[92] 실제로 2007년 부군당 치성 당시 구청 공무원이나 외부 인사 중 단 한 명도 참석하지 않았으며 제사는 단 15분 만에 끝이 났다. 치성일이 설날 아침이라는 특수성이 없지 있지만 제관 몇 분들만이 조촐하게 제사를 드리는 모습이 문화재 행사치고는 을씨년스러운 광경이 아닐 수 없었다.
[93] 이석경 회장 면담 조사(2007년 2월 10일, 서빙고동 경로당).

는 주민들의 불만이 가중되고 있는 실정이다. 마지막으로 부군당의 대지는 원래 개인 소유[95]였으나 현재는 국가 소유(시유지)로 되어 있다. 시유지로 변경된 시점이 언제인지는 확실치 않으나 문화재 지정과 밀접한 연관이 있을 것으로 판단된다. 서빙고동과 밤섬 부군당 의례가 문화재로 지정되기 전과 후의 변화상을 정리하면 (부록 1:6-3 〈표 2〉)와 같으며 전체 대상 지역의 부군당 의례에서 제도적 요소에 해당하는 내용을 정리하면 (부록 1:6-3 〈표 1〉)과 같다.

④ 내적 요소

내적인 요소란 부군당 의례의 실질적인 내용이 되는, 즉 부군당굿이라든지 무가, 그리고 유교식 제사 내용이 이에 해당한다. 앞에서 살펴 본 바와 같이 굿거리 구성은 대체로 서울의 개인굿이 확장된 구성을 보이고 있다. 또한, 부군거리나 군웅거리 등과 같은 마을굿적 특징을 보이는 굿거리가 존재한다. 무가에 있어서도 그 내용은 개인굿의 무가와 별반 다르지는 않으나 마을굿적 특징을 보이는 거리의 무가가 특히 발달되어 있음을 알 수 있다. 또한 개인굿과 마을굿이라는 상황적 맥락이 다름으로 인해 공수에 있어서나 불러들이는 신격에 있어서 차이가 있다. 유교식 제사의 경우에도 그 절차와 내용은 일반적인 제례 절차를 따르고 있으나 소지의 절차가 추가된다. 또한 구체적인 절차와 방식에 있어서는 지역별로 차이를 보이는데 예를 들면, 절을 하는 횟수, 각 신들에게 올리는 제물 종류, 축문의 내용 등이 그것이다.[96]

---

94 문화재 보호법(제14조의 2)에 의하면, 시 지정문화재 또는 보호구역 경계로부터 50m이내 공사를 할 경우는 문화재 보존에 영향을 미치는 사항이 있는지 사전 영향 검토를 반드시 해야 하며 건물 신축 시 그 높이가 앙각 27° 선을 초과해서는 안 된다.
95 1972년 조사에 의하면 부군당 대지는 넓이가 140평이며 소유권자는 徐珠鉉씨(사망)로 되어 있었다(장주근, 1986 : 64).
96 내적 요소와 관련하여 굿거리나 무가, 유교식 제사 내용 등에 대한 내용은 제2장 3절에서 상세하게 다룬 바 있으니 이를 참조하기 바란다.

2) 구성 요소의 변화와 의례

(1) 의례 구성 요소의 변화 양상

여기에서는 지금까지 살펴 본 부군당 의례의 전통적 구성 요소와 현재 구성 요소를 비교하여 무엇이 변화하고 또 무엇이 그대로인지 혹은 사라진 것은 무엇인지를 알아보고자 한다.

먼저, 부군당 의례에서 지속되고 있는 것부터 살펴보자. 첫째, 부군당 의례는 예나 지금이나 그 지역의 발전과 주민의 안녕을 신에게 기원하는 '지역 공동체 의례'라는 성격은 여전히 지속되고 있다. 둘째, 부군당 의례에서는 제관이나 무당 등 인간과 신을 매개하는 사제자의 존재가 필수적이다. 시대에 따라 주재 집단의 신분과 규모는 달라졌지만 그 존재는 꾸준히 유지되어 온 셈이다. 따라서 이러한 주재 집단의 존재 역시 지속적인 요소로 볼 수 있다. 셋째, 수집·재분배 시스템과 의례 공간의 지속을 들 수 있다. 의례의 물적 토대라고 할 수 있는 수집·재분배 시스템은 점차 약화되어 가고는 있으나 여전히 중요한 물적 토대로 기능하고 있으며 제당과 같은 의례 공간 역시 많은 곳이 소실되기는 했으나 아직까지 적지 않은 제당들이 남아 있다. 넷째, 무속식이건 유교식이건 간에 해당 의례가 중단되지 않은 이상 그 양식은 크게 변하지 않고 지속되고 있다. 즉, 무속식인 부군당굿의 소요 시간과 규모에 있어서 차이는 있지만 기본적인 굿거리는 거의 변하지 않았으며 유교식의 경우도 제물의 규모나 순서 등에 약간의 변화가 있기는 하나 유교식 형식이라는 큰 틀은 유지되어 오고 있다.

이처럼 큰 틀에서 보면 여전히 지속되고 있는 요소들이지만 시대가 지남에 따라 구체적인 형식과 절차들이 변화해 온 것도 사실이다. 그 변화된 것들을 살펴보면, 첫째, 시대에 따라 주재 집단과 참여 집단의 성격이 변하고 있다. 즉, 과거에는 하급 관리나 향리들에 의해 주재되었던 것이 점차 지역 주민들 중 유력자나 토박이에 의해 주재된다. 참여 집단 역시 과거에는 지역 주민들이 그 중심이었으나 현재에는 주민들 외에도 정치인·학자·기자·관광객 등 다양한 사람들이 참여하고 있다.

둘째, 재분배 방식과 의례 공간 및 전승 권역, 의례 도구의 변화를 들 수 있다. 전술한 바와 같이 '의례를 통한 재화의 재분배'는 여전히 수행되고는 있으나 그 방식이 변하였다. 즉, 과거에는 제물을 집집마다 나누어 주었던 '반기'가 일반적인 재분배 방식이었으나 현재는 음식 대신에 간편한 수건이나 기념품 등으로 대치되었고 분배하는 방식도 현장에서 바로 배포하는 식으로 간편화되었다. 의례 공간인 제당에 있어서도 건물은 존속하고 있으나 위치는 수차례 바뀐 것이 대부분이다. 위치의 변화는 전승 권역의 변화와도 관련이 있는데 잦은 제당의 이전은 전승 권역의 축소나 이탈을 가져오기도 한다. 의례 도구들도 과거보다는 간편하고 관리가 용이한 것들로 바뀌었다.

셋째, 의례 형식과 절차 및 규모의 변화를 들 수 있다. 전술한 바와 같이 무속식이건 유교식이건 해당 양식은 크게 바뀌지 않았으나 세부적인 형식과 절차에 있어서는 적지 않은 변화를 겪어 왔으며 규모에 있어서도 과거에 비해 대폭 축소된 것도 사실이다. 무속식인 당굿의 경우 과거에는 일반적으로 행했었던 '유가돌기'가 지금은 거의 행해지지 않고 있으며 굿거리의 구성에 있어서도 당주 무당이 세습되면서 조금씩 변하게 된다. 현재 유교식으로 의례가 진행되는 경우에도 과거에는 당굿이 연속되었겠지만 지금은 굿이 중단되었다는 것이 무엇보다도 큰 변화이며 제관이나 제물에 대한 금기가 과거에 비해 소홀해지고 있다는 것도 변화의 하나일 것이다.

넷째, 부군당과 관련된 설화나 영험담의 변화를 들 수 있다. 즉, 시대가 변하면서 실화의 배경이나 영험담의 소재도 바뀌게 되는데 주로 일제강점기나 도시화와 관련된 이야기들로 변하게 된다. 과거 영험담은 부군당이나 부군신의 신성성을 모독한 자들을 벌하는 내용이 주를 이루었으나 후대로 오면서 일본군이나 개발업자 등 현실 생활에서 피해와 분노를 준 구체적 대상들을 벌하는 내용으로 바뀌게 된 것이다.

다섯째, 부군당의 신격과 기능의 변화를 들 수 있다. 조선시대 문헌에 등장하는 부군당의 주신으로 최영장군, 송씨 처녀, 임장군, 우왕의 비 등이 있다. 그런데 지금의 상황과 비교해 보았을 때 조선시대에 나타나는 부군당의 신격이 현재는 잘 보이지 않는다는 점과 그 신격이 구체적이기보다는 일반적인 부군으로 인식되고 있다는 점에서 차이가 난다. 즉, 현재 전승되는 부군당의 주신은 대부분 '부군님'으로 통칭되는데 그 중에 단군(동빙고동), 이성계(서빙고동·청암동) 등만이 구체적인 존재가 알려져 있는 경우이다. 물론 한강 유역에 분포한 마을 제당 전체를 대상으로 했을 경우에는 남이장군(용문동), 아기씨(행당동, 왕십리), 김유신(보광동 명화전), 제갈공명(보광동 무후묘), 공민왕(창전동) 등이 주신으로 전승되고 있으며 소실되기는 했지만 최영장군(대흥동), 세조대왕(신수동), 금성대왕(망원동) 등 적지 않은 지역에서 구체적 인물들이 모셔지고 있기는 하다. 그런데 이러한 경우는 대부분 제당의 명칭이나 성격이 이미 특정 인물을 지칭하고 있는 경우이고 그렇지 않은 경우에는 점차 신격의 구체성이 상실되어가는 추세라 할 수 있다. 부군당의 기능에 있어서도 과거 신앙적 구심점으로서의 기능보다는 토박이들의 정체성을 유지하기 위한 것이라든지 지역의 전통 문화를 알리고 선양하기 위한 기능이라든지 하는 것으로 변하고 있다.

지금까지는 부군당 의례에서 지속되고 변화된 것들을 살펴보았다. 이 외에 부군당 의례에서 중단된 것이나 새롭게 창조된 것은 무엇인지 살펴보면, 첫째, 의례 자체가 아예 중단된 것을 들 수 있겠다. 부군당 의례의 지속과 변화는 부군당의 존재를 전제로 한다. 즉, 부군당이 소실된 경우는 대부분 의례가 중단되었거나 아니면 몇몇 개인에 의해 간신히 존속하고 있는 경우인데 후자의 경우는 이미 공동체 의례로서의 성격을 상실한 것으로 간주할 수 있다. 따라서 부군당의 존재는 부군당 의례의 필수 조건이라 할 수 있는데 서울 한강 유역만 하더라도 조사된 사례 중에 절반이 넘는 지역에서 제당이 소실되었고 그 경우 의례 역시 거의 중단된 것으로 나타났다(부록 1:1 〈표 1〉 참조). 이러한 제당의 소실은 자연적인 원인도 있겠으나 대부분은 도시화에 따른 인위적 파괴가 주된 원인일 것이다.

둘째, '추렴'과 '반기'를 하는 풍속이 점차 생략되는 사례가 늘고 있다. 아직까지 대부분의 지역에서는 '추렴'을 통해 의례 비용을 충당하고 있으며 '반기'의 형태는 아니지만 기념품이나 마을 잔치 등으로 재분배를 행하고 있다. 그러나 이마저 생략하는 경우도 점차 늘어가고 있는 것도 사실이다. 그 원인으로 지역 주민들의 참여가 점차 줄어들고 있는 상황에서 추렴 자체가 힘들어지는 것도 있겠으나 넉넉해진 관의 경제적 지원으로 인해 번거롭고 힘이 드는 주민 추렴을 생략하고자 하는 주재 집단들의 인식 변화도 무시할 수 없다. '반기' 역시 기념품이나 마을 잔치로 대체되고는 있으나 반기의 원래 의미가 의례를 위해 추렴에 참여했던 주민들에게 제물을 공평하게 재분배한다는 의미뿐만 아니라 신이 드신 음식을 나누어 먹음으로써 복을 받는다는 음복의 의미도 담고 있기에 지금의 변형된 모습은 엄밀한 의미에서 '반기' 문화의 중단이라고 판단할 수도 있겠다.

셋째, 의례 양식 중에 무속식 당굿의 중단을 들 수 있다. 부군당 의례는 유교식 제사를 포함한 무속식 당굿이 위주가 되었던 것인데 이미 대부분 지역에서 무속식 당굿이 중단되고 유교식 제사나 간단한 치성 형태만 남아 있는 실정이다. 서울 한강 유역 부군당만 하더라도 모든 지역에서 예외 없이 당굿을 하였으나 현재 당굿이 유지되고 있는 지역은 절반에도 미치지 못한다. 이러한 무속식 당굿의 중단은 가시적으로 드러난 변화 중에 가장 두드러진 것으로 볼 수 있다.

다음으로, 부군당 의례에서 새롭게 창조된 것을 살펴보도록 하겠다. 첫째, 의례 절차 중에서 전에 없었던 '내빈 소개'와 같은 절차가 생겨났다. 이는 부군당 의례의 행사화 경향에 따른 것으로 내신 소개뿐만 아니라 국민의례나 축사 등의 행사성 식순이 대폭 늘어나고 있다. 둘째, 부군당 안내판이 새로 설치되고 관에 제출한 보고서 및 각종 행사 도구 등이 새롭게 등장하고 있다. 이러한 현상은 부군당 의례를 공식화·공개회·행사화하기 위한 장치들이 새롭게 도입되고 있음을 뜻한다. 셋째, 부군당이나 부군당 의례가 '국가 문화재'로 정식 지정되기 시작하였다. 부군당 의례의 국가 문화재 지정은 전승 환경에 큰 파장을 일으킬 만한 변수이다. 이는 부군당 의례의 문화재적 가치를 공식적으로 인정받게 된 것이며 한편으로는 다른 지역 부군당 의례 역시 문화재로 지정될 수 있다는 가능성을 내포하고 있기도 하다. 결국, 다른 지역 부군당 주재 집단들 역시 그들의 부군당 의례가 문화재로 편입되기를 희망하게 될 것이고 이는 또 다시 부군당 의례의 문화재적 가치를 창출하기 위한 시도로 이어질 '위험'도 잠재되어 있는 것이다. 다섯째, 부군당 의례를 둘러싸고 다양한 '권력'들이 창출되고 있다.[97] 이러한 권력은 부군당 의례를 통해 창출되고 유지되기도 하지만 반대로 부군당 의례가 변모하는 데 지대한 영향력을 행사하기도 한다. 즉, 부군당 의례를 둘러싸고 있는 외부 집단으로 정부와 관, 연구자 집단, 언론 집단 등이 있는데 이들이 새로운 권력으로 부상하고 있다.[98] 이처럼, 부군당 의례에서는 다양한 권력들이 새롭게 창출되기도 하고 이들 권력은 또다시 의례에 영향을 줌으로써 의례가 변모되기도 하는 등 끊임없이 상호 영향을 끼치고 있다.

(2) 구성 요소의 특징과 의례와의 관련성

지금까지 밝혀진 구성 요소의 특징을 정리하면 다음과 같다. 먼저, 인적 요소에 있어서 중층적인 주재 집단의 구성을 보이고 있으며 현재는 주로 토박이를 중심으로 하여 소수 정예화 되는 양상을 보이고 있다. 무당 집단 역시 특정 지역을 근거지로 하여 오랫동안 단골 관계를 유지하며 해당 지역 부군당 의례를 계보를 통해 전승하고 있다. 물적 요소의 측면에서 보면, 과거에는 대부분 추렴과 반기라는 호혜시스템이 작동되고 있었으며 제당은 전망이 좋은 한강변에 위치하고 있었다. 현재에는 추렴은 어느 정도 유지되고 있으나 반기는 점차 생략되거나 다른 형태로 대체되는 추세이고 제당은 이전을 거듭하여 주택과 아파트 등에 의해 고립되어 있는 형편이다.

다음으로 제도적 요소를 살펴보면, 대부분 특정한 전승 단체를 조직해 놓고 있으며 이 조직들은 의례뿐만 아니라 평상시에도 그 영향력이 미치는 상설기구로 작동하고 있다. 과거에도 지역 유력자들을 중심으로 이러한 조직이 있었을 것으로 보이며 현재까지 그 전통이 유지되고 있는 것이다. 또한 '당주'로 불리는 종신형 회장도 다수 존재하는데 이는 과거 부군당을 관리하고 의례를 주도했던 '당주직'의 존재를 시사하고

---

97 여기서의 '권력'이란 실질적으로 주어진 권력 이외에도 상징적이고 문화적인 권력까지도 포괄하는 개념이다.
98 먼저, 지원금의 집행 권한과 문화재 지정과 같은 제도적 권한을 가지고 있는 정부와 관은 이미 부군당 의례에 있어서 막강한 권력을 행사하고 있는 존재라고 보아야 한다. 다음으로, 부군당 의례에 있어서 대학원생이나 교수와 같은 연구자 집단 역시 새로운 권력으로 부각되고 있다. 특히, 연구자 집단이 생산해 내고 있는 논문과 보고서 등은 부군당 의례의 존망을 가름할 만한 결과를 초래하기도 한다. 문화재 지정을 위한 문화재위원회에서 작성한 보고서 등이 대표적인 사례가 된다. 마지막으로 매스컴이나 언론 등도 새로운 권력으로 부상되고 있다. 부군당 의례 현장에서 주재 집단에게 가장 많이 듣는 질문이 "어디서 나왔냐"라는 것이다. 어느 방송국 또는 신문사의 기자인가 하는 궁금증에서 나온 질문이지만 이는 그만큼 매스컴이나 언론을 의식하고 있으며 은근히 그러한 매체에 노출되기를 기대한다는 증거인 셈이다. 경우에 따라서는 연구자나 정부 관계자들보다도 방송국 카메라가 온다는 소식에 의관이나 제물 등에 각별히 더 신경을 쓰는 모습도 목격된다.

있지 않은가 생각된다. 이는 일종의 주민들 중에 선출된 '사제자'의 직책으로서, 무당과는 별도로 평상시 부군당을 대표하는 존엄한 존재로 볼 수 있다. 이들은 가계를 통해, 혹은 오랫동안 후계자 수업을 통해 당주로서의 품성과 의례 전반에 대한 지식을 체득한 인물들이다. 의례 제도에 있어서는 유교식 당제 후에 무속식 당굿이 이어지는 것이 보편적인 형태였던 것으로 보인다. 현재는 무속식 당굿이 점점 중단되는 추세이며 반면 부군당 의례에 대한 문화재 지정은 늘고 있는 추세이다.

내적 요소인 부군당굿의 굿거리와 무가 등을 살펴보면, 굿거리 구성은 대체로 서울의 개인굿이 확장된 구성을 보이고 있으며 부군거리나 군웅거리 등과 같은 특징적인 굿거리가 존재한다. 무가에 있어서도 개인굿의 무가와 별반 다르지는 않으나 개인굿이라는 상황과 마을굿이라는 상황적 맥락이 다름으로 인해 공수에 있어서나 불러들이는 신격에 있어서 차이가 있다. 이러한 차이는 사소할 수 있으나 '맥락context'이 다르다는 점을 고려하면 결코 무시할 수 없는 차이라고도 볼 수 있다. 무신도를 통해 본 부군신은 고귀한 지위에 있는 인격신으로 표현되어 있으며 대체로 내외간이 함께 모셔져 있다. 이러한 부군신은 경기도 지역에 보편적으로 나타나는 도당신과 마찬가지로 마을 수호신으로 정형화된 것으로 보인다. 따라서 이러한 부군신을 모시고 있는지 그렇지 않은지가 부군당의 여부를 판별하는 중요한 기준이 될 수 있다.

이제 이러한 구성 요소들이 의례에 어떠한 영향을 미치고 있는가 하는 점을 살펴볼 차례이다. 먼저, 인적 요소와 의례와의 관련성을 살펴보면 다음과 같다. 주재 집단에 있어서는 대체로 '○○동 부군당 보존회' 또는 '○○동 부군당 위원회' 등과 같은 단체가 구성되어 있으며 이들은 대부분 본토 출신들로서 도시 안에서도 강한 애향심을 지닌 집단들이라 할 수 있다. 또한 향우회와 같은 후원집단이 존재하여 안정적인 전승 체계를 갖추고 있다. 이처럼 한강 유역 부군당의 주재 집단들은 주재자 집단 – 의결자 집단 – 후계자 집단 등이 중층적으로 조직되어 있어 타 지역에 비해 체계적이며 안정적인 구조를 보여주고 있다.

이러한 의례 주재 집단의 조직화 경향은 조직 내에 전승 주체들을 재생산할 수 있는 장치를 마련하고 있다는 점에서 긍정적인 현상이라고 볼 수 있다. 반면, 지역 공동체 의례는 그 지역 전체 주민들을 근간으로 해야 한다는 기본적인 전제 조건을 염두에 둘 때 부군당 의례 주재 집단들이 보여 주고 있는 조직화 경향은 자칫 소수 집단만으로 주도되는 '소수 공동체 의례'로 변질될 소지가 있으며 실제 몇몇 지역에서는 그러한 현상이 나타나고 있어서 전적으로 긍정적이라고만은 할 수 없다.

다음으로 무당 집단에 있어서는 한강 유역 부군당을 근거지로 하여 전 서울 지역을 무대로 활동하는 무당들의 인적 네트워크가 복잡하게 짜여 있으며 각자 그들의 근거지를 바탕으로 계통을 세워가면서 단골판과 흡사한 제도를 지켜가고 있다는 점 등이 특징적이었다. 이러한 특징은 서울 한강 유역 부군당굿의 지속과 변화에 영향을 미치고 있는 것으로 보인다. 즉, 전 서울 지역을 무대로 한 광범위한 무당들의 인적 네트워크는 부군당굿이 전통적인 한양굿은 물론이고 경기도 지역의 굿이나 인천 등 해안 지역의 굿 등을 다양하게 흡수하면서 형성·변화할 수 있었던 중요한 조건으로 작용하였을 것이다. 또한, 각 지역에 산재해 있는 부군당의 당주 무당들은 그 부군당을 기점을 하여 계보에 따라 당주 무당직을 세습함으로써 그 지역만의 특징적인 당굿이 전승될 수 있었던 것으로 보인다.

마지막으로 참여 집단에 있어서는 정치인과 지역 인사들이 다수 참여하고 있어 정치색이 강한 면모를 보여 주고 있으며 현지 거주민보다는 본토인이나 이주해 온 지 오래된 이들을 중심으로 참여하고 있다는 점 등이 특징적이었다. 부군당 의례에서는 으레 구청장이나 국회의원, 시의원 등을 초빙하고 또한 이들이 제관으로 참여하는 사례도 점차 늘고 있다. 이러한 경향은 부군당 의례가 그 지역에서 영향력을 행사할 수 있는 좋은 기제로 작용하고 있다는 것을 보여준다. 그러나 참여 집단에서 순수 지역민들의 비중이 낮다는 것은 진정한 지역 축제로서는 한계가 있음을 보여 주고 있다. 이러한 한계는 추후 해결해 나가야 할 과제라고 생각된다.

다음으로, 물적 요소와 부군당 의례와의 관련성을 살펴보도록 하겠다. 먼저, 경제적 요소인 수입·지출의 구조와 재분배 방식의 변화에 따른 의례의 변모를 들 수 있겠다. 전술한 바와 같이 관에서 매년 지급하는 지원금에 대한 의존도가 점차 높아짐으로 인해 주민자립도가 점차 낮아지고 있으며 보다 안정적인 지원을 받을 수 있는 문화재 지정에 대한 욕구가 점차 높아지고 있다. 따라서 주재 집단들은 관공서나 관련 인사들을 강하게 의식하지 않을 수 없는데 이러한 의식은 의례에도 일정한 영향을 끼치게 된다. 즉, 각종 행사 도구들의 등장에서도 알 수 있듯이 종교적·의례적 성격의 부군당 의례가 점차 '지역 행사'로 변모하고 있다는 것이다. 이러한 과정에서 예전에는 볼 수 없었던 '내빈 소개'라든지 '국민의례' 등의 절차가 끼어들고 의례 제도 자체가 창출되는 등 지역행사화의 경향을 뚜렷하게 보이고 있다.

재분배 방식에 있어서도 '추렴'과 '반기'로 이루어졌던 '호혜 시스템'이 점차 무너짐으로 인해 소극적인 방식으로 변화하고 있다. 즉, 과거에는 추렴에 참여한 주민들에게 일일이 음식을 나누어주었던 것이 현재는 식사 접대나 수건 등과 같은 기념품 증정 등으로 변하고 있다. 이러한 현상은 간소화를 지향하는 세태를 반영하는 것일 수도 있겠으나 '추렴'과 '반기'는 의례의 시작과 마침을 의미하며 호혜 시스템의 구체적 형태라는 점을 감안하면 심각한 변화가 아닐 수 없다.

다음으로, 공간적 요소인 제당과 전승 권역의 변화에 따른 의례의 변모 양상을 살펴보도록 하겠다. 한강 유역에 분포한 부군당과 그 대지의 소유권은 마을공동 소유나 국가 소유인 경우가 일반적이다. 그러나 마을공동 소유인 경우는 항상 소유권과 관련된 법적 분쟁의 위험이 도사리고 있으며 공동 대표자들이 사망하면 새로운 대표들로 등기를 갱신해야 하는 불편함 등이 있다. 또한, 의례 공간인 제당의 이동과 재건립 과정 역시 의례 전승에 영향을 미칠 수 있다. 즉, 제당의 이동이 잦을수록 대대로 전승되어 오던 문서나 현판 등이 소실되는 경우가 많으며 이는 의례의 정통성을 약화시키는 결과를 가져온다. 더욱이 제당의 재건축 협상이 제대로 이루어지지 않으면 제당이 축소 또는 변형되거나 혹은 아예 건축이 안 되는 경우도 있는데 의례 역시 축소되거나 아예 중단되는 사태까지도 발생된다.

이러한 여러 이유로 인해 부군당의 주재 집단들은 소유권을 아예 국가에 넘기고 국가로부터 안정적인 지원과 관리를 받고자하는 요구가 점차 커지고 있다. 이러한 요구는 문화재 지정과 지역의 공식 행사로 인정받고자 하는 열망과도 연결되는데 이러한 인식의 변화는 의례에도 일정한 영향을 미치게 된다. 즉, 의례의 공식성과 전통성을 강조하기 위한 다양한 장치들이 마련되고 의례 자체도 새롭게 변모하는 모습을 볼 수가 있다.

다음으로는 전승 권역에 관련된 사항이다. 도시화가 진행되면서 의례의 전승 권역 역시 변하게 된다. 그런데 문제는 전승 권역과 주민 거주 지역이 일치하고 있지 않다는 데 있다. 즉, 전승 권역과 주민 거주 지역의 불일치는 안정적으로 공동체 의례가 전승되는 데 불리하게 작용된다. 따라서 이러한 결점을 보완하기 위한 다양한 노력들이 모색되었다. 즉, 소수 정예의 주재 집단들로 이루어진 '회'의 결성이라든지 현지 거주민들까지 끌어들이기 위한 지역 축제화의 노력들이 그것이다. 이처럼 현행 부군당 의례에서 보이는 '회'와 같은 전승 제도나 지역 축제화 혹은 지역 행사화 되는 경향을 이러한 측면에서 이해해 볼 수도 있겠다.

다음으로는 물질적(도구적) 요소의 변화와 이에 따른 의례의 변모를 살펴보자. 먼저, '의례 지식의 공유'를 위한 각종 의례 도구들의 등장을 변화의 하나로 꼽을 수 있겠다. 이러한 '의례 지식의 공유' 현상은 전술한 바와 같이 전승이 어려워진 세태와 제도적 정립을 통해 정통성을 확보하고자 하는 노력 등이 반영된 것이라고 볼 수 있다. 그러나 한편으로는 의례가 획일적으로 고정되는 결과를 초래할 수도 있다는 점을 고려해 볼 수 있다. 즉, 구전으로 전해지던 의례에 대한 지식은 시대가 지남에 따라 혹은 전승자에 따라 달라질 수 있기 때문에 그 변화의 폭이 일정치 않으나 의례 지식을 기록한 도구들이 보편화된다면 의례는 그에 의해 고정되고 획일화될 소지가 다분하다.

또한 이러한 의례 도구들 외에 현판이나 안내판 등과 같은 각종 기록물들 역시 부군당과 그 의례에 대한 지식을 고정시키는 데 일조하고 있다. 이러한 경향은 캐서린 벨의 '전통화'[99]와 같은 맥락으로 이해해 볼 수 있다. 즉, 의례 도구나 각종 기록물 등을 통해 부군당과 의례의 유구한 역사와 전통을 강조하여 전승의 당위성을 확보하고

---

99 '전통화(traditionalization)'란 "일련의 행동들을 예전의 문화에 있던 행동들과 일치시키려고 하거나 철두철미하게 그것과 일관되어 있는 것으로 나타나게 만드는 시도"를 말한다. 캐서린 벨 저·류성민 역, 『의례의 이해 : 의례를 보는 관점들과 의례의 차원들』, 한신대학교 출판부, 2007, 285쪽.

자하는 의도가 작용한 것이다.

마지막으로, 행사 도구의 변화와 의례와의 관련성을 살펴볼 수 있겠다. 특히 과거 의례 현장에서는 볼 수 없었던 각종 행사 도구들이 동원되고 있는 현실을 통해 부군당 의례의 성격이 점차 지역 행사화 되고 있음을 알 수 있었다. 그런데, 이러한 행사 도구들의 변화는 의례의 성격이 변화함으로써 촉진된 결과라고 할 수 있겠으나 역으로 그 변화된 성격을 공고히 하고 그 효과를 극대화시키는 작용을 하게 된다. 결국, 각종 행사 도구들의 등장과 그 변화는 부군당 의례가 지역 행사로서의 성격을 공고히 하는 데 일조하는 것으로 볼 수 있다.

다음으로, 제도적 요소와 부군당 의례와의 관련성을 살펴보도록 하겠다. 먼저, 도시화된 지역일수록 점차 전승 조직이 제도화되는 면모를 보이고 있다는 것이다. 즉, 전통적인 농어촌 지역에서는 기존의 마을 조직(대동계나 어촌계)을 통해 의례를 준비하지만 도시지역에서는 별도의 '회'를 구성하여 체계적으로 의례를 전승하고 있다. 이러한 제도화되는 전승 조직은 전술한 바와 같이 의례의 지속성과 안정적 전승을 판가름하는 중요한 요소로 자리매김하고 있다.

다음으로, 의례 제도라 할 수 있는 의례의 절차와 순서 등에서 무속식 당굿이 점차 중단되고 유교식 제사 형태만 남게 되는 추세이며 유교식 제사 절차 역시 점차 간소화되는 양상을 보이고 있다. 이러한 현상의 원인으로는 경제적인 이유가 가장 크며 전승 조직이 전체 주민들로부터 고립되어가는 것도 하나의 이유가 된다. 그러나 의례가 국가 문화재 등 제도적인 보호를 받게 되는 경우는 사정이 그렇게 나쁘지 않다. 관에서는 경제적·행정적 측면에서 전폭적인 지원이 이루어지고 의례 주체들에게는 의례에 대한 '떳떳한 명분'이 주어지게 됨으로써 그 지역의 대표적인 '문화행사'로서 자리매김하게 되는 것이다. 따라서 이러한 경우는 의례의 성격이 더욱 행사화 되는 양상을 띠게 된다.

3. 의례의 지속성 확보와 주재 집단

의례 전승 환경이 변하면 의례를 전승하는 민들은 변화된 환경에 적절하게 대응한다. 그 대응 양상은 각자 처한 환경과 내부 상황에 따라 다를 수 있다. 여기서는 서울 한강 유역 부군당 의례를 중심으로 의례의 지속성을 확보하기 위해 주재 집단들이 어떻게 대응해 나가는지를 살펴보도록 하겠다.

1) 주재 집단의 배타성과 의례의 지속

공동체 의례를 지속하기 위한 방식에는 의례의 전통성을 강조하면서 새로운 의례 방식이나 타 집단의 참여를 거부하는 방식도 있을 수 있다. 이러한 대응 방식의 대표적인 사례가 신길2동의 경우이다.

신길동은 신길 1·2·3·4·5·6·7동 7개동의 행정동을 보유한 법정동으로서, 신길2동과 3동에 마을 제당이 남아 있다. 신길2동은 23통으로 구성되어 있으며 원주민들은 주로 1통과 2통에 거주하고 있다. 이 1통과 2통 지역을 '방학고지'라고도 한다. 옛날에 방학호진放鶴湖津[100] 나루터가 있었다던 지금의 귓바위 근처에 방학정放鶴亭이란 정자가 있었다고 하여 방학고지라 한다. 혹은 옛 지명인 상방하곶上方下串을 줄인 말이라고도 하며, '밤고지리'로도 불린다.[101]

신길2동은 여의도 샛강과 가까운 위치에 있는데 '귀신바위'라는 곳은 물이 소용돌이 쳐서 사람이 많이 죽었다고 하며 윤씨네 설화와도 관련이 있다.[102] 신길2동 주민들 중에는 20여 년 전까지만 해도 진로소주공장(현 우성아파트 단지 자리)에 다녔던 사람들이 많았다고 한다. 신길2동 부군당은 대지 130평 정도에 2간 맞배지붕으로 되어 있으며

---

100 『신증동국여지승람』 제10권 금천현 진도조.
101 영등포구청 홈페이지, http://www.ydp.go.kr/, 2006년 5월 21일 검색.
102 제2장 각주 89번 참조.

부군당 문에는 2태극 문양이 선명하다. 부군당 앞에는 제물을 준비할 수 있는 건물(옛 노인정)이 있고, 옆에는 새로 세워진 방학경로당이 있다. 대지는 현재 국유지이며 등기부 상에는 '시흥군 서면 신길리'로서 동네 명의로 되어 있다. 이 곳 부군당은 한 번도 이전한 적이 없이 원래 이 자리에 있었다고 한다. 상량문에는 단기 4286년(1953년)[103]으로 되어 있는데, 한국전쟁 때 파손된 것을 당시 재건한 것이다. 현판에는 '방학곳지 부군당'이라 씌어져 있으며 당 내부에는 좌측부터 백마장군, 대신할머니, 청마장군, 삼불제석, 군웅할머니, 부군할머니, 부군할아버지, 유씨부인, 산신, 부군대감, 맹인할아버지의 화상이 봉안되어 있다(서울특별시 문화재위원회, 1990 : 105).[104] 특히, 여기에는 부군당 외부 좌측 처마 아래 남근을 봉안하는 상자가 있어 '부근당付根堂'이라는 명칭과 관련이 깊은 곳이기도 하다. 당의 건립 연대는 정확치 않으나 유래는 부군당 관련 설화에 나타나 있듯이 파평 윤씨가 당을 건립하고 대를 이어 전승해 오다가 어느 시기엔가 마을 전체 주민이 모시게 되었던 것으로 보인다.

〈그림 11〉 신길2동 부군당 정경   〈그림 12〉 신길2동 부군당 내부

---

103 "檀紀 四千貳百八拾六年 癸巳陰九月八日 午時 立柱 上樑 祝 時和年豊 國泰民安"
104 이들 명칭에 대해서는 약간의 의문이 있다. 유씨부인에 대한 유래가 명확치 않고 부군대감 역시 창부신이 아닌가 싶다. 제보자(윤○○, 여, 당시 85세)에 의하면 예전에 윤씨네 처녀가 물에 빠져 죽어 이 혼을 위로하기 위해 당굿을 할 때면 남근을 가지고 놀리게 되었다고 한다. 이 처녀가 당에 모셔져 있다고 하는데 어느 것인지는 확실치 않다.

신길2동에는 부군당 의례를 위한 특정 단체가 구성되어 있지는 않다. 다만, 제비를 추렴하고 예산을 관리하는 총괄과 총무, 그리고 제물을 준비하고 의례를 관장하는 몇 명의 경험 많은 할머니들과 부녀회원들이 서로 합심하여 부군당굿을 치르고 있다. 그런데, 주목할 만한 점은 실제 당굿을 진행하고 정성을 드리고 하는 주민들은 모두 여성들이라는 것이다. 즉, 남성들의 경우는 경제적인 부분이나 여성들이 하기 힘든 일을 거드는 정도이고 굿에 참석하고 당에 올라가 정성을 올리는 사람들은 거의가 아주머니 할머니들이다. 특히, 부군당굿의 날짜를 선택하고 제물을 준비하는 등 당굿 전반을 관리하는 이는 남성들이 아니고 '할머니들'[105]이 중심이다. 언제부터 할머니들이 중심이 돼서 당굿을 이끌어 왔는지는 확실치는 않으나 당굿의 주체가 여성 중심적이라는 점은 부인할 수 없을 것 같다.[106]

앞으로 이 당굿을 전승할 집단으로는 부녀회가 있다. 부녀회원은 약 22명 정도가 가입되어 있고 3년 전부터 당굿에 적극적으로 관여하기 시작했다. 할머니들은 부녀회장에게 그 역할을 넘기려고 했으나 부녀회장이 극구 사양하는 바람에 다시 할머니들이 당굿을 이끌게 되었다는 그간의 사정으로 보아 이후에는 부녀회를 중심으로 당굿이 이끌어질 것으로 보인다.

신길2동 부군당굿에 참여하고 있는 당주 무당은 작년까지 '이북할머니'가 맡았으나 작년에 사망하고 올해부터는 '대나무집 할머니'가 그 뒤를 이었다. 2006년도에는 '대나무집 할머니'외에 4~5명의 무당이 참여하였다.[107]

---

[105] 김○○ 부녀회장은 당굿의 주체인 이들을 그냥 '할머니들'이라고 부른다. 이 할머니들은 원래 5명이 있었는데 1명이 사망하자 나머지 4명의 할머니들이 중심이 돼서 당굿을 이끌어 왔다고 한다. 부녀회가 당굿에 적극적으로 관여한 것은 불과 3년 전의 일이라고 한다.

[106] 여기에 대해서도 의문점이 없는 것은 아니다. 다른 남성 제보자(배○○, 남, 당시 60세)에 의하면, 일의 원활한 진행을 위해 모든 절차를 부녀회에 일임한 것이라고 한다. 그렇다면, 진정 실무적인 이유로 인해 여성이 주체가 되어 의례가 진행되는 것인지, 아니면 어떤 다른 신앙적인 이유나 유래에 의해 그러한 것인지 의문의 여지가 있다. 그러나 단순히 실무적인 이유로 인해 의례 주체의 성별이 뒤바뀌었다는 해명은 설득력이 부족하다.

[107] 이들 무당들에 대해서는 남성 주체들과 여성 주체들 간에 이견이 있다. 일부 남성 주체들 간에 무당들이 나이도 많고 굿도 재미가 없다며 다음부터는 다른 무당들을 초빙하자는 의견이 있는 반면, 여성 주체들은 예전부터 내려오던 무당들이 맡아서 하는 것이 옳다며 지금의 무당들을 여전히 인정하는 분위기이다.

신길2동 부군당 의례에는 몇 가지 특징적인 점이 있다. 먼저, 전술한 바와 같이 부군당 의례가 여성을 중심으로 행해진다는 점이다. 즉, 이곳의 부군당 의례는 타 지역에서 제관과 같은 주재 집단은 대부분 남성들이며 여성들은 제물 준비 등의 보조적인 역할을 수행하는 것과는 정반대의 양상을 보여주고 있다. 다음으로, 외부인의 참여를 경계하는 폐쇄성을 들 수 있다.[108] 다른 지역의 부군당 의례의 주체들이 그들의 부군당 의례를 문화재로 지정해 줄 것을 신청하고 지역 축제화를 시도하는 등의 노력을 하고 있는 상황에 비추어 볼 때 다소 예외적인 현상이 아닐 수 없다. 이러한 현상은 의례 주체가 여성이라는 점과 의례 관행상의 어떤 요소와 관련이 있을 것으로 보인다.

다음으로, 남근男根(phallus)과 관련된 사항이다. 전술한 바와 같이 부군당 처마 밑에 남근 모형을 봉안해 놓았다가 당굿을 할 때 꺼내어 남근 모형을 가지고 여인들을 놀린다. 즉, 무녀가 치마 속에 남근 모형을 숨기어 불끈 솟은 형상을 하고는 구경하고 있는 부녀자들에게 성행위를 시도하면서 노는 것이다. 이렇게 해야만 마을에 바람난 처녀가 없어진다고 믿고 있다. 이러한 남근 봉안과 '남근 유희'는 현재 한강 유역 부군당에서는 유일하게 발견되는 사례이다.

마지막으로, 아직까지도 강하게 남아있는 부군당에 대한 믿음과 경외심이다. 당굿이 진행되는 동안 현장에서 굿을 지켜보는 이들은 그리 많지는 않았으나 끊임없이 이어지는 치성행렬[109]을 통해 부군당 신앙이 생생히 살아 있다는 것을 확인할 수 있다. 이러한 현상 역시 신길2동의 각별한 전승 환경이 작용한 결과로 보인다.

신길2동 부군당 의례에 소요되는 비용은 약 400~500만 원이라고 하며, 이 비용은 자체 적립금과 추렴된 찬조금, 그리고 지원금 등으로 충당한다. 추렴에 참여하는 가구는 약 70~80호 정도로 예전보다 줄어들고 있는 추세이며 영등포구청과 문화원에서

...

108 참여한 무당들뿐만 아니라 당주 할머니들까지 신분을 밝히기를 꺼려했으며 외부인이 굿을 참관하는 것에 대해 무척 못마땅해 하는 표정이 역력했다.
109 부군당에 치성을 드리러 오는 이는 어김없이 부녀자들이었고 하나같이 막걸리를 한 병씩 들고 와서는 부군당의 諸神들에게 잔을 올리고 절을 하는 것이었다. 이러한 행렬은 당굿이 시작되면서부터 끝나는 시각까지 계속되었다. 또한, 부녀자들은 굿 자체에 대한 흥미보다는 굿 중간에 나오는 공수나 신점에 더 많은 관심을 보였다. 무녀가 공수나 신점(쌀점이나 오방점)을 쳐 줄 때는 줄을 서서 기다리는 광경이 여러 번 목격되었다.

매년 일정액[110]이 지원되고 있다. 당굿이 끝나면 떡을 한쪽씩 나누어주고 그 자리에서 음식을 나누어 먹는 것으로 '반기'를 대신한다. 신길2동 부군당 의례에 사용되는 주요 제물은 소머리와 소다리, 12시루 등이다. 신길2동의 부군당 의례는 유교식 제차가 없이 바로 당굿이 시작되므로 제관을 따로 선출하지 않는다. 다만, 당굿을 시작하기 전에 참석한 지역 요인들을 소개하는 것으로 공식적인 사전 행사를 대신한다. 이 사전 행사는 배○○씨를 포함한 남성 주체들이 중심이 돼서 진행된다. 이처럼 남성 주체들은 당굿을 공개적이고 동 전체 행사로 발전시키려고 하지만 여성 주체들은 이를 못마땅해 하는 상황이다. 할머니들은 외부의 지원 없이도 얼마든지 당굿을 유지할 수 있다고 믿고 있으며 차라리 예전처럼 조용하게 치렀으면 하는 바람을 토로하였다. 이러한 분위기는 이 당굿이 예전에는 부녀자들만의 비의秘儀처럼 치러졌던 것은 아닌가하는 추정을 뒷받침한다.

　신길2동의 부군당은 아직까지 문화재로 등록되어 있지 않다. 문화재 등록 신청에 대한 의견 역시 남성 주체들과 여성 주체들이 서로 다른데, 여성주체들은 부군당 의례는 동네일이고 동네 정성이므로 굳이 문화재로 지정될 필요가 없다는 입장이다. 다만, 김○○ 부녀회장의 경우는 안정적으로 부군당 의례를 치르기 위해 문화원에서 맡아 하길 소망하고 있을 뿐이다. 신길2동 부군당에서는 일 년에 세 번 즉, 음력 4월 1일과 7월 1일, 그리고 10월 초에 의례가 행해진다. 음력 4월과 7월에는 무당들이 참여하지 않고 할머니들이 돈을 걷어 간소하게 고사만을 지내고 음력 10월에는 무당들을 불러 당굿을 한다.

　이상에서 알 수 있듯이, 신길2동의 주재 집단들은 의례를 지속하기 위해서라도 외부의 개입을 배제하고 부군당 의례를 지역주민들 자체적으로 수행하고자 하는 의지를 보이고 있다. 이러한 방식에 대해 의견이 다른 성원들과 갈등이 존재하기는 하지만 이러한 방식은 당분간 지속될 것으로 보인다.

---

110 2006년의 경우 영등포구청에서 50만원, 영등포문화원에서 30만원이 지원되었다.

2) 문화재 지정과 안정적 전승

한강 유역 부군당 의례 중에서 문화재로 지정되어 있는 경우는 비교적 안정적인 전승 양상을 보인다. 안정적 전승의 토대는 매년 지급되는 지원금과 전승의 지속을 전제하고 있는 제도적 장치에 있다. 서빙고동 부군당의 경우는 의례가 아니라 제당 건물이 문화재로 지정된 경우이며 창전동 밤섬 부군당의 경우는 의례가 지정된 경우이다. 이들 지역의 주재 집단들은 국가적 제도와 지원을 근간으로 전승을 지속하고 있고 있는 사례라 할 수 있다.

(1) 부군당에 대한 문화재 지정과 의례의 전승

서빙고동의 경우는 의례가 아니라 제당 건물이 문화재로 지정된 경우이다. 의례 자체가 문화재로 지정된 경우와는 전승 환경이 다를 수밖에 없으나 주재 집단들은 주어진 환경에 적응하면서 의례를 지속시켜 왔다.

반포대교 북단의 한강변에 위치한 서빙고동은 조선시대에 얼음을 저장하는 창고가 있어 동명이 유래되었다. 서빙고西氷庫는 조선 태조 5년(1396)에 예조에 소속된 얼음 창고로 둔지산 산기슭에 설치하여 겨울에 한강물이 4촌寸 이상 얼었을 때 채취하여 저장하였다. 빙고의 얼음은 매년 음력 3월~9월까지 궁중의 수라간에 바치거나 고위관리들에게 나누어 주었다. 이곳에는 볏짚으로 지붕을 이은 움집의 빙고 8동棟이 있었는데 서빙고가 동빙고보다 훨씬 규모가 커서 4촌 이상의 얼음 저장할 수 있었고, 얼음을 저장할 때나 개빙開氷할 때에는 빙신氷神인 현명玄冥에게 제사를 지냈다.

서빙고가 있었던 자리는 현재 서빙고초등학교에서 서빙고파출소가 위치한 일대이며 동·서의 두 빙고는 고종 31년(1894)까지 존속하였다가 폐지되었는데 광복 이후 6·25전쟁 전까지만 해도 옛 빙고를 변형시킨 민가의 '곳집' 형태가 눈에 뜨이었다. 서빙고동 강변에서 잠실리로 건너가던 서빙고나루터는 조선시대는 물론, 6.25전쟁 때도 많은 사람들이 이용하였다. 그리고 서빙고동과 동빙고동 사이의 골짜기는 도성 안으로 들어가는 길목이어서 '서울골짜기'라고 불렀으며, 이 골짜기에는 열녀문烈女門이 있었다고 전한다.[111] 서빙고동은 현재 13통 124개 반으로 구성되어 있으며 동빙고동과 병합되어 있다. 서빙고동 주민들은 과거 제빙업이나 운수업 등으로 생계를 이어갔으나 근래에는 버스나 택시 운전을 많이 한다고 한다.

이 곳 서빙고동에는 일찍이 서울시 민속자료로 지정(서울특별시 민속자료 제2호, 1973년 지정)된 부군당이 있다. 서울에 있는 부군당 중에서 가장 먼저 문화재로 지정된 데에는 역사적 연원을 명확하게 제시해주는 현판들이 다수 존재하고 있는 것이 결정적인 역할을 하였다.[112] 서빙고동 부군당은 현재 서빙고역에서 얼마 떨어져 있지 않은 서빙고 할아버지 경로당 옆(서빙고동 195번지 3호)에 자리 잡고 있다. 서빙고동 부군당 역시 위치를 세 번 옮겼는데 맨 처음 위치는 미8군 우체국 자리(혹은 미8군 사령부 앞 둔지산)였다고 한다. 일제 강점기에 일본군이 훈련장을 만들면서 부군당을 헐어냈는데 이 때 옮긴 곳이 현 경로당 바로 뒤 옛날 보안사 서빙고분실 자리(혹은 현 중앙박물관 옆)였다. 서빙고 분실이 들어오면서 현재 위치로 최종 옮겨 오게 되었다(박흥주, 2001 : 147).

〈그림 13〉 서빙고 부군당 정경 ⓒ장주근

〈그림 14〉 서빙고 부군당 내부
태조 이성계 내외가 모셔져 있다. ⓒ장주근

...

111 전 서빙고동사무소(서빙고동 199-4) 부근에는 蒼檜亭이 있었는데 조선 초에 수양대군이 왕위에 오르기 전에 자주 놀러 다녔던 곳이며 한명회·권남을 만나 대사를 논의하였다. 현재 서빙고동 199번지에 있는 부군당은 이곳에서 300m 떨어진 언덕에 있었으나 80여 년 전에 일제가 군사훈련장으로 사용함에 따라 이전하게 되었다. 이 부군당은 조선 태조 내외분을 주신으로 모시고 있으며 서울시 민속자료 제2호로 지정되어 있다. 부군당 내부에는 태조 내외분과 三弗帝釋의 무신도가 있으며 5개의 현판이 있다(용산구청 홈페이지, 2006년 5월 21일 검색).

112 지정 당시 전년도에 실시한 서울시 민속조사(장주근, 1986)에서 서빙고 부군당과 그 현판의 존재가 보고되었고 그 지정의 필요성을 역설했던 것이 유효했던 것으로 판단된다.

예전에는 부군당(대지)에 대한 등기가 동네 명의로 되어 있던 것이 문화재로 지정되면서 시유지로 전환되었다고 한다. 대지 80평에 제당이 3평, 부속건물인 '하주청'이 10평 정도이니 한강 지역에서는 꽤 너른 편이다. 제당의 문짝에는 삼태극 문양이 그려져 있고 문 위에는 '부군당府君堂'이라고 적힌 현판이 걸려 있다. 제당 안에는 3개의 신도神圖와 2개의 현판이 걸려 있다. 정면 왼쪽에는 부군님, 오른쪽에는 부군 부인이 그려져 있는데, 부군님은 태조 이성계로, 부군 부인은 강씨부인[113]으로 알려져 있다. 부군님으로 이태조를 모시게 된 이유에 대해서는 자세히 알려져 있지는 않으나 치성위원들 중 이태조의 후손(전주 이씨)들이 있어 이들이 부군당 의례에 적극 참여하고 있다. 서빙고 부군당에 전하는 현판들은 현재 7개가 있는데, 이들을 통해 서빙고동 부군당의 역사와 주재 집단의 면모를 짐작해 볼 수 있다.

서빙고 부군당 의례를 이끌고 있는 주재 집단(부록 1:6-1 〈표 7〉 참조)은 서빙고동 할아버지경로당 회원들이 주축이 되고 있다. 경로당 회원은 41명(2007년 기준)이며 정회원과 준회원으로 구성되어 있다. 정회원은 실거주자인 경우 자격이 주어지며 다른 지역으로 이사를 가게 되면 준회원으로 남게 된다. 몇 년 전만 하더라도 부군당 의례를 위한 '치성위원회'가 명확하게 구성되어 있었던 것으로 보이나 현재는 그 조직이 불분명하고 경로당 임원들이 겸임하고 있는 것으로 보인다.[114]

무엇보다도 이 곳 부군당 주재 집단에서 주목해야 할 점은 먼저, 다른 지역에서는 노인회(경로당)가 주재 집단이 아닌 참여 집단의 역할을 수행하고 있는 것에 반해 이곳 서빙고동은 노인회 내에 주재 집단이 포함되어 있다는 사실이다. 이러한 관행은 19세기 및 20세기 초까지 마을의 노인들 중심으로 계를 조직해서 부군당의 치성을 주관(서울특별시 문화재위원회, 1990)했던 것과 관련이 있을 것으로 보인다. 또한, 제관을 따

---

113 신덕왕후(神德王后, ?~1396) : 조선 태조의 계비(繼妃).
114 조사자가 누차 이○○ 회장에게 치성위원들의 명단을 물어보았으나 치성위원들이라고 따로 있지는 않고 '예전부터 하던 사람들'이 한다고 하였다. 그러나 홍○○ 총무는 치성위원회가 별도로 존재하고 있다고 명확히 답했으며 그 명단도 밝혀 주었다. 이러한 회장과 총무 간의 혼선은 치성위원회의 존재가 불분명해지고 있음을 보여주고 있다고 판단된다.

로 선출하지 않고 의례 당일 참여하는 치성위원들이 곧 제관이 된다. 따라서 해마다 치성위원들 사정에 따라서 제관 수도 바뀌게 된다. 마지막으로, 주재 집단 구성원의 대부분은 타 지역에서 이주해 왔다는 사실이 주목된다. 물론 이들 중 대부분은 이주해 온 지가 40여 년 이상 되지만 다른 지역 주재 집단의 구성원이 대부분 본토박이인 것에 비추어 볼 때 이 지역의 특수성이라 할 수 있다.

서빙고동 부군당 의례 역시 무속식 의례인 당굿이 벌어지는 때도 있었는데 당굿을 이끌었던 무당집단에 대해서는 자세히 알려져 있지 않다. 다만, 당굿은 당할머니로 알려진 분과 단골만신인 '남옥씨(장○○)'가 주로 맡아 하였다고 하며 굿은 1994년을 마지막으로 중단되었고 당할머니는 2006년(당시 96세)에 작고하였다. 서빙고동의 부군당 의례는 현재 유교식으로만 간단하게 지내고 절차 역시 예전에 비해 간소화되었으며 추렴이나 '반기' 등도 생략하고 있다. 비용은 서울시에서 나오는 지원금(310만원, 2007년 기준)으로만 충당하고 5년 전부터는 추렴을 하지 않는다.

주요 제물로는 돼지머리 3두, 떡시루 3개가 있는데, 각각 부군님 내외, 삼불 제석님, 터주대감님 앞에 돼지머리와 떡시루를 놓는다. 특이한 점은 삼불제석님 앞에도 돼지머리를 비롯한 육고기를 부군님 상과 동일하게 진설하고 있다는 것이다.[115] 아직까지 제물만큼은 신경을 써서 구입한다고 하는데, 통돼지의 경우는 150근 이상 되면서 흰 털이 섞이지 않은 '꺼먹돼지'(토종돼지)이어야 하며 제물은 한 군데에서 사지 않고 종류에 따라 여러 시장을 다니며 구입한다.[116] 제물로는 부군 내외의 경우, 중앙에는 떡시루(팥떡) 위에 돼지머리와 북어를 놓고 왼쪽부터 배, 밤, 나물, 두부, 쇠고기 적, 삼색나물, 곶감, 귤, 감, 사과, 대추 이상 11가지 음식이 놓인다. 이와 같은 상차림은 삼불제석님의 경우도 동일하다. 터주대감의 경우는 떡시루 위에 돼지머리와 북어, 그리고

...
[115] 제차에 대해 잘 알고 있는 서○○씨에게 의문을 제기해 보니, 예전부터 이 마을에서는 삼불제석님께도 육고기를 올렸다고 한다. 서○○씨의 대답처럼 실제 그러했는지 아니면 어느 순간 부군님 상과 동일하게 획일화 되었는지 확실치 않다.
[116] 동태나 김 등은 중부시장에서, 나물이나 과일 등은 경동시장에서, 쇠고기나 돼지머리 등 고기류는 마장동이나 덕산동 등지에서 구입한다고 한다.

술 한 잔이 놓인다.

의례 절차는 대체로 유교식 제차를 따르고는 있으나 점점 약식화 되어가고 있는 실정이다. 즉, 2001년에만 하더라도 초헌, 독축, 아헌, 종헌, 부군당 소지 3장, 사례 등의 순서로 진행되었다(박흥주, 2001 : 147)고 하나 2007년 조사 때에는 부군님 내외와 삼불제석님께 헌작과 4배拜 후 축을 읽고 터줏대감에게 절하는 것으로서 간단하게 끝이 났다.[117] 현재는 이렇게 간소화 되어 가고 있으나 예전에는 치성위원이 모두 270명이었다는 증언[118]이나 현판에 새겨져 있는 여러 관리들의 명칭 등이 예전에는 상당히 규모가 크고 권위가 있었던 의례였음을 말해 주고 있다.

〈그림 15〉 서빙고 부군당제 지내는 모습(2007년)

이처럼 서빙고동 지역은 제당이 문화재로 지정된 경우이기는 하나 의례가 지속될 수 있는 계기를 문화재 지정이란 점에서 찾아 볼 수 있다. 국가에서 매년 지급되는 지원금과 부군당이 국가 문화재라는 자긍심은 주재 집단에게 의례를 지속하는 중요한 기제로 작용하고 있는 것이다.

(2) 의례에 대한 문화재 지정과 의례의 공식화

창전동 밤섬 부군당의 경우는 의례 자체가 문화재로 지정된 경우이다. 따라서 의례를 지속하고 그 원형을 유지해야 하는 제도적인 강제성을 띠고 있는 셈이다. 이러한 전승 환경에 대해 주재 집단은 어떻게 대응하고 있는지 살펴보자.

...

[117] 소지도 생략되었고 시간도 채 20분이 걸리지 않았다. 의례 후에는 동사무소에 제출할 결과 보고서에 첨부하기 위해 동네잔치 때 사용할 돼지고기나 제물 등의 사진을 찍는 모습도 볼 수 있었다.
[118] 서○○(남, 당시 72세)씨 제보.

창전동에는 마을 제당이 두 군데가 있다. 와우산 동남쪽 산기슭에 위치한 공민왕 사당(산44-1)과 그 위쪽에 위치하고 있는 밤섬 부군당이 그것이다. 공민왕 사당의 경우는 조선 초 이곳 일대에 양곡보관 창고를 지으려 할 때 동네 노인의 꿈에 공민왕이 나타나 계시를 하였는데 노인이 과연 이 자리에 와보니 공민왕 부부를 그린 영정이 바위 밑 함에서 나왔으므로 그 뜻에 따라 사당을 지었다고 한다. 이 전설에서도 알 수 있듯이 지역 역사와 연관이 깊은 제당이라 할 수 있다.

한편, 밤섬 부군당의 경우는 한강 밤섬 이주민에 의해 건립된 제당이라는 점에서 공민왕 사당과는 그 지역적 배경이 다르다. 밤섬 폭파 당시(1968년 2월 10일) 밤섬 주민들의 정황[119]이나 이주한 이후 밤섬에 대한 주민들의 그리움[120], 폭파 이후 고향 방문[121] 등에 대한 지속적인 취재와 방송 등을 볼 때, 밤섬 주민들에 대한 매스컴의 관심은 각별했던 것으로 보인다. 뿐만 아니라 학자들도 밤섬 부군당굿에 대한 면밀한 연구서(한국샤머니즘학회, 1999)를 간행한 바 있으며 학위 논문(최재선, 1985)으로도 발표된 바 있다. 이러한 관심은 결국 2005년에 '밤섬부군당도당굿'이라는 종목으로서 서울시 무형문화재(제35호)로 지정되는 결과로 이어졌다.

밤섬 주민들은 밤섬이 폭파되기 1년 전인 1967년 2월경에 이곳 창전동 와우산 자락 집단 거주촌으로 이주해 오게 된다. 그 후 1996년에 이 지역이 재개발되면서 삼성아파트 단지가 들어서게 되고 따라서 집단 거주촌도 헐리어 또다시 뿔뿔이 흩어지게 된다. 2007년 2월 현재 창전동에는 밤섬 출신 주민들 중 5~6호 정도만 거주하고 있는

---

[119] 『조선일보』, 「자취감출 신비의 마을 밤섬」, 1968년 2월 4일자 6면; 『경향신문』, 「밤섬 오늘 폭파」, 1968년 2월 10일자 8면; 『조선일보』, 「밤섬 폭파」, 1968년 2월 11일자(한국샤머니즘학회, 1999 : 236~243).
[120] 『중앙일보』, 「사라지는 서울유적10 : 한강 속에 묻혀버린 栗島」, 1970년 3월 31일자; 『주간한국』, 「밤섬토박이 이봉수 옹의 〈한강의 추억 되살리기〉」, 1988년 4월 28일; 『동아일보』, 「이주민들 아직도 집단거주」, 1993년 7월 1일자; 『세계일보』, 「정도 6백년(28) : 마포나루굿 : 뱃사람 – 서민 애환 달래주는 민속놀이」, 1994년 6월 5일자; 『중앙일보』, 「밤섬 부군당 이전 논란」, 1997년 10월 31일자; 『국민일보』, 「한국의 늪과 숲 : 밤섬, 도심 속 〈새들의 천국〉」, 1998년 2월 23일자(한국샤머니즘학회, 1999 : 244~258).
[121] 『중앙일보』, 「〈밤섬 실향민〉 추석 맞아 황포돛배로 고향 방문」, 1998년 9월 22일자; 『KBS 9시 뉴스』, 「30년 만의 귀향」, 1998년 10월 14일 방영; 『국민일보』, 「밤섬 실향민 30년 만에 고향 방문」, 1998년 10월 15일자; 『중앙일보』, 「밤섬 원주민 1백 명 옛마을 방문」, 1998년 10월 15일자; 『마포신문』, 「밤섬주민 밤섬서 당제 지내 : 30년 만에 처음 실향민 한 풀어」, 1998년 10월 17일자(한국샤머니즘학회, 1999 : 259~264).

실정이다. 밤섬 주민들은 '밤섬부군당도당굿보존회(이하 보존회)'를 구성하여 매년 이들을 중심으로 부군당 의례를 준비하고 있다. 보존회는 80년대 초에 구성되어 현재 3대째 회장[122]이 보존회를 이끌고 있다. 보존회는 회장 이하 부회장, 총무, 재무를 각각 1인씩 두고 있으며 4~5인의 운영위원이 있다(부록 1 : 6-3 〈표 2〉 참조).[123] 이외에 매년 소임을 따로 선출하는데 이 소임은 의례의 실무적인 일을 총괄하는 직책으로 매년 음력 12월 10일 '대회'를 개최하여 선출하게 된다. 예전에는 도가와 소임을 각각 선출하였는데 요즈음에는 소임만을 선출하며 예전에는 회의를 통해 선출되면 무보수 봉사를 했으나 요즈음에는 수고비(1백만 원, 2007년 기준)가 지급된다. 올해부터는 부군당 의례를 보존회와 마포구 문화원이 공동으로 주최하였다.[124]

밤섬 부군당 의례의 후원 집단으로는 밤섬향우회가 있다. 밤섬향우회는 현재 38명이며 매달 초하루에 모임을 갖고 있다. 향우회는 1970년경에 조직되었으며 밤섬 태생으로 50세 이상 장남 위주로 구성되어 있다. 이들 역시 부군당굿이 벌어지면 적극적으로 참여한다. 그런데, 정작 창전동 지역 주민들은 거의 참여하지 않는다. 그것은 부군당이 창전동에 있기는 하지만 이는 다른 지역, 즉 밤섬에서 이전해 온 것이므로 창전동 주민들과는 전혀 관련이 없을 뿐더러 인근 지역도 재개발로 인해 아파트 단지가 들어서 있어 새로 이주해 온 사람들이 많아 지역 행사에 별 관심이 없기 때문일 것이다.[125]

밤섬 부군당굿에 참여하고 있는 무당집단은 당주 무당인 김○강(여, 2007년 현재 67세)

---

122 제1대 지한경(?~1997) – 제2대 김성영(1998~2004) – 제3대 유○○(2005~현재)회장으로 이어지고 있다.
123 보존회에는 포함되어 있지는 않지만 밤섬 부군당 의례의 핵심인물로서 당주격인 마○○(남, 2007년 현재 71세)이 있다. 마○○은 내림굿을 세 번이나 받았으나 정식 무업을 행하지는 않고 부군당을 지극정성으로 받드는 것으로 그 업을 대신하고 있다(한국샤머니즘학회, 1999 : 99~104). 마○○은 부군당굿의 절차뿐만 아니라 제물 준비와 진설 등에 대한 전문 지식을 가지고 있어 밤섬 부군당 의례 전승에 있어서 상당한 영향력을 지닌 인물이라 할 수 있다.
124 주민들 입장에서는 문화원과 공동 주최함으로써 홍보나 행정적인 면에서 지원을 받을 수 있을 것이고 문화원의 입장에서는 문화원 공식 행사로서 실적이 될 수 있으니 서로의 이해가 맞았던 것으로 보인다. 그러나 보존회 측은 밤섬 부군당 의례가 문화재로 지정되어 있는 상태인지라 별로 아쉬운 점은 없기 때문에 문화원과의 공조는 앞으로 지켜보고 그 지속여부를 결정하겠다는 입장이다.
125 주최측이 구청에 제출한 집계 자료에 의하면, 부군당 의례 기간(17~19일)에 다녀간 인원은 30대 30명, 40대 50명, 50~60대 100명, 70대 50명이라 한다.

과 당주 악사인 김○섭(남, 2007년 현재 60세, 김○강의 동생)이 중심이 되고 있다. 김○강은 궁에 다니며 굿을 했다는 외할머니와 서울 등지에서 유명한 만신인 어머니 박옥순(별호 '적설네')의 계보를 잇는, 만신 집안 출신으로서 34세(1974년)에 내림굿을 받았다. 이후 서울굿의 명무 김유감을 만나 서울굿을 전수받았으며 밤섬 도당굿에는 당주 악사인 동생 김○섭[126]의 추천으로 인해 1997년부터 참여하게 되었다.

현재 창전동에 있는 밤섬 부군당은 몇 번의 이전을 거쳐 세워진 것인데, 1967년에 창전동으로 이주할 때 지금 위치보다 더 높은 언덕 위에 건립하였다가 아파트 단지가 조성되면서 1995년에 현 위치(창전동 산2-22)로 다시 이전하게 된다.[127] 내부 구조는 현재와 별반 차이가 없으나 당시 있었던 명판이 이전 시 소실되고 현재 걸려 있는 명판[128]은 1997년에 제작한 것이다. 또한 밤섬에 있었을 때는 신목이 존재했으나 현재는 신목이 없고 부속 건물이 없었으나 현재는 부속 건물이 추가로 신설되어 있다는 점 등이 변화된 것들이다(한국샤머니즘학회, 1999 : 46~49).

창전동 밤섬 부군당은 최초 이전 시기를 건립연도로 인정하여 2000년에 서울시 근대건축물로 지정되었다. 제당이 있는 대지는 현재 시유지로서 공원용지로 등록되어 있다. 부군당 내부에는 무신도로서 부군내외, 삼불제석, 군웅님이 모셔져 있으며 그 중 군웅님으로 인식되고 있는 무신도에는 바위와 꽃이 그려져 있어 특이하다. 이는 모란도[129]의 일종으로 보이는데 이러한 모란도가 어떻게 신격화되었고 이를 왜 군웅신

...

126 김○섭은 계부인 이○선과 함께 16세부터 밤섬 부군당굿에 참여하기 시작했으며 지금은 그의 아들 김○홍도 아버지인 김○섭과 함께 부군당굿 악사로 참여하고 있으니 3대에 걸쳐 밤섬 부군당굿과 인연을 맺고 있는 셈이다(한국샤머니즘학회, 1999 : 89~98). 이들 외에 대금을 연주하는 박○웅 역시 밤섬과는 인연이 오래되었다고 하며 악기 구성은 삼현육각의 기본 구성인 향피리(2)·대금·해금·장구·북의 6가지 악기로 편성되어 있다.
127 원래 밤섬에 있었던 부군당은 2간 기와지붕의 형태로서 당시에도 규모가 제법 있었던 것으로 보이며 '부군당'이라 적힌 현판은 없었던 것으로 보인다.
128 명판에 적힌 내용은 다음과 같다. "한양 천도600년의 역력을 함께 지닌 밤섬 부군당을 이전 신축하고 현판을 제작 밤섬 원주민 이름을 길이 남기고져 명판에 연명합니다. 김석만 (중략 : 총 119명) 단기 4330년 음력 1월 2일 밤섬원주민 일동."
129 모란도는 모란꽃을 그린 그림이다. 모란꽃이 부귀라는 상징적 의미를 지니고 있기 때문에, 옛 사람들은 이 그림을 병풍으로 만들어 혼례 때나 신방을 꾸밀 때 사용하였다. 이런 모란도는 여러 가지 색상의 모란 이외에 괴석도 함께 그려지는데 밤섬 부군당의 경우도 동일한 구성을 보인다.

〈그림 16〉 밤섬 부군당 정경

〈그림 17〉 밤섬 부군당 부군 내외

으로 인식하는지가 의문이다.[130]

밤섬 부군당 의례에 소요되는 비용은 당굿 할 때를 기준으로 했을 때 약 천만 원 정도가 든다. 무당들에게 200만 원 정도 지불하고 나머지는 제물 구입과 손님 접대 등에 소용된다. 경비는 서울시 보조금과 구청 보조금에 밤섬 주민들의 찬조금을 보태어 마련한다.[131]

밤섬 부군당 의례에서는 제물의 선별에서부터 진설에 이르기까지 엄격성을 유지하고 있다. 제물로 사용할 돼지는 흰털이 전혀 섞이지 않은 재

〈그림 18〉 밤섬 부군당에서 군웅으로 모셔지는 모란도

---

130 무신도 이외에 특징적인 것으로는 입구에 걸려 있는 종과 이건내역문 액자가 있다. 종은 부군당굿에서 제관들이 절을 할 때와 일어설 때를 알리기 위해서 사용한다. 이 종은 밤섬 당시에도 있었던 것(한국샤머니즘학회, 1999 : 46)이라고 하며 종을 치는 역할은 2007년의 경우 보존회장이 맡았다. 절은 총 5번을 하므로 종은 총10번을 치게 된다. 이건 내역문은 1995년 부군당 이건 시 이를 신령들께 고하고 영구히 안정하시기를 바라는 내용으로 되어있다.
131 2007년에는 시에서 500만원, 구에서 300만원이 지급되었으며 밤섬 주민들은 63명(봉축 소지 명단 기준)이 찬조금을 내었다.

〈그림 19〉 밤섬 부군당굿 장면(2007년)

래종이어야 하는데 이를 구하기가 어려워서 특별히 강화 등지에서 구해 온다. 또한, 총 8개의 떡시루가 엄정한 순서와 격식에 의해 준비된다. 밤섬 부군당에는 떡시루마다 번호가 매겨져 있는데, 그 번호는 바로 떡을 찌는 순서와 일치한다.[132] 각 상에 제물을 괴기 위해서 각각 19개의 접시가 필요한데, 높게 올라가는 제물이 흔들리지 않도록 접시마다 쌀을 평평하게 붓고 그 위를 창호지로 덮고 밥풀을 이용해 붙인 다음 그 위에 제물을 괴게 된다.

이렇게 번거로운 작업은 당주와 소임이 전적으로 맡아하는데, 당굿 하루 전날 하루 종일 진행된다. 다른 지역에서는 무당들에게 제물 준비금을 미리 주고 이들에게 그 준비를 전적으로 맡기는 것에 비해 밤섬에서는 아직까지 주민들을 중심으로 제물을 준비하는 것이 주목할 만하다. 즉, 복잡하고 번거로운 제물 준비 과정에서는 오랜 경험과 의례에 대한 전반적인 지식을 가진 당주와 그를 도와 실무적인 일을 도맡아 할 소임의 역할이 절대적이다. 따라서 이들의 존재는 아직도 밤섬 부군당 의례에서 핵심적인 지위를 차지하고 있으며 이들이 지니고 있는 의례에 관한 전문 지식은 일종의 규범처럼 인식되고 있다. 요즈음은 제물 진설을 비롯하여 재료 구입 등에 관한 사항을 명문화하여 의례를 준비할 때 참조할 수 있도록 하고 있다.[133]

밤섬 주민들은 밤섬 부군당 의례가 문화재로 지정된 이후에 더욱 고무되어 있는 상

---

[132] 떡 찌는 순서가 신들의 위계질서에 대한 주민들의 의식을 반영하고 있는지는 의문이다.
[133] 즉, 제당에 제물을 진설할 때는 진설도를 펴 놓고 소임이 이를 참고할 수 있도록 하였고 음식을 만들 때 들어갈 재료도 그 목록을 하주청 벽에 붙여 놓았다. 그런데 실지 진설해 놓은 것을 보면 그 진설도와는 다소 차이가 있다. 차려진 음식 종류나 그 위치에 약간씩 변동이 있는 것으로 보아 기본틀은 지키되 상황에 따라 융통성 있게 대처하고 있는 것으로 보인다.

태이다. 부군당 의례는 이제 서울시와 구청의 후원을 받아 행하는 공식 행사가 된 것이다. 밤섬 부군당 주재 집단은 이러한 전승 환경의 변화를 적극적으로 받아들이면서 전승의 안정성을 확보하고 있다. 문화원과의 공동 주최라든지 서울시에서 주최하는 문화행사에 적극 참여한다든지 하는 노력들과 함께 의례 지식의 문서화나 제물 진설에 있어서 엄격함을 유지하는 등 부군당 의례의 정체성을 유지하는 데도 노력을 기울이고 있다. 그러나 아직까지는 지역주민들과는 유리된 양상을 띠고 있다. 이는 앞으로 밤섬 부군당 주재 집단들이 해결해야 할 과제로 남아 있다.

3) 지역 행사로의 확대와 활성화

도시가 발전함에 따라 외부에서 유입되는 인구는 급증하게 되고 토박이들의 비중은 상대적으로 점차 줄어들게 마련이다. 뿐만 아니라 일정한 거주 공간에 구애받지 않고 개별적인 이해에 따라 이동하는 도시민의 특성상 오랜 기간 제자리를 지키는 토박이 또한 드문 것이 현대 도시 지역의 실태이다. 서울 한강 유역 지역도 예외일 수 없다. 한강 유역 부군당의 주재 집단들은 이러한 전승 환경의 변화에 대응하기 위해 토박이들뿐만 아니라 이주해 온 현지 주민들까지도 참여할 수 있는 의례 공간을 만들기 위해 노력하고 있다. 이처럼 부군당 의례를 전체 지역 행사로 확대하여 의례 전승의 기반을 마련하고자 시도하고 있는 대표적인 사례가 당산동과 한남동 큰한강, 동빙고동이라 할 수 있다. 이들 지역을 중심으로 그 구체적인 모습을 살펴보도록 하자.

(1) 의례의 활성화와 문화재 지정에 대한 노력

당산동 부군당 의례는 당산堂山이라는 동명의 유래와 함께 신목神木인 은행나무, 순대국 등으로 제법 유명하다. 당산동은 당산 1·2동 2개동의 행정동을 보유한 법정동으로서, 옛날에 이곳에 해당화 나무가 많아 늦은 봄에 많이 피었다 하여 당산동이라 하기도 하며, 당산동 110번지에 우뚝 솟은 산이 있어 이를 단산單山이라 부르고 이곳에 부군당이 있어 당제를 지냈던 것에서 유래된 이름이라고도 한다.

당산동에는 예전 웃당산과 원당산, 그리고 벌당산이라는 자연마을이 있었다. 웃당산은 수령 500여년 은행나무(신수神樹)가 있는 당산동 110번지 언덕일대를 말하며 원당산은 당산동4·5·6가 일대로 옛날 당집이 있는 마을이다. 그리고 벌당산은 예전에 벌판이 있던 곳으로 안당산이라고도 한다. 당산동은 예전 경기도 시흥군 북면에 속했으나 영등포리, 당산리, 양평리를 분할하여 영등포면으로 행정구역이 개편되었다 (1917.7.11 조선총독부령 제37호). 1912년경 조선피혁주식회사가 들어서기 전까지는 이 곳 당산동은 야산이 많아 인구도 그리 많지 않았다. 그 당시에는 주민들 대부분이 밭농사를 많이 지었다. 한강 변으로 둑이 있었는데 그 둑 너머 밭이 많았고 그 밭에서 땅콩이나 시금치 등 채소류를 재배하여 영등포시장에 내다 팔았다. 그 밭들은 국유지였는데 1974년경 여의도에 국회의사당이 들어설 즈음에 개간이 금지되고 밀려나게 된다. 조선피혁주식회사는 주로 군화를 만들어 군대에 납품하던 곳으로 당산동의 거의 모든 주민들이 이 회사에서 일을 했으며 타 지역민들도 일자리를 구하려고 이주해 오게 된다.[134] 또한 피혁회사 옆에는 기차 수리공장(철도청 운영)이 있었는데 여기 주민들이 꽤 많이 일을 다녔다고 한다.

당산동 부군당은 현재 대지 15평에 건평 8평 정도의 2간 맞배 기와집이며 지하층에는 음식을 준비할 수 있는 식당이 있고 그 위에 부군당 건물이 서 있다. 이 곳 부군당 역시 원래는 은행나무가 있는 당산 언덕에 있었으나 아파트단지가 들어서면서 현재 위치(당산6가 110-71호)로 옮겨지게 된 것이다.[135] 부군당의 부지는 현재 국유지이다. 제당 입구에 '부군당府君堂'이라는 현판이 있으며 부군당비[136]가 세워져 있다.[137] 당산동의

...

[134] 조선피혁주식회사는 종업원 300면 규모의 큰 공장이었는데 공장에서 소가죽을 벗겨내고 버린 껍질을 주어다 삶아 먹곤 하였다고 한다. 이로 인해 지금까지 당산동 부군당 의례에서는 순댓국과 더불어 소껍질이 중요한 먹을거리가 되고 있다(박once, 2001 : 29~30).
[135] 김○○ 총무에 의하면 그 동안 당산동 부군당은 세 번의 보수와 두 번의 이전을 했다고 하는데 1950년에 보수 작업이 있었고 1974년에는 부군당을 원래 위치에서 10m정도 자리를 옮겨 이전을 하게 됐고 이후 1994년에는 삼성아파트가 들어서면서 다시 밀려나 현 위치로 오게 되었는데 이때 회사가 이전의 대가로 지하층을 증축해 주고 평탄작업 및 도색 등을 해 주었다고 한다. 건설회사 측에서 이전의 대가로 현재와 같은 2층 건물을 지어주었다고 한다.
[136] 부군당 碑 전면에는 '府君堂 創立 1450年 4月 8日 建碑 1974年 4月 15日'이란 내용과 함께 관리자 黃相均 외 10명과 有功者 芮有吉 외 21명의 명단이 새겨져 있다. 우측과 좌측면에도 35명의 명단이 새겨져 있다.

부군당은 전각과 신수神樹(암수 은행나무 두 그루)가 결합된 형태로 볼 수 있다. 지붕 측면에는 2태극 문양이 선명하다. 당산동 부군당에는 총 9분의 신위가 모셔져 있다. 좌측 벽면부터 대신할머니, 용궁각시, 삼불제석, 칠성, 산신, 부군님, 장군님, 별상님(대감님), 도당할아버지 순으로 화상이 걸려 있다.[138] 부군내외가 함께 모셔져 있지 않고 한분만 있다는 것과 용궁각시의 존재가 주목할 만하다.

〈그림 20〉 당산동 부군당 정경 ⓒ장주근

당산동 부군당 의례를 준비하는 주체들 모임에는 특별한 명칭은 없으나 그 체계와 역할이 비교적 명확하다. 특히, 이 곳 당산동 부군당의 당주는 제주가 겸임하는데 제주는 한 번 선출되면 사망 시까지 그 책임을 다해야

〈그림 21〉 당산동 부군당 신목
암수 은행나무 두 그루에 금줄이 둘러져 있다.

하는 종신직이다.[139] 제주 밑에는 실무적인 일을 처리하는 총무와 재정을 책임지는 재무가 있다. 그리고 제관의 역할을 하는 '소임'집단이 7~10명 정도로 구성되어 있다. 이들을 후원하는 단체로는 당산향우회[140]가 있으며 4~5명으로 구성된 운영위원회가

---

[137] 주민들은 올해가 부군당 의례 604주년에 해당된다고 믿고 있는데, 그렇다면 그 연원이 부군당비에 새겨져 있는 창건년도(1450년) 보다 50년 정도 더 이른 1402년경이 된다. 그러나 이를 판단할 구체적인 근거가 미약하다.
[138] 일부 조사(서울특별시 문화재위원회, 1990 : 70~73)에서 대신할머니를 부군할머니로 보아 부군내외가 모셔져 있다고 한 것은 잘못이다.
[139] 현재 확인된 제주의 계보는 윗대 미상 – 박인덕(사망) – 염준순(사망, 30년간 재임) – 황인균(1995년 사망, 10년간 재임) – 송○○(현 제주)씨로 이어지고 있다.
[140] 당산향우회는 이 지역 토박이들로 구성되어 있으며 2006년 현재 30여 명의 회원이 가입되어 있다. 당산향우회는

〈그림 22〉 당산동 부군당굿 유교식 제례(2006년)   〈그림 23〉 당산동 부군당굿 장면

있다(부록 1 : 6-1 〈표 3〉 참조).

당산동 부군당 의례는 이른 아침에 마을 주민들이 주재하는 당제(유교식 제사)와 당제가 끝난 후 무당 집단이 행하는 당굿으로 이루어진다. 당제는 아침 일찍 시작되는데 선출된 제관들이 한 명씩 돌아가면서 잔을 올리는 식으로 진행된다. 축을 읽고 다시 잔을 올리면 당제는 끝이 난다. 당제가 끝나면 무당이 주관하는 당굿이 시작되는데 이 곳 무당은 오래 전부터 이 지역민들과 밀착된 관계를 유지하며 단골 관계를 형성하고 있다. 역대 당주 무당들[141]은 이후 자신을 대신하여 당굿을 맡아 할 신딸들을 오랫동안 당굿에 참여시킨 후 그 직을 세습한다.

당산동 부군당은 문화재로 지정되어 있지는 않으나 신길3동 도당, 신길2동 부군당,

1991년에 정식으로 발족하였으며 부군당 의례를 재정적으로 지원하는 등 이때부터 부군당에 적극적으로 관여하게 된다. 의례가 끝난 후 결산 보고를 따로 받는다. 당산동에는 당산향우회 외에 전라도 출신들의 '호경회'와 충청도 향우회가 있기는 하나 부군당 행사에는 별로 참석하지 않는다.

[141] 조사된 보고서(김헌선 외, 2004; 박홍주, 2001)를 종합해 보면, 조만신 → 미력방 할머니, 창근어머니 → 강건너 말집 어머니(손정희, 서○○의 신어머니) → 영등포 말집딸(서○○)로 그 계보가 이어지고 있으며 조만신이 활동 했을 시기에도 이들이 모두 당굿에 참여하고 있었다고 한다. 현 당주 무당인 서○○(여, 2006년 현재 69세) 만신은 14살 때부터 당산동 당굿에 참여했다고 하니 50년을 넘게 당산동과 인연을 맺고 있는 셈이다.

영등포3동 상산전과 함께 구청으로부터 매년 지원금(50만 원)을 받는다. 영등포구청은 예전부터도 이들 네 군데에 지원금을 지급해 오기는 했으나 2005년부터는 그 지원 항목을 조례에 명문화시켰다.[142] 2006년에 당산동 부군당 주재 집단은 서울시에 당산동 부군당(제)을 문화재로 지정해 줄 것을 요청하였다. 이에 서울시는 몇 차례의 검토를 거친 후 최종적으로 불가 판정을 내린 바 있다.[143]

당산동에서는 부군당 의례 시 아직까지 추렴과 반기 풍속이 이어지고 있다. 소임들이 중심이 되어 집집마다 추렴을 돌며 의례가 끝나면 추렴에 참여한 집에는 수건을 돌려 반기를 대신한다. 2006년만 하더라도 100여 명이 찬조금을 내고 200여 가구에 수건을 돌렸다고 하니 어느 정도 지역 전체의 행사로 자리매김하는 데에는 성공적이라 할 수 있다. 당산동 주재 집단은 이에 만족하지 않고 지속적으로 문화재 지정을 요청하고 있다. 이러한 시도는 활성화되고 있는 부군당 의례를 문화재라는 제도를 통해 의례의 지속을 더욱 공고히 하고자 하는 노력이라고 볼 수 있다.

(2) 주재 집단의 확대와 의례의 지속

한남동 큰한강에서는 부군당 의례의 지속을 위해 주재 집단의 규모를 대폭 확대하는 방법을 시도하고 있다. 다른 지역의 주새 집단이 토박이를 중심으로 하여 소수 정예화 되는 경향이지만 큰한강에서는 정반대의 현상이 벌어지고 있다.

...

142 2005년 3월 21일 개정된 '서울특별시 영등포구 문화예술 및 생활체육 진흥조례' 제4조 (진흥사업대상 및 보조금 지원) 제8항 '기타 문화예술 생활체육 진흥을 위한 사업 개최 및 지원'의 구체적인 사업 대상에 '문화예술 예산 지원' 항목 중 '전통문화행사'로 '부군당 : 상산전(영등포3동), 당산동부군당(당산2동), 방학곳지부군당(신길2동), 도당(신길3동) - 각 제주 또는 책임관리인에게 행사지원금 지원'이라고 명시하고 있다.

143 1차적으로 서울시는 〈당산동 부군당〉에 대한 검토 중간 회신문을 통해 "우리 시는 2006. 9. 6(목) 〈당산동 부군당〉에 대해 서울특별시 문화재위원에 의한 현장조사를 실시한 결과 다음과 같이 의견이 제시되었다(시 문화재위원 검토 의견). 1) 건물 자체의 연대가 오래되지 않고 건물로서도 특이성이 없으며 보관하고 있는 무신도나 제기 등에서도 부군당의 역사와 전통을 확인하기 어려워 건물 자체로서의 문화재 지정 곤란. 2) 다만 영등포 지역의 역사를 일부 반영하고 있는 측면이 있으므로 10월 1일 열리는 당제와 당굿을 조사한 후 동 제의와 굿이 무형문화재로서 지정 가능한지 여부를 검토하고 그 검토결과와 함께 동 건물의 보존가치 여부(등록문화재 등록 포함)를 최종 판단"하겠다고 통지하였다. 실제 당산동 부군당제가 열리는 날에 문화재 위원들로 보이는 이들과 다수의 연구자들로 무척 붐비었다. 그러나 최종적인 통보에서는 문화재로의 지정은 불가하다는 결정이 내려졌다.

한남동은 1914년에 경기도 고양군 한지면 한강리로 명명하였다가 1936년에 경성부 한남정으로 고쳤다. 1946년에는 서울 동명제정으로 한남동으로 개칭되었으며 현재 남쪽이 한남1동, 북쪽이 한남2동으로 되어있다. 한남1동[144]에는 부군당이 두 군데 존재하는데, 큰한강 부군당과 작은한강 부군당이 그것이다. 큰한강 부군당은 단국대학교가 있는 매봉산 줄기 끝자락 주택가 속에 한강을 바라보고 자리하고 있으며 작은한강 부군당은 맞은편 한남대로 건너 언덕바지에 자리 잡고 있다.[145]

큰한강 부군당은 7평 남짓한 대지에 2평 정도의 기와집으로 되어 있고 부군당 옆에는 1평 정도의 용왕당이 있다. 이 부군당 부지에 대한 등기는 예전 세 명의 화주들 명의로 등록이 되어 있었는데 소유권 분쟁으로 인해 부군당 부지가 대폭 줄어든 상태이다.[146] 큰한강 부군당 내부에는 부군님 내외를 비롯한 삼불제석, 산신, 최영장군, 오방 신장 등 11점의 신상이 모셔져 있다. 당의 역사는 상량문에 적힌 기록을 기준으로 약 380년 정도로 추정한다.[147] 그러나, 현재 큰한강 부군당은 문화재로 지정되어 있지는 않다.

큰한강 부군당 주재 집단은 외부적으로는 본토 출신들만이 아니고 치성에 지속적으로 참여하는 약 70여명의 부군당 위원들로 설정되어 있다. 즉, 2001년에 큰한강 부군당 위원회(부록 1 : 6-1 〈표 8〉 참조)가 구성되었는데, 2006년에는 당 치성 비용을 협조한

---

[144] 한남1동은 한강과 접한 강북의 관문이며 외국공관 및 관저 밀집지역으로 북쪽은 중구, 동쪽으로는 성동구와 경계를 이루고 있으며, 서쪽은 보광동과 인접하고 남으로는 한강을 경계로 한 아름다운 강의 경치를 바라보므로 예로부터 풍치지구이기도 하다. 현재 한남로는 한남동을 양분시키고 있고 이 길은 한남대교와 연결되어 남쪽의 고속도로로 통한다. 한남1동의 인구는 5,959세대 12,663명(2005.6.13현재)으로 21개 통 164개 반으로 구성되어 있다(용산구청 홈페이지, 2006년 5월21일 검색).

[145] 큰한강 부군당과 작은한강 부군당이라는 명칭은 마을 앞으로 남산에서 내려오는 계곡물이 흘렀는데 이 개천을 경계로 동쪽 마을을 큰한강, 서쪽 마을을 작은한강이라고 부르는 데서 기인한다. 동쪽 마을의 규모가 더 컸으며 일제 강점기에는 동쪽 마을에 면사무소가 있기도 했다(박흥주, 2001 : 21~22).

[146] 1968년 12월 31일에 김○동, 김○선, 김○학의 명의로 등록되었다. 이들이 사망하자 그들의 자손들이 소유권을 주장하며 타인에게 매각하게 된다. 원래는 부군당 토지 면적이 347㎡정도였으나 현재는 부군당이 세워져 있는 곳(한남동 385-5) 26㎡만 남아 있는 셈이다. 큰한강 부군당의 주재 집단은 부군당 의례가 그간 침체된 이유는 바로 부군당 부지가 대폭 줄어들면서 그 위세가 크게 추락하여 생긴 것이라고 인식하고 있다.

[147] 상량문에 의하면 큰한강 부군당은 조선 인조6년 1628년에 지어진 것이다.

〈그림 24〉 큰한강 부군당굿 장면(2007년)   〈그림 25〉 큰한강 부군당 부군 내외

사람 전원이 위원으로 추대되었다.[148] 이 곳 부군당 의례를 후원하는 집단으로는 1동 노인회와 한남향우회가 있다. 특히, 한남향우회장이 부군당 위원장을 맡게 되어 있는데 이는 향우회를 부군당 의례의 공식적인 후원 단체로 간주할 수 있게 한다. 큰한강 부군당 의례 역시 유교식 제사 후에 무속식 당굿이 이어지는데 현재 당굿은 김○○ 무녀가 맡고 있다.[149] 큰한강 부군당 의례에 필요한 비용은 500만 원(2006년 기준)정도 인데, 치성금(찬조금)과 자체 적립금, 그리고 구청 지원금에서 충당한다.[150]

...

[148] 2006년 현재 68명이 위원으로 등록되어 있으며 이들은 주재 집단이면서 전승 집단이라 할 수 있다. 이들 중에는 타지에서 이주해온 이들도 다수 포함되어 있다.
[149] 이곳 당주 무당인 김○순(2006년 당시 81세) 무녀는 광나루 (평양집) 만신이라도 불리며 큰한강 부군당 당굿에는 50년 넘게 참여하고 있다.
[150] 2006년 부군당 의례 결산 보고를 참조하면 다음과 같다.

	수　　입		지　　출	
	위원 75건(치성금)	420만원	무인(여)4명, (남)2명	300만원
	구청 지원금	230만원	제물 및 기타	243만 5백원
	부군당 1년 방세	48만원		
계		698만원		543만 5백원

한남동 큰한강에서 부군당 위원을 70여 명으로 확대한 것은 점점 어려워지는 전승 환경을 타개해 나가기 위한 자구책이라고 할 수 있다.[151] 향우회장직과 부군당 위원장직의 겸임도 같은 맥락에서 이해할 수 있다.

(3) 의례 전통의 창출과 정통성의 확보

동빙고동은 새로 선출된 치성위원장을 중심으로 의례 형식을 전면적으로 개편하여 새로운 의례 전통을 창출하고 있으며 단군이나 문화재로의 인식 확대를 통해 정통성을 확보하려는 노력을 하고 있다.

한강변의 동빙고동은 조선시대에 얼음을 저장하던 창고, 즉 서빙고 동쪽에 위치하여 유래된 동명이다.[152] 동빙고동은 예전에는 고양군 한지면 지산리에 속했었다. 한국전쟁 당시 대규모 포격으로 인해 이 지역이 초토화되었으나 전쟁이 끝나고 떠났던 주민들이 돌아와 예전의 모습을 점차 되찾게 되었다. 1960년대까지도 본토박이를 중심으로 지역이 유지되었으나 1970년대에 들어서자 타지에서 외부인들이 대거 이주해 들어오기 시작한다. 이후 동빙고동은 본토박이보다도 외지인들의 비중이 점차 커지게 되었고 현재는 본토박이하면 실제 동빙고동에서 출생한 사람보다 타지에서 이주해 와 4~50년을 거주한 사람들이라고 할 수 있을 정도다. 이러한 '본토박이'도 현재는 동 전체 주민의 30%정도에 불과하다고 한다.[153] 이러한 주민 이주사와 구성은 서빙고동의 경우와 유사하다. 동빙고동 주민들은 예부터 농사는 거의 짓지 않았으며 공장이나 회

...

[151] 이러한 자구적 노력은 부군당 위원회의 총무직을 맡고 있는 이○○(남, 2006년 당시 69세)씨의 주도로 이루어졌다. 이○○ 총무는 4대째 한남동에서 거주하고 있는 토박이이며 1998년부터 총무직을 맡으면서 구청 보조금 증액을 지속적으로 이끌어 내는 등 부군당 의례의 활성화를 위해 헌신적으로 일하는 있는 핵심적인 인물이다.

[152] 동빙고는 원래 성동구 옥수동에 있었다. 이곳으로 이전된 까닭은 조선 초 연산군 10년(1504) 10월에 연산군이 옥수동 일대를 사냥터로 정했으므로 동빙고를 옮겨오게 된 것이다. 동빙고에 저장된 얼음은 국가의 여러 제사 때 쓰였으며 그 규모는 서빙고보다 작아서 얼음 10,244정을 보관하였다. 참고로 동빙고가 옥수동에 위치했을 때는 현재 옥수동 산 1번지에 얼음을 잘 얼게 해달라고 玄冥氏에게 제사를 지내는 司寒檀이 있었다(용산구청 홈페이지, 2006년 5월 21일 검색).

[153] 동빙고동에 이주민이 몰리게 된 배경에 대해서 조대호 위원회장은 이 지역이 서울에서도 변두리지역이라 집세가 쌌기 때문에 60년대만 하더라도 소위 '하꼬방'들이 즐비했으며 무당들도 많이 살아 '무당촌'으로 불리기도 했다고 한다. 조○○(남, 2007년 당시 78세)씨 2007년 4월 13일 면담.

사 등 직장에 주로 다녔다.

동빙고동 부군당 의례의 주재 집단 조직으로 경로당 회원들이 중심이 된 '동빙고동 부군당치성위원회'가 결성되어 있다. 치성위원회는 치성위원장과 실무를 맡아할 총무 1인, 그리고 4~5인의 치성 위원으로 구성되어 있다(부록 1:6-1 〈표 6〉 참조). 치성 위원들은 매년 부군당 치성 전에 개최되는 회의를 통해 선출되는데 예전에는 이들을 '화주'라고 하여 제관들을 지칭하는 것이었으나 현재는 제관의 역할뿐만 아니라 평시에도 치성 위원으로서 활동하는 상시적 직책으로 그 역할이 확대되었다.[154] 치성위원장은 현재 경로당 회장이 겸임하고 있는데 원래부터 겸임했던 것은 아니고 3~4년 전에는 각기 따로 선출되었다고 한다. 치성위원회는 1950년 한국전쟁 당시 서울 수복 이후에 정식 결성되었다고 하고 현재까지 제6대 치성위원장이 배출되었다. 역대 치성위원장들의 지역적 연고를 살펴보면, 1대와 2대 회장은 본토 출신이고 3대 회장은 타지 출신이며 4대에 다시 본토 출신이었다가 5대부터는 타지 출신이 계속 회장직을 맡고 있다.[155] 현재 치성위원회를 구성하는 있는 임원과 위원들은 거의 타지 출신들이 맡고 있는데 이는 서빙고동의 경우와도 비슷하여 주목할 만하다. 동빙고동 부군당 의례의 후원 집단으로는 동빙고동 경로당회(할아버지회)[156]가 있다.[157]

...

[154] 2007년 올해는 제사 3일 전인 4월 29일에 회의를 개최하여 2명이 퇴임하고 3명이 새로 선출되었다. 퇴임과 선출의 명분은 세대 교체라고는 하나 퇴임자 중 한 명은 올해 73세로 새로 선출된 위원들과는 비슷한 연배로서 세대 교체라고 보기는 무리가 있고 다른 요인에 의한 교체라고 판단된다.

[155] 이러한 변화 과정은 동빙고동 부군당 의례에 대한 주도권이 본토 출신자들에서 타지 출신자들로 옮겨 가는 과정을 보여준다. 이러한 추론은 1960년대만 하더라도 본토박이가 우세하던 것이 1970년대에 들어 외지인이 많이 들어오고 본토박이가 타지로 이사를 많이 하게 되면서 오래전부터 살고 있었던 타지 출신자들의 세력이 우세해지기 시작했다는 조○○ 위원장의 진술을 통해 구체적으로 뒷받침되고 있다.

〈동빙고동 부군당 역대 치성위원회장 연혁〉

	성 명	지역 연고	활동 시기	비 고
제1대	경옥목	본토 출신	1950~?	
제2대	원춘만	본토 출신	미상	
제3대	이칠만	일산에서 이주	미상	사망
제4대	경○○	본토 출신	?~2002	경로당 회장과 겸임 시작, 현재 타지역으로 이주
제5대	이○○	개성 출신, 해방 후 이주	2003~2005	현 치성위원회 고문
제6대	조○○	전라도 출신, 60년대 이주	2006~현재	현 치성위원장

[156] 할아버지 경로당 회원은 현재 43명이며 이 회원들 중에서 치성위원회 임원들이 선출된다. 할머니 회원들도 있으

〈그림 26〉 동빙고동 부군당 정경

동빙고동 부군당 의례에 필요한 비용은 예전에는 추렴을 해서 마련했으나 요즈음에는 따로 추렴은 하지 않고 구청에서 나오는 지원금(230만 원, 2007년 기준)으로 충당한다. 동빙고동 부군당은 대지 40평 정도이며 소유자는 동네 대표 4명(모두 사망)의 명의로 되어 있다.[158]

지난해부터 새로운 치성위원장이 부군당 의례를 주관하면서 두드러진 변화가 있는데, 제물 진설의 위치와 부군당의 무신도 위치 변경이 그것이다. 먼저, 부군당에 차려지는 제물들의 방향과 위치를 무속식 상차림 방식에서 유교식 상차림 방식으로 바꾸었다고 한다. 또한 부군당에 모셔진 단군 내외의 위치가 예전에는 단군 화상이 오른쪽(보는 사람을 중심으로)에 있었으나 이는 유교식 남녀의 좌정 위치[159]가 아니라 하여 단군 화상을 왼쪽으로 옮긴 것이다〈그림 27〉 참조). 또한, 제사의 순서 역시 유교식 대제를 참고하여 새롭게 작성한 절차표에

• • •

나 이들은 부군당 의례에는 관여하지 않는다.

157 이 밖에 몇 년 전까지도 당을 관리했던 당주할머니와 당주무당이 있는데 정○○ 할머니와 장○○ 만신이 그들이다(박흥주, 2001 : 139~141). 정할머니는 30년을 넘게 부군당 음식 준비와 상차림을 수도적으로 맡아 했으나 몇 년 전부터 거동이 불편하여 현재는 참여하지 않고 있다. 서빙고동 부군당의 단골 만신이기도 한 장○○은 동빙고동 부군당굿이 10여 년 전에 중단된 이후에는 참여하지 않고 있다. 요즈음은 사람들을 고용해서 제물을 준비하는데 올해는 치성위원 1인과 함께 할머니 3분이 음식을 만들었다. 할머니들은 일당 4만 원 정도를 받고서 3일을 일하게 된다. 김○○(78세) 할머니는 5~6년 전에 정○○ 할머니와 같이 일한 적이 있으며 음식 준비와 진설에 중심적인 역할을 하고 있다. 그러나 올해는 조○○ 회장이 제물 진설 방식을 '유교식'으로 바꾸는 바람에 차려진 음식이 재배열되는 상황이 벌어지기도 했다.

158 이러한 관행은 이태원 부군당의 경우처럼 동네에서 부군당 부지를 공동 매입하고 마을 대표들의 공동 명의로 등기를 함으로써 특정 개인이 임의로 처리하는 것을 방지하기 위한 것이다. 현재는 공동 명의자들이 모두 사망했기 때문에 앞으로 생존해 있는 대표자들의 명의로 변경을 신청할 계획을 가지고 있다.

159 부군당에 남신과 여신이 나란히 모셔져 있는 경우, 즉 부부신인 경우에 그 위치가 부군당마다 다르다. 대부분 부군신은 오른쪽에 모셔지고 부군부인은 왼쪽에 모셔져 있는데, 반대로 모셔진 경우로는 신길3동 도당, 산천동 부군당, 서빙고동 부군당(이성계 내외), 창전동 공민왕 사당, 창전동(밤섬) 부군당 등이 있다. 이러한 차이에 대해서는 좀 더 면밀한 검토가 있어야 할 것이다.

따라 진행하였다.

동빙고동 부군당은 현재 문화재로 지정되어 있지는 않으나 주민들은 '국가 문화재'는 아니지만 '구청에서 지정한 문화재'라고 하여 공식적인 문화재임을 강조하고 있다. 구청에 확인한 바에 의하면, 주민들의 주장과 같이 구에서 공식적으로 인정한 문화재는 아니고 편의상 '향토 문화재'라고 지칭

〈그림 27〉 동빙고동 부군당 단군 내외

할 뿐이라는 것이다.[160] 그럼에도 불구하고 주재 집단은 동빙고동 부군당을 '구청에서 지정한 문화재'로 기정사실화하고 있으며 주민들로 하여금 부군당이 '문화재'임을 강조하며 그 당위성과 정통성을 인식시키는 기재로 사용하고 있다.

4) 의례의 토대 변화와 위기

의례의 토대라고 할 수 있는 구성요소가 흔들리게 되면 의례에도 위기가 닥치는 것이다. 즉, 제당이 이전 또는 소멸되거나, 부군당 부지 등이 소유권 분쟁에 휘말리거나, 전승 주체가 단절되거나 하면 의례는 불안정해질 수밖에 없다. 여기서는 청암동과 금호동, 이태원동, 한남동 작은한강을 중심으로 의례의 토대가 어떻게 변하였으며 어떠한 위기가 초래되었는지 살펴보고자 한다.

---

[160] 용산구청 문화체육과 윤○○ 담당 전화 인터뷰(2007년 4월 20일). 따라서 동빙고동 부군당이 '구청에서 지정한 문화재'라는 것을 증명할 명문화된 조례도 없을 뿐만 아니라 예산 지원 역시 명문화되어 있지 않아 언젠가 중단될 가능성도 배제할 수 없는 형편이다.

(1) 의례 공간의 불안정과 의례의 위기

청암동은 부군당 부지가 공원으로 조성되면서 부군당을 헐고 새로운 건물로 이전을 하게 되어 의례 전승에 위기를 맞게 된 경우이다. 금호동 역시 지역이 재개발되면서 부군당이 헐리고 말았으나 이전할 건물을 마련하지 못해 결국 의례가 중단된 경우이다.

청암동은 예전에 용산강(지금의 원효로 4가 앞)부터 양화진(지금의 양화대교)까지 아주 큰 호수가 형성되어 연꽃이 아름답게 만발하는 등 아주 경치가 뛰어난 곳이라고 하였다. 근래에 이 지역이 재개발되어 아파트 단지가 들어섰고 많은 원주민들이 이곳을 떠났다. 청암동에는 현재 경로당 뒤뜰에 태조 이성계의 초상을 모신 '영전永殿'과 12신을 모신 부군당이 있다. 대지 57평에 부군당이 7평 정도이고 영전이 2평 정도인데 소유권은 현재 용산구청이 가지고 있다. 이전에는 개인 소유였던 것이 구청에서 이 지역을 공원으로 조성하기 위해 매입한 것이다. 그런데, 구청이 공원 조성을 위해 부군당을 이전하도록 요구하고 있어서 주민들과 마찰을 빚고 있다.[161]

영전을 이태조 사당이라고도 하는데, 조선 태조가 한양 정도 이후 이곳에 여러 차례 행차하여 경치가 좋아 쉬었다 갔다는 구전口傳에 따라 그것을 기념하기 위해 이 마을 주민들과 이곳에 거주하는 이씨 문중의 사람들이 합심하여 세운 것이라 한다.[162] 이 영전은 원래 경로당 앞 큰 길 맞은편에 있었고 규모가 100여 평에 건평 12평 정도였으나 1940년경 도로 공사로 인해 부군당 옆으로 이전되면서 규모가 축소되었다(서울특별시 문화재위원회, 1990 : 309). 영전에는 이태조 영정만 봉안되어 있다. 부군당은 불당이라고도 하는데 부군님을 비롯하여 좌장군, 우장군, 삼불제석, 용왕님, 오방신상, 칠성님, 산신님, 염라대왕, 백마장군, 대신할머니, 옥황상제 등 12신의 화상이 봉안되어 있다. 이 건물들은 6·25전쟁 당시 모두 불타 없어진 것을 1953년에 주민들이 힘을

---

[161] 구청에서는 이미 경로당과 부군당이 새로 들어설 건물을 지어 놓은 상태라고 한다. 그러나 그 건물이 전각 형태가 아니고 일반 사무실 건물처럼 되어 있어 부군당으로 사용하기에는 적절치 않다는 판단 하에 주민들은 이전을 거부하고 현 건물을 유지해 줄 것을 요구하고 있다. 이러한 의지의 표현으로 2006년도 음력 10월 부군당 의례에서는 '청암 부군당(이태조) 현 위치 보존을 위한 탄원서'를 작성하기도 했다.

[162] 정○○(남, 전 보존회장)씨 2006년 11월 5일 면담.

〈그림 28〉 청암동 영전 정경   〈그림 29〉 청암동 부군당 내부

모아 재건축한 것이라고 한다.[163]

청암동 부군당 의례의 주재 집단으로 '청암동 부군당 보존위원회'(이하 보존회)가 있다(부록 1:6-1 〈표 5〉 참조). 보존회는 지난 1998년도에 구성되었으며 회장 이하 총무, 감사, 홍보 등의 임원들이 있다. 후원 집단으로는 노인회와 친목회[164]가 있다.

청암동 부군당 의례에서 제관들은 주재 집단과 반드시 일치하지는 않는다. 주로 초헌관은 노인회 회장이, 아헌관은 동장이, 종헌관은 보존회 회장이, 축관은 보존회의 전위원 중에서 맡아 하지만, 2006년에는 보존회장, 원효2동 노인회장, 시의원의장, 마을금고 이사장, 축관 등이 제관의 역할을 맡았다.

청암동 부군당 의례는 매년 음력 10월 1일 저녁 6시경에 행해지는데, 유교식 제사 형식을 기본으로 하되, 당주 무당[165]이 간단하게 치성을 드리는 식으로 진행된다. 부군

---

163 영전의 상령문에는 "龍 丁未年 陰三月十七日 申時 立柱"라고 쓰여있다. 정미년이라면 1967년, 1907년, 1847년, 1787년, 1727년, 1667년, 1607년 중에 1953년 이후인 1967년일 가능성이 크다.
164 친목회는 현재 23명이 가입되어 있으며 매달 첫 일요일에 모임을 갖는다.
165 매년 치성을 드려주고 있는 윤○○ 만신은 친목회원이면서 당주 무당으로 활동하고 있다. 윤○○ 만신은 53세에 신이 내렸고 원효로3가에 자신의 신당을 가지고 있다. 청암동과는 1966년도에 이주해 오면서 인연을 맺게 되었다.

〈그림 30〉 청암동 영전 제사 장면(2006년)

당에 무신도와 무구 등이 있어 예전에는 굿을 했던 것으로 보이나 경제적·공간적 문제로 인해 오래 전에 중단된 것으로 판단된다. 부군당 의례에 필요한 경비는 약 120~130만 원 정도(2005년도 기준) 소요되는데, 찬조금과 구청 지원금으로 충당한다.[166] 2006년 청암동 부군당 의례에는 많은 지역 인사들과 주민들이 참석하기는 했으나 부군당 이전 문제로 인해 탄원서를 작성하는 등 다소 비장한 분위기가 감돌기도 하였다.

금호동(4가 246번지 일대)은 옛날 이곳에서 선철銑鐵을 녹여 무쇠솥, 농기구 등을 주조했으므로 '무쇠막', '무시막' 또는 '무수막'이라고 했는데, 이를 한자명으로 수철리水鐵里[167]라 하던 곳이다. 조선시대에는 왕십리의 배추장수와 함께 무쇠골(수철리)의 솥장수가 유명하였다. 즉, 선철銑鐵을 녹여 무쇠솥, 농구農具 등을 주조해서 국가에 바치거나 시전市廛에 내다파는 야장冶匠들이 모여 살았고 대장간이 많았다고 한다.[168] 동네 아래로는 바로 한강이 흘러내리고 건너편 압구정과 연결하는 무쇠막나루터(수철리나루터)가 있어 한강과도 밀접한 관계를 갖고 있던 지역이다(박흥주, 2001 : 212).

---

166 당주 무당에게는 60만 원 정도(2005년 기준)가 지급되며, 용산구청에서는 180만 원 정도 지원되고 있다.
167 수철리란 동명은 현 마포구의 신수동, 구수동도 수철리라 부르고 있어서 이와 구분하여 인근 주민들이 수철리의 '鐵'에서 '金'을, '水'에서 '湖'를 인용하여 이곳을 금호, 또는 동무수막이라고 하였다.
168 금호동은 조선초에는 한성부 城底 10리에 속했으며 영조 27년(1751)에 반포된 수성책자 「도성삼군문분계총록」에 의하면 한성부 남부 두모방(성외) 수철계였으며 갑오개혁(1894) 때 南署 두모방(성외) 수철계의 수철리동이 되었다. 1911년 경기도령 제 3호에 의해 5부 8면제를 실시하면서 두모방은 두모면이 되어 금호동은 경성부 두모면 수철리라 했으며 1914년 경기도고시 제 7호에 의해 5부 8면제가 폐지되자 8면 중에 하나였던 두모면은 한지면에 병합되고, 금호동은 고양군에 편입되면서 한지면 수철리가 되었다. 1936년 조선총독부령 제 8호에 의해 경성부 구역확장에 따라 경성부에 편입되면서 금호정이라 하였으며 1943년 구제도 실시에 따라 성동구에 소속되었다. 1946년 일제식 동명을 모두 없앨 때 금호동이라 했으며 1964년 서울특별시조례 제 320호에 의하여 금호동을 1·2·3·4가로 분할하면서 오늘에 이르고 있다. 금호동은 성동구의 어느 동보다 지형의 기복이 심하고 경사가 많은 지대인데도 인구가 밀집되어 있다. 금호4가동은 24통 168반으로 구성되어 있으며 세대수가 5,445가구에 총인구 14,285명(男 7,065 / 女 7,220 , 2005년 3월 31일 기준) 정도이다(성동구청 홈페이지, 2007).

금호4가동 무쇠막 부군당은 지역 재개발로 인해 2004년도에 부군당 건물이 헐리고 봉안하고 있었던 제기祭器와 신도神圖 등은 현재 향우회 건물 지하실에 보관 중이라고 한다.[169] 금호4가동 부군당 의례의 주재 집단으로 '무쇠막 향우회'[170]가 있다. 현재 부군당과 관련된 소유권도 무쇠막 향우회 명의로 되어 있다. 부군당 의례와 관련해서는 향우회 운영위원회에서 총괄하여 결정한다. 당굿은 당주 무당격인 김유감(중요무형문화재 제104호 서울새남굿 보유자) 무녀가 맡고 있다. 2006년에는 결국 부군당 의례가 행해지지 않았다.

이처럼 두 지역의 사례에서도 볼 수 있듯이 의례 공간의 변화는 주재 집단들로 하여금 혼란과 불안감을 조성하여 의례에도 영향을 미치게 된다. 청암동 부군당이 무사히 이전된다 하더라도 이전의 활발했던 의례 분위기가 지속될 수 있을 것인지는 의문이다. 의례 공간이 명확치 않은 금호동의 경우는 아예 의례가 중단되었다. 이와 같은 사례는 의례 공간의 안정적 확보가 의례 전승에 얼마나 중요한 조건인지를 생생하게 보여 준다.

(2) 법적 분쟁과 의례의 위기

이태원동은 부군당 부지 소유권과 관련하여 10여 년을 끌어 온 법적 분쟁으로 인해 의례 전승에 심각한 타격을 받은 경우이다.

이태원동은 남산의 남쪽에 위치한 동으로 조선시대 이태원梨泰院[171]이라는 역원이 있었기 때문에 붙여진 동명이다.[172] 이태원동 부군당 의례는 남부와 중부 주민들이 합동

...
169 원래는 새로 들어설 아파트 단지 내에 부군당을 신축하려 했으나 교인들의 반대와 재개발 조합 측의 미온적인 태도로 건립이 계속 미뤄지고 있어 부군당 의례 주체들과 갈등이 계속되고 있다.
170 무쇠막 향우회는 현재 41명이 회원으로 가입되어 있으며 매월 마지막 금요일에 모임을 갖는다.
171 이태원의 명칭은 옛 기록에 보면 여러 가지 명칭으로 다양하게 쓰여졌으나 효종 때 이 동네에 배나무가 많다고 하여 이태원이라 칭했다 한다.
172 역원으로서의 이태원은 오래전에 없어지고 그 명칭을 가진 동네가 용산구 동북쪽에 자리 잡아 현재의 이태원동이 되었다. 조선시대 초에는 한성부 城底十里 지역이었고, 1751년(영조 27)에는 한성부 남부 둔지방 梨泰院契였다. 1914년 경기도 고양군 漢芝面 梨泰院里가 되었다가 1936년 경성부에 편입되면서 梨泰院町이 되었다. 1943년 용산구에 속한 뒤 1946. 10. 9 해방 후 洞制 실시에 따라 행정구역이 개편되면서 행정 동명을 이태원 남동을 이태

으로 지냈던 것으로 보이며[173] 현재도 1동과 2동 주민들이 공동으로 부군당을 관리하며 의례에 참여하고 있다. 이태원동은 일제 강점기만 하더라도 복숭아나 딸기 등 과수나 밭농사를 많이 지었으며 해방 후 미8군 기지가 용산에 들어온 뒤에는 외국인을 상대로 한 상가 등이 발달하였으며 현재는 관광특구[174]로 지정되어 있다.

이태원 부군당은 원래 하얏트호텔 근처 외인주택 삼거리에 있었으나 1917년에 일본이 일본군 훈련소를 만들면서 현재의 위치[175]로 옮기게 되었다(양종승, 2003 : 3). 1967년에 대대적인 중수를 하면서 5평 남짓한 1간 건물이었던 것이 현재처럼 20평 규모의 웅장한 건물로 지어지게 되었다. 이태원 부군당은 부군당 건물 이외에 제물을 장만하는 화주청이 딸린 당지기집이 따로 있다. 부군당으로 들어가는 입구에 부군묘 비석이 서 있으며 부군당의 현판에는 '부군묘府君廟'라 씌어져 있다. 현 부군당은 시멘트 건물이지만 언뜻 보면 목조 건물처럼 보인다. 이태원 부군당의 유래 역시 명확하지 않으며 그 역사는 비석에 새겨진 기록[176]을 기준으로 한다면 근 400년 정도가 된다.

〈그림 31〉 이태원 부군당 정경

부군당 내부에는 12점의 신상이 모셔져 있다. 좌측부터 창부님, 기마장군님, 군웅님, 장군님, 호구님, 대감님, 부군님 내외, 별상님, 제석님, 산신님, 가망님, 걸립님 순이다. 그런데, 화상에는 2~3분의 신상神像이 함께 그려진

    원 제1동으로 중부동과 북부동을 합쳐 이태원 제2동으로 하여 현재에 이르고 있다(용산구청 홈페이지, 2006년 5월 21일 검색).

173 매년 부군당 의례 때마다 치성금 내역을 남부와 중부 장부에 각각 기재하고 있는 것을 보아 예전에는 이 두 마을에서 합동으로 지냈다는 것을 알 수 있다.

174 이태원관광특구는 이태원 입구(이태원1동)에서부터 한남 2동까지의 1.4km 구간을 말한다.

175 대지는 약 500평 정도이며 부군당 건물의 위치는 이태원1동 192번지, 주변의 임야는 191-3호로 되어 있다.

176 비석의 전면에는 "府君廟"라 새겨져 있고 후면에는 "檀紀 三九五二年 月 日 建立 府君 奉安年 春秋四節 奉祠 西紀 一九六七年 十一月一日 補修 梨泰院 住民一同"이라고 새겨져 있다. 이 비석의 기록을 신빙한다면 부군당은 1619년에 봉안되었으며 그 역사가 387년(2006년 기준)이 되는 셈이다.

경우[177]가 있어 이들까지 합하면 총 24분으로 제사를 지낼 때 메와 국을 24개를 올리게 된다.

이태원 부군당 의례를 주재하고 있는 집단으로 '이태원동 부군묘 관리위원회'가 있다(부록 1:6-1 〈표 4〉 참조). 관리위원회는 현재 12명으로 구성되어 있으며 2006년도 음력10월 제사에는 이들 중 8명이 제관(화주)으로 참가하였다. 원래는 '열두 화주'라 하여 12명이 제관으로 선출되었지만 요즈음에는 6~8명이 제관으로 선출된다. 이태원 부군당 의례를 지원하는 집단으로 '이태원동 향우회'가 있는데, 80여명이 회원으로 등록되어 있다. 이들은 부군당 의례가 있을 때마다 추렴과 행사에 적극적으로 참여하고 있다.

〈그림 32〉 이태원 부군당 제사 모습(2006년)

〈그림 33〉 이태원 부군당 서낭당 고사 모습(2006년)

이태원동 부군당에서는 일 년에 네 번 제사를 지냈으나 현재는 음력 4월 1일과 10월 1일, 일 년에 두 번만 지내고 있다. 음력 4월에는 '고사'와 함께 당굿을 했으나 경제적인 문제로 인해 재작년(2004년)부터 당굿이 중단되었다.[178] 음력 10월에 지내는 제사는 하루 전날 밤 자시子時(23시)에 화주들만 참석하여 지내게 된다. 날이 밝으면 부군당을 개방하여 향우회원들과 1·2동 주민들이 치성을 드리게 된다. 이태원 부군당

---

[177] 부군님 내외 2분, 걸립님 내외 2분, 삼불제석 3분, 별상님과 시녀 2분, 대감님과 부하 2분, 장군님과 부하 2분, 창부님 외 2분이 각각 그려져 있다.
[178] 당굿에 대한 내용은 『서울민속대관』(1990)에 상세하게 보고되어 있다.

의례에 필요한 경비는 추렴과 구청 지원금으로 충당한다.[179] 음력 4월 1일 '고사' 때와 음력 10월 1일 '제사' 때 들어오는 찬조금 내역이 다른데, 음력 10월 제사 때 더 많이 들어온다.[180]

이태원 부군당 의례의 주체들이 안고 있는 몇 가지 문제가 있는데, 가장 큰 문제가 1989년도부터 시작된 부군당을 둘러싼 재산권 분쟁이다.[181] 주체들은 이 분쟁이 마무리되는 대로 다시는 이러한 일이 벌어지지 않도록 모든 소유권을 구청으로 넘기는 방안을 검토하고 있다. 다음으로는 부군당의 문화재 지정과 관련된 문제이다. 주민들은 서울시에서 부군당을 문화재로 지정해 줄 것을 소망하고 있으나, 근래에 실시한 실측 조사에서 1967년에 시멘트 건물로 개조하면서 문화재적 가치가 사라졌으며 봉안된 신상 역시 개축 당시 새로 그려 봉안된 것이라 이것 역시 가치를 인정하기 어렵다는 결과가 나왔다(양종승, 2003 : 3). 그렇지만 주민들은 어떻게든 문화재로 등록시키고자 하는 의지를 보이고 있다.

아직까지 이태원동의 부군당 의례는 당굿이 중단되기는 했으나 주민들의 적극적인 참여로 일 년에 두 번의 당제가 꾸준하게 지속되고 있다. 그러나 10여 년을 끌어온 지루한 법적 분쟁으로 인해 주재 집단은 정신적인 부담을 안고 있었으며 이를 의례가 침체된 원인의 하나로 인식하고 있었다. 당굿이 중단되고 의례가 다소 침체되었다고 하는 이유가 전적으로 법정 분쟁 때문이라고는 할 수 없겠으나 의례 전승에 심대한 영향을 미친 것은 분명하다.

(3) 전승 주체의 단절과 의례의 위기

한남동 작은한강은 현재까지는 부군당 의례가 지속되고는 있으나 앞으로의 전망은

---

[179] 찬조금은 300만 원 정도 들어오며, 용산구청에서는 음력 4월 고사 시에 200만 원을 지원하고 있다.
[180] 이태원 부군당에 보관되어 있는 장부에 의하면, 2006년 음력 4월 1일 고사에서는 92명이, 음력 10월 1일 제사에서는 124명이 찬조금을 내었다.
[181] 부군당의 대지의 소유권이 부당하게 다른 사람에게 넘어가자 주민들이 법정 소송을 통해 되찾은 사건을 말한다. 이 장의 각주 53번 참조.

불투명하다. 현 의례 주체의 뒤를 이어갈 후임 주체가 없기 때문이다. 부군당 의례에 대해서 점차 무관심해져 가는 지역 상황에서 의례 주체마저 불확실하다면 의례가 중단될 가능성이 크다.

한남1동의 작은한강 마을은 강남쪽에서 한남대교를 넘어오다 보면 왼쪽으로 보이는 산기슭에 위치하고 있다. 오른쪽으로 보이는 언덕 위 큰한강 마을은 마치 별장들이 늘어서 있는 고급 주택가와 같은 분위기인데 반해 작은한강 마을은 산기슭 빼곡히 들어서 있는 주택들로 인해 대조적이다.[182] 토박이들은 30호 정도가 남아 있으며 큰한강 마을과 함께 한남동향우회에 소속되어 있다. 한남동에는 예전에 방앗간이 4군데나 있었는데 그 중에 3군데가 작은한강 마을에 있었다. 따라서 여기 사람들이 방앗간에서 도정업에 많이 종사하였다.

작은한강 마을의 부군당은 현재 마을 중턱(한남1동 568-8번지)에 위치하고 있다. 현 당주인 최○○(남, 82)씨에 의하면, 부군당은 원래는 산정에 위치한 현 한광교회 자리에 있었으나 언젠가 현재 위치로 옮겨지게 되었다고 한다. 이 곳 부군당은 대지가 48평 정도이며 부군당 본당 건물과 좌측으로 하주청이 있고 우측으로 방이 딸린 별채가 있다. 하주청과 별채는 현재 세[183]를 놓아 부군당 운영 자금으로 사용하고 있다. 작은한강 부군당은 현재 대지만 등기가 되어 있는데 1960년대에 마을에서 땅을 구입하고서 대표 5명(전원 작고)의 공동 명의로 등기를 한 것이다.[184] 작은한강 부군당의 본당 건

〈그림 34〉 한남동 작은한강 부군당 정경

---

182 실제로 예전부터 큰한강마을에는 부자들이 모여 살았고 작은한강 마을은 상대적으로 가난한 사람들이 모여 살았다고 한다. 최○○(남, 82, 현 당주)씨 2007년 2월 15일 면담.
183 한 달에 5만원씩 월세를 받고 있다. 1년이면 방 2개에서 120만 원이 걷히는 셈이다.
184 공동 명의자가 모두 사망한 상태라 그 후손들이 재산권 주장을 할 가능성도 배제할 수 없다. 이태원동 부군당의

〈그림 35〉 한남동 작은한강 부군당 부군 내외

물은 맞배지붕에 기와를 얹었으며 한 칸 규모이다. 정문과 본당 출입문에는 삼태극 문양이 선명하다.[185] 내부에는 정면에 부군님(오른쪽)과 부군부인(왼쪽) 화상이 걸려 있고 벽 좌측에는 대신할머니와 대감님 화상이 걸려 있다. 벽 우측에는 삼불제석과 산신 화상이 걸려 있다. 이 외에 본당 주변에 우물신, 터주신, 신목 2그루를 함께 모시고 있다.[186]

작은한강 부군당 의례의 주재 집단은 현재 당주와 부군당 추렴에 참여하는 토박이들이 있다. 다른 지역과 달리 이곳에는 예전부터 보존회나 위원회 등이 구성되어 있지 않다. 현재 당주는 최○○[187]씨가 맡고 있으며 그 뒤를 이을 후계자 집단이 구성되어 있지 않아 그가 사망한 후에 부군당 의례가 지속될 지가 불투명한 실정이다. 현재까지 이곳에 남아 있는 30여 호의 토박이들은 추렴에는 참여하지만 막상 의례 준비나 당일 날 행사에는 무관심하다고 한다.[188] 의례 비용은 약 400~500만 원이 소요되는데 그 비용은 부군당에서 세놓은 방세와 추렴한 찬조금, 그리고 구청 지원금으로 충당한다.[189]

⋯

경우처럼 법정 소송 문제로 비화될 소지가 있다.
185 처마 아래 '府君堂 西紀 千九百八十七年 八月三十日 (陰) 七月七日 작은漢江'이라고 쓰여진 현판이 걸려 있다.
186 부군당 제물 진설도에서 보는 바와 같이 당굿 시에는 이들에게도 떡과 막걸리를 진설하여 놓는다.
187 최○○(남, 2007년 당시 82세)씨는 용산구 청파동에서 출생하여 어릴 때 이곳으로 온 후 현재 3대째 거주하고 있다. 젊었을 때는 미8군 육군작업소에서 근무하였다. 부친인 최동원 씨가 60년대 이 곳 부군당 당주를 맡았으며 그 뒤를 송○○씨(70년대)가 이었고 그 뒤를 이을 사람이 없어서 송회장의 강력한 권유로 1982년부터 당주직을 맡고 있다.
188 또한, 큰한강 부군당과 공동으로 한남동향우회가 구성되어 있긴 하지만 향우회 역시 부군당 의례에는 관여하지 않는다고 하여 의례를 준비하는 데 무척 어려움이 많다고 한다. 따라서 추렴을 하러 다닐 때도 당주 혼자서 마을을 도는데, 30여 호(토박이)를 도는 데만 10일~12일 정도 소요된다.
189 찬조금은 2007년도에 46명이 내었고 그 중 구청에서는 큰한강부군당과 동일하게 230만 원을 지원하였다.

작은한강의 부군당굿은 당주 무당인 조○○씨와 몇몇 악사들에 의해 진행된다.[190] 그러나 당굿 현장에 참여하는 주민들은 거의 없고 무당 집단과 당주를 돕는 몇몇 사람들만 자리를 지킬 뿐이다. 부군당 의례가 끝날 무렵에 돼지고기를 일정한 크기로 잘라 다음 날 집집마다 돌릴 음식을 마련한다. 즉, '반기'를 돌리기 위해 떡과 과일,

〈그림 36〉 한남동 작은한강 부군당굿 장면(2007년)
당주가 무녀로부터 공수를 받고 있다.

그리고 돼지고기를 균등하게 나누어 담는다.[191]

이처럼, 작은한강의 부군당 의례는 당굿과 추렴·반기의 풍속 등 의례의 대체적인 형태가 유지되고는 있으나 실상은 무척 미미하다. 그 원인은 무엇보다도 전승 조직이 유명무실하다는 데 있다. 보존회가 존재하기는 하나 그 구성원이 불확실하고 후원 집단이나 참여 집단이 없다는 것이 문제이다. 이처럼 의례의 토대를 이루는 인적 요소가 갖추어 지지 않은 상황에서는 의례 전승이 불안정할 수밖에 없는 것이다.

이상으로 의례 토대가 변화하면서 의례가 위기를 맞게 되는 양상을 구체적 사례를 통해 살펴보았다. 의례 전승에 위기를 느낀 주재 집단은 그에 상응한 대처를 강구하게 된다. 대처의 양상은 각기 다르지만 이러한 대응은 의례에도 영향을 미친다. 의례 토대의 변화에 적절하게 대응하면서 의례가 변화된 경우에는 의례 전승에 새로운 전기를 마련하는 계기가 되지만 적절하게 대응하지 못하는 경우에는 의례 전승에 심각한 위기를 맞이하여 결국 의례가 중단될 가능성이 크다.

...

190 조씨 만신은 현재 7년째 당주무당을 맡고 있는데 몸이 불편하여 굿을 제대로 할 수가 없는 실정이다. 따라서 2007년 부군당굿에는 정○○ 무녀와 이○○ 무녀가 초빙되어 굿거리 일체를 대신하였다. 악사들로는 박○○(남, 피리, 당시 56세, 30여 년 전부터 참가)씨와 나○○(남, 대금, 8년 전부터 참가)씨가 참여하였다.
191 올해는 12봉지를 담았다. 이는 올해 추렴에 참가한 호수가 12호임을 말하는 것이다. 음식을 나누는 일은 예전부터 최○○(남, 당시 60세, 40년 전 이주)씨가 맡아 하고 있다. 다음날 반기를 돌 때도 최○○ 당주와 최○○씨가 같이 다니게 된다.

제4장

주재 집단의 대응 전략과 전통의 현대화

1. 사회변동과 주재 집단의 대응 전략
2. 사회변동과 전통의 현대화

04.
주재 집단의 대응 전략과 전통의 현대화

-
-
-

1. 사회변동과 주재 집단의 대응 전략

1) 주재 집단의 조직화와 소수 정예화

서울 한강 유역 부군당 의례의 변모 양상 중에서 특징적인 것으로 가장 먼저 의례 집단이 특정한 조직을 중심으로 소수 정예화 되고 있다는 점을 들 수 있겠다. 특정한 조직이란 '보존회'나 '위원회' 등을 말하는데 구성원은 대부분 토박이들이며 제관 선출과 후계자 양성에 용이한 체계를 갖추고 있다. 이러한 조직은 서빙고동의 사례에서도 볼 수 있듯이 조선시대의 '계'와 같은 조직이 변모된 것이지만 오늘날에 와서는 이들 조직이 부군당 의례의 주재 집단이면서도 전체 주민들 중 소수 토박이들을 대표하는 조직의 성격을 동시에 지니고 있다. 따라서 부군당 의례가 전체 주민들을 포괄하지 못하고 소수 토박이들만의 잔치로 끝날 수밖에 없는 조직적 한계를 지니고 있는 것이다. 이러한 현상은 서울 한강 유역이 1960년대 이후 급격하게 도시화되고 개발되면서 이주민이 대거 유입되었던 지역사적 사실과 연관이 있다.

도시화가 진행되면 도시에 사는 사람들은 복잡하고 거대한 도시에서의 적응을 위한 기제로 흔히 '결사체'[1]를 만들고 그것을 활용한다. 주로 농촌에서 도시로 이주해 간 이들은 도시 변두리에 집단 거주 구역을 형성하여 자신들의 이름을 딴 동향회를 결성하고 이를 통하여 내적 결속력과 상부상조의 체제를 확립한다. 나아가 새로운 결사체를 형성하여 보다 나은 생활환경과 복지시설의 보장을 받기 위해 정치적·사회적 활동을 시도하기도 한다(한상복 외, 1994 : 190~192). 한국전쟁 이후 극도로 피폐해진 살림살이를 타계하기 위해 전국에서 이주민들이 서울로 몰려들기 시작하는데 비교적 거주 비용이 싸고 일자리가 풍부한 용산이나 마포 등지에 주로 몰리게 되었다. 또한, 한강 유역의 개발과 이주 정책에 의해 경제력이 미미한 지역 토박이들은 어쩔 수 없이 뿔뿔이 흩어질 수밖에 없었고 그 자리를 이주해 온 타 지역민들이 채우게 된 것이다. 이주민들은 그 지역 부군당 의례에 대해서 무관심할 수밖에 없고 남아 있는 토박이들은 열악해진 환경에서 의례를 전승하기 위해서는 보다 체계적이고 정예화 된 조직이 요구되었을 것이다. 그래서 현재와 같이 중층적이고 후계자 양성이 용이한 체계를 갖추게 된 것이라 볼 수 있다.

뿐만 아니라 이러한 조직의 필요성은 재정적으로 열악해진 상황에서 주어지는 관의 지원에 대한 필요성과도 연관이 있다. 즉, 지역 주민들의 세금으로 조성된 행사 지원금을 비공식적인 단체나 개인에게 집행할 수는 없는 일이다. 따라서 관에서는 부군당 의례 집단이 공식적인 단체의 성격을 가질 것을 요구하였을 것이고 의례 집단 역시 이러한 요구를 수용하는 것이 지속적인 지원을 받는 데 유리하다는 것을 인식했을 것이다. 이러한 관과 의례 집단의 상호 요구가 지금의 부군당 의례 조직을 만들어 내었다고도 볼 수 있다.

이와 같은 상황에서 부군당 의례는 지역 전체 주민들이 아닌 토박이들의 모임, 즉 '향우회'를 중심으로 행해진다. 일반적으로 '향우회'는 보통 고향을 떠나 도시로 온 사람들로 구성된 모임을 말하지만 서울 한강 유역에서는 도시에서 도시로 이주한 경우

---

1 '결사체(association)'란 같은 직업이나 정치적 견해를 가진 사람끼리 또는 특별한 여가선용을 목적으로 혹은 특정한 목적을 달성하기 위한 수단으로 만든 조직을 말한다. 이러한 결사체에는 동일한 문중이나 씨족, 부락 또는 부족 출신에 의해 형성되는 '부족결사체', 종교적 분파의 성격을 가지며 공동의 신앙을 바탕으로 형성되는 종교적 결사체, 직업이나 직장을 바탕으로 조직되는 경제적 결사체, 오락과 여가 선용을 위한 결사체가 있다(한상복 외, 1994 : 190).

이며 이주의 동기가 자발적이라기보다는 어쩔 수 없이 이주한 경우가 대부분이라는 점에서 일반적인 향우회와는 그 성격이 다르다. 이러한 향우회 회원들은 매달 정기적인 모임 속에서 예전 공동체 성원으로서의 우의를 되새기며 인간적 관계를 지속하고 있다. 그런데 부군당 의례는 그 중에서도 가장 중요한 행사로 인식하고 있다. 향우회 회원들은 거의 대부분 추렴에 참여하며 의례 당일에도 적극 참여하여 회원들의 단합을 과시하고 그들의 대표자 격인 제관들을 한껏 고무한다. 결국 부군당 의례는 도시화된 서울 지역에서 터전을 잃고 떠난 '제자리 실향민'들의 정체성과 인간적 지속을 확인하는 기제로 적절히 활용되고 있는 셈이다.

이처럼 기존의 결사체가 새로운 상황에 대응하여 새로운 의미와 기능을 담당하는 사례는 일본의 '마쯔리'에서도 찾아 볼 수 있다. 원래 이것은 일정 지역의 수호신에 대한 제례였으나 오늘날에는 마을이나 지역의 아이덴티티를 강화하고 이웃 마쯔리 집단과 사회·경제적 지위의 경쟁의 의미를 가지며, 외지로 나갔던 사람들이 되돌아와서 재결합을 경험하는 대축제로 변모(한상복 외, 1994 : 195)하였다. 서울 한강 유역의 부군당 의례의 경우도 마찬가지로 변화된 상황에 대응하기 위해 그 의미와 기능을 조정해 가고 있는 과정이라고 볼 수 있을 것이다.

2) 의례의 세속화·공식화·행사화

부군당 의례 변모의 또 다른 특징으로 의례의 세속화·공식화·행사화 경향을 들 수 있겠다. 의례가 세속화된다는 것은 다름 아닌 신앙적·종교적 성격이 퇴색되고 '행사화' 되는 것을 의미한다. 의례가 공식화된다는 것은 부군당 의례를 과거에는 '음사' 혹은 '미신'이라고 하여 비공식적으로 행했던 것이지만 지금은 점차 그 지역의 공식 행사로서 인식되어 가고 있음을 말한다. 부군신에게 지역의 안녕과 주민들의 화복을 기원하기 위해 지냈던 부군당 의례가 지금은 지역의 '전통문화행사'로서 혹은 '무형문화재 정기 발표회'로서 행해지는 경우가 점차 늘고 있다.

물론, 이러한 행사나 발표회라고 해서 원래 지니고 있었던 신앙적·종교적 성격이 완전히 배제된 것은 아니지만, 과거에 비해 '내빈'들을 소개하는 식전 행사가 늘고 있다든지 구청 및 지역 문화원 등과의 연계하여 공식적인 외형을 갖춘다든지 마이크나 팸플릿, 플래카드 등을 동원하여 적극적인 홍보에 나선다든지 하는 모습들은 분명 주민 자신들을 위한 신앙적·종교적 목적 외에 또 다른 목적이 있다는 것을 짐작케 한다. 왜냐하면, 주민 자신들만을 위한 의례라면 주민들과 별 관련이 없는 '내빈'을 끌어 들인다든지 공식적인 외형을 갖춘다든지 다른 지역까지 널리 알리기 위한 홍보를 한다든지 하는 노력이 굳이 필요치 않을 것이기 때문이다.

부군당 의례가 점차 행사화 되는 원인을 살펴보면, 도시화에 따라 전승 환경이 점점 열악해지고 있는 현실과 이에 대응하기 위한 의례 집단들의 전승 전략이 서로 맞물려 있음을 알 수 있다. 1967년부터 본격화된 한강 유역 개발에 따라 강변에 위치한 부군당들은 이리저리 옮겨 다니기 시작하였고 결국 재개발된 아파트나 연립주택들에 둘러싸인 채 마치 섬과 같이 고립될 수밖에 없게 된 것이다. 또한 그 지역 원주민들 역시 원래 살던 터전에서 밀려나 다른 지역으로 집단 이주를 하든지 아니면 뿔뿔이 흩어져 '제자리 실향민' 신세가 되든지 하는 상황에 직면하게 되었다.

일반적으로 의례를 전승하는 지역민들의 거주지와 의례 공간 즉, 제당을 중심으로 형성되는 전승 권역은 거의 일치되기 마련인데, 한강 유역의 이러했던 상황은 거주지와 전승 권역의 불일치를 가져 오게 되었고 결국, 지역민들과 의례 주재 집단 간에 형성되었던 호혜 시스템은 무너질 수밖에 없게 된 것이다. 따라서 호혜 시스템 하에서 작동되었던 '추렴'과 '반기'와 같은 수집·재분배 시스템은 더 이상 그 효력을 발휘할 수 없게 된 것이다. 오늘날 서빙고동이나 동빙고동처럼 추렴과 반기가 중단된 경우라든지 추렴은 이루어지지만 의례 당일 식사 대접이나 잔치 등으로 반기를 대신하는 경우라든지 하는 것이 그 구체적 징표가 된다.

이러한 상황에서 의례 집단이 택할 수 있는 최선의 전승 전략은 외부의 지원을 최대한 끌어 들이는 것이다. 물론 타지에서 온 외지인들이라도 적극 의례에 참여시키는 노력도 그 일환이 될 수는 있으나 극도로 열악해진 전승 환경에서 좋은 결과를 기대한다는 것은 요원할 수밖에는 없다. 결국 의례 집단들은 이러한 난국을 타계하기 위한 해결책을 외부의 전폭적인 지원에서 찾을 수밖에 없었을 텐데 이를 위한 효과적인 전술이 의례를 공개적으로, 공식화하며 행사화하는 것이다. 캐더린 벨Catherin Bell의 논의를 참고하면 이를 '의례화ritualization'의 양상이라고 보아도 좋을 듯하다. 즉, 지금의 부군당 의례는 "단순히 어떤 대상을 표현하거나 모방하는 판에 박힌 행위routinization라는 소극적 개념"이 아니라 의례화를 통해 "소리와 몸짓, 시간과 공간, 일상의 물건들은 의례의 목적에 따라 적절히 재구성"(박상언, 2001 : 311)되었다고 볼 수 있다. 즉, 주민들 중에서 선출되었던 초·아·종헌관을 관의 수장이나 지역 유력 인사 등에게 맡기고 내빈 소개나 축사 등을 통해 부군당 의례가 소수의 신앙적 의례가 아니라 명실공히 그 지역의 '전통문화행사'임을 천명하는 등의 행위가 바로 그러한 맥락이다.

반면, 이러한 외형적인 행사 절차 등이 강조되는 추세인 것에 비해 의례 자체의 내용적인 면은 점차 간소화되는 경향을 띤다. 즉, 예전에는 유교식 제사 이후에 무속식 당굿이 벌어졌으나 점차 무속식 당굿이 중단되고 있는 현실이라든지 무속식 당굿이 벌어지는 경우에도 그 시간과 굿거리가 점차 줄어들고 있다든지 제물이나 전반적인 의례 절차들이 많이 생략되고 있는 상황 등이 의례가 간소화되고 있다는 것을 말해주고 있다. 이러한 현상은 의례 집단의 재정적인 어려움과 바쁜 도시인의 생활 패턴에 기인한 것으로 볼 수 있는데 앞서 기술한 의례가 행사화 되는 측면에서도 그 원인을 찾아 볼 수가 있다. 즉, 의례의 외적인 행사 절차가 강조되면 될수록 원래의 신앙적·종교적 성격을 띠는 의례 절차는 의도적으로 축소될 수밖에 없다. 왜냐하면 부군당 의례가 원래 가지고 있었던 신앙적·종교적 성격을 탈피하고 지역의 '전통문화행사'로 자리매김하기 위해서는 내적인 신앙적 요소보다는 외적인 행사적 요소를 더욱 강조할 수밖에 없기 때문이다.

3) 지방 정부와 주재 집단의 원조적 관계

마지막 특징적인 변모 양상으로는 공개적인 관의 지원과 의례 집단들이 문화재 지정에 대해 높은 관심을 가지게 되었다는 것을 꼽을 수 있겠다. 얼마 전부터 관에서는 부군당 의례에 적게는 30만 원, 많게는 800만 원 정도를 매년 지원하고 있다. 지역에 따라 그 중요도에 따라 편차가 심하기는 하지만 매년 꾸준하게, 그리고 공개적으로 지원하고 있다는 사실이 중요하다. 10여 년 전만 하더라도 부군당 의례의 종교적 성격 때문에 지원에 대한 공개를 꺼렸고 일부 지역에서는 지금까지도 그러한 경향이 남아 있다. 그러나 지금은 관의 수장이 직접 부군당 의례에 제관으로 참여하는가 하면 부군당 의례에 대한 지원금 지급에 대한 사항을 구청 조례에 명시한 경우까지 있어서 보다 적극적이고 공개적인 지원이 이루어지고 있다는 것을 알 수 있다.

그렇다면 관에서는 왜 이런 정책을 쓰고 있으며 그것이 가능한 이유는 무엇일까? 서울이 도시화되고 급격하게 서구화되는 현실에서 '전통문화'는 도리어 그 위상이 새롭게 정립되고 있다. 이제 전통문화는 더 이상 고리타분한 전근대적인 문화가 아니라 미래의 문화 콘텐츠로서, 세계적인 관광 자원으로서, 한국의 정체성을 밝히는 증거로서 열렬히 각광받고 있는 존재인 것이다. 이러한 현상은 포괄적으로 보면 '문화원형의 회귀성'(이정재, 2001 : 29)을 드러내고 있다고도 볼 수 있다. 현재 정부와 관은 부군당 의례를 하나의 '전통문화'로 바라보고 있는 것이다. 그렇기 때문에 공개적이고 적극적인 지원이 가능한 것이다. 부군당 의례가 아무리 무풍이 강하고 종교적 색채가 짙다고 하더라도 '전통문화'라는 명분은 부군당 의례에 대한 부정적인 민원을 일시에 해소할 수 있는 '힘'을 지니고 있다. 또한 정부와 관은 이러한 전통문화를 적극 장려하고 지원함으로써 '문화 정책의 선도자' 내지는 '전통과 현대의 조화'를 이루어내는 정책 수행자로서의 영예를 안을 수 있는 것이다.

전술한 '전통문화'라는 명분 이외에 부군당 의례에 대한 부정적 의견을 일시에 잠재울 수 있는 또 하나의 명분이 바로 '문화재'이다. 대부분의 부군당 의례 집단들이 열망하다시피 하는 문화재 지정에 대한 요구는 바로 이러한 맥락에서 이해해 볼 수가 있다. 우리 시대의 '문화재'는 국가에서 '공인'한 전통문화라는 의미와도 통하며 부군당 의례가 문화재로 지정된다는 것은 부군당 의례가 몇몇 소수 집단에 의한 종교적 의례가 아니고 국가적으로 공인받은 전통문화로서의 의례라는 것이 공식적으로 천명되는 것을 의미한다. 뿐만 아니라 날로 열악해지는 재정 형편과 점점 줄어드는 후계자들을 고려해 볼 때 그 전승을 경제적으로나 제도적으로 뒷받침해줄 수 있는 문화재로 지정받고자 하는 바람은 지금까지 의례를 지탱해 온 의례 집단들의 입장에서 보면 어쩌면 당연한 것일지도 모른다.

이러한 문화재 지정에 대한 요구는 한편으로는 유력 인사들과 학자들을 대거 초청하여 그 위세나 학문적 중요성을 알리려고 하거나 외형적인 행사 규모를 확장하여 인지도나 지역 축제로서의 위상을 높여내기 위한 노력들로 표출되기도 한다. 또 한편으로는 의례의 전통성과 역사성을 강조하기 위해 인위적인 장치들을 만들어 내기도 한다. 이러한 경향을 벨이 말한 '전통화traditionalization'(캐서린 벨 저, 류성민 역, 2007 : 285)의 개념으로 이해해도 좋을 것이다. 즉, 의례의 문화재적 가치를 창출하려고 하는 의도와 그 노력을 말하는 것으로 이는 부군당 의례 전승에 반드시 바람직한 결과를 가져온다고는 볼 수 없다. 새로운 환경과 시대에 대응하기 위한 새로운 전통의 창출은 바람직한 것이라고 볼 수도 있겠으나 특정한 목적을 위해 전통을 급조하는 것은 전통의 날조 혹은 조작 행위로 비판받을 수도 있기 때문이다.

2. 사회변동과 전통의 현대화

1) 국가적 호혜 시스템의 구축

전술한 바와 같이 한국의 전통 사회에서 행하는 지역 공동체 의례는 지역민들 간의 호혜에 기초하고 있다. 부군당 의례의 경우도 이러한 호혜 시스템 하에서 진행되어 왔으며 추렴과 반기와 같은 풍속은 이를 증명하고 있다. 그러나 도시화·산업화를 거치면서 점차 이러한 호혜 시스템이 무너지고 있다. 즉, 이주민들의 대규모 유입과 토박이들의 이탈로 인한 지역 구성원의 이질화와 개별화 경향은 결국 주민들 간의 호혜성을 약화시키는 결과를 낳게 된 것이다. 따라서 지역 공동체 의례를 주도하는 주재 집단들은 약화되고 있는 호혜성에 의지하기보다는 공동체 의례의 당위성과 새로운 명분을 내세우며 주민들의 참여를 호소하게 되었고 외부의 지원에 대한 관심도 점차 높아지게 된 것이다.

한편, 지방 자치 단체와 정부도 부군당 의례에 대한 인식이 과거에 비해 판이하게 달라졌다. 조선시대에는 '음사'로 몰려서 유학자들에게 배척되었던 부군당 의례가 일제강점기를 거쳐 산업화 근대화 시기에도 역시 '미신'으로 몰려 타파와 지탄의 대상이 되었다. 그러나 지역 문화와 전통 문화에 대해서 '지대한' 관심을 가지게 된 오늘날에는 부군당 의례가 지역의 고유한 전통을 알릴 수 있는 문화 콘텐츠로서, '도시 속에 전통'이라는 관광문화적 상품으로서 새롭게 각광받고 있는 것이다. 이러한 인식의 변화는 부군당 의례에 대한 경제적·행정적 지원의 형태로 가시화되기에 이른다. 즉, 지방 자치 단체에서는 부군당 의례에 매년 적지 않은 '행사 지원금'을 보조하고 있으며 홍보와 행정적 지원도 아끼지 않고 있다. 정부는 아예 부군당 의례를 문화재로 지정하여 그 문화재적 가치를 공식적으로 인정하였으며 그 동안 수세에 몰렸던 부군당 의례에 '국가 문화재'라는 영예를 안겨다 주게 된다.

이와 같은 상황의 변화는 지역 주민과 지방 자치 단체, 그리고 정부로 이어지는 새로운 호혜 시스템이 구축되고 있음을 의미한다. 다시 말해 과거 부군당 의례가 지역 주민들 간에 형성되었던 내부적 호혜 시스템에 의해 유지 전승되어 왔다면 오늘날에는 지역 주민·지방 자치 단체·정부 3자 간에 형성된 외부적 호혜 시스템으로 그 중심이 옮겨지고 있다고 판단해 볼 수 있다. 과거 내부적 호혜 시스템이 고립적이었다면 오늘날의 외부적 호혜 시스템은 개방적이며 범국가적이라고 할 수 있다. 이는 부군당 의례의 호혜 시스템이 확장된 것이라고도 볼 수 있겠다.

이러한 호혜 시스템의 확장은 전술한 바와 같이 부군당 의례에 대한 외부의 인식이 긍정적으로 바뀌었다는 것도 하나의 이유가 될 수 있겠으나 과거와는 달리 외부와의 의사소통이 원활해진 것도 중요한 이유가 된다. 즉, 과거 지역 주민과 관청, 그리고 중앙 정부는 종속적인 위계질서 속에서 존재하였으며 이들 간의 의사소통은 쌍방향이 아닌 일방향적이었다고 할 수 있다. 따라서 지역 사회와 그 공동체 의례는 상부 조직과는 단절된 채 고립적으로 행해질 수밖에 없었던 것이다. 그러나 근대화와 도시화는 물질문명의 번영뿐만 아니라 사회 조직 간의 종속적 관계를 무너뜨리고 민주적이고 합리적인 관계를 가져오게 된다. 사회 조직 간의 민주화는 상부와 하부 조직 간의 민주화를 의미하기도 하는데 이는 상호 쌍방간의 의사소통이 가능해졌음을 의미한다.

이처럼 사회 조직 간의 긴밀한 의사소통은 결국 호혜성을 형성할 수 있는 토대가 되었다고 볼 수 있다. 그렇다면 이들 간의 호혜성은 어떻게 형성되고 있으며 구체적인 수급 내용은 무엇인가 살펴보도록 하자.

먼저, 주민들과 지방 자치 단체와의 수급 관계를 살펴보면, 지방 자치 단체에서는 '전통행사 지원'이라는 명목으로 매년 일정한 금액을 주민들(부군당 주재 집단)에게 지원하고 있으며 각종 지역 매체를 활용하여 행사를 홍보해 주고 의례에 필요한 각종 행정적인 편의를 보장해 주고 있다. 주민들은 또한 의례에 지자체장이나 여타 단체장들을 제관으로 선정하거나 내빈으로 초청하여 지자체의 참여를 적극 권장하고 있다. 또한 이들의 의례 자체가 해당 지역의 전통 문화 콘텐츠로 활용되고 있으니 간접적이기는 하지만 지자체 지원에 대한 보답이 되고 있는 셈이다.

정부와 주민들과의 수급 관계를 살펴보면, 정부는 무엇보다 정책과 제도로서 주민들에게 큰 힘이 되고 있다. 부군당 의례의 문화재 선정이 대표적인 사례가 된다. 비록 선정이 안 된 지역이라 하더라도 유사한 부군당 의례가 문화재가 된 것은 자신들의 부군당 의례 역시 동일한 문화재적 가치를 지닌 것이라고 인식될 수 있으며 이는 자신들의 의례도 언젠가는 문화재로 지정될 수 있을 것이라는 희망과 함께 부군당 의례의 당위성과 명분을 동시에 가져다 준 일대 사건인 것이다. 문화재로 선정

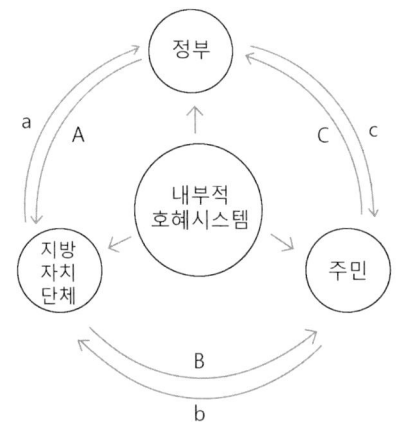

〈그림 1〉 부군당 의례 호혜 시스템의 구조와 변화
A : 정책·법적 근거·국가적 지원
B : 지원금·홍보와 각종 행정서비스
C : 행사참여·정부정책 호응
a : 정책실행·보고
b : 제관내빈초청·콘텐츠 제공
c : 문화재지정·명분제공

된 지역은 원래부터 행해왔던 부군당 의례를 보다 성대하게 치러내는 것뿐만 아니라 정부에서 주최하는 각종 문화 행사에 참여함으로써 정부의 정책에 호응하고 있다.

다음으로 정부와 지방 자치 단체 간의 수급 관계를 살펴보면, 정부는 지자체에서 시행하는 각종 전통 문화 행사 지원과 지역 문화의 특성화 사업 등에 정책적 근거와 국가적 차원의 지원 등을 마련해 줌으로써 지자체를 돕고 있다. 특정 전통 문화가 문화재로 지정받기 위해서는 중앙 정부의 인준을 받아야 가능하다. 지자체는 해당 지역의 전통 문화가 문화재로 지정받기 위해 주민들과 협력하여 끊임없이 중앙 정부에 신청서를 내고 있으며 이에 대한 심사와 승인은 최종적으로 정부가 맡게 된다. 이와 같은 부군당 의례를 둘러싸고 형성된 지역 주민·지방 자치 단체·정부 간의 수급 관계는 하나의 거대한 호혜 시스템으로 볼 수 있으며 현재 서울 지역 부군당 의례를 유지해나가는 근간은 점차 이러한 외부 호혜 시스템이 되어 갈 것으로 전망된다.

2) 정체성 확립과 '전통 문화 행사'로의 활용

과거 부군당 의례가 '음사'나 '미신'으로 몰리면서도 관아에 설치되고 관아뿐만 아니라 마을 사회로 퍼져 나가면서 '무당지사坐堂之祀'로서 성대히게 거행되었던 이유는 무엇이었겠는가 하는 의문을 가져 볼 수 있다. 과거 부군당 의례의 주재 집단들은 주로 관아의 하급 관리인 서리들이나 지역 토박이라 할 수 있는 향리들, 혹은 퇴역 무관이나 상인들이었다.

이들의 공통점은 첫째, 대체로 중인신분으로서 조선 후기 자본주의의 성장과 함께 부각되기 시작하는 시민 계층이라고 볼 수 있다. 둘째, 그 지역에서 오랫동안 살았던 자들로서 누구보다도 그 지역 사정을 잘 알고 있으며 지역민들 사이에 이미 '상징적 권위'를 인정받고 있었던 자들이라 할 수 있다. 이들은 양반에 비해 상대적으로 낮은 신분임에도 불구하고 축적된 부와 주민들로 하여금 부여받은 명망을 기반으로 지역의 주도권을 잡아나가며 그들의 입지를 점차 넓혀나가고자 했을 것이다. '계'와 같은 결사체를 조직하여 상부상조의 호혜 관계를 보다 돈독히 하고 의례를 통해서 이를 확인하고 지속시키고자 했다. 부군당 의례는 이러한 정황에서 적절하게 활용되었을 것으로 보인다. 관아에 설치되었던 부군당에 새로 부임한 관리가 치제를 하였던 것은 기존 토착 세력의 문화를 인정하는 것이며 이를 통해 자신과 토착 세력과의 조화로운 협력 관계를 의도한 것이라는 점은 쉽게 추정해 볼 수 있는 일이다.

또한 무당지사로 성대하게 벌어졌던 부군당 의례는 당시 자본주의의 성장과 그 최대 수혜자인 상인이나 관련 하급 관리들, 즉 시민 계층의 힘을 보여주는 계기가 되었을 것이다. 당시 번성한 상업지를 중심으로 벌어졌던 탈놀이나 '장별신'[2]이 막대한 자본력과 관의 암묵적인 후원이 있었기에 가능했던 것처럼 부군당 의례 역시 축적된 상업 자본과 이를 동원할 수 있었던 시민 계급의 성장이 있었기에 가능했던 것이다. 이처럼 부군당 의례는 토착 세력들의 입지를 강화하고 성장된 시민 계층의 자본력과 그 영향력을 대외적으로 표출하는 기제로 활용되었을 것으로 요약해 볼 수 있다.

이러했던 부군당 의례는 오늘날 그 주체들의 신분과 목적이 달라졌을 뿐 그 기능에는 별다른 변화가 없다. 즉, 과거나 현재 모두 주체들은 그 지역 토박이들이라는 점에서는 공통적이다. 다만 과거에는 서리나 향리 또는 상인들이 주를 이루었다고 하면 오늘날에는 직업과 직책에 구분이 없다는 것이다. 그리고 과거 상업의 번성이나 해상 안전 등이 목적이었다면 오늘날에는 지역의 번성과 주민들의 안녕이라는 목적으로 보편화되었다. 그러나 오늘날의 부군당 의례 역시 지역 토박이들의 정체성을 확인하고 지역에 대한 영향력을 확보하는 기제로 활용되고 있다는 점에서는 여전히 유효하다.

또한 오늘날에는 부군당 의례가 지역 주민들만의 공동체 의례가 아닌 지역의 '전통 문화 행사'로 활용되고 있다는 점을 들 수 있겠는데 이는 과거에도 부군당 의례를 '국속國俗'이라 하여 정통성과 당위성을 확보했던 것과 맥을 같이 한다. 기층 민중들은 자신들의 부군당 의례가 '전통 문화' 혹은 '국속'이기 때문에 지속되어야 한다고 역설하였는데 이는 주류 문화라고 인식되었던 상층의 문화에 대응하기 위한 나름대로의 대

---

2 장별신이 서면 무당굿과 함께 사행적인 도박판이 벌어지는데 이 때 벌어들이는 소득의 일부를 관에 기부했다는 것을 보아 관에서는 이러한 무당굿과 도박판 등을 묵인해 주었던 것으로 보인다(김태우, 2005).

항 논리라고 할 수 있다. 과거 주류 문화에 대한 대항 논리로서의 '국속'은 오늘날 '전통 문화'라는 개념으로 환치되었을 뿐 그 저변에 깔려 있는 민의 주체적 대응 노력은 지금까지 지속되고 있다.

3) 한강과 부군 신앙의 현대적 재현

과거 한강은 조선 최대의 물류 집산지로 수운과 상업의 중심지로 각광받았던 곳이다. 철도가 개통되고 포구의 기능이 상실되면서 한강이 역사의 전면부에서 서서히 퇴장하는가 싶더니 한국 산업화의 상징인 '한강의 기적'을 통해 또 다시 역사의 중심무대로 등장하기 시작하였다. 요즈음에는 "사람, 물, 자연의 훼손된 관계를 되찾고 동서남북의 소통 회복을 추구"하며 "한강이 갖는 가능성·숨겨진 가치를 발굴"하여 "서울의 새로운 브랜드를 창조"하자는 구호를 내세운 '한강 르네상스'와 같은 정책[3]에서도 알 수 있듯이 한강은 생태와 환경 그리고 역사의 상징으로 새롭게 부상하고 있다. 그러나 한강이 지닌 상징성을 이러한 사회·경제적인 측면에 국한한다면 이는 한강의 외면적인 의미만을 살피는 것이 될 것이다.

한강은 삼국시대부터 최대 쟁탈지역이었으며 '한강을 차지하는 자가 한반도를 지배하는 자'라고 할 정도로 한강이 주는 의미는 각별했다. 한강은 민족의 부흥과 시련을 함께 하였으며 윤택한 민족 문화를 일궈내는 데 마르지 않는 보고寶庫였던 것이다. 또한, 한강을 흔히 '민족의 젖줄'이라고 일컫는다. 이는 한국 민족의 집단무의식 속에 한강이라는 거대한 물줄기가 도도히 흐르고 있음을 의미한다. 민족의 집단무의식 속에서의 한강은 '민족의 젖줄'이며 민족을 잉태하고 살찌우는 '자애로운 어머니'로 상징된다. 정신분석학적 견지에서 보면, 삼국시대에 삼국이 한강을 두고 쟁탈을 벌였던 것도 결국, '자애로운 어머니'를 서로 차지하려고 했던 것이며 '자애로운 어머니'를 차지

---

[3] 서울특별시 홈페이지 http://www.seoul.go.kr/v2007/seoul/publicinfo/minsun4th_project/6th/index.html, 2007년 12월 2일 검색.

한 나라는 '어머니'의 보살핌과 무한한 사랑에 힘입어 영원히 번영할 수 있을 것이라는 믿음이 정신적 기저에 깔려 있었다고 볼 수 있다.

이러한 한강에 대한 원초적 심상은 시대에 따라 각기 다른 형태로 표출되어 왔다. 즉, 삼국시대에는 국력의 상징으로, 고려와 조선시대에는 상업과 '소통'의 중심지로, 근대화 시기에는 '기적적인 성장'의 상징으로, 오늘날에는 환경과 역사의 상징으로 한강은 그렇게 각기 다른 상징으로 인식되어 왔다. 그러나 이러한 상징화의 근저에는 한강에 대한 민족의 집단 무의식이 자리잡고 있으며 끊임없는 의식화의 과정 속에서 다양한 상징이 나타나게 된 것이다.

한편, 한강은 한강을 무대로 살았던 사람들에게는 특히 경외의 대상이었다. 한강에는 용왕신이 거주하고 있고 비와 바람을 관장하며 안전한 항해를 책임진다고 믿었다. 그러나 한번 용왕신이 노하시면 인간들에게는 엄청난 재앙이 내려진다. 항해 중에 만난 태풍이나 악천후는 사지를 넘나드는 두려움의 대상이었을 것이고 갑자기 불어난 강물은 인근 마을을 금방이라도 집어삼킬 듯한 위협적인 존재였을 것이다. 한강 지역에서 아직까지 회자되고 있는 을축년(1925년) 대홍수는 마치 '노아의 홍수'가 연상되리만치 민중들의 기억 속에 뚜렷하게 각인되어 있다. 네 차례에 걸쳐 홍수가 일어나 전국에서 사망자 647명, 가옥 유실 6,363호, 붕괴 1만 7,045호, 침수 4만 6,813호에 달하는 대재앙이었으며 주요 피해 지역은 이촌동, 뚝섬, 송파, 잠실, 신천리, 풍납동 일대로서 이들 지역의 공통점은 모두 한강변에 있다는 것이다. 그 당시 할퀴고 간 수마水魔의 흔적은 한강변 마을 곳곳에서 전승되고 있는 전설로서 생생하게 남아 있다.

이러한 한강은 이미 '자애로운 어머니'의 모습이 아닌, '악마적 속성'(김진명, 1999 : 199)을 드러내는 존재인 것이다. 한강에 대한 원초적 두려움은 이러한 한강의 '악마적 속성'에 기인한다. 또한, 한강에 대한 원초적 두려움은 한강 유역에 집중된 부군당과 부군 신앙을 통해 구체화된다. 부군님은 한강의 '악마적 속성'을 잠재우고 '자애로운 어머니'의 모습으로 되돌려 놓을 수 있는 권능을 지녔다고 믿었을 것이다.

지금의 부군당 의례는 신앙적 성격보다는 전통 문화 행사로서의 성격이 점차 강해지고 있다고는 하나 그 기저에 흐르고 있는 부군신에 대한 본원적 심상까지 소멸되었다고는 볼 수 없다. 한강 유역은 그동안 개발과 건설 일변도의 정책 속에서 수 없이 파헤쳐지고 헐리고 그 위에 또 다시 건물이 세워지고 하는 과정이 반복되었다. 그 와 중에서 한강 유역 주민들도 이주와 정착을 반복하면서 불안정한 삶을 살아왔을 것이라는 것은 불을 보듯 뻔하다. 근대화 이후에 한강 유역 주민들에게 가장 두려웠던 존재는 안정적인 삶을 끊임없이 위협하는 도시화의 물결이었을 것이다. 또한 일자리를 찾아 농촌에서 이주해 온 새로운 정착민들에게는 서울이라는 도시가 막연한 두려움의 대상이었을 것이다. 한강 유역에서 전승되고 있었던 부군 신앙은 이들에게는 두려움에 맞설 수 있는 심리적 위안처가 되었던 것이다. 즉, 이는 두려움의 대상은 시대에 따라 달라졌으나 부군 신앙을 통해 그 두려움을 해소하고자 하는 근원적 의도는 지속되고 있음을 의미한다. 오늘날 부군당 의례가 표면적으로는 지역의 발전과 주민들의 안녕을 위해 시행한다고는 하지만 실상 그 기저에는 원초적 두려움을 해소하고자 하는 의도가 깔려 있는 것이다.

그렇다면 이러한 부군 신앙이 오늘날까지 지속되고 있는 이유는 무엇일까 하는 점이 의문이다. 부군 신앙의 지속 현상의 원인을 '집단무의식의 발현'(이상일, 1976)이라고도 할 수 있으며 '미분화된 원본적 사고의 발현'(김태곤, 1981)이라고도 할 수 있을 것이다. 즉, 한강과 관련된 집단무의식과 한강을 중심으로 한 민족의 미분화된 원본적 사고는 현대에도 여전히 지속되고 있으며 이는 오늘날에도 부군 신앙이 유지·전승되는 본질적 원인이라고 말할 수 있을 것이다.

4) 사회변동과 부군당 설화의 변화

근래에 사회의 변화에 따라 구술문학이 어떻게 변화하는가 하는 문제에 대해서 관심이 높아지고 있다. 학교 괴담이나 도시 괴담과 같은 괴담류라든지 모 기업인의 성공담이 마치 신화화되는 '성공신화'라든지 각종 유머담이나 인터넷 댓글 등이 그것이다. 일본에서는 이미 도시괴담과 같은 '세켄바나시世間話'에 대한 심도 깊은 연구가 진행된 바 있다. 현대 사회의 '세켄바나시' 연구에서는 '도시전설'과 '생활담', '세켄바나시', '현대전설', '현대민화', '소문담'과 같은 여러 가지 용어들이 병용(남근우, 2002)되는데 이것들의 공통점은 현대에 와서 창조·전파된 것들이라는 것이다. 일본에서의 연구 중에 근세와 근대 도시의 요괴담이나 불가사의담을 소재로 거기에 등장하는 다리나 교차로, 건널목, 터널, 고개와 같은 '경계적 공간'들을 주목하고 그것을 개발과 도시화에 따른 인간의 불안 심리에 연결시켜 고찰한 미야타 노보루宮田登의 연구나 현대전설에서의 특징은 과거와는 달리 '지금'·'여기'·'자기', 이 세 가지 요소가 중심에 있다고 한 요시자와吉澤和夫의 연구가 주목된다(남근우, 2002 : 23). 한국에 있어서도 도시괴담을 다룬 연구가 진행되고 있는데 그 중에서 일본에서 유행하던 이야기가 다시 한국에 유입되어 유행하였던 '빨간 마스크' 이야기에 관한 연구가 있다. 여기서도 '빨간 마스크' 이야기는 도시화와 밀접한 연관이 있으며 어린이를 대상으로 한 사회적 폭력 사건이나 아이들의 부등교不登校의 문제, 과도한 어머니들이 교육열 등과 연관해서 그 원인을 분석하고 있다(김종대, 2005). 이러한 연구는 현대 도시에서 생성되는 도시전설에까지 그 연구 영역을 확대했다는 점에서 의의가 있다.

부군당 의례를 이야기하면서 현대 구술문학의 동향을 언급한 이유는 부군당에 관련된 이야기 역시 현대에 와서도 끊임없이 생산되고 있으며 주민들의 입을 통해 전파·전승되고 있기 때문이다. 전술한 바와 같이 부군당 설화는 크게 당신화와 영험담으로 나누어 볼 수 있다고 하였는데 여기에서는 시대와 상화에 따라 지속적으로 재생산되고 있는 영험담이 주된 관심의 대상이다.

한강 유역 부군당 문화권에서는 일제강점기를 거치면서 부군신이 일본군이나 일본인들에게 그 영험함을 발휘했다는 이야기가 다수 남아 있다. 대체로 부군당 앞을 일본군이 말을 타고 가다가 말발굽이 땅에서 떨어지지 않자, 말에서 내린 후 부군님께 무례함을 빌고 나서야 말발굽이 떨어지게 되었다는 이야기이다. 사실 이러한 영험담의 구조는 과거에도 있었던 것으로 다만, 그 대상이 양반이나 세도가에서 일본군으로 바뀌었다는 것뿐이다. 즉, 부군님의 영험함을 미처 몰랐던 무례한 자들이 과거에는 양반이나 세도가들로 대표되는 자들이었고 일제강점기에는 일본군이나 일본인으로 대표되는 자들이었다는 것이다. 여기서 이들에 대한 부군님의 징벌은 민중들의 그것에 다름 아니라는 것을 어렵지 않게 알 수가 있다. 부군님께 무례를 저질렀기에 벌을 받았다는 것은 표면적으로 드러난 명분이며 실상 그 기저에는 민중들의 사고 체계에서 통용되는 순리와 인륜에 어긋나는 자들에 대한 징벌과 항거의 심리가 깔려 있다고 보아야 할 것이다. 그 순리와 인륜에 어긋나는 자들이란 과거에는 양반과 세도가들이었을 것이며 일제강점기에는 일본 제국주의들이었음은 자명한 사실이다. 결국 민중들은 부군신을 통하여 이들에게 징벌을 내린 것이며 이 이야기는 부군신에 대한 또 하나의 영험담으로 전승되고 있는 것이다.

근대화와 산업화시기를 거치면서 한강 유역에서는 또 하나의 대표적인 영험담이 생성되기에 이른다. 개발과 건설로 대표되는 도시화의 물결은 부군당 역시 피해 갈 수 없었고 본 자리를 잃고 쫓기다시피 아파트나 주택가로 밀려나게 된다. 본시 부군당의 본 자리는 한강이 한눈에 내려다보이는 풍광 좋은 자리였으나 아파트와 주택가로 둘러싸인 지금의 모습은 마치 고립된 섬처럼 갑갑해 보인다. 이와 같은 무분별한 도시화에 대해서 부군신은 분노하고 그 당사자들에게 징벌을 내리는데, 부군당 터를 팔아먹은 자가 급살로 죽었다든가 한강 개발을 추진하던 당시 관계자들이 모두 불행한 종말을 맞이했다든가 하는 이야기가 바로 그것이다. 그 중에 대표적인 것이 밤섬과 관련된 이야기이다.

밤섬에서는 부군당과 관련해서 풍부한 영험담이 전해지고 있었다. 그 내용은 주로 부군신이 홍수나 재난으로부터 자신들의 안전을 지켜주었고 잘 살 수 있도록 복을 내려준 이야기이지만 부군신을 노하게 하는 경우에는 예외 없이 벌을 받았다는 이야기이다. 이러한 양면성이 존재하기는 했지만 밤섬이 폭파되기 전에 부군신은 악신적惡神的 측면보다는 선신적善神的 측면이 강한 신이었다. 즉, 벌을 내릴 때에도 무분별하지도 가혹하지도 않아서 부군님께 심각한 위해와 모독을 가한 이에게만 선별적으로 벌을 내렸고 죽음에 이르는 가혹한 벌은 좀체 내리지 않았다. 그러나 밤섬이 한강 개발의 일환으로 폭파된 이후에는 부군신의 면모는 악신적 측면이 더욱 강조되면서 징벌의 대상 역시 대폭 늘어나고 그 징벌의 방식 역시 가혹해졌다. 즉, 밤섬 폭파 이후 당연히 서울시가 밤섬인들에게 아파트를 기부했어야 하는데 타지 출신들에게 매매하자 부군님의 벌을 받아 아파트가 붕괴되어 수백 명이 사망한 이야기(와우아파트 붕괴 사건), 그 당시 폭파에 관여한 내무부장관의 불우한 삶, 당시 총리의 국회인준문제, 폭파 이후 부군님의 벌을 받아 맹인이 되었다는 D건설의 현장소장 이야기 등이 바로 그것이다(김진명, 1999 : 115). 그야말로 '밤섬 괴담'이 출현했던 것이다.

　이러한 밤섬 괴담의 본질에 대해 밤섬을 파괴한 당사자들과 관련 기관에 대한 분노와 복수심에 의해 발생 유포되었다고 본다면 이는 표면적인 원인만을 파악한 것이다. 밤섬 괴담의 본질은 근대화에 대한 두려움과 그것에 대한 경계警戒 의식의 발현이라고 보아야 할 것이다.

제5장

결론

05.
결론

-
-
-

    이상으로 서울 한강 유역 부군당 의례를 중심으로 부군당 의례의 전통은 무엇이고 도시의 발전에 따라 부군당 의례가 어떻게 변화하였으며 그 의미는 무엇인가에 대해 살펴보았다. 이러한 과정은 결국 현재 전승되고 있는 의례 전통이 어떠한 과정을 거쳐서 변화·창출되었으며 의례의 지속을 위해 민이 선택한 전략과 의례와의 관련성을 밝히고자 하는 것이었다.

    이를 위해서 먼저, 과거 부군당의 유래와 역사를 살피는 일이 선행되었다. 다음으로는 부군당 의례의 구조와 그 특징들을 구체적으로 살펴보았다. 다음으로는 부군당 의례의 현재적 모습과 그 변화상을 살펴보았다. 이 과정에서는 보다 상세한 분석을 위해 구성 요소를 설정하고 그 요소별로 실태와 변화상을 살펴보았다. 또한 의례의 지속을 위한 지역민들의 다양한 대응 전략을 구체적 사례를 통해 알아보았다. 마지막으로는 사회 변동에 따른 전승 환경의 변화에 대한 민들의 공통적인 생존 전략이 무엇이고 이에 따라 의례적 전통은 어떻게 현대화되었으며 그 의미는 무엇인가를 살펴보았다. 이와 같은 과정을 통해 얻게 된 결과를 요약하면 다음과 같다.

    제2장에서는 부군당 의례의 역사적 전개 과정과 의례의 구조에 대해 살펴보았다. 부군당은 적어도 15세기 이전부터 존재했으며 서울 각사의 부속 건물로서 건립되었던 것으로 보았다. 그러나 17~18세기경에는 부군당 건립이 확대되면서 서울 각사나 지방

관아뿐만 아니라 마을에도 부군당이 건립되면서 관 주도와 민 주도의 부군당 의례가 공존하게 된다. 부군당 건립의 목적은 초기에는 각사의 안녕과 발전, 개국과 천도에 따른 불안감 해소 등을 부군신을 통해 기원하기 위해서였다. 이후 마을에 부군당이 건립될 때의 목적은 지역 수호신으로서 상업과 지역의 발전, 해상의 안전 등을 기원하기 위해서였던 것으로 보았다.

일제강점기와 해방 이후 한강 유역 사회는 급격히 변화하였고 부군당 의례도 영향을 받게 된다. 일제강점기에는 경강 상권의 쇠퇴와 일제의 전통 문화 탄압에 의해 부군당 의례는 위축되기도 하였다. 해방 이후 한국 전쟁과 전후 복구 사업, 한강개발 등을 거치면서 지역사회뿐만 아니라 부군당 역시 혼란을 겪게 된다. 지역사회는 이주민의 비중이 급증하게 되면서 의례의 주도 세력이 이주민들로 교체되거나 그렇지 않으면 토박이들만의 의례로 축소되기에 이른다. 부군당 역시 개발로 인해 수차례의 이전을 거치면서 규모가 축소되거나 소유권이 국가에 귀속되는 등의 변화를 겪게 된다.

다음으로는 부군당 의례의 구조에 대해 살펴보았다. 부군당굿은 개인굿과 크게 다르지는 않으나 마을굿으로서의 특징으로 인해 개인굿과는 구별된다. 그 특징은 유가돌기나 부군거리·군웅거리의 존재, 본향거리에서의 마을 역사 회고 등이다. 또한 부군당굿의 구조에 있어서도 이러한 마을굿적인 요소로 인해 개인굿에서 확장된 양상을 보인다. 부군당굿 구조의 구체적인 변화와 특징은 창전동 밤섬과 이태원동 부군당굿의 사례를 통해 살펴보았다.

다음으로는 부군당굿 무가와 부군당 설화를 살펴보았다. 무가는 개인굿 무가와 별반 다르지 않으나 역시 마을굿적 특징이 드러난 거리의 무가가 첨가 내지는 확장되어 나타난다. 부군당 설화에서는 한강의 상징성과 당의 건립 유래, 부군신의 영험함이 반영되어 있었다. 이러한 부군당 설화는 시대와 지역사회의 변화에 따라 생성·변화하게 된다. 변화된 설화를 통해 일제강점기에는 일제에 대한 민의 적개심을, 해방 이후에는 근대화에 따른 부작용과 이에 대한 민의 분노를 읽어 낼 수가 있었다.

다음으로는 무당과 악사 집단, 그리고 무신도·제물·무구에 대해 살펴보았다. 조선 초기 각사에 설립된 부군당의 무속 의례는 주로 관선 무당에 의해 주도되었으나 이후 부군당이 마을 사회에 건립되면서 강외로 쫓겨난 무당들이 마을 부군당 의례를 주도하게 된 것으로 보았다. 무신도를 통해 부군신 외에 삼불제석, 산신, 용왕, 군웅신이 중요한 신격으로 인식되었음을 알 수 있었다. 제물에 있어서는 희생, 떡과 술을 중심으로, 무구에 있어서도 부군당 당주 무당들이 지니고 있는 것들을 중심으로 지역적 특색을 살펴보았다.

제3장에서는 부군당 의례의 변화 양상을 구성 요소별로 살펴보고 의례의 지속을 위한 주재 집단의 다양한 대응 방식을 구체적 사례를 통해 알아보았다. 이에 앞서 서울 한강 유역 공동체 의례에 대한 전체적인 통계에서 부군당 의례에 해당하는 사항이 비교적 높은 비중으로 나타나고 있어 한강 유역 공동체 의례는 부군당 의례로 대표할 수 있음을 알 수 있었다. 또한, 초기 부군당 문화권은 폭 넓게 나타나고 있으나 현재는 한강 유역과 강화·임진강 일부로 축소되었음을 알았다.

먼저, 인적 요소에 있어서는 주재 집단이 중층적인 구성을 보이며 현재는 토박이를 중심으로 소수 정예화 되고 있음을 알았다. 당주 무당들도 지역민들과 지속적인 단골 관계를 유지하며 그 계보를 형성하고 있다. 주재 집단의 소수 정예화는 의례 전승의 안정성을 보장하기는 하지만 지역 전체 주민과 유리되는 한계를 보이고 있다.

물적 요소에 있어서, 과거에는 추렴과 반기라는 호혜시스템이 작동되고 있었으나 현재는 점차 약화되고 있으며 개발정책으로 인한 제당의 잦은 이전과 심지어는 전승권역에서 이탈하는 사례도 발견되었다. 또한 의례 현장에서 각종 행사 도구가 새롭게 등장하는 현상을 통해 의례가 점차 공개화·행사화 되고 있음을 알 수 있었다. 전승 공간의 불안정함은 의례 지속에도 불리하므로 주재 집단으로 하여금 적극적인 대응을 유발하기도 한다.

제도적 요소에 있어서는 전승 제도와 의례 제도로 나누어 살펴보았다. 전승 제도로는 대부분 특정한 전승 단체를 조직해 놓고 있으며 이 조직들은 의례뿐만 아니라 평상시에도 그 영향력이 미치는 상설기구로 작동하고 있다. 의례 제도로는 유교식 당제 후에 무속식 당굿이 이어지는 것이 보편적인 형태였으나 현재는 무속식 당굿이 점차 중단되고 있다. 또한, 부군당 의례에 대한 문화재 지정은 새로운 제도적 환경으로 등장하고 있음을 알았다. 내적 요소에서는 부군당굿의 굿거리와 무가, 유교식 제사 내용 등을 살피는 것인데 제2장 부군당 의례의 구조 부분에서 다룬 바 있었다.

다음으로는 의례의 지속을 위한 주재 집단의 다양한 전략을 구체적인 사례를 통해 알아보았다. 신길2동의 경우는 관이나 외부 세력의 개입을 거부하고 자체적인 의례 전통을 고수함으로써 의례를 지속시키는 사례로 보았다. 서빙고동과 밤섬의 경우는 문화재로 지정되어 이를 적극 활용함으로써 의례를 지속시키고 있다. 당산동과 한남동 큰한강, 동빙고동의 경우는 적극적인 홍보와 문화재 지정에 대한 노력, 의례 전통의 창출 등으로 부군당 의례를 전 지역적 행사로 확대함으로써 의례를 지속시키고자 하는 사례로 보았다. 마지막으로 청암동과 이태원동, 한남동 작은한강의 경우는 물적 또는 인적인 토대가 흔들리면서 전승의 위기를 맞게 된 사례이다. 청암동과 이태원동은 탄원서나 법적 대응을 통해 해결해 나가고 있으나 한남동 작은한강의 경우는 후계 집단이 없는 관계로 그 전승 유무가 불투명하다는 점이 문제로 드러났다.

제4장에서는 사회 변동에 따른 주재 집단의 대응 방식이 무엇이며 전통은 어떻게 현대화되고 있는지 살펴보았다. 먼저, 사회 변동에 따른 주재 집단의 공통적인 대응 전략은 크게 세 가지로 나타났다. 주재 집단은 전승 집단을 조직화하고 소수 정예화함으로써 대응해 나가고 있었다. 즉, 열악해진 전승 환경에 맞서 체계적이고 안정적인 조직을 구축하고 의례를 이들의 정체성을 확인하는 기제로 활용하고 있음을 알 수 있었다. 둘째, 부군당 의례를 세속화·공식화·행사화 함으로써 대응해 나가고 있었다. 이는 종교적인 갈등이나 소수만의 행사라는 지탄을 피하고 전체 지역 행사로 자리매김하기 위한 방안이라고 할 수 있다. 따라서 전통 문화 행사라는 명분을 적극적으로 홍보하고 의례 절차도 새롭게 창출해 나가는 것을 볼 수 있었다. 셋째, 지방 정부와 주재 집단이 원조적 관계를 형성하면서 대응해 나가고 있다. 정부와 관은 전통 문화라는 명분으로 부군당 의례를 지원하고 있으며 주재 집단 역시 이러한 정책에 적극 협조하고 있는 것으로 나타났다.

다음으로는 전통의 현대화 양상과 그 의미를 살펴보았다. 전통의 현대화 양상의 첫 번째는 국가적 호혜 시스템이 구축되었다는 것이다. 과거 부군당 의례는 지역민들 간의 내부적 호혜시스템에 입각하여 이루어졌다. 그러나 현대 부군당 의례는 지역민뿐만 아니라 지방 자치단체와 중앙 정부가 상호 호혜적 관계를 유지하면서 부군당 의례가 전승되고 있음이 드러났다. 이는 과거 부군당 의례의 호혜시스템적 전통이 현대화된 양상이라고 할 수 있다. 두 번째는 오늘날 부군당 의례는 정체성을 확립하고 '전통 문화 행사'로 환치되고 있음을 알 수 있었다. 과거 부군당 의례가 토착 세력의 입지를 강화하고 성장된 시민 계층의 자본력과 영향력을 표출하는 기제로 활용되었다면 현대에는 토박이들의 정체성을 확인하는 지제로 활용하고 있으며 주류 문화에 대한 대항 논리로서 '전통 문화 행사'라는 명분이 활용되고 있음을 알 수 있었다. 세 번째는 한강과 부군 신앙이 현대화된 형태로 지속되고 있음을 알 수 있었다. 부군 신앙에 투영된 한강에 대한 두려움과 경외심은 도시 발전에 따라 도시와 근대화에 대한 두려움으로 바뀌었을 뿐 한강을 중심으로 한 민족의 미분화된 원본적 사고는 현대에도 여전히 지속되고 있다. 이것이 오늘날까지 부군당 의례가 지속될 수 있는 근원적 심성임을 이해할 수 있었다.

마지막으로, 사회 변동에 따른 부군당 설화의 변화를 살펴보았다. 부군당 설화는 시대의 변화에 따라 생성·변화해 왔으며 특히 현대에 생성되는 영험담의 본질은 근대화에 대한 두려움과 그것에 대한 경계警戒 의식의 발현이었음을 알 수 있었다.

전국이 도시화되고 있는 한국의 현실에서 부군당 의례와 같은 공동체 의례가 올바로 전승되기 위해서는 그 기준은 무엇이며 어떠한 노력이 필요할 것인가에 대한 보다 실천적이고 진전된 논의가 앞으로는 필요하리라 생각된다.[1] 이 글이 이러한 논의의 작은 보탬이나마 되었으면 하는 바람이다.

...
1 이 문제는 결국 국가적인 정책에서 구체화될 수 있을 것으로 보인다. 이에 대한 제언을 한다면, 부군당 문화를 일부 지역에 한정할 것이 아니고 한강 유역과 서해안 그리고 임진강 유역까지를 포괄하는 부군당 문화권에 대한 재조명을 해야 할 것으로 생각된다. 또한 부군당 문화가 집중되어 있으면서 활발하게 전승되고 있는 서울 한강 유역권을 '부군당 문화 보존 지역'으로 묶어서 포괄적으로 지원을 해야 할 것이다. 단, 현재 문화재로 지정된 곳이나 그 중요성이 두드러진 지역은 '중점 보존 지역'으로 지정하여 포괄성과 집중성을 동시에 충족하는 방안이 모색되어야 할 것으로 보인다.

부록

1. 도표, 그림, 사진
2. 부군당 현지조사 일정

〈부록 1〉 도표, 그림, 사진

1. 한강 유역 공동체 의례 및 실태조사 일람표(2006년 10월 현재)

※ 아래 <표 1>를 작성하기 위해 사용한 약호는 다음과 같다.[1]

<주신主神>
(자연신 계통)
자 -1 : 천신계 - 三皇神
자 -2 : 성신계 - 칠성신
자 -3 : 산신계 - 산신, 산신령, 국사(국수)신, 도당신, 능골당신, 할미당신, 도당할아버지, 할아버지·할머니신 등
자 -4 : 서낭계 - 서낭신, 성황신, 使臣서낭신 등
자 -5 : 미륵계 - 미륵신
자 -6 : 용신계 - 용신, 용궁신
자 -7 : 産神계 - 삼신할아버지· 할머니신
(인신 계통)
인 -1 : 군왕계 - 단군신, 공민왕신, 태조대왕신, 세조대왕신, 뒤주대왕신 등
인 -2 : 왕비계 - 송씨부인신
인 -3 : 왕녀계 - 애기씨신
인 -4 : 장군계 - 김유신장군신, 최영장군신, 남이장군신, 관우신, 제갈무후신 등
인 -5 : 부군계 - 부군신, 부강신, 붉은신, 부군할아버지·할머니신, 붉은 할아버지·할머니신 등
인 -6 : 군웅계 - 군웅신, 구릉할아버지·할머니신 등
(기타)
기 -1 : 도교계 - 옥황상제, 土地之神, 노인신 등
기 -2 : 기타 - 里祠神, 대동할아버지신

<신체神體>[2]
A : 문자 상징 - 위패와 지방 형태 등
B : 자연물 상징 - 바위, 나무(神樹), 神竿 등
C : 조각 상징 - 목우, 토우, 가면 등
D : 회화 상징 - 무신도류

<제의祭儀>[3]
당굿형 : 무당굿이 중심인 경우, 유교식 제사 이후 무당굿이 진행되는 경우, 과거 무당굿이 있었으나 현재는 중단된 경우

---
1 여기서 약호 설정을 위한 분류 체계는 김태곤(1990)이 서울 지역 동신 신앙을 분석하면서 사용했던 체계를 기본으로 하고 필요에 따라 추가 항목을 설정하였다.
2 김태곤은 신체 유형을 구분할 때 자연물 상징에 神樹를 포함시키지 않았던 것으로 보인다. 그러나, 실제 당집이나 위패 등도 없이 나무 밑에서 제의를 지내는 경우 그 나무 자체가 神樹면서 神體도 되는 것이다. 따라서, 이 논문에서는 이러한 경우도 자연물 상징으로 포함시켰다.
3 제의 유형을 무속식 당굿형과 유교식 당제형으로 나누는데, 여기에는 몇 가지 문제가 있다. 먼저, 예전과 지금의

당제형 : 예전부터 무당굿을 하지 않고 유교식 제사만 지내는 경우

<제당祭堂>
A : 神樹만 있는 경우
B : 신수 앞에 제단만 있는 경우
B' : 신수가 없고 제단만 있는 경우
C : 신수와 당집이 같이 있는 경우
C' : 신수가 없고 당집만 있는 경우
D : 규모가 큰 전각 형태의 당집
E : 전각형태의 당집과 신수가 같이 있는 경우

<변화유형>
소멸 : 제의가 중단된 경우
지속 : 제의 규모가 그대로 유지되는 경우
축소 : 제의 규모가 줄어든 경우
확대 : 제의 규모가 늘어난 경우

* 관련 기호는 위를 참조.
* 명칭 항에서 괄호( )에 묶여진 것은 주민들이 부르는 명칭을 기입한 것임.

〈표 1〉 한강 유역 공동체 의례 일람표(2006년 10월 현재)

번호	지역	名稱	主神	神體	祭儀	祭日(음)	祭堂	변화유형	전승주체	지원유무
	[송파구]									
	[강동구]									
	[광진구]									
	자양동	(신당)	미상	D추정	당굿	10/2	C' (2005년 철거)	소멸추정	미상	
	[성동구]									
	금호동	(부군당)	인-5	D(4)	당굿	2/1, 10/1	C	축소	무쇠말향우회	

...

모습이 다른 경우 어느 유형으로 보아야 하는가? 다음으로는, 두 유형이 혼합되어 있는 경우에는 역시 어느 유형으로 보아야 하는가? 이러한 문제를 해결하기 위해서는 현재 현상만을 가지고 판단하기 보다는 현지인의 제의 전통에 대한 인식과 역사적 근거, 祭神의 성격 등을 고려하여 종합적으로 판단하는 것이 올바를 것으로 생각된다. 예를 들어, 예전에는 당굿을 크게 했으나 점차 굿이 생략되고 제사만 지낸다고 하는 경우에도 이러한 제의는 조건만 갖춰지면 얼마든지 굿이 벌어질 수 있기 때문에 이는 당굿형으로 봄이 마땅할 것이다. 반면, 예전이나 지금이나 굿을 부정시하고 정숙한 분위기에서 유교식으로 지내는 것을 그 마을 전통이라고 믿는 경우는 마땅히 당제형으로 구분해야 하는 것이다. 또한, 제사와 굿이 혼합된 경우에도 이를 당굿형으로 분류하고자 한다. 이는 전술한 바와 같이 굿이 벌어지는 경우와 그렇지 않고 이를 부정시하는 의식 사이에는 제의에 대한 현격한 인식의 차이가 존재한다고 보아야 하는데 이는 제의가 가지고 있는 본질적인 성격의 차이를 드러내는 것이라 할 수 있다. 그런데, 제사와 굿이 혼합된 경우는 이러한 차이가 존재하지 않은 경우라 할 수 있으며 이는 기본적으로 굿이 인정되고 굿을 중심으로 진행되는 당굿형 제의로 보아야 하는 것이다.

번호	지역	名稱	主神	神體	祭儀	祭日(음)	祭堂	변화유형	전승주체	지원유무
			(부군내외)				(2004년 임시철거)			
	사근동	(남이장군사당)	인-4 (남이장군)	D(3)	당제	10/1	D	지속	사근동번영회	
	응봉동	'府君堂'	인-5 (부군내외)	D(3)	당굿	10/1	C	축소	신송회	
	행당동	'我箕氏堂'· '阿祈氏堂'⁴	인-3 (아기씨)	D(7)	당굿	10/3	D	확대	아기씨당 보존회	시도무형(2005), 서울시청, 구청
	왕십리	(애기씨당)	인-3추정	D추정	당굿	10/1	D(소실)	소멸	없음	
	성수동	(부근당)	인-5 (부근할머니)	없음	당굿	4월,10월	C' (소실추정)	소멸추정	미상	
	옥수동	(부군당)	인-5 (부군내외)	D(6)	당굿	10/2	D	축소	개인	
[강남구]										
	도곡1동	(산제당), (도당)	지-3 (산신)	B	당제 (←당굿)	9월마지막 일요일 (←10월초)	C'	지속	역말대동 향우회	없음
	대치동	'靈産壇'	지-3 (신령님)	B	당제	7/1	B	지속	향우회	없음
	압구정동	(도당)	지-3추정 (도당내외)	D	당굿	미상	C (당집소실)	소멸	없음	
	삼성동	(충열화주당)	기-2	D	미상	미상	E (당집소실)	소멸	없음	
	역삼동(1)	(방하다리제당)	미상	B	당굿	10월초	A(소실)	소멸	없음	
	역삼동(2)	(단군제당)	인-1(단군)	미상	미상	10/1	D(소실)	소멸	없음	
	논현2동 (학동)	(도당)	자-3 (산신,지신)	D(4)	당굿	10/1	D(소실)	소멸	없음	
[용산구]										
	동빙고동	'府君堂'	인-1 (단군내외)	D (윗당5, 아랫당7)	당굿	3/15	D	축소	부군당치성 위원회	구청
	보광동(1)	'明化殿'· (부군당)	인-4 (김유신장군)	D(15)	당굿	1/1	D	지속	명화회	구청
	보광동(2)	'武侯廟'	인-4 (제갈공명)	D(5)	당제+당굿	3/1,10/1	D	축소	무후묘제전 위원회	
	산천동	'府君堂'	인-5 (부군내외)	D(2)	당굿	10/1	D	지속	부군당보존회	구청
	서빙고동	'府君堂'	인-1 (이태조내외)	D(3)	당굿	1/1	D	축소	부군당치성 위원회	시도민속 (1973), 구청

번호	지역	名稱	主神	神體	祭儀	祭日(음)	祭堂	변화유형	전승주체	지원유무
	이태원	'府君廟'·(부군당)	인-5 (부군내외)	D(12)	당굿	4/1, 10/1	E	축소	부군묘관리위원회	구청
	용문동	'南怡將軍祠堂'	인-4 (남이장군)	D(17)	당굿	4/1, 7/1, 10/1	D	확대	남이장군대제사업회	시도무형(1997), 서울시청, 구청
	한남동(1)	(큰한강) '府君堂'	인-5 (부군내외)	D	당굿	1/1	D	지속	큰한강부군당위원회	구청
	한남동(2)	(작은한강) '府君堂'	인-5	D	당굿	1/1	D	지속	작은한강부군당위원회	구청
	청암동(1)	'府君', (불당)	인-5 (부군님)	D(12)	당굿	10/1	D	축소	부군당보존회	구청
	청암동(2)	'永殿'·(이성계영당)	인-1 (이성계)	D(1)	당굿	10/1	D	축소		
	주성동	(부군당)	인-4 (김유신)	D추정	당굿	1/1	D(소실)	소멸	없음	
[서초구]										
	원지동(1)	(미력당)·(미륵당)	자-5 (미륵)	C (미륵불)	당제	10월초	C'	지속	개인	없음, 시유형문화재 93호
	원지동(2)	(산제당)	자-3추정	B	당굿	미상	A(소실)	지속	미상	
	서초동(1)	(산제당)	자-3추정	미상	미상	미상	C'(소실)	소멸	없음	
	서초동(2)	(선황당)	자-7 (삼신할머니)	없음	미상	10/1	C	소멸	없음	
	반포동	(도단)	자-3	B	미상	10/1	A	지속	미상	
	잠원동	미상	미상	D추정	당굿	4/1,10/1	C (당집 소실)	소멸	없음	
[동작구]										
	노량진본동(1)	(용궁당)	자-6 (용왕)	D(9)	당굿	1월,4/10	D	축소	개인	
	노량진본동(2)	'里祠堂'	자-3 (큰할머니)	A(위패)	당제	5/16,10/14	D(소실)	소멸	없음	
	노량진1동(1)	(부군당)	인-5추정	A(비각)	당제	봄,가을	D(소실)	소멸	없음	
	노량진1동(2)	(서낭당)	자-4추정	B	미상	미상	A(소실)	소멸	없음	
	상도1동	(도당)	자-3추정	B	당제	10월중순	A(소실)	소멸	없음	
	흑석1동(1)	(부군당)	인-5추정	C+D	당굿	미상	C'(소실)	소멸	없음	
	흑석1동(2)	(서낭당)	자-4추정	B	미상	미상	A(소실)	소멸	없음	
	흑석2동	(산신당)	자-3추정	미상	당제추정	미상	B'(←B)	소멸	없음	

번호	지역	名稱	主神	神體	祭儀	祭日(음)	祭堂	변화유형	전승주체	지원유무
	사당동	'南廟'	인-4 (관운장)	D(18)	당제	5/13, 6/24, 8/15, 10/9, 12/30 등 10회	D	축소	개인(재단)	
[마포구]										
	창전동(1)	'恭愍王祠堂'	인-1 (공민왕)	D(6)	당제	10/1	E	지속	와우회 (와우산대동제 준비위원회)	등록문화재231 호(2006), 구청
	창전동(2)	'府君堂'	인-5 (부군내외)	D(3)	당굿	1/2	D	지속	밤섬향우회	시도무형35호(2 005), 서울시청, 구청
	당인동	(부군당)	인-5 ('府君主'· '府君夫人')	D(8)	당굿	10/1	D	축소	당인동부군당 정화관리위원 회	구청
	도화동	(덕대우물성황당)· (부군당)	인-5 (부군님)	D(9)	당굿	4/15	D(소실)	소멸	없음	
	현석동	(大同堂)· (부군당)	인-1 (이성계)	미상	당제	미상	D(소실)	소멸	없음	
	용강동	'明德堂'·(불당)	미상	D	당제	4월초, 10/20	D(소실)	소멸	없음	
	대흥동	'光眞堂'·(불당)	인-4 (최영장군)	D	당굿	1/1, 6/15, **10월초**	E(소실)	소멸	없음	
	신정동	'大同堂'· (부군당)	인-1 (뒤주대왕)	D	당굿	10/1	C(소실)	소멸	없음	
	신수동	'福介堂'	인-1 (세조대왕)	D	당제	10월	D(소실)	소멸	없음	
	마포동	(불당)	기타 (대신할머니)	D(14)	당굿	**5/20**, 10/20	D(←E)	축소	노인회	
	망원동	(금성당)	인-1 (금성왕)	D(10)	당굿	10/1	D	소멸	없음	
[영등포구]										
	당산동	'府君堂'	인-5 (부군내외)	D(8)	당굿	7/1,**10/1**	E(←A)	확대	당산향우회	구청
	영등포동	'上山殿'· **(부군당)**	인-5 (부군내외)	D(7)	당굿	7/1,10/1	D	축소	개인	구청
	신길3동	(도당)·(부군당)	자-3 (도당내외)	D(1)	당굿	10/3	C	축소	신기향우회	구청
	신대방동	(산신당)	자-3(산신)	B	당제	10월초	A	소멸	없음	
	신길2동	**'밤학곳지 부군당'**	인-5 (부군내외)	D(11)	당굿	4/1, 7/1, 10월초	D(←A)	확대	부녀회	구청

번호	지역	名稱	主神	神體	祭儀	祭日(음)	祭堂	변화유형	전승주체	지원유무
	대림1동	(산제당)	자-3추정	없음	당제	1/14	B'	소멸	개인	
	대림3동	(당제)	자-3 (할머니)	B	당제	2/1,10/1	C(←A)	소멸	없음	
	도림1동	(산제당)	자-3추정	D	당굿	10/3	C'	소멸	없음	
	양평동	(당재)·(제당)	미상	B	당제	10/20	A(소실)	소멸	없음	
	구로1동(1)	(산신도당)	자-3 (산신령)	B	당제	6/1,10/1	C(소실)	소멸	없음	
	구로1동(2)	(군웅당)·(산신당)	자-3 (산신령)	B	당제	2/2, 6/2, 10/2	C(소실)	소멸	없음	
[양천구]										
	신월7동	(서낭당)	자-4추정	미상	미상	미상	미상	소멸	없음	
	고척동	(도당)	자-3 (도당내외)	B	당굿	10/1	A(소실)	소멸	없음	
	목4동	(서낭당)	자-4추정	미상	미상	미상	미상	소멸	없음	
[강서구]										
	가양1동	(성황사)	자-4 (도딩할머니)	A(위패)	당제 (←당굿)	10/1	D	지속	양천역사보존회	
	염창동	'上山致誠壇'·(도당)	자-3(도당할아버지)	B	당굿	7/1,10/1	B	축소	개인	
	마곡동	(도당)	자-3(도당할아버지)		당제	10/1		지속		

〈표 2〉 한강 유역 부군당 1차 대상 지역 의례 일람표(2006년 10월 현재)

번호	지역	명칭	주신	신체	제의	제일(음)	제당	변화유형	전승주체	지원유무
[성동구]										
1	금호동	(부군당)	부군내외	무신도(4)	당굿	2/1,10/1	당집+신수(神樹) (2004년 임시철거)	축소	무쇠말향우회	
2	응봉동	'府君堂'	부군내외	무신도(3)	당굿	10/1	당집+신수	축소	신송회	
3	성수동	(부근당)	부근할머니	없음	당굿	4월,10월	당집 (소실추정)	소멸추정	미상	

....
4 현판에는 '我箕氏堂'으로 명기되어 있으나 1947년에 쓰여진 당 봉건기에는 '阿祈氏堂'로 명기되어 있다.

4	옥수동	(부군당)	부군내외	무신도(6)	당굿	10/2	전각	축소	개인	
[용산구]										
5	동빙고동	'府君堂'	단군내외	무신도 (윗당5, 아랫당7)	당굿	3/15	전각	축소	부군당치성 위원회	구청
6	산천동	'府君堂'	부군내외	무신도(2)	당굿	10/1	전각	지속	부군당보존회	구청
7	서빙고동	'府君堂'	이태조내외	무신도(3)	당굿	1/1	전각	축소	부군당치성 위원회	시도민속 (1973), 구청
8	이태원	'府君廟'· (부군당)	부군내외	무신도(12)	당굿	4/1, 10/1	전각+신수	축소	부군묘관리 위원회	구청
9	한남동(1)	(큰한강) '府君堂'	부군내외	무신도 (부군당7, 용궁당3)	당굿	1/1	전각	지속	큰한강부군 당위원회	구청
10	한남동(2)	(작은한강) '府君堂'	부군내외	무신도(6)	당굿	1/1	전각	지속	작은한강부군 당위원회	구청
11	청암동(1)	'府君', (불당)	부군님	무신도(12)	당굿	10/1	전각	축소	부군당보존회	구청
	청암동(2)	'永殿'· (이성계영당)	이성계	무신도(1)	당굿	10/1	전각	축소		
[마포구]										
12	창전동	'府君堂'	부군내외	무신도(3)	당굿	1/2	전각	지속	밤섬향우회	시도무형35호 (2005), 서울시청, 구청
13	당인동	(부군당)	부군내외	무신도(8)	당굿	10/1	전각	축소	당인동부군당정 화관리위원회	구청
14	도화동	(덕대우물성황 당)·(부군당)	부군님	무신도(9)	당굿	4/15	전각(소실)	소멸	없음	
[영등포구]										
15	당산동	'府君堂'	부군내외	무신도(8)	당굿	7/1, 10/1	제단+신수 (←신수)	확대	당산향우회	구청
16	영등포동	'上山殿'· (부군당)	부군내외	무신도(7)	당굿	7/1, 10/1	전각	축소	개인	구청
17	신길2동	'밤학곳지 부군당'	부군내외	무신도(11)	당굿	4/1, 7/1, 10월초	전각(←신수)	확대	부녀회	구청

* 명칭 항에서 괄호( )에 묶여진 것은 주민들이 부르는 명칭을 기입한 것임. 신체神體 항에서 괄호 안의 숫자는 무신도의 개수를 말함.

〈표 3〉 서울지역 공동체 의례 실태 조사 일람표

조사 시기	조사자 / 기관	간행물	간행년도	조사 내용	특이 사항
1930년대	村山智順 / 조선총독부	부락제	1937년	京城府 新水町, 龍江町, 京城府外 牛耳里, 恩平面 佛光里 射亭洞 이상 3건	
1964년	김태곤	'한국신당연구'	1965년	25개 제당 제시	40여개 제당 확인 언급
1967년	문공부 문화재관리국	한국의 마을제당 : 서울·경기도편	1995년	28개 제당 설문지	
1972년	장주근 / 서울시청 문화재과	'서울시 동제당 조사'	1986년	44개 제당 확인	66개 확인 (1967년 자료 포함)
1978년	이문웅 / 문화공보부 문화재관리국	한국민속종합조사보고서 : 서울편	1979년	성동구 행당1동 '애기씨당' 조사 자료	
1986년	서울특별시 문화재위원회	서울의 전통문화	1986년	35개 제당 자료	
1988년	김태곤 / 서울특별시	서울六百年史	1990년	서울시 동신신앙의 요소별 유형, 4개 마을 조사자료	
1990년	서울특별시 문화재위원회	서울민속대관	1990년	59건 조사수록	
2000년	박흥주	서울의 마을굿	2001년	한강변 20개 마을 현지조사 수록	
2006년	서울역사박물관	한강변의 마을신앙	2006년	한강변 37개 마을 신앙 보고서 및 영상자료	

2. 한강 유역 부군당 부군신 무신도

〈표 1〉 한강 유역 부군당 부군신 무신도(서울역사박물관, 2006 : 192, 재편집)

용산구 한남동 작은한강 부군당	용산구 한남동 큰한강 부군당		용산구 이태원동 부군당

용산구 산천동 부군당	용산구 청암동 부군당	용산구 동빙고동 동빙고 부군당 (웃말 부군당)	용산구 동빙고동 동빙고 부군당(아랫말 부군당)
	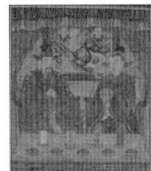		
성동구 응봉동 부군당	마포구 창전동 밤섬 부군당	성동구 금호동 무쇠막 부군당	영등포구 당산동 부군당

영등포구 영등포동 부군당		영등포구 신길2동 방아고지 부군당	

용산구 서빙고동 부군당		마포구 당인동 부군당	

3. 서울 한강 유역 부군당 및 의례에서 사용되는 무복 및 무구

〈표 1〉 서울 한강 유역 부군당 주신(부군) 무신도 복식 및 부속신 종류

지역	주신명	남신		여신		부속신
		위치	복식	위치	복식	
용산구 한남동 작은한강	부군님·부군부인	왼쪽	홍철릭, 주립, 월도(왼손)	오른쪽	족두리, 대삼, 홀(양손)	우:삼불제석, 산신/좌 : 대신할머니, 대감님
용산구 한남동 큰한강	부군님·부군부인	오른쪽	사모, 관대, 포	왼쪽	화관, 원삼	우:삼불제석, 산신, 백마장군/좌 : 용궁선녀, 신장/용궁당 : 용신할아버지·할머니, 용녀
용산구 이태원동	부군님 내외	오른쪽	흑립(갓), 포, 부채(왼손)	왼쪽	족두리, 원삼	우:별상님, 삼불제석, 산신님, 가망님, 걸립님/좌:대감님, 호구님, 장군님, 군웅님, 기마장군님, 창부님
용산구 산천동	부군님 내외	왼쪽	관, 홍포, 홀	오른쪽	원삼	우 : 삼불제석
용산구 청암동	부군님	중앙	주립, 빨강몽두리, 염주(왼손)		없음	우 : 산신, 오방신장, 백마장군, 좌장군, 삼불제석, 칠성/좌 : 염라대왕, 용왕, 우장군, 옥황상제, 대신할머니
용산구 농빙고농(웃말)	단군할아버지·큰마누라	왼쪽	흰 도포	오른쪽	족두리, 활옷	삼불제석, 별상, 이초관
용산구 동빙고동(아랫말)	단군할아버지·작은마누라	오른쪽	흰 도포	왼쪽	족두리, 포	군웅, 마부/우:산신, 이초관/좌:삼불제석, 별상
용산구 서빙고동	이태조·강씨부인	왼쪽	주립, 청철릭, 채찍(오른손)	오른쪽	화관, 대삼, 홀	우:삼불제석
마포구 당인동	부군주·부군부인	오른쪽	주립, 홍철릭, 채찍(오른손)	왼쪽	화관, 원삼	우:성주, 산신, 삼불제석, 용궁부인, 좌장군/좌:대장군, 우장군
마포구 창전동(밤섬)	부군님 내외	왼쪽	금관(양관), 홍포, 홀	오른쪽	족두리, 원삼	우:삼불제석/좌:군웅
영등포구 당산동	부군님	중앙	복두, 홍포		없음	우:장군님, 별상님, 도당할아버지/좌:산신, 칠성님, 삼불제석, 용궁각시, 대신할머니
영등포구 영등포동	부군할아버지·할머니	오른쪽	복두, 홍포	왼쪽	치마, 저고리	칠성, 산신, 삼불제석, 오방신장
영등포구 신길2동	부군할아버지·할머니	왼쪽	복두, 홍포	오른쪽	족두리, 원삼	우:윤씨부인, 산신, 부군대감, 맹인할아버지/좌 : 군웅할머니, 삼불제석, 청마장군, 대신할머니, 백마장군
성동구 금호동	부군할아버지·할머니	오른쪽	복두, 청포	왼쪽	화관, 원삼	우 : 삼불제석/좌 : 산신, 오방신장
성동구 응봉동	부군할아버지·할머니	왼쪽	복두, 홍포, 부채(오른손)	오른쪽	족두리, 포	우 : 미상/좌 : 미상

(* 남녀신의 위치는 바라보는 사람 기준)

〈표 2〉 서울 한강 유역 부군당 당주무당의 무구 종류와 특징

무구	이태원부군당(민명숙)	밤섬부군당(김춘강)
무신도	정면 : 명판 형태(산신동자, 옥황상제님, 칠성님, 석가부처님, 관세음보살님, 약사보살님, 팔도명산산신님, 부인, 산신도사님, 오방신장님, 대신할아버지) / 측면 : 종이에 기입(용태자용장군님, 만신말명, 의술신장님, 의술도사님)	정면 : 명두(13개) 무신도는 없음. 자신의 신단과 할머니·어머니 신단을 각각 마련해 놓고 있음
신단 위 무구	촛대(6개, 자기), 옥수그릇(4개, 자기), 고깔(1개)	촛대(자신-6개, 할머니 전안-2개, 어머니 전안-4개), 옥수그릇(자신-5개, 할머니-3개, 어머니-5개), 잔(자신-6개, 할머니-6개, 어머니-3개), 향로(각각 1개씩)
월도	칼날 쪽 둥글게 꺾여 코가 달림, 사실 세울 때 사용	좌동
삼지창	통돼지 사실 세울 때 사용	좌동, 월도와 함께 30년 전부터 사용
대신칼	자루 끝이 둥글게 모양이 지고 한지로 만든 매듭이 달림	
부채	삼불제석부채- 노란색의 부채끈이 달림	쉰대할림 부채-삼불제석 그림, 노란색 끈 무궁화 부채-굿판에서 사용
방울	칠쇠방울-방울 7개가 달림	칠새방울-10개의 방울이 달림
오방신장기	청색-대감신, 관재가 비치고 우환 황색-조상, 조상이 도와 줌 백색-불사신 또는 칠성신 적색-재수가 있음 초록-청춘에 죽은 귀신 발동	남색-대감 황색-대신할머니 백색-불사 적색-재수 초록-조상

무복	명칭	특징	사용 거리	명칭	특징	사용 거리
	불사님의대	백색	불사거리	불사의대	홍가사를 띤다	불사거리
	성제님의대	황색, 소매끝동 달림	성제거리	홍철릭	머리에는 갓을 씀	상산, 성주, 도당군웅거리
	두루막이	몽두리 안에 착용	만신말명거리	남철릭		장군거리
	치마	홍색, 청색	홍-불사·산신 청-조상	치마	홍색과 남색	
	쾌자	남색, 흑색	남-신장거리 흑-대감거리	쾌자	자주색과 남색	자주-신장거리 남-별상거리
	몽두리	노란색에 동정	대신거리	몽두리		대신거리
	장군님의대	청색에 동정, 소매 끝동 달림	장군거리	곤룡포	흉배에 용을 닮	성제거리
	산신의대	홍색에 동정	산신거리	별상의대	소매가 색동, 남색 쾌자와 함께 입음	별상거리
	신장의대	연두색에 붉은 소매	신장거리	신장의대	자주색 쾌자와 함께 입음	신장거리
	본향의대	연두색에 백색 동정, 소매 끝동	본향거리	본향의대 (섭수)	녹색에 소매만 붉은 색	본향거리
	창부의대	남색 깃	창부거리	창부의대	색동이 있음	창부거리

부인의대		부인거리	부인의대	색동을 넣음	부인거리
원삼	새남굿에 사용	말미 도령돌기	당의	가장 화려함	부인성수거리
새남몽두리	일반 몽두리 모양	새남굿에 사용	넋대신할머니의대	황색에 어깨에 삼색이 있음	대신거리
무지개치마	2중으로 됨	새남굿에 사용			
앞치마					
홍남치마	홍색과 남색 2중으로 됨				

(국립문화재연구소, 2005 : 28~48)

〈표 3〉 밤섬부군당굿에서 사용되는 무복과 무구

굿거리	착용 무복	사용 무구
주당물림, 부정·가망청배	평복	
부군거리	홍치마에 홍철릭, 쾌자와 창부의대	삼지창, 월도, 부채, 방울, 오방신장기
본향말명거리	노란몽두리	부채, 방울
장군거리	남철릭에 갓	월도
별상거리	쾌자전복에 벙거지	월도, 삼지창
신장거리	상동	오방신장기
대감거리	홍철릭에 벙거지	
불사거리	홍치마에 홍가사, 백장삼에 흰고깔	제금(바리)
군웅거리	홍치마에 홍철릭에 갓	부채, 활
창부거리	창부의대	부채
뒷전	평복	부채

(국립문화재연구소, 2005 : 46~47)

〈표 4〉 개인굿 중 재수굿(천신굿)에서 사용되는 무복과 무구

굿거리	착용 무복	사용 무구
주당물림, 부정굿	평복	북어, 소지종이
가망청배		산지, 우 : 부채, 좌 : 방울
진적		
불사	홍치마에 장삼, 청·홍색 가사, 고깔	부채, 방울, 불사전, 항아라, 불사끈침, 제금, 새발심지
도당	홍치마에 홍철릭, 갓	본향지, 부채, 방울, 새발심지
가망		부채, 방울
본향	노란몽두리	본향지, 부채, 방울, 새발심지
대신		우 : 부채, 좌 : 방울
조상	남치마에 조상옷	우 : 부채, 좌 : 방울
전안	남치마·구군복·남철릭 위에 성제님의대, 주립	월도, 삼색기, 부채
상산	남치마·구군복·남철릭, 큰머리에 흑립 혹은 주립	오방신장기
별상	구군복, 큰머리에 전립	부채·삼지창→창사실
신장	상동	오방신장기
대감	남치마 위에 홍철릭, 흑립 혹은 주립, 쾌자와 전립	부채
안당제석		부채, 방울
호구		우 : 부채, 좌 : 방울, 호구치마
성주	남치마 위에 홍철릭, 흑립	우 : 부채, 좌 : 성주소지, 돈, 북어
창부		부채
계면		방울
뒷전	평복	방울, 부채, 북어, 소지종이

(최진아, 2006 : 196~201)

4. 서울 한강 유역 부군당 굿거리 짜임 및 무가

〈표 1〉 서울 한강 유역 부군당 굿거리 짜임 비교표

지역	밤섬(창전동)					당산동			한남동			이태원		
시행연도, 주무	밤섬, 은아엄마	1990, 황영숙	1999, 김춘강	2005, 김춘강	2007, 김춘강	1990, 미상	2004, 서정자	2004, 서정자	큰한강 (2004)	큰한강 (2007), 김학순	작은한강 (2007), 조정자	1970, 오복동	1990, 미상	2002, 민명숙
1	주당물림	가망청배	주당물림	주당물림	주당물림	부정	주당물림	주당물림	주당물림	부정치기	부정	추당물림	부정치기	당오르기
2	고삿반	부군님	부정	부정청배	유과 돌아옴(꽃반)	당굿	부정청배	부정청배	부정청배	불사	부군도당	부정	서낭거리, 비석제	서낭맞이(대잡이거리)
3	유가돌기	대감	가망청배	가망청배	부정(상산노래가락)	군웅	가망	가망청배	가망청배	산거리	불사	가망청배	가망	부군
4	부정	말명	부군	진작	부군님(신장대감창부)	제석	진적	가망	상산노랫가락	가망조상	대감	서낭맞이	부군할아버지·할머니	대신
5	가망청배	창부	본향말명	유가돌기	말명조상	장군	상산노랫가락	부군	산거리	대감	성주	본향바램	장군	별상
6	부군	불사	마지올림	부군	삼현육각(진지공양)	대감	가망청배	상산	가망	군웅	창부	부군	별상	대감
7	서낭	조상	장군	마지올림	장군님거성(별상 신장대감텃대감)	불사	산신도당	별상	장군	성주	계면떡	장군	신장	군웅
8	본향말명	장군	별상	본향말명	불사님	창부	제석	신장	별상	장군	소지	별상	대감	밥풀떼기(밥소래붙임)
9	마지올림	성주군웅	신장	대신	군웅	지신밟기	대안주	대감	신장	뒷전	뒷전	신장	조상	뒷전
10	상산	우물굿(용왕굿)	대감	상산별상	창부	소지	성주군웅	불사	대감			제석	제석	
11	신장	소지	불사	신장	뒷전	영산	창부	대내림	군웅			호구	군웅	
12	대감	뒷전	군웅	대감	소지	음복	뒷전	순력돌기	성주			대감	창부	
13	불사		창부	제석				군웅	창부			창부	뒷전	
14	군웅		뒷전	군웅				창부	소지			계면		
15	창부			창부				뒷전	뒷전			조상말명		
16	뒷전			뒷전								성주군웅		
17				소지								황제풀이		
18												뒷전		

* [출처] (밤섬) : 한국샤머니즘학회, 1999:64~71, 밤섬(1990) : 서울특별시, 1990:161~162, 밤섬(1999) : 앞의 책, 71~87, 밤섬(2006) : 서울역사박물관, 2006:136~140, 밤섬(2007) : 필자 조사, 당산동(1990) : 서울특별시, 1990:70~72, 당산동(2004) : 당산동부군당, 2004:5~8, 당산동(2006) : 서울역사박물관, 2006:142~145, 한남동 큰한강(2004) : 김헌선(2007), 한남동 큰한강(2007)·작은한강(2007) : 필자 조사, 이태원(1970) : 김태곤, 1981:379~384, 이태원(1990) : 서울특별시, 1990:128~132, 이태원(2002) : KBS, 2002.

〈표 2〉 부군당굿 무가와 개인 재수굿 무가 비교표

	부군당굿 무가(당산동, 서정자, 2004)			개인 재수굿 무가(문덕순, 1966)
	무가의 주요 내용	굿거리	굿거리	무가의 주요 내용
1	장구, 제금으로 주당살 물림	주당물림	부정	-초부정 : "영정 가망으로 부정 가망 시위들 하소사"로 시작. 가망에 이어 호구, 제석, 장군, 대감, 말명, 망인, 서낭, 영산, 상문을 차례로 불러내어 제액초복을 기원. -이부정 : "초가망 이가망 삼가망에 조라 전물 가망"으로 시작. 가망에 이어 호구, 제석, 본향, 장군, 별상, 대감, 말명, 망인, 서낭, 영산, 상문을 차례로 구송함.
2	"입설에 귀설을 다 젖아 주시고, 신사덕 후방덕 입히어 주소사"로 시작. 이후 대감, 성주, 광대·창부, 서낭, 걸립, 터주, 업, 지신, 맹인, 영산을 차례로 언급. "내외야 ~ 전물영정"이 후렴구로서 규칙적으로 반복.	부정청배		
3	"초가망 이가망 조라는 전물가망, 맑게 받어서 오신가망 맑게 설게요 설게는 맑게시랴"로 시작. 소임들과 당주만신인 자신, 그리고 악사들의 운수를 기원. 축원이 끝나면 '본향노랫가락'.	가망	가망	-가망청배 : "초가망 이가망 삼가망 조라는 전물 두 가망이며"로 시작. -가망노랫가락 : "정성덕 입소와지요 부모 자손이 황복덕 응랄 입히라구"로 시작. -가망공수 : "어-꾸자 초가망 이가망 삼가망 아니시랴"로 시작.
4	상산노랫가락은 "높은 장군님"을 모시고 축원을 하는 노래. 4음보의 율력에 3줄 형식. '높은 장군님'에 대한 정성과 경외감.	상산노랫가락		
5	-부군가망 : "어허 구자 당산동 지접 아니신가 도당은 부군이라" -본향 : "어허 구자, 수천향 수본향에 육천향 육본향에 양산은 본향이며, 씨주구 성준 본향 아니시냐,"로 시작. -말명 : "에허 구짜 사외는 삼마말명 궁위루 제당말명 육전은 삼아래 부군말명 아니신가"로 시작. -도당부군대신 공수 : "에허허허허허 천하대신 지하대신 우레주뢰 벼락대신 외방으로 창부대신 아니신가"로 시작. '대신할머니'의 공수. 대신타령 후 이전에 부군당굿을 위해 수고했었던 소임들과 당주, 당주악사들의 혼이 차례로 무당에게 내려서 공수.	가망청배	말명	"어-웃자- 초가망 이가망에 삼가망 아니시리…어-웃자 선대루 할아버지 할머니 양위 말명 아니시리"하며 흠향과 복을 기원.
6	-산바라기 -본향 -산신후토신령 -도당부군 살륭할아버지 -도당군웅 -산신사실세우기 -도당부군 신장 -도당부군 대감 -도당부군 서낭 -도당부군 창부 -도당부군 제장말명 -도당부군 영산	산신도당	상산	-상산 공수 : "안산은 여덟에 밧산을 열세위라 일곱지 명산에 제불지 제천이다. 신덕물 후덕물산에 송악은 상지 … 나라 충신에 임장군님 덕물산에 최일장군 아니시랴"하며 정성을 빎. -상산 노랫가락 : "그늘이요 용하신데 수이로다 수이라 김수건만 만경창파 수이로다"로 시작. '높은 장군님'과 '금주님'에 대한 예찬.
7	-불사 -칠성 -제석	제석	별상	"어-웃자 이 나라 이씨 별상 아니시리 / 저 나라 홍씨 별상 아니시랴…너의 소원성취 무러 거들낭 장군 별상님이 다 도와 주신다"

	-천왕중상 -산주기 -호구			
8	-상산마누라 -장군마누라 -명잔복잔 내림 -별상 -사실세우기 -신장 -대감	대안주	대감	-대감 청배 : "어-웃자하 상산대감 아니시리 본향대감 아니시랴"로 시작. 이후 별상대감, 군웅대감, 서낭대감, 몸주대감, 순력대감, 어사대감, 직석대감, 제장대감, 도깨비대감, 개비대감을 차례로 불러들인 후 축원. -대감 타령 : "얼시구 좋다 절시구 어떤 대감이 내 대감이냐"로 시작. 3음보 형식. -대감 공수 : "이 바라 시주를 허시며는 아들 애길 나시며는 경상감사두 허실 바라 판임관 벼실두 허실 바라"로 시작.
			제석	-제석 만수받이 : "대암제석 젠제석이요 제불제천 사미 삼천 일월요왕 항사제불 불사제불"하며 명과 복을 빎. -제석 타령 : "어떤 중상이 내려왔나 청금산에는 청에 중상요 황금산에는 황에 중상"으로 시작.
			호구	"어-어 꾸짜- 제산은 동반에 칠기명천이라 상단에 중단 호구 아니시리"로 시작. 이후 홍씨호구, 사신호구, 불서호구, 어구호구, 대신호구, 집주호구, 말명호구, 사날호구, 애기씨 부인호구, 용신호구, 대신호구에게 차례로 기원.
			군웅	"사라다 오신 군웅 사란잔에 오신 군웅"으로 시작. 백마 군웅이 살을 쏘아 액을 막아 주겠다고 간단히 공수.
9	-성주 -성주군웅 -군웅할아버지	성주 군웅	성주	"업성주요 복성주요 와가 성주 대가 성주"로 시작. 간단히 축원.
10	"어 구자 어 당산동 지접에 부군당 당창부 아니시냐"로 시작. 동네 축원 후 '창부타령'. 타령은 "도당창부 내 창부 당산동 당창부씨 부군당 허구는 당창부씨"로 시작. 달마다 드는 횡수와 집집마다 사람마다 드는 횡수를 막아주고 모두가 출세하고 부자되게 해주겠다는 내용.	창부	창부	-창부 공수 : "어어-웃자 창부씨 광대씨 들어 왔소"로 시작. 남원 광대, 도액 창부, 직성 창부, 홍수 창부에게 차례로 축원. -창부 타령 : "어떤 광대가 올나 왔나 전라도 허구 남원 광대 한양 경성을 올나 올제"로 시작. 3음보 형식. "아니 노지는 못하리라"에 이어 열두달 홍수막이 노래.
11	-자진만수받이 -도당부군걸립 -텃대감 걸립대감 -서낭 -영산 -수비	뒷전	뒷전	"아 걸립 만신 몸주 대신 걸립 지어다가 성주루는 어비 걸립 내리어서 지신 걸립"으로 시작. 이후 터주, 업, 망인, 서낭, 영산, 상문을 불러 풀어 먹임. 마지막에 뒷전 공수가 이어짐.

* 주요 내용의 순서는 굿거리 순서를 따랐으며 내용은 필자가 요약함

5. 한강 유역 부군당 유교식 당제 절차

〈표 1〉 한강 유역 부군당 유교식 당제 절차 비교표

유교식 제례 범례*		서빙고동(1972)**		동빙고동(2006)		이태원동(2006)	
절차	내용	절차	내용	절차	내용	절차	내용
신위봉안	조상의 신위를 제청에 모신다.		일반 참배원 집합 일반 참배원 정돈 집사 퇴석	拜禮	○○이 나아가 四拜하시오. ○○○씨 나아가 독을 열으시오.	首化主 焚香 降神	수화주가 분향후 잔에 술을 따라 분향에 세 번 좌로 돌린 뒤 모사 그릇에 세 번 나누어 붓는다(집사자는 잔을 들어 수화주에게 주고 시중 든다)
강신(降神)	향을 피우고 술은 모래에 붓는다.						
참신(參神)	모두 큰 절을 두 번 올린다.			분향	○○○씨 손을 씻고 분향 하시오.	參神 (化主一同三拜)	모든 화주 및 참사자는 세 번 절한다.
초헌(初獻)	첫 잔을 올린다.	초헌	초헌관 분향 헌작	초헌	國祖 앞에 술을 따르시오.	府君兩位 任 獻酌	수화주는 부군할아버지 할머니께 잔을 올리고 화주는 각 신위께 잔을 올리고 뫼에 수저를 꽂는다. ①집사자는 수화주를 돕고 ②화주는 젓가락을 세 번 시접그릇에 찍어 시접한다.
						化主一同 俯伏	모든 화주 및 참사자는 부복하고 조용히 있는다.
독축(讀祝)	축문을 읽는다.	독축	축관 봉독 초헌관 四拜 거행 집사 퇴작	독축	모두 읍을 하시오. (축이 끝나면) 모두 사배 하시오.	讀祝	독축자는 독축한다.
아헌(亞獻)	두 번째 잔을 올린다.	아헌	아헌관 분향 헌작 아헌관 사배 거행 집사 퇴작	아헌	○○○씨 국조 앞에 나아가 술을 따르시오.	施物 施主者呼 名 祝願	수화주와 독축자는 각각 시주자 명단을 신위께 호명한다.
종헌(終獻)	세 번째 잔을 올린다.	종헌	삼헌관 분향 헌작 삼헌관 사배	종헌	모두 나아가 各神 앞에 술을 따르시오.		
삽시(揷匙)	숟가락을 메에 꽂는다.	소지	燒紙官 府君前 소지 三張	분헌	내빈은 各神에게 따르고 사배하시오.	化主一同 : 興 – 평신	화주는 숭융을 갱과 바꾸어 올리고 뫼를 조금씩 3번 떠서 말아놓고 정저한다. 수화주는 부군할아버지 할머니께 잔을 올리고 화주는 각 신위께 잔을 올린다. * 시접하여 다른 제수에 옮겨 놓는다.
합문(闔門)	문을 닫고 나가서 기다린다.						
계문(啓門)	문을 열고 들어간다.						
헌다(獻茶)	숭늉을 올린다.						
철시(撤匙)	수저를 거두고 메 그릇 뚜껑을 닫는다.						

사신 (辭神)	모두 절을 올린다.	일반 사배 일반 퇴석		음복	퇴주를 나누어 마신다.	辭神(化主一同三拜)	화주 및 참사자는 삼배한다.
						燔祝 - 수화주 및 축관	숭냉그릇에 수저를 철시하여 시접 그릇에 담고 수화주는 할아버지 할머님께 세 번 첨작한 후 조금 있다 분축한다.
철찬 (撤饌)	지방과 축문을 불사른 뒤 철상한다.	사례 (謝禮)		철상	제관들은 사배하고 ○○○씨 독을 단으시오.	撤床	
음복 (飮福)	음식을 나누어 먹는다.			배례	집사는 사배한다.	飮福	화주전원

* 유교식 제례 범례(임돈희, 1990 : 99~102)
** 서빙고동 부군당 치성 절차(1972년) (장주근, 1986 : 65~66)

6. 서울 한강 유역 부군당 구성 요소별 도표

6-1. 인적요소

〈표 1〉 한강 유역 부군당 주재 집단 세부 현황(2006년 기준)

일련 번호	지역	주제자 집단		의결자 집단	후계자 집단
		선출 방식	범위		
1	성동구 금호동	선출형	의결자 집단	무쇠막향우회 운영위원회	무쇠막향우회
2	성동구 응봉동	없음	없음	없음	없음
3	성동구 성수동	없음	없음	없음	없음
4	성동구 옥수동	없음	개인	없음	개인
5	용산구 동빙고동	선출형	의결자 집단	부군당치성위원회	동빙고동 경로당
6	용산구 산천동	선출형	의결자 집단	원효로2동부군당보존회	산천향우회
7	용산구 서빙고동	선출형	의결자 집단	부군당치성위원회	서빙고동 경로당
8	용산구 이태원동	선출형	의결자 집단	부군묘관리위원회	이태원동향우회
9	용산구 한남동 (큰한강)	선출형	의결자 집단	큰한강부군당위원회	한남동향우회
10	용산구 한남동 (작은한강)	종신형	의결자 집단	작은한강부군당위원회	현재 없음
11	용산구 청암동	고정형	지역	부군당보존위원회	청암동친목회
12	마포구 창전동	선출형	의결자 집단	밤섬부군당도당굿보존회	밤섬향우회
13	마포구 당인동	종신형+고정형	의결자 집단	부군당정화관리위원회	댓말선후회
14	마포구 도화동	없음	없음	없음	없음
15	영등포구 당산동	종신형+선출형	의결자 집단	임원+운영위원회+소임 집단	당산동향우회
16	영등포구 영등포동	없음	개인	없음	개인
17	영등포구 신길2동	종신형+선출형	의결자 집단	임원+할머니 집단	신길2동 부녀회

〈표 2〉 마포구 창전동(밤섬) 부군당 제의 주재 집단 인적 구성(2007년 기준)

성 명	나 이	성별	직 책	지역 연고	비 고
유○○	72세	男	현 밤섬부군당도당굿보존회장	밤섬 출신	2005년 선출, 제3대 회장
지○○	60세	男	현 보존회 부회장	//	직장 현역
김○○	74세	男	총무	//	직장 은퇴
인○○	55세	男	재무	//	택시 운전
이○○	72세	男	소임	//	배목수, 소임 3년째
안○○	78세	男	운영위원	//	상업
서○○	77세	男	//	//	공업
지○○	78세	男	//	//	
판○○	78세	男	//	//	
김○○	73세	男	//	//	

〈표 3〉 당산동 부군당 제의 주재 집단 인적 구성(2006년도 기준)

성 명	나 이	성별	직 책	지역 연고	비 고
송○○	65세(1942년생)	男	제주(2006년 제관)	3대째 거주	2003년 선출
김○○	59세(1948년생)	男	총무(2006년 제관)	본토	
염○○	59세(1948년생)	男	재무(2006년 제관)	본토	부친이 前前 제주
염○○	70세(1937년생)	男	소임	본토	
신○○	63세(1944년생)	男	소임(2006년 제관)	6대째 거주	
김○○	62세(1945년생)	男	소임(2006년 제관)	3대째 거주	
송○○	59세(1948년생)	男	소임	본토	
김○○	56세(1951년생)	男	소임	본토	
유○○	45세(1962년생)	男	소임(2006년 제관)	본토	
신○○	45세(1962년생)	男	소임 겸 부총무	본토	올해 소임 및 부총무로 선출
이○○	64세	男	2006년 제관	강화도에서 40 여 년 전 이주	
예○○	59세(1948년생)	男	前 소임	본토	김포로 이사감
김○○	59세	男	당산향우회장	본토	
유○○	63세	男	부군당운영위원장	본토	

〈표 4〉 이태원동 부군당 제의 주재 집단(제관) 인적 구성(2006년도 기준)

성 명	나 이	성별	직 책	지역 연고	비 고
이○○	76세	男	부군묘관리위원회장	2대째 거주	2005년도에 취임
김○○		男	수화주	본토	
이○○		男	서기	본토	
이○○	62세	男	이화주	본토	
강○○	61세	男	축관	충남 출생, 40년 전 이주	
이○○		男	평화주(당지기)	본토	부군당 관리
김○○		男	평화주	본토	
정○○		男	평화주	본토	

〈표 5〉 청암동 부군당 제의 주재 집단 인적 구성(2006년도 기준)

성 명	나 이	성별	직 책	지역 연고	비 고
이○○		男	보존회장	마포 출신	2001년도에 선출
최○○		男	총무	13대째 거주	
노○○		男	감사	본토 출신	
석○○		男	감사	상동	
이○○		男	재정	상동	
김○○		男	모니터(축문 작성)	상동	
김○○		男	홍보	상동	
정○○		男	홍보	상동	
조○○		男	홍보	상동	

〈표 6〉 용산구 동빙고동 부군당 제의 주재 집단 인적 구성(2007년도 기준)

성 명	나 이	성별	직 책	지역 연고	비 고
조○○	78세	男	치성위원회장(2006년 취임)	전라도 출생, 1960년에 이주	제6대 위원회장
남○○	66세	男	총무	전라도 광주 출생, 1970년에 이주	현직 영화감독
이○○	81세	男	고문 겸 치성위원	개성 출생, 해방 후 이주	제5대 위원회장(2년간 역임)
인○○	73세	男	치성위원(경로당 부회장)	경기도 출생, 19?년대 이주	올해 재임
박○○	73세	男	치성 위원	경상도 대구 출생, 30년 전(1970년대) 이주	올해 치성 위원 퇴임
정○○	65세	男	//	충남 금산 출생, 1970년대 이주	올해 재임
김○○	80세	男	//	본토(동빙고동) 출생	흑석동으로 이사, 부군당의 내력을 잘 알고 있음. 올해 치성위원 퇴임
남○○	72세	男	//	본토	올해 치성 위원 임명
김○○	73세	男	//	타지에서 이주	상동
이○○	71세	男	//	경상도 출생	상동, 전 구위원, 전 동장

〈표 7〉 용산구 서빙고동 부군당 제의 주재 집단 인적 구성

성 명	나 이	성별	직 책	지역 연고	비 고
이○○	79	男	치성위원회 회장 겸 경로당 회장	황해도 금천 生, 53년도 서빙고 이주	2006년 4월 취임
홍○○	67	男	경로당 총무	30년 전 이주	축관
서○○	72	男	치성위원	안산에서 이주	제차에 대해 잘 알고 있음
이○○	71	男	상동	타지에서 이주	전대 치성위원장
이○○	68	男	상동	경상도에서 40년 전 이주	
이○○	69	男	상동	전라도에서 50년 전 이주	
김○○	70	男	상동	30년 전 이주	
성○○	69	男	상동	부산에서 이주	
김○○	69	男	상동	타지에서 이주	
박○○	70	男	상동	현지 출생	

2007년도 기준, 회색 배경은 2007년 정월 제의 제관으로 참가함.

〈표 8〉 한남1동 큰한강 부군당 결산 보고 회의 참석자 인적 구성(2006년 10월 28일 기준)

성 명	나 이	성별	직 책	지역 연고	비 고
이○○		男	위원회 회장		불참, 한남향우회 회장 겸임
김○○		男	고문		불참
김○○		男	고문		불참
이○○		男	총무	4대째 거주	1998년도에 취임, 전 용산구의회 의원
정○○		男	화주	본토 출신	
이○○		男	화주, 향우회 부회장	상동	
김○○		男	관리		불참
김○○		男	노인회장	상동	
김○○	84세	男	노인회 고문	상동	
김○○	84세	男	노인회 고문	상동	
임○○		男	노인회 감사	10년 전 이주	
이○○		男	노인회 후원회장	타지역에서 이주	
최○○		男	노인회 회원	해방 후 이주	
장○○		男	노인회 회원	6·25전쟁 후 이주	
김○○		男	향우회 회원	본토 출신	
박○○		男	상동	상동	
김○○		男	상동	상동	
김○○		男	마을 주민	용산 출신	
김○○	81세(26년생)	女	당주 무당		
김○○		女	부군당 관리		김○○씨 부인

*진한 색 배경은 큰한강 부군당 위원회 임원진

6-2. 물적 요소

〈표 1〉 한강 유역 부군당 경제적 요소 일람표(2006, 2007년 기준)

일련 번호	지역	수입 내역			지출 내역			주민 자립도	재분배 방식
		지원금 (지원관청, 시작 연도)	치성금 (호수)	기타	제물 구입	무당 집단	기타		
1	성동구 금호동								
2	성동구 응봉동								
3	성동구 성수동								
4	성동구 옥수동								
5	용산구 동빙고동	230만원(구)			230만원	중단			마을잔치
6	용산구 산천동	지원							
7	용산구 서빙고동	310만원(구)	2002년 중단			중단			마을잔치
8	용산구 이태원동	200만원(구)	300만원 (음4월92명, 음10월124명)			2004년 중단			마을잔치
9	용산구 한남동(큰한강)	230만원	420만원	48만원 (방세)					마을잔치
10	용산구 한남동(작은한강)	230만원	(46명)	120만원 (방세)					반기
11	용산구 청암동	180만원(구)			60~70 만원	60만원			마을잔치
12	마포구 창전동(밤섬)	500만원(시)+ 300만원(구)	(63명)			200만원			마을잔치
13	마포구 당인동	30만원(구)	(50~60호)		100만원	10년 전 중단			마을잔치
14	마포구 도화동								
15	영등포구 당산동	50만원(구)+ 20만원(문)	563만원 (103명)		134만원	500만원			반기 (기념품)
16	영등포구 영등포동	지원							
17	영등포구 신길2동	50만원(구)+ 30만원(문)	(70~80호)						마을잔치, 반기

* (시)-시청, (구)-구청, (문)-문화원

〈표 2〉 한강 유역 부군당 도구적 요소 일람표(2006, 2007년 기준)

일련 번호	지역	의례 도구				기록물			행사 도구			기타
		제기	의례복	축문	의례 지식관련	현판	문서	안내판	초청장	현수막	치성자 벽보	
1	성동구 금호동											
2	성동구 응봉동											
3	성동구 성수동											
4	성동구 옥수동											
5	용산구 동빙고동	혼합, 노구솥, 떡판1	갓, 도포	부군, 서낭	의례 절차	중수기2	예전 장부	있음	없음	없음	없음	
6	용산구 산천동											
7	용산구 서빙고동	목기, 떡판3	두건, 도포	있음		'府君堂', 중수기7	현 장부	있음	없음	없음	없음	
8	용산구 이태원동	스텐	갓, 도포	있음	의례 절차	'府君廟' (현재 철거)	예전 장부	없음	없음	없음	없음	기념비
9	용산구 한남동 (큰한강)	혼합, 시루5	없음	없음		'府君堂', 중수기	현 장부	없음		없음	없음	
10	용산구 한남동 (작은한강)	스텐, 떡판1	없음	없음		'府君堂'	현 장부	없음	없음	없음	있음	
11	용산구 청암동	스텐, 떡판2	두건, 도포	있음		'永殿'	현 장부	없음	없음	없음	없음	금줄
12	마포구 창전동(밤섬)	사기, 시루8	없음	없음	제물진설도, 제물목목, 굿거리순서표	'府君堂', 이건기	현 장부	없음	있음	있음	없음	
13	마포구 당인동	스텐	없음	없음		'府君堂'	현 장부	없음	있음	없음	없음	
14	마포구 도화동											
15	영등포구 당산동	스텐, 시루4, 떡판4	두건, 도포	있음		'府君堂'	현 장부	있음	있음	있음	있음	기념비, 금줄, 만국기
16	영등포구 영등포동											
17	영등포구 신길2동	유기, 목기, 시루7	없음	없음		'밤학곳지 부군당'	현 장부	있음	없음	없음	있음	

6-3. 제도적 요소

〈표 1〉 한강 유역 부군당 제도적 요소 현황표(2006년 기준)

일련 번호	지역	전승 제도	의례 제도			문화재 제도
			유형	절	소지	
1	성동구 금호동	무쇠막향우회 운영위원회	유교식+무속식			미지정
2	성동구 응봉동	없음	//			//
3	성동구 성수동	없음	//			//
4	성동구 옥수동	없음	//			//
5	용산구 동빙고동	부군당치성위원회	유교식 (←유교식+무속식)	사배(四拜)	×	//
6	용산구 산천동	원효로2동부군당보존회	유교식+무속식			//
7	용산구 서빙고동	부군당치성위원회	유교식 (←유교식+무속식)	사배(四拜)	×	지정(민속자료)
8	용산구 이태원동	부군묘관리위원회	유교식 (←유교식+무속식)		×	미지정
9	용산구 한남동 (큰한강)	큰한강부군당위원회	무속식			//
10	용산구 한남동 (작은한강)	작은한강부군당위원회	무속식		○	//
11	용산구 청암동	부군당보존위원회	유교식+무속식		×	//
12	마포구 창전동	밤섬부군당도당굿보존회	유교식+무속식	삼배(三拜)		지정(무형문화재)
13	마포구 당인동	부군당정화관리위원회	치성식		○	미지정
14	마포구 도화동	없음	유교식+무속식			//
15	영등포구 당산동	임원+운영위원회+ 소임 집단	유교식+무속식			//
16	영등포구 영등포동	없음	무속식			//
17	영등포구 신길2동	임원+할머니 집단	무속식		○	//

〈표 2〉 밤섬과 서빙고동 부군당 문화재 지정 전과 후의 변화상

변화요소	구분	마포구 밤섬 부군당(2005년 지정)		용산구 서빙고동 부군당(1973년 지정)	
		지정 전	지정 후	지정 전	지정 후
인적 요소	주재집단	밤섬보존회	밤섬부군당도당굿보존회	서빙고부군당치성위원회	변동 없음
	무당집단	김춘강(당주무당), 김찬섭(악사) 등	무녀구성 변동, 악사 변동 없음	'부군당 할머니'(당주무당)	➡(당굿 중단)
	참여집단	밤섬향우회 중심	문화원장, 구청 공무원, 문화재위원 참석		
물적 요소	경제적 요소	추렴, 구청지원 약간	서울시(500만원)·구청(300만원) 지원(2007년 기준)	추렴과 반기 풍속	서울시(310만원, 2007년 기준) 지원, ➡(추렴 중단, 반기 중단)
	공간적 요소	마을 공유		개인 소유	시유지
	물질적 요소		굿거리 순서표, 기념기 설치		안내판 설치
제도적 요소	전승제도				
	의례제도	절 세 번	절 세 번	표 23?참조(1972년)	부군내외님께 술 따르기 –4배–삼불제석님께 술 따르기–4배–독축(일동 엎드려 있음)– 전체 4배–터주대감 술 따르기–절하기–기념 촬영 및 음복. ➡(소지 생략)
	문화재 제도		서울시 무형문화재 제35호, '공개발표회'		서울시 민속자료 제2호, 관청 보고용 기록물 작성
내적 요소	굿거리 순서	(1999년 기준)주당물림–부정–가망청배–부군거리–본향말명–마지올림–장군거리–별상거리–신장거리–대감거리–불사거리–군웅거리–창부거리–뒷전	(2007년 기준)주당물림–유과 돌아옴(꽃반)–내빈소개–부정거리(상산노래가락)–부군님(신장대감창부)–말명조상–삼현육각(진지공양)–장군님 거성(별상신장대감텃대감)–불사님–군웅거리–창부거리–뒷전거리–소지올린다		

➡표는 최근 상황을 나타냄.

〈부록 2〉 부군당 현지조사 일정

〈선행 현지 조사〉

1997년 10월 31일(음력 10월 1일) : 서울특별시 보광동 무후묘 제사 참관조사
1999년 11월 7일 : 서울시 용산구 제17회 '남이장군대제' 참관조사
2001년 : 한남동 큰한강 부군당, 작은한강 부군당 당굿 참관조사
2002년 8월 9일(금)(음력 7월 1일) : 서울시 강남구 대치동 한티마을 치성 참관조사
2002년 8월 9일(금)(음력 7월 1일) : 서울시 영등포3동 7가 156-17 상산부군당 치성 참관조사
2003년 6월 3일 : 마포나루굿 참관조사
2005년 3월 26일 : 한강유역 마을 제당 1차 조사
2005년 11월 1일~2일 : 서울시 용산구 제23회 '남이장군사당제' 참관조사
2005년 11월 4일(음력 10월 3일) : 서울특별시 성동구 행당동 아기씨당굿 참관조사

〈집중 현지 조사〉

[제1차 집중 현지 조사]

2006년 9월 15일 : 당산동 부군당 제의 주체(송승성 제주) 인터뷰
2006년 9월 17일 : 한남동(큰한강) 부군당 주체(이천만 총무) 인터뷰 및 한남초등학교 100주년 기념체육대회 참관
2006년 10월 27일 : 금호동(무쇠막) 부군당 주체(김연배 향우회장) 인터뷰 및 향우회 참관
2006년 10월 28일 : 한남동 부군당 준비 회의 참관
2006년 11월 1일 : 당산동 부군당 준비 회의 참관
2006년 11월 5일 : 용산구 청암동 부군당 주체(이태선 보존위원회장) 인터뷰 및 향우회 참관
2006년 11월 11일 : 신길2동 부군당 제의 주체(김이수 부녀회장) 인터뷰
2006년 11월 20일(음 9/30)

- 저녁 6시 : 영등포구 신길2동 부군당 제물 진설 참관
   - 밤 10시~12시 : 용산구 이태원 부군당 주체(이회섭 관리위원회장) 인터뷰 및 제사 참관
2006년 11월 21일(음 10/1)
   - 아침 7시 : 영등포구 당산동 부군당 차례 및 본굿 참관
   - 오후 1시 : 영등포구 신길2동 부군당굿 참관
   - 저녁 6시~7시 30분 : 용산구 청암동 부군당제 참관
   - 밤 9시 : 마포구 당인동 부군당제 참관

[제2차 집중 현지 조사]
2007년 2월 10일 : 마포구 창전동 부군당 제의 주체 인터뷰
2007년 2월 10일 : 용산구 서빙고동 부군당 제의 주체 인터뷰
2007년 2월 15일 : 한남동 큰한강부군당 추렴 참관
                  한남동 작은한강부군당 제의 주체 인터뷰
2007년 2월 17일 : 용산구 창전동 부군당 제물 준비 참관
2007년 2월 18일(음 1월 1일)
   - 한남동 큰한강부군당굿 참관
   - 한남동 작은한강부군당굿 참관
   - 서빙고동 부군당제 참관
2007년 2월 19일(음 1월 2일) : 창전동 부군당굿 참관
2007년 4월 13일 : 용산구 동빙고동 부군당 제의 주체(조대호 회장) 인터뷰
2007년 4월 30일, 5월 1일(음 3월 15일) : 용산구 동빙고동 부군당 제의 참관

〈보충 조사〉
2007년 3월 12일 : 당산동 부군당 주재 집단 보충 면담.
2007년 3월 21일 : 당산동 부군당 2차 보충 조사.
2007년 5월 17일(음 4월1일) : 신길2동, 이태원동 음력 4월 치성 현지 참여 조사.

2007년 8월 13일(음 7월1일) : 신길2동, 당산동 음력 7월 치성 결과 전화 인터뷰.
2007년 9월 15일 : 마포 밤섬 실향민 귀향제 참석.

〈무당·악사 면담 조사〉

2007년 9월 29일 : 김학순 만신(한남동 큰한강부군당 당주무당) 인터뷰.
2007년 10월 8일 : 김찬섭 악사(창전동 밤섬부군당 당주 악사) 인터뷰.

Transmission and Change of the Ritual of Bugundang along Han River basin

Kim, Tae-woo

This study is about what is the tradition of ritual of Bugundang and how it changed as to the urban development and what this change means.

Bugundang was built as an annexe to the government office in Seoul in Joseon Dynasty and managed by low degree government officials. Gradually, Bugundangs were built along Han river basin and it's ritual was turn to community ritual. The invented traditions of those days are continued today.

The ritual of Bugundang is composed of a few elements; human, material, system, internal. The change of these elements shows that the groups of ritual performers become elite and minority, ritual stopped or is changed as to destruction or movement of Bugundang, Bugundang-gut stopped more and more and the aspiration for cultural properties is stronger than ever.

The groups of ritual performers are trying to continue ritual positively; exclusion of exterior power preserving the tradition, designation as an cultural properties, expansion of region carnival, and so on.

The defence strategies of ritual performers are systematization of groups of transmission and elite and minority, secularization · formalization · transformation to carnival, mutual assistance and relationship between local governments. The cases of modernization of Bugundang's tradition are construction of national mutual assistance system, identification of the groups of ritual performers, replacement to 'traditional culture event', reappearance of Han river and religion of Bugun, invention and change of Bugundang's legend.

참고문헌

1. 자료

1) 문헌 자료

『承政院日記』『新增東國輿地勝覽』『輿地圖書』『燃藜室記述』『燕巖集』『五洲衍文長箋散稿』『頤齋亂藁』
『朝鮮王朝實錄』『增補文獻備考』『芝峯類說』『通文館志』『東國輿地備攷』『高麗史』
『1872년 지방지도』, 서울대학교 규장각 소장.

2) 기타 자료

KBS, 『이벤트인코리아 : 370여년을 이어온 도심속 축제 - 이태원 부군당제』, 2002년 5월 30일 방송.
강남구, 『강남구지』, 1993.
강서구청, 『강서구지』, 1993.
강화군 군사편찬위원회, 『신편 강화사』, 강화군청, 2003.
경기도박물관 편, 『경기도 3대 하천유역 종합학술조사 1 : 임진강』, 경기도박물관, 2001.
광진구, 『광진구지』, 1997.
교 동, http://www.gyodong.net, 2007년 11월 4일 검색.
갈매동 도당굿 학술종합조사단·구리시, 갈매동 도당굿, 구리시 문화공보실, 1996.
국립민속박물관 편, 『한국의 마을제당 : 제1권 서울·경기도편』, 국립민속박물관, 1995.
김헌선·김은희, 『당산동부군당굿』, 당산동부군당 송승성 당주 소장본(미간행), 2004.
동작구, 『동작구지』, 1994.
마포구청, 『마포 : 어제와 오늘·내일』, 1992.
문화공보부 문화재관리국, 『한국민속종합조사보고서 : 서울편』, 1979.
서울역사박물관, 『서울 영상민속지 : 한강변의 마을신앙』, 2006.
서울특별시, 『서울의 전통문화(2)』, 1986.
서울특별시 문화재위원회, 『서울민속대관 (1) : 민간신앙편』, 서울특별시, 1990.
서울특별시사편찬위원회, 『한강사』, 1985.
서초구, 『서초구지』, 1991.
성동구, 『성동구지』, 1992.
양천구청, 『양천구지』, 1997.
영등포구, 『영등포구지』, 1991.
용산구, 『용산구지』, 1992.
용산구청 홈페이지, http://yongsan.go.kr, 2006년 5월 21일 검색.

村山智順, 『部落祭』, 조선총독부, 1937.
통계청 홈페이지, http://www.nso.go.kr, 2006년 4월 24일 검색.

2. 단행본

1) 국내서
고동환, 『조선후기 서울 상업 발달사 연구』, 지식산업사, 1998.
국립문화재연구소, 『인간과 신령을 잇는 상징 巫具 : 서울시·경기도·강원도 편』, 민속원, 2005.
권삼문, 『동해안 어촌의 민속학적 이해』, 민속원, 2001.
김명자 외 저, 실천민속학회 편, 『민속문화 무엇이 어떻게 변하는가』, 집문당, 2001.
김삼수, 『한국사회경제사연구 : 契의 연구』, 박영사, 1966.
김수남 사진, 황루시 글, 『서울 당굿』, 열화당, 1989.
김양주, 『축제의 역동성과 현대 일본 사회 : 시만토강 유역사회와 '마츠리'의 인류학』, 서울대학교 출판부, 2004.
김진영, 『이규보 문학 연구』, 집문당, 1984.
김철수, 『도시공간의 이해』, 기문당, 2001.
김태곤, 『한국무가집』 1, 집문당, 1971a.
_____, 『한국무가집』 2, 집문당, 1971b.
_____, 『한국무가집』 3, 집문당, 1978.
_____, 『한국무가집』 4, 집문당, 1980.
_____, 『한국무속연구』, 집문당, 1981.
_____, 『한국민간신앙연구』, 집문당, 1983.
_____, 『한국민속학원론』, 시인사, 1984.
김태곤 편, 『한국무신도』, 열화당, 1989.
김헌선, 『서울지역 안안팎굿 무가 자료집』, 보고사, 2006.
김혜천 외, 『도시 : 현대도시의 이해』, 대왕사, 2002.
노춘희·김일태, 『도시학 개론』, 형설출판사, 2000.
문화재청, 『무형문화재 제도 개선 대토론회 : 무형문화재 제도, 무엇이 문제인가』, 문화재청, 2005.
박계홍, 『한국민속학개론』, 형설출판사, 1987.
박홍주 저, 정수미 사진, 『서울의 마을굿』, 서문당, 2001.
서울새남굿보존회 편, 『서울새남굿신가집』, 문덕사, 1996.
서울역사박물관, 『서울 영상민속지 : 한강변의 마을신앙』, 2006.
손주영, 『강서 문화의 역사』, 강서문화원, 1998.
유승훈, 『현장 속의 문화재 정책』, 민속원, 2004.
이기태, 『읍치 성황제 주제집단의 변화와 제의 전통의 창출』, 민속원, 1997.
_____, 『동제의 상징과 의미전달 체계』, 민속원, 2004.
이능화 저, 이재곤 역, 『조선무속고』, 동문선, 1991.
이두현 외, 『한국민속학개설』, 일조각, 1991.
이장열, 『한국무형문화재 정책 : 역사와 진로』, 관동출판, 2005.
이종철, 『한국의 성 숭배문화』, 민속원, 2003.
일상문화연구회, 『한국인의 일상문화』, 한울, 1996.
임돈희 글, 김수남 사진, 『빛깔있는 책들 101-10 : 조상 제례』, 대원사, 1990.

임재해 외 저, 실천민속학회 편, 『민속문화의 새 전통을 구상한다』, 집문당, 1999.
_____, 실천민속학회 편, 『민속문화의 지속과 변화』, 집문당, 2001.
임희섭, 『한국의 사회변동과 문화변동』, 현암사, 1984.
장주근, 『한국의 향토신앙』, 을유, 1998
장철수, 『한국 민속학의 체계적 접근』, 민속원, 2000.
정문교, 『문화재 행정과 정책』, 지식산업사, 2001.
정재정·염인호·장규식, 『서울 근현대 역사기행』, 혜안, 1998.
조동일, 『한국문학통사』 3, 지식산업사, 1994.
조성윤 외, 『제주지역 민간신앙의 구조와 변용』, 백산서당, 2003.
중랑문화원, 『봉화산 도당굿』, 수서원, 2005.
최형근, 『서울의 무가』, 민속원, 2004.
_____, 『서울의 무가』 2, 민속원, 2005.
표인주, 『공동체신앙과 당신화 연구』, 집문당, 1996.
한국샤머니즘학회 편, 『마포 부군당굿 연구』, 문덕사, 1999.
한상복·이문웅·김광억, 『문화인류학개론』, 서울대학교 출판부, 1994.
허경진, 『하버드대학 옌칭 도서관의 한국 고서들』, (주)웅진북스, 2003.
현용준, 『무속신화와 문헌신화』, 집문당, 1992.
현택수 외, 『문화와 권력 : 부르디외 사회학의 이해』, 나남출판, 1998.

2) 동양서
宮田登, 『都市民俗論の課題』, 未來社, 1982.
大塚英志, 『少女民俗學』, 光文社, 1989.
柳田國男, 「都市と農村」, 『定本柳田國男集』 16권, 朝日新聞社, 1929.
中野卓 편, 『叢書ライフ·ヒストリ-1·口述の生活史』, 御茶ノ水書房, 1977.
岩本通弥, 「일본도시민속학의 현재」, 『일본 연구』 6, 중앙대학교 일본연구소, 1991.
赤松智城·秋葉隆 저, 심우성 역, 『朝鮮巫俗の研究』, 동문선, 1991.
栗本愼一郞 편, 양승필 역, 『경제인류학』, 예전사, 2000.

3) 서양서
Bell, Catherine, *Ritual Theory, Ritual Practics*, Oxford University Press, 1992.
_____, *Ritual : Perspectives and Demansions*, Oxford University Press, 1997; 캐서린 벨 저, 류성민 역, 『의례의 이해 : 의례를 보는 관점들과 의례의 차원들』, 한신대학교 출판부, 2007.
Bourdieu, Pierre, *The Rules of Art*, Polity Press, 1996, 하태환 역, 1998, 동문선.
C.D. Sauer, *Human Geography*, Blackuell Publishers Ltd., 1996.
Comstock, W.R., *The Study of Religion and Primitive Religion*, New York : Harper & Row, 1971.
D. Popenoe 편, 宋復 역, 『도시사회학』, 을유문화사, 1977.
David W.Murray, "Ritual Communication : Some Considerations Regarding Meaning in Navajo Ceremonials", in Janet L.Dolgin, etc.(ed.) *Symbolic Anthropology*, New York : Columbia University Press, 1977.
Eric Hobsbawm 외 저, 박지향·장문석 역, 만들어진 전통 *The Invention of Tradition*, 휴머니스트, 2004.
Leach, E.R., *Culture and Communication*, Londen : Cambridge University Press, 1976; 에드몬드 리치 저, 구본인 역, 『문화와 커뮤니케이션 : 구조인류학 입문』, 파란나라, 1991.
Mircea, Eliade, 이동하 역, 『聖과 俗』, 학민사, 1983.

Pierre Ansart, 정수복 역, 『현대 프랑스 사회학』, 문학과 지성사, 1992.
Richard M. Dorson 편, 나경수 역, 『민속조사방법론』, 전남대학교 출판부, 1995.
Richard M. Dorson, "Is There a Folk in the City?", *Folklore : Selected Essays*, Indiana University Press, 1972.
Turner, V., *Drama, fields and Metaphors : Symbolic Action in Human Society*, Ithaca : Cornell Univ. Press, 1974.
V.W.Turner, "Symbols in African Ritual", in Janet L.Dolgin, etc.(ed.) *Symbolic Anthropology*, New York : Columbia University Press, 1977.
W. Richard Comstock 저, 윤원철 역, 『종교학』, 전망사, 1984.

3. 논문

강신표, 「전국대회 발표논문 : 서울시장의 사회와 문화 – 조선전통문화 고(기10)」, 『한국문화인류학』 11권, 한국문화인류학회, 1979.
강은주, 「도당제를 통해서 본 공동체 의식의 지속과 변화 : 서울 답십리의 사례」, 서울대학교 대학원 석사학위논문, 1986.
강정원, 「근대화와 동제의 변화 : 부천 먼마루 우물고사를 중심으로」, 『한국문화인류학』 35권 1호, 한국문화인류학회, 2002.
_____, 「동제 전승주체의 변화」, 『한국민속학』 36, 한국민속학회, 2002.
_____, 「무형문화재 제도의 문제점과 개선책 : 예능종목을 중심으로」, 『비교문화연구』 8집, 서울대학교 비교문화연구소, 2002.
_____, 「민속학과 현대사회, 도시」, 『한국문화연구』 7, 경희대 민속학연구소, 2003.
강혜경·한삼건, 「울산지역 농촌의 동제 공간 이용실태에 관한 조사 연구」, 『대한건축학회 논문집』 15, 대한건축학회, 1999.11.
경희대학교 민속학연구소, 『한국문화연구』 6, 2002.
_____, 『한국문화연구』 7, 2003.
고영희, 「서울지역 당신화 연구 : 행당동 아기씨당을 중심으로」, 『서울굿의 이해』, 민속학회, 2007.
권선경, 「서울 마을굿의 계열과 의미 구조」, 고려대학교 박사학위논문, 2011.
권혁희, 「밤섬마을의 역사적민족지와 주민집단의 문화적 실천」, 서울대학교 박사학위논문, 2012.
김광억, 「전통적 〈관계〉의 현대적 실천」, 『한국문화인류학』 33권 2호, 한국문화인류학회, 2000.
김규원, 「도시 및 지역문화정책의 변화와 도전」, 『지역문화정책과 도시마케팅』, 디프넷, 2005.
김기형, 「서울굿 악사의 성격과 기능」, 『한국민속학』 36, 한국민속학회, 2002.
김동찬·이윤수·임상재, 「무속 공간 모형에 의한 남사마을 공간 해석에 관한 연구」, 『한국조경학회지』 27, 한국조경학회, 1999.
김명자, 「도시생활과 세시풍속」, 『한국민속학』 41, 2005.
김복희, 「심청전의 신화비평적 연구(3)」, 『이화논문집』 제8집, 이화여자대학교 한국어문학연구소, 1986.
김봉수, 「서울 용산의 경관변화에 관한 연구: 조선후기부터 일제 강점기까지」, 『지리교육논집』 45, 서울대학교 지리교육과, 2001.
김상보·황혜성, 「서울지방의 무속신앙 제상차림을 통하여 본 식문화에 대한 고찰」, 『한국식생활문화학회지』 3, 한국식생활문화학회, 1988.
김선풍, 「미국 민속학계의 동향과 방법」, 논문집 12, 관동대학교, 1984.
김성례, 「무속전통의 담론 분석 : 해체와 전망」, 한국문화인류학 22권, 한국문화인류학회, 1990.
김시덕, 「현대 도시공간의 상장례 문화」, 한국민속학 41, 2005.

김양혜, 「한·일 중요무형문화재 보존 및 전승에 관한 연구」, 숙명여자대학교 전통문화예술대학원 석사학위논문, 2005.
김영진, 「민속지리학에 대하여 : 민속학의 한 방법론 서설로」, 『한국민속학』 6, 한국민속학회(구 민속학회), 1973.
김정오, 「공동체적 일상의 전형인 동제의 갈등적 접근」, 『사회조사연구』 16, 부산대학교 사회조사연구소, 2001.
김정하, 「한국 〈도시민속학〉의 연구방법론 정립에 관한 연구」, 『시학과 언어학』 1, 시학과 언어학회, 2001.
김종대, 「도시에서 유행한 〈빨간 마스크〉의 변이와 속성에 관한 시론」, 『한국민속학』 41, 2005.
김진명, 「서울 밤섬 이주민의 주거 공간의 변화와 의례」, 『서울학연구』 13, 서울학연구소, 1999a.
_____, 「찰나적 환상과 영겁의 종속 : 의례 분석에 종속적 시각의 도입을 위한 일고찰」, 『한국문화인류학』 32-2, 한국문화인류학회, 1999b.
김재호, 「동제의 전승기반과 변화」, 『영남학』 7, 경북대학교 영남문화연구원, 2005.
김재석, 「현대 한국사회에서의 전통문화의 존재 양식 : 탈춤과 마당극을 중심으로」, 서울대학교 대학원 석사학위논문, 1999.
김태곤, 「동신신앙」, 『서울육백년사』, 서울특별시 문화재위원회, 1990.
_____, 「한국신당연구」, 『국어국문학』 29집, 국어국문학회, 1965.
김태우, 「일제~70년대 〈장별신〉 연구 : 장별신과 장시와의 상관성을 중심으로」, 『비교문화연구』 9, 경희대학교 비교문화연구소, 2005.
_____, 「철마 전설과 관련 동제와의 상관성」, 『전설과 지역문화』, 민속원, 2002.
_____, 「한강 유역 부군당 제의의 구성요소와 특징」, 『민속문화의 조명과 새지평 : 남강 김태곤의 생애와 학문세계 조명』, 민속원, 1997.
_____, 「고려시대 무격의 지위와 세습화 과정 연구」, 경희대학교 대학원 석사학위논문, 1997.
_____, 「조선후기 서빙고 지역 부군당 주재집단의 성격과 변화」, 『한국무속학』 19집, 한국무속학회, 2009.
김택규, 「한국에 있어서 민족학의 방향」, 『인간과경험 동서남북』, 漢陽大學校民族學研究所, 1988.
김헌선, 「서울굿의 다양성과 구조」, 『서울굿의 이해』, 민속원, 2007.
김현정, 「일본 도시 축제의 조직 구조와 그 의의 : 축제조직에 대한 통시적,공시적 분석을 중심으로」, 『한국문화인류학』 38권 1호., 2005.
남근우, 「일본 구승문예 연구의 동향과 과제 : '세켄바나시'론을 중심으로」, 『구비문학연구』 15, 한국구비문학회, 2002.
_____, 「도시민속학의 고경(苦境)과 포클로리즘」, 『2007년도 한국민속학회 연례학술대회 발표문』, 2007년 12월 7일.
박계홍, 「일본의 도시민속학」, 『한국민속학』 16, 민속학회, 1983.
박상언, 「종교와 몸, 그리고 의례」, 『한국종교사연구』 8, 한국종교사학회, 2001.
박선열, 「동제에 있어서 걸립의 문제」, 『한국민속학』 34, 한국민속학회, 2001.
박호원, 「한국 공동체 신앙의 역사적 연구 : 동제의 형성 및 전승과 관련하여」, 한국정신문화연구원 한국학대학원 박사학위 논문, 1997. 2.
박현국, 「당산신 모티프 설화와 당산제의 고찰 – 익산 지역을 중심으로」, 『한국민속학』 22집, 민속학회, 1989.
박흥주, 「도시마을굿의 축제성 전승 방안」, 『한국문화연구』 6, 경희대 민속학연구소, 2002.
_____, 「서울 마을굿의 유형과 계통」, 『한국무속학』 12집, 한국무속학회, 2006.
박환영, 「도시와 민속의 현장」, 『한국문화연구』 6, 경희대 민속학연구소, 2002.
박혜준, 「문화정책과 전통의 재해석 : 위도 띠뱃놀이를 중심으로」, 서울대학교 대학원 석사학위논문, 1999.
박혜령, 「소야 堂神의 신화적 정체화와 제의의 당위성」, 안동대학교 대학원 민속학과 석사학위 논문, 1997.
배영동, 「중요무형문화재 지정시 전승자 선정 기준과 조사 방법의 개선 방안」, 『중요무형문화재 효율적 관리 방안 연구』, 한국정신문화연구원, 1996.
서종대, 「한국 전통문화정책의 형성과 특징에 관한 일 연구 : '60년대 이후 무형문화재 마당종목을 중심으로」, 서울대학교 석사학위논문, 1994.
소인호, 「잠실 부군당 설화 연구」, 『청대학술논집』 1, 청주대학교 학술연구소, 2003.

신연우, 「서울 굿의 타령·만수받이·노랫가락의 관계」, 『서울 굿의 이해』, 민속원, 2007.
신은희, 「민속예술경연대회의 실태와 문제점」, 한양대학교 대학원 석사학위논문, 1998.
양종승, 「무속과 정치 : 문화재 지정 무속의례를 중심으로」, 『비교민속학』 26, 비교민속학회, 2004.
_____, 「문화재보호법에 따른 무속 전승의 환경 변화와 그에 따른 고찰」, 『민속과 환경』, 민속원, 2002.
_____, 「서울 이태원 부군당 : 건축물 구조 및 神圖를 중심으로」, 『생활문물연구』 9, 국립민속박물관, 2003.
양종승·최진아, 「서울굿의 神花 연구」, 『한국무속학』 5집, 한국무속학회, 2002.
염복규, 「식민지 근대의 공간 형성 : 근대 서울의 도시 계획과 도시 공간의 형성, 변용, 확장」, 『문화과학』 39, 문화과학사, 2004.
오명석, 「1960~70년대 문화정책과 민족문화담론」, 『비교문화연구』 제4호, 서울대학교 비교문화연구소, 1998.
오문선, 「서울 무가에 등장하는 당에 대한 연구」, 『충북사학』 17, 충북대학교 사학회, 2006.
_____, 「서울의 공동체 신앙 전승과정 고찰을 위한 시론 : 조선시대 각사 신당 의례의 민간전승을 중심으로」, 『2007년도 한국민속학회 연례학술대회 발표문』, 2007년 12월 7일.
_____, 「서울 부군당제 연구」, 한국학중앙연구원 박사학위논문, 2010.
유승훈, 「경강변 부군당의 성격과 역사적 전개 양상」, 『서울학 연구』 20호, 서울시립대학교 부설 서울학연구소, 2003.
유효순, 「한국의 무속복식 연구 : 서울굿 무복을 중심으로」, 『복식』 32호, 한국복식학회, 1997.
이기석, 「20세기 서울의 도시성장 : 전 근대도시에서 글로벌 도시로」, 『서울 20세기 공간변천사』, 서울시정개발연구원, 2001.
이기태, 「지역사회의 변화에 따른 지역민 조직의 성격 변화」, 『민속연구』 7, 안동대학교 민속학연구소, 1997.
_____, 「현대사회와 민속」, 『한국문화연구』 6, 경희대 민속학연구소, 2002.
_____, 「동제 유지기반의 변화와 제의의 변화 : 경북 문경시 동로면 수평리의 산제를 중심으로」, 『한국민속학』 43, 한국민속학회, 2006a.
_____, 「점복촌의 역사적 실태 연구」, 『한국무속학』 13, 한국무속학회, 2006b.
이대희, 「서울시 구·동제의 변천과정에 관한 연구」, 『인문사회과학논문집』 25, 광운대학교 인문사회과학연구소, 1996.
이덕우, 「형식의 민속학적 고찰 : 제의와 일상에서 형식의 특징과 변화」, 『민속학연구』 18, 국립민속박물관, 2006.
이명숙, 「서울지역 무구의 신화·의례적 기능 연구」, 『한국무속학』 8, 한국무속학회, 2004.
_____, 「서울 재수굿의 〈부정거리〉 연구」, 한국무속학회 편, 『서울굿의 이해』, 민속원, 2007.
이상일, 「현대를 사는 원시성 : 문화기층의 원리적 이해를 위하여」, 『한국 사상의 원천』, 박영사, 1976.
이상현, 「독일 도시민속학의 이론적 체계와 응용성」, 『비교민속학』 22, 2002.
이세나, 「괴시 마을 당신화의 성립과 변화에 관한 연구」, 안동대학교 민속학과 석사논문, 1999.
이용범, 「한국 무속의 神觀에 대한 연구 : 서울 지역 재수굿을 중심으로」, 서울대학교 대학원 박사학위논문, 2001.
이용학, 「무형문화재 전승·보존 활성화 방안에 관한 연구」, 연세대학교 대학원 석사학위논문, 1999.
이은창, 「금강 유역의 부락제 연구」, 『장암 지헌영선생 화갑기념논총』, 1971.
이장열, 「1970~80년대 정부의 무형문화재 보호정책 : 보존 및 전승을 중심으로」, 『역사민속학』 17호, 한국역사민속학회, 2003.
이정재, 「경기해안도서 무속의 특징」, 『동아시아고대학』 14, 동아시아고대학회, 2006.12.
_____, 「농경 마을의 민속 변화와 문화원형의 회귀성-경기도 포천군 우금 2리, 마전 3의 경우」, 『한국의 민속과 문화(구 한국문화연구)』 4, 경희대학교 민속학연구소, 2001.
_____, 「독일의 도시민속학 연구 경향」, 『한국민속학』 41, 한국민속학회, 2005.
이정호, 「무형문화재의 관리 개선 및 활용 방안에 관한 연구 : 예능분야를 중심으로」, 추계예술대학교 예술 경영대학원 석사학위논문, 2003.
이창언, 「도시지역 민간신앙의 전승에 관한 연구 : 대구시 진천동 용천마을의 동제를 중심으로」, 민속학연구 18, 국립민속박물관, 2006.

_____, 「도시화와 지역사회의 재구조화」, 『한국문화인류학』 28권(내산 한상복 교수 회갑기념호), 한국문화인류학회, 1995.
이훈상, 「조선후기 읍치사회의 구조와 제의」, 『역사학보』 147, 역사학회, 1995.
임덕순, 「한국에 있어서 민속지리학의 구축 가능성과 과제」, 『문화역사지리』 4호, 한국문화역사지리학회, 1992.8.
임돈희·로저 L.자넬리, 「무형문화재의 전승 실태와 개선 방안」, 『비교민속학』 28집, 비교민속학회, 2005.
임돈희·임장혁, 「중요무형문화재 보존 전승의 문제」, 『문화재』 30, 1997.
임장혁, 「문화재보호법의 한·일 비교 : 민속관련 문화재를 중심으로」, 『비교민속』학 11집, 비교민속학회, 1994.
임재해, 「민속문화의 현대적 수용과 변용의 논리」, 실천민속학회 편, 『민속문화의 수용과 변용』, 집문당, 1999.
_____, 「민속학의 새 영역과 방법으로서 도시민속학의 재인식」, 『민속연구』 6, 안동대학교 민속학연구소, 1996.
_____, 「20세기 민속학을 보는 〈현재학〉 논의의 비판적 인식」, 『남도민속연구』 11, 남도민속학회, 2005.
장주근, 「서울시 동제당 조사」, 『한국민속논고』, 계몽사, 1986.
장철수, 「무형문화재의 성격과 체계」, 『중요무형문화재 효율적 관리 방안 연구』, 한국정신문화연구원, 1996.
전경수 외, 「무형문화재의 지정 및 육성에 관한 문화이론 및 정책적 실천에 관한 연구」, 『2000년도 협동연구 특별정책 과제의 연구결과 보고서』, 한국학술진흥재단, 2002.
정선희, 「축제의 담론과 지역 정체성에 관한 연구 : 강릉단조제를 주요 사례로」, 서울대학교 대학원 석사학위논문, 1999.
정수진, 「무형문화재 제도의 성립, 그 역사성의 재고」, 『한국민속학』 40, 한국민속학회, 2004.
_____, 「한국무형문화재 제도의 성립 : 그 사회적 조건에 관한 연구」, 서강대학교 대학원 박사학위논문, 2003.
정승모, 「마을공동체의 변화와 당제」, 『한국문화인류학』 13권, 한국문화인류학회, 1981.
_____, 「성황사의 민간화와 향촌사회의 변동」, 『태동고전연구』 7, 한림대 태동고전연구소, 1991.
정형호, 「20C 용산지역의 도시화 과정 속에서 동제당의 전승과 변모 양상」, 『한국민속학』 41, 한국민속학회, 2005.
조성윤, 「조선 후기 서울의 인구 증가와 공간 구조의 변화」, 『사회와 역사』 43, 한국사회사학회, 1994.
조정현, 「별신굿의 물적 기반과 지역 경제」, 『비교민속학』 27, 비교민속학회, 2004.
조지훈, 「累石壇·神樹·堂집 신앙연구-서낭(城隍)고」, 『문리논집』 7집, 고려대학교 문리과대학, 1963.
조현범, 「한국사회의 민속담론과 민속종교에 대한 연구 : 산업화 이후 전개과정을 중심으로」, 서울대학교 대학원 석사학위논문, 1994.
주강현, 「중요무형문화재 단체 종목의 전승실태 및 대안에 관한 연구」, 『역사민속학』 17호, 한국역사민속학회, 2003.
주세영, 「서울 한강변 부군당의 문화지리적 연구」, 한국교원대 교육대학원 석사학위논문, 2002.
주영하, 「밤섬 부군당 도당굿의 제물과 음식 : 신령과 인간의 共食」, 한국샤머니즘 편, 『마포 부군당도당굿 연구』, 문덕사, 1999.
_____, 「출산의례의 변용과 근대적 변화 : 1940~1990」, 『한국문화연구』 7, 경희대 민속학연구소, 2003.
천진기, 「세시풍속의 미래전설」, 『한국문화연구』 7, 경희대 민속학연구소, 2003.
천혜숙, 「화장마을 당신화의 요소 및 구조 분석」, 『민속연구』 제6집, 안동대 민속학연구소, 1996.
최남선, 「불함문화론」, 『朝鮮及朝鮮民族』 제1집, 조선사상통신사, 1927.
최영준, 「18·19세기 서울의 지역분화」, 『민족문화연구』 31, 고려대학교 민족문화연구소, 1998.
최종성, 「조선조 유교사회와 무속 국행의례 연구」, 서울대학교 대학원 박사학위논문, 2001.
최진아, 「서울굿의 무구 연구」, 『한국무속학』 12, 한국무속학회, 2006.
최재선, 「밤섬 '부군당굿'에 대한 교육인류학적 연구」, 연세대학교 교육학과 석사학위논문, 1985.
표인주, 「무형문화재 고싸움놀이의 변이 양상과 축제화 과정」, 『한국문화인류학』 32집 2호, 2000.
남풍현, 「淳昌 城隍堂 懸板에 대하여」, 『고문서연구』 7, 한국고문서학회, 1995.
한양명, 「무형문화재 전수교육 체계의 검토」, 『중요무형문화재 효율적 관리 방안 연구』, 한국정신문화연구원, 1996.
홍태한, 「남이장군대체의 의미와 변화상 연구」, 『동아시아고대학』 7집, 동아시아고대학회, 2003.
_____, 「서울 무속의 지역적 정체성」, 『비교민속학』 29, 비교민속학회, 2005.

_____, 「서울굿의 양상과 변화」, 『한국민속학』 39, 한국민속학회, 2004.6.
_____, 「한강변 마을제사의 절차와 내용」, 『한강변의 마을신앙』, 서울역사박물관, 2006.
_____, 「한국 무속과 무형문화재」, 『한국무속학』 9집, 2005.
황경순, 「영업용 차량 운전자들의 자동차고사와 속신」, 『한국민속학』 42, 2005.
_____, 「읍치성황제 주재집단의 지속과 변화:상주 천봉산 성황제 주재집단을 중심으로」, 『역사민속학』 13, 한국역사민속학회, 2001.
_____, 「상주 천봉산성황제 주재집단의 지속과 변화」, 안동대학교 대학원 민속학과 석사학위논문, 2001.
황루시, 「소박한 토박이들의 잔치:서울 당굿의 현황과 특징」, 『서울 당굿』, 열화당, 1989.

찾아보기

가

가망 88
가망거리 80, 86, 88
가망청배 70, 89
강씨부인 195
강외 축출 109
걸립 149
결사체 59, 226
경강 36, 37
경계적 공간 240
경로당회 211
계 168, 226
계면떡 84
고창굿 134
공동체 의례 14
공민왕 사당 103, 198
곽후 58
관리위원회 219
광흥창 37, 104
괴물퇴치담 106
국무당 42, 108
국속 40, 236
군왕신 124
군웅거리 67, 75, 83
군웅님 200
군웅신 200
군웅할아버지 94
굿거리 64

금성당 105, 136
금줄 159
금호동 216
기념품 166
기우제 108

나

난장 149

남근 99, 189, 191
남근 모형물 159
남근 유희 160, 191
남근물 봉안 99
내빈 166, 185, 229
노인계 169
노인회 195

다

단골판 184
단군 212
당굿형 126
당산동 87, 203
당산향우회 205
당신화 20, 96, 101
당제형 126
당주 141, 170, 182

당주 무당 143
대감거리 74, 82, 93
대내림 81
대신 72
대안주거리 92
덕물산 107
도당 123
도당부군대감타령 91
도당부군대신 89
도시 12
도시과학 12
도시괴담 239
도시민속학 13, 26
도시화 12
동빙고동 210
동서활인원 108
동향회 226
돼지 115
뒷전 76, 84, 94
떡 116

마

마을 잔치 151
마을굿 65
마지올림 72
마포 36
말명 89

찾아보기 291

명도 117
명두 117
명잔복잔 내림 93
목경물 98, 160
무구 116
무당지사 235
무복 117
무세 108
무쇠막 216
무쇠막 향우회 217
무신도 109, 117
무의 108
문서류 162
문화경관 28
문화재 173, 181, 197, 231
문화행사 187
미신 62

바

반기 60, 148, 151, 179, 182, 185, 192, 207, 223
밤섬 68, 102, 198
밤섬 괴담 242
밤섬 부군당 21
밤섬향우회 199
밥소래 붙임 83
방울 118
방학고지 103, 188
백설기 115
별기은 42, 44, 108
별상거리 73, 81
보존위원회 142, 168
보존회 131, 215, 226
복색 110
복잔 116
본향 89, 90
본향거리 67
본향말명 72
부군 신앙 239
부군 35

부군가망 89
부군거리 66, 71, 81
부군당 34, 35, 45, 130
부군당 문화권 132
부군당비 204
부군묘 218
부군사 41
부군신 54, 56
부군신상 112
부근당 99
부녀회 190
부락제 16
부속신 111
부정청배 69, 88
부정치기 79
부채 118
불당 214
불사 92
비손 172
빨간 마스크 240

사

사배 173
사복시 39
사실세우기 93
사제자 183
산바라기 90
산신 112
산신 후토신령 90
산신도당 90
산신사실세우기 91
산주기 92
삼배 173
삼불제석 112, 196
상산거리 73
상산노랫가락 89
상산마누라 92
상산별상거리 73
상산전 101
상징적 권위 60, 166, 235

상징적 자본 160
서강 36
서낭거리 77, 80
서빙고 193
서빙고동 193
선유봉 98
성숙청 44
성주거리 93
성주군웅 94
성황당 43, 48
성황사 49
성황신 42
성황신앙 42
세속화 228
세켄바나시世間話 239
소유권 분쟁 154
소임 171, 199, 205
소지 76, 173
속죄양 113
손각시귀 98
송씨 처녀 42, 98
송씨저 41
수철리 37, 216
순대 115
술 116
시루 116, 158
시루떡 115
시민 계층 236
신길2동 97, 99, 188
신당 44
신대 81
신세미 108
신장 93
신장거리 74, 82

아

악사 144
안내판 163
어효첨 39
여신 숭배 98, 99

여신격 98
연암 58
영비 54
영전 214
영험담 96, 100, 179, 240
오방신장기 118
왕장당 123
용궁각시 205
용왕 112
용왕굿 77
용왕당 208
용왕신 96, 97, 238
우물굿 77
월도 118
위원회 226
유가돌기 65, 71, 179
유역민족지 28
을축년 대홍수 100, 101
음사 39
의결자 집단 140
의례 지식 186
의례복 158
의례화 230
이성계 195
이재난고 42
이중계 169
이태원동 78, 217
이태원동 향우회 219
이태조 195
이태조 사당 214

ㅈ

자애로운 어머니 238
작두 118
작은한강 220
장군거리 81
장군마누라 92
장별신 149, 236
장부 162
재무 205

전각 127, 131
전발 117
전승 권역 156, 186
전승 조직 170, 187
전승 체계 183
전통문화 231
전통문화행사 230
전통화 186, 232
제관 141
제기류 158
제당 127, 152
제도화 167
제물 112
제사 공동체 169
제상 113
제석 92
제석거리 75, 83, 92
제자리 실향민 175, 228
조상거리 82
주당물림 69
주재 집단 140
주제자 집단 140
준비위원회 168
중인 235
중인층 60
지역 행사 185
진작(진적) 70

ㅊ

찬조금 149
참여 집단 146
창부거리 76, 83, 94
창전동 198
천왕중상 92
청암동 214
초청장 164
최영장군 41, 54
추렴 148, 182, 185, 207
축무론 46
축문 158

치성금 149
치성식 172
치성위원회 142, 170, 211
칠성 92

ㅋ

큰한강 208

ㅌ

탈놀이 236
토박이 226

ㅍ

판씨름 145
편액 162

ㅎ

하주청 195
한강 96, 237
한강의 기적 237
한강종합개발 63
한남동 208
한남동향우회 209, 221
해상 교통로 137
행사화 187, 228
향리 43, 235
향우회 63, 143, 227
향토 문화재 213
현수막 164
혈식 115
호구 92
호혜 60
호혜 시스템 59, 185, 233
호혜성 232, 234

화주 171, 211	회 186	희생 113
화주청 218	후계자 집단 140	희생제의 113
활인서 108	흑석1동 97	

한강 유역 부군당 의례의
전승과 변화 양상

초판1쇄 발행 2017년 12월 28일

지은이 김태우
펴낸이 홍기원

총괄 홍종화
편집주간 박호원
편집·디자인 오경희·조정화·오성현·신나래
　　　　　김윤희·이상재·김혜연·이상민
관리 박정대·최기엽

펴낸곳 민속원
출판등록 제18-1호
주소 서울 마포구 토정로 25길 41(대흥동 337-25)
전화 02) 804-3320, 805-3320, 806-3320(代)
팩스 02) 802-3346
이메일 minsok1@chollian.net, minsokwon@naver.com
홈페이지 www.minsokwon.com

ISBN 978-89-285-1140-2
SET 978-89-285-0359-9   94380

ⓒ 김태우, 2017
ⓒ 민속원, 2017, Printed in Seoul, Korea

저작권법에 의해 한국 내에서 보호를 받는 저작물이므로 무단전재와 복제를 금합니다.
이 책 내용의 전부 또는 일부를 이용하려면 반드시 저작권자와 민속원의 서면동의를 받아야 합니다.
이 도서의 국립중앙도서관 출판시도서목록(CIP)은 서지정보유통지원시스템 홈페이지(http://seoji.nl.go.kr)와
국가자료공동목록시스템(http://www.nl.go.kr/kolisnet)에서 이용하실 수 있습니다. (CIP제어번호 : CIP2017035724)

책 값은 뒤표지에 있습니다.
잘못된 책은 바꾸어 드립니다.